북한과 중국의

경제지정학적 관계와 경협 활성화

북한과 중국의
경제지정학적 관계와 경협 활성화

초판 1쇄 발행 2014년 8월 22일

지은이 ㅣ 이금휘
펴낸이 ㅣ 윤관백
펴낸곳 ㅣ 도서출판선인

등록 ㅣ 제5-77호(1998.11.4)
주소 ㅣ 서울시 마포구 마포대로4다길 4(마포동 324-1) 곳마루 B/D 1층
전화 ㅣ 02)718-6252/6257
팩스 ㅣ 02)718-6253
E-mail ㅣ sunin72@chol.com
Homepage ㅣ www.suninbook.com

정가 36,000원
ISBN 978-89-5933-742-2 93300

북한과 중국의
경제지정학적 관계와 경협 활성화

이 금 휘

도서출판 선인

책을 내면서

처음 한국에 와서 수업을 들었던 것이 엊그제 같은데, 어느덧 "외롭고 높고 쓸쓸했던" 4년이란 시간이 흘렀다.

유학생이라면 누구나 겪을 일이겠지만, 가족과 멀리 떨어진 객지에서의 생활은 쉽지 않았다. 서울에 살면서 제일 힘들었던 것은 언어문제였다. 중국에서는 대학에 입학하기 전 12년 동안 '조선말'만 했고, 학부 졸업하고 한국에 오기 전의 10년 동안은 주로 '중국말'을 사용하며 살아왔기 때문이다. 게다가 '조선말'과 '한국어' 사이의 미묘한 차이로 항상 혼란을 느꼈고, 자신감마저 상실케 하였다. 필자처럼 중국에서 조선족학교를 다녔던 사람들은 아마 언어 콤플렉스가 있을 것이다. 대학에서의 수업, 생활 그리고 직장에서도 모든 것들이 중국어이기 때문이다. 이런 환경에 적응하고 익숙해지는 데 많은 노력이 필요했다. 그러던 어느 순간부터 대화에서나 특히 글을 쓸 때 머릿속에서 번역이 아닌 '중국어적인 사고방식'이 가능해졌다. 그런데 또다시 한국어에 익숙해야만 하는 현실을 맞닥뜨렸던 것이다.

때문에 필자는 박사학위 논문을 완성하기까지 남보다 배 이상의 노력과 시간이 필요했고, 몇 년 동안 매일 최소의 수면만으로 버텨야 했다. 그 결과 지금은 하루하루 늘고 있는 한국어 실력에 가끔 보람을 느낄 때도 있다. 이러한 이유로 필자는 한국어로 썼던 수업 과제물부터 소논문 그리고 학위논문까지 모두 더할 나위 없이 소중하다. 특히 이 책은 필자의 처녀작이다.

이 책은 필자의 학위논문 「북·중 경제관계와 동북아 지역구도의 상호작용」을 수정, 보완한 것이다. 이 책의 연구주제는 지정학 이론과 복잡계 이론을 활용하여 현재 활성화되고 있는 북·중 경제협력의 파급효과를 분석해 보는 것이었다. 이 주제를 선택한 이유는 다음의 두 가지 문제의식 때문이었다.

현재 북한은 유엔 안전보장이사회의 결의로 중국까지를 포함한 경제제재를 받고 있지만, 중국과의 경제협력이 오히려 늘고 있다. 그 결과 북한 경제제재와 관련한 국제 공조에 한계가 있다는 지적이 많으며, 북한이 중국에 예속될 것이라는 우려까지 낳고 있다. 왜 중국은 다른 국가들과 갈등하면서까지 북한과의 경제관계를 오히려 활성화시키고자 하며, 북한 역시 '중국에의 종속' 우려에도 불구하고 왜 중국과의 경제협력에 적극적인가를 밝혀보고 싶었다.

북·중 경협의 활성화는 동북아 지역 정세와 그 갈등구조 속에서 만들어진다. 지금까지 동북아 지역구조와 관련한 연구들은 중·미 관계를 핵심변수로 설정하고, 이 거시적 패턴 아래에서 이뤄졌다. 하지만, 현재 동북아 지역구조는 복합적이기 때문에 동북아지역 시스템을 이루는 구성요소 간의 상호작용에 초점을 맞춘 보다 복합적인 연구를 요구한다. 필자는 '복잡계 이론'을 동북아 지역구도 연구에 응용할 수 있다면, 그 내부에서 진행하는 북·중 경협에 대한 설명과 그 파급효과에 대한 예측도 전혀 달라질 수 있을 것으로 기대했다. 과연 동북아 지역구조의 핵심변수를 어떤 국가로 잡아야 할 것이며, 왜 동북아지역에서 중국의 영향력은 보유하고 있을 때만 의미가 있고, 과시할 때에는 바로 상실되는지를 해명하고 싶었다.

이 책에서는 '복잡계 이론'과 그 분석도구를 이론적 배경, 분석틀로 하였다. 복잡계 이론과 그 분석도구는 시스템의 거시적 패턴과 미시적 변화를 동시에 고찰하여, 거시적 패턴 속에서 미시적인 하나의 규칙('전략적 지렛대')을 발견할 수 있도록 해준다. 이 미시적 변화가 '패러다임의 전환'을 가져올 수 있는 것이다. 따라서 복잡하게 얽혀 상호작용하는 동북아 각국 사이에서 어떤 특정국가의 미세한 변화가 동북아 지역구도라는 거시적 패턴의 큰 변화를 가져올 '전략적 지렛대'로 작용할 수 있을 지를 찾아보고자 하였다. 이를 위해 동북아 지역구도라는 복잡계에 북·중 경협 활성화라는 섭동요인이 가해짐으로써 나타날 관련 국가들의 반응 즉, 파급효과를 '되먹임 시스템 원리'를 응용하여 정리하였다. 이와 관련하여 먼저 제기할 질문은 과연 '북·중 경협 활성화'가 '동북아 지역구도' 시스템의 섭동요인이 될 자격이 있는가의 문제일 것이다. 섭동요인으로서 갖춰야 할 자격은 그 자체가 동태적이어야 하며, 시스템에 가해졌을 때 시스템의 요동을 일으킬 수 있는 요인이어야 한다.

이를 확인하기 위해 이 책에서는 지정학 이론을 배경으로 경제지정학적 접근법을 이용해 우선 북·중 지정학적 관계의 변화과정을 한국, 중국, 북한, 일본 학계의 관련 성과들을 통해 살펴보았다. 지금까지 나온 관련 연구성과들의 공통점은 '지속'과 '변화' 혹은 '특수성'과 '보편성'의 범주로 북·중 관계를 분석한 점이다. 또한 중국의 '큰 변화'에만 주목하였다. 필자는 이러한 주장들이 북·중 관계의 과거와 현재의 실체적 모습을 반영하는데 한계가 있었다고 생각한다. 새롭게 발전한 지정학 이론을 활용하면, 과거와 현재의 북·중 관계 역시 새롭게 규명할 수 있을 것이다. 아울러 필자는 역사적 접근방법도 함께 취하여 1차 자료의 확인, 발굴, 활용에 애착을 가지며 작업을 진행하였다.

 이 책을 준비하면서 많은 분들의 도움이 있었다. 우선 필자를 한국에 올 수 있게끔 추천해주신 김강일(金强一) 교수님과 박찬규(朴燦奎) 교수님께 깊이 감사드린다. 김강일 교수님은 본인의 석사 지도교수로서 이 책의 이론적 배경이 되는 복잡계 이론과 지정학 이론에 처음으로 관심을 가질 수 있도록 해주셨고, 이와 관련해 베이징대학교 김경일(金景一) 교수님께도 고마움을 전하고 싶다. 항상 주변의 젊은 세대들의 앞날을 진심으로 걱정해주며 격려와 도움을 아끼지 않는 박찬규 교수님은 본인의 배움의 걸음마에 큰 힘을 실어주셨다. 필자가 한국 동국대학교 북한학과에서 보다 순리롭게 유학생활을 마칠 수 있게끔 도와주신 김용현 교수님과 고유환 교수님, 박순성 교수님의 가르침과 격려에 감사드린다. 더불어 수업을 가르치셨던 김동한·김병로·박정진·박충흡·서유석·홍민·홍익표 등 선생님들과, 함께 했던 선후배들에게도 감사드린다. 본인의 학위논문 심사를 맡아주신 양문수·김석진 교수님의 조언과 가르침에 대한 감사도 빼놓을 수 없을 것이다.

 특별히 한국에 와서 정말 우연한 기회에 알게 되었지만, 힘들고 우울했던 유학생활에 한줄기의 빛처럼 필자의 삶을 밝게 비춰줬던 분들께 깊은 감사와 존경을 표한다. 필자에게 지우지은(知遇之恩)을 베풀어주신 김광운 교수님을 만난 것은 필자의 배움의 길에선 커다란 행운이고 축복이었다. 처음 한국에 와서 북한 공부를 새롭게 시작하고자 할 때 추천 받은 것이 김광운·서동만·이종석 등의 저작이었다. 그런데 첫 수업시간에 김광운 교수님을 만날 수 있었고, 그분이 쓰신『북한정치사Ⅰ』을 한 달 걸려 읽으면서 북한 역사 이해와 사료 취급에 대한 중요성 등을 새삼 깨달았다. 만났던 공간과 시간 그리고 받았던 배려는 다르지만,『민족 21』정창현 대표님, 연세대학교 백영서 교수님, 북한대학원대학교 신종대 교수님, 조선대학교 기광서 교수님 등 여러분의 학은(學恩)도 결코 잊을 수 없을 것이다. 한·중 수교 20주년 기념 학술회의에 발표자로 참가하며 만났던 서울대학교 정용욱 교수님과 상하이 화둥사범대학교 선즈화(沈志華) 교수님의 진심어린 충언들도 새록새록 떠오른다.

중국에서 필자의 첫 일터였던 중국공산당 연변조선족자치주당학교 당건 교연실(黨建敎硏室) 주임이시며 본인의 사부(師父)였던 문영(文英) 교수님의 아낌없는 애정에 이 자리를 빌려서나마 존경을 표한다. 당시 부교장이셨던 남학천(南學天) 교수님의 가르침에도 감사드린다. 중국 연변대학교에 전임할 시 새로운 직장에서 빨리 적응하게끔 도와주신 김하록(金河祿) 교수님, 최군용(崔軍勇) 교수님과 김정일(金正一) 교수님, 이매화(李梅花) 교수님 그리고 필자와 일상을 함께 했던 동료들께 감사드린다. 또 내 삶의 소중한 친구들과도 이 순간을 함께 하고 싶다. 일일이 이름을 거론할 수 없지만, 이 분들의 도움이 없었으면 지금의 이 순간은 존재하지도 않을 것이다.

대한민국 정부 초청 장학생으로 선발해준 한국 교육부 국립국제교육원과 부족한 원고를 기꺼이 받아주시고 좋은 책으로 출판해주신 선인출판사 윤관백 사장님과 직원 여러분의 노고에 진심으로 감사를 드린다.

끝으로 배움의 길에서 항상 든든한 힘이 되어주신 사랑하는 부모님과 가족에게 그 어떤 말로도 형용할 수 없는 고마움과 함께 그 기대에 이 책이 조금이나마 보답이 되었으면 한다.

2014년 8월 8일

李金輝

차례

책을 내면서 _5

제1장 서 론
제1절 문제 제기 _17
제2절 연구 방법, 구성 및 주요자료 _21

제2장 선행 연구 검토와 이론적 배경
제1절 북·중 경제관계 관련 연구 _33
제2절 지정학 이론의 적용 _93
제3절 복잡계 이론의 적용 _107

제3장 북·중 지정학적 관계의 변화과정
제1절 고전지정학적 관계의 형성·발전(1949~1992년) _129
제2절 고전지정학적 관계의 약화와 경제지정학적 관계의 태동(1992~2000년)
    _177
제3절 경제지정학적 관계의 발전·심화(2000년~2013년) _195

제4장 동북아 지역 국가들의 이해관계와 북·중 경협 활성화
제1절 동북아 지역구도의 변화과정 _225
제2절 북·중 경협의 특징과 활성화 양상 _241
제3절 동북아 지역 관련 주요 국가들의 북·중 경협 인식 _267

제5장 북·중 경협 활성화가 동북아 지역구도에 미치는 영향
　　제1절 복잡계로서의 동북아 지역구도 _299
　　제2절 '북·중 경협 활성화'의 섭동과 동북아 지역구도의 요동 _333
　　제3절 '되먹임 시스템 원리'를 통해 본 북·중 경협 활성화의 파급효과 _343

제6장 결 론 _363

부 록
　1. 「조선민주주의인민공화국에서의 특수경제지대 개발 실태와 전망」 _373
　2. 「조선민주주의인민공화국과 중화인민공화국 간의 경제 및 문화합작에 관한 협정」 _390
　3. 「조선민주주의인민공화국과 중화인민공화국 간의 우호, 협조 및 호상원조에 관한 조약」 _392
　4. 「대일관계에 관한 조선민주주의인민공화국 외무상의 성명」 _395
　5. 「대일관계에 관한 쏘베트사회주의공화국련맹 정부와 중화인민공화국 정부의 공동선언」 _397
　6. 「조선민주주의인민공화국 정부와 중화인민공화국 정부 간의 공동콤뮤니케」 _399

참고문헌 _407
찾아보기 _437

■표 차례

〈표 2-1〉 중국 대북정책에 대한 전통파와 전략파의 기본관점 ·················· **54**

〈표 2-2〉 북한 〈헌법〉을 통해 본 대외정책 기본이념과 원칙의 변화 ······ **85**

〈표 2-3〉 북·중 관계 '특수성'의 영향 요인 ································· **90**

〈표 3-1〉 1949~1992년 북·중 간 지정학적 관계 ····················· **131**

〈표 3-2〉 1950년~1954년 북·중 정상회담 내역 ····················· **137**

〈표 3-3〉 1950~1954년 북·중 교역 규모 ····························· **137**

〈표 3-4〉 1957년~1964년 북·중 정상회담 내역 ····················· **151**

〈표 3-5〉 1956~1968년 북·중 교역 규모 ····························· **156**

〈표 3-6〉 1970~1979년 북·중 정상회담 내역 ························· **163**

〈표 3-7〉 1969~1978년 북·중 교역 규모 ····························· **165**

〈표 3-8〉 1980~1992년 북·중 정상회담 내역 ························· **172**

〈표 3-9〉 1979~1991년 북·중 교역 규모 ····························· **174**

〈표 3-10〉 1992~2000년 북·중 간 지정학적 관계 ··················· **177**

〈표 3-11〉 한국과 중국의 국교 수립과정 ····························· **178**

〈표 3-12〉 한국 대외무역에서 점하는 한·중 무역 비중 변화 ·············· **180**

〈표 3-13〉 1992~1999년 북·중 교역 규모 ···························· **181**

〈표 3-14〉 2000년~2013년 북·중 교역 규모 ························· **195**

〈표 3-15〉 2000년~2013년 북·중 간 지정학적 관계 ················· **196**

〈표 3-16〉 2000~2006년 북·중 정상회담 내역 ······················ **198**

〈표 3-17〉 북·중 정상회담의 기본의제 및 북·중 관계 ················· **198**

〈표 3-18〉 2010~2011년 북·중 정상회담 내역 ······················ **212**

〈표 3-19〉 북·중 접경지역 개발 현황 ·································· **215**

〈표 4-1〉 북·중 교역 규모와 중국 의존도 변화 ······················· **248**

〈표 4-2〉 러시아 학계의 한반도정책 관련 관점 ······················· **281**

〈표 5-1〉 2009~2010년 중·미 종합 국력 분석 및 평가 ·············· **301**

〈표 5-2〉 2010년 중국 국내·국제 상황 ······························ **305**

〈표 5-3〉 2011년 5월 말~6월 중순 북·중 경협 관련 기사 ·········· **351**

■그림 차례

〈그림 1-1〉 문제의식, 연구 방법, 구성의 전체 구도 ································· 28

〈그림 4-1〉 일본 집단적 자위권에 대한 각국 이해관계 인과지도 ··········· 277

〈그림 5-1〉 협력이 우위인 경우 동북아 지역구도 네트워크 ··················· 303

〈그림 5-2〉 갈등이 우위인 경우 동북아 지역구도 네트워크 ··················· 313

〈그림 5-3〉 미국과 군사협력을 맺고 있는 중국 주변국들 ······················ 317

〈그림 5-4〉 미국 봉쇄정책의 제1도련과 제2도련 ································· 317

〈그림 5-5〉 한·중·일 상호 간, 삼국 간 전략적 신뢰도 ······················ 322

〈그림 5-6〉 브릭스 국가 간 협력 ··· 324

〈그림 5-7〉 미국의 북·중 경협 활성화에 대한 반응 인과지도 ············· 334

〈그림 5-8〉 일본의 북·중 경협 활성화에 대한 반응 인과지도 ············· 335

〈그림 5-9〉 러시아의 북·중 경협 활성화에 대한 반응 인과지도 ········· 336

〈그림 5-10〉 한국의 북·중 경협 활성화에 대한 반응 인과지도 ··········· 340

〈그림 5-11〉 동북아 지역구도에서 냉전적 사고의 효과 ······················· 341

〈그림 5-12〉 동북아 지역구도의 양 되먹임 인과지도 Ⅰ ······················ 345

〈그림 5-13〉 동북아 지역구도의 양 되먹임 인과지도 Ⅱ ······················ 347

〈그림 5-14〉 동북아 지역구도의 음 되먹임 인과지도 ·························· 353

〈그림 5-15〉 블랙박스 속에 갇힌 한·미 동맹 ································· 358

제1장
서 론

조선민주주의인민공화국[1]의 대외무역은 21세기에 들어오면서 늘어나고 있으며, 그 가운데서도 북·중 교역이 크게 증가하고 있다.

2011년 대외무역액 63.2억 달러 가운데 북·중 교역은 56.3억 달러였다. 2012년 대외무역액 68.1억 달러 가운데 북·중 교역은 59.3억 달러이다. 전년 대비 5.4% 증가한 것이며, 나라별 교역 비중에서 중국이 거의 90%를 차지한다.[2] 2013년에도 북·중 교역은 지속적으로 늘어나 북한의 대외무역액 73.4억 달러 중 65.4억 달러로, 전년 대비 8.9% 증가한 역사상 최고치를 기록하였다.[3] 중국 정부도 북한의 미사일 발사와 핵무기 실험 등을 이유로 대북 수출입 통관 강화 등의 조치를 취했지만, 실제 북·중 교역에는 별다른 영향이 없었던 것이다.

---

[1] 이 책에서는 '대한민국'을 '한국' 또는 '남'으로, '조선민주주의인민공화국'을 '북한' 또는 '북'으로, '중화인민공화국'을 '중국' 또는 '중'으로 필요에 따라서 약칭하였다.

[2] 북한의 대외무역액은 남북교역을 제외한 수치이다. KOTRA, 「2011년도 북한 대외무역 동향」, 『코트라(kotra.or.kr)』, 12-018(2012년 6월); KOTRA, 「2012년도 북한의 대외무역 동향」, 『코트라(kotra.or.kr)』, 13-018(2013년 5월); 한국무역협회, 「2012년 남북교역·북중무역 동향 비교」, 『Trade Focus』, Vol.13 No.8(2013).

[3] KOTRA, 「2013년도 북한 대외무역 동향」, 『코트라(kotra.or.kr)』, 2014-05-22(2014년 5월).

이에 비하여 북·중 교역 대비 남북 교역 비중은 2007년 91%로 최고치를 기록했으나, 2008년 이후 남북관계가 경색되면서 2013년에는 17.6%까지 하락했다.[4]

북·중 경제협력(이하 경협으로 약칭)은 2010년 '황금평-위화도 경제특구 착공식'에서 확인할 수 있듯이 '공동 개발, 공동 관리'하는 단계로까지 발전하고 있다. 협력의 주체도 '정부 인도(政府引導)'에서 '정부 주도(政府主導)'로 바뀌고 있다. "새로운 단계의 북·중 경제협력시대가 도래했다"고 말할 수 있을 만큼 관련 국가들은 많은 관심과 우려를 동시에 나타내고 있다.

북한은 1950년 6·25전쟁 발발 직후부터 국제사회와의 교역활동에서 불이익을 받아왔다. 지금도 핵실험과 관련한 유엔 안전보장이사회의 결의로 중국까지를 포함한 다자 차원의 경제제재를 받고 있다.[5] 그런데 북한과 중국과의 경제협력은 오히려 늘고 있다. 그 결과 북한 경제제재와 관련한 국제 공조에 한계가 있다는 지적이 많으며, 북한이 중국에 예속될 것이라는 우려까지도 나오고 있다.[6]

---

[4] 한국무역협회, 「2013년 남북교역·북중무역 동향 비교」, 『Trade Focus』, Vol.13 No.9(2014). 북한의 대외무역 가운데 남북교역은 2010년 55.2%, 2011년 30.4%, 2012년 33.3%, 2013년 17.6%로 비중이 축소되었다(『아시아경제』, 2014년 2월 23일자).

[5] 2006년 10월 1차 핵실험 직후 '유엔 안보리 대북 제재 결의 1718호(United Nations Security Council Resolution 1718 on North Korea)'가 있었고, 2009년 6월 2차 핵실험 직후 무기 금수 및 수출 통제, 화물 검색, 금융·경제 제재 등을 담은 '대북 제재 결의 1874호'가 있었으며, 2013년 3월 '대북 제재 결의 2094호'가 이어졌다.

[6] 2013년 7월 17일에 미국 평화연구소(USIP), 한국 국립외교원(IFANS), 일본 세계평화연구소(IIPS)의 공동토론회에서 토론자들은 대북 제재를 강화할 경우 중국이 이를 약화시키지 않도록 막아야 한다고 발언했다(Voice of America, 2013년 7월 18일). 북한이 중국에 예속될 수 있다는 우려는 '동북 4성론' 등으로까지 표현되기도 한다(최명해, 「북한의 대중'의존'과 중국의 대북 영향력 평가」, 『주요 국제문제분석』, No. 2010-15(2010), 1~2쪽).

왜 중국은 다른 국가들과 갈등하면서까지 북한과의 경제관계를 오히려 활성화시키고자 할까? 북한 역시 '중국에의 종속' 우려에도 불구하고 왜 중국과의 경제협력에 적극적인가? 서로 연관된 이 질문이 책의 출발점이다.

북한과 중국은 국경을 맞댄 채 주변국들과 상호 갈등하거나, 협력하고 있기 때문에 서로의 관계는 동북아 지역구도 속에서 맺어진다. 따라서 북·중 경협의 활성화 역시 동북아 지역정세와 그 갈등구조 속에서 살펴봐야 할 것이다.

지금까지 동북아 지역구도와 관련한 연구들은 중·미 관계를 핵심변수로 설정하고, 이 거시적 패턴 안에서 이뤄졌다. 예컨대 기존 연구들은 대부분 북·중 경협 활성화에 대해 중·미 대결구도 → '남·북방 삼각구도' 속에서의 한·미 동맹의 강화 여부와 연결시킴으로써 결국 중·미 관계라는 커다란 축척(scale)에 묶였다. 하지만, 현재 동북아 지역구도는 복합적이기 때문에 '요소 환원주의'에 근거한 '1+1=2'식으로 접근하면 놓치는 것이 많을 수 있다. 상호작용하는 요소들 사이의 동태적인 '되먹임 고리'가 형성되고 있으므로, '1+1>2'인 시너지 효과가 일어나기 때문이다. 현재 상황은 동북아 지역 시스템을 이루는 구성요소 간의 상호작용에 초점을 맞춘 보다 복합적인 연구방법론을 요구한다.

'복잡계 이론(Complex Systems Theory)'에 따르면, 혼돈의 양상을 보이는 시스템에 '섭동(攝動)'이 가해져 '요동(搖動)'이 일어나면, 시스템은 '임계점(臨界點)'을 전후하여 새로운 질서를 만드는 '창발현상(創發現想)'이 일어난다고 한다.[7] '복잡계 이론'을 동북아 지역구도

---

[7] 이 부분에 대한 상세한 설명은 이 책의 제2장 3절에서 다루고자 한다.

연구에 응용할 수 있다면, 그 내부에서 진행하는 북·중 경협에 대한 설명과 그 파급효과에 대한 예측도 전혀 달라질 수 있을 것으로 기대한다.

과연 동북아 지역구도에서 변화의 핵심변수를 어떤 국가로 잡아야 할까? 동북아 지역에서 중국의 영향력은 왜 보유하고 있을 때만 의미가 있고, 과시할 때에는 바로 상실된다고 말할까?[8] 이것이 이 책의 두 번째 문제의식이다.

이 책은 이러한 문제의식을 갖고 두 개의 접근방법으로써 지정학 이론과 복잡계 이론을 다루고자 한다.

---

[8] 이희옥, 매일경제신문사·한국정책금융공사 주최, 『"북-중 경제협력 강화에 어떻게 대응할 것인가?" - 북한 정책포럼 제18차 국제 세미나』(서울: 매일경제사, 2011년 4월 12일)

제2절 연구 방법, 구성 및 주요자료

　이 책에서는 '복잡계 이론'과 그 분석도구를 이론적 배경, 분석틀로 하였다. 즉, 동북아 지역구도를 '복잡계'로, 그 구성요소를 동북아 각국 지도부 및 그 대응으로 정하여 분석해 나갈 것이다. 복잡계 이론과 그 분석도구는 시스템의 거시적 패턴과 미시적 변화를 동시에 고찰하여, 거시적 패턴 속에서 미시적인 하나의 규칙('전략적 지렛대')을 발견할 수 있도록 해준다. 이 미시적 변화가 '패러다임의 전환'을 가져올 수 있는 것이다. 따라서 복잡하게 얽혀 상호작용하는 동북아 각국 사이에서 어떤 특정국가의 미세한 변화가 동북아 지역구도라는 거시적 패턴의 큰 변화를 가져올 '전략적 지렛대'로 작용할 수 있을 지 찾아볼 수 있을 것이다. 이것이 이 책의 첫 번째 이론적 배경이자 연구 방법론이다.

　이어서 동북아 지역구도라는 복잡계에 북·중 경협 활성화라는 섭동요인이 가해짐으로써 나타날 관련 국가들의 반응 즉, 파급효과를 '되먹임 시스템 원리'를 응용하여 정리해 보고자 한다. 이와 관련하여 먼저 떠올릴 질문은 과연 '북·중 경협 활성화'가 '동북아 지역구도' 시스템의 섭동요인이 될 자격이 있는가의 문제일 것이다. 섭동요인으로서 갖추어야 할 자격은 그 자체가 동태적이어야 하며, 시스템에 가해졌을 때 시스템의 요동을 일으킬 수 있는 요인이어야 한다.

　이를 확인하기 위해 이 책에서는 지정학 이론을 배경으로 경제지정학적 접근법을 이용해 우선 북·중 지정학적 관계의 변화과정을 한국, 중국, 북한, 일본 학계의 관련 성과들을 통해 살펴보았다. 지금까지 나온 관련 연구성과들의 공통점은 '지속'과 '변화' 혹은 '특수성'과 '보편성'의 범주로 북·중 관계를 분석한 점이다. 즉, 북·중 전통적 관계의 '지속'과 실리를 추구하는 전략적 협력관계로의 '변화' 또는 북·중 전통적 관계라는 '특수성'과 보통 국가관계라는 '보편성'을 설정하여 북·중 관계를 전통적 관계, 특수 관계로부터 전략적 협력관계, 보통 국가관계로 바뀌고 있다고 설명하거나, 특수 관계를 중심으로 보편성을 점차 확대한다고 주장한다. 또한 중국의 '큰 변화'에만 주목하는 경향이 있다.

　필자는 과연 이러한 주장들이 북·중 관계의 과거와 현재의 실체적 모습을 반영했는지에 커다란 의문을 갖는다. 지정학 이론의 변화 발전은 과거와 현재의 북·중 관계 규명에 새로운 이론적 근거로 활용할 수 있을 것이다.

　이런 이유로 이 책은 기존에 사용하고 있는 지정학 개념을 필자 나름대로 재정리함과 동시에 고전지정학과 경제지정학의 상관관계를 통해 북·중 경제관계, 경제협력관계의 성격과 특징을 고찰하고자 한다. 이와 관련하여 이 책에서는 북·중 경제관계를 북·중 관계의 한 부분으로, 북·중 경협을 북·중 경제관계의 한 양상으로 이해한다. 필자는 북·중 경제관계, 경협이 '경제성'과 '정치성'의 이중적인 성격을 갖고 있다고 본다. 더불어 경제지정학의 발전은 고전지정학의 대체·소실을 의미하는 것이 아니라, 그의 계승이고 발전으로 파악한다. 이를 통해 '북·중 경협 활성화'가 시스템의 섭동요인으로 자격이 충분하다는 점을 입증할 것으로 기대한다. 이것이 이 책의 두 번째 이론적 배경이자 연구 방법론이다.

이 책에서는 복잡계 이론 및 그 분석도구와 경제지정학적 접근방법을 활용했지만, "선진 자본주의국가들에서 만든 '분석틀'로 북한사회를 원하는 모양대로 찍어내는 작업"[9]을 피하고자 한다. 따라서 "역사연구가 없는 현상분석은 사상누각"이라는[10] 주장에 공감하여 사실의 시간적 계기에 따라 설명 · 분석해 가는 역사적 접근방법도 함께 취하고자 한다. 필자가 한국에 와서 접하게 된, 동시에 이 책의 주제와 관련한 역사적 접근에서 직 · 간접적으로 도움 받은 연구 성과들은 아래와 같다.

첫 번째, 2003년에 출판된 김광운의 『북한 정치사 연구 Ⅰ』과 2005년에 출판된 서동만의 『북조선 사회주의 체제 성립사 1951~1961년』이다. 일본의 북한문제 최고 전문가로 유명한 와다 하루키는 2010년에 간행한 『북조선 연구 : 서동만 저작집』에서 김광운의 책을 "새로운 자료 정보를 집대성한 대 저서", 서동만의 책을 "2005년에 서동만의 대 저서가 등장한 것은 더욱 대단한 의의를 가진다"고 평가하였다. 필자는 북한과 관련한 사실들을 있었던 그대로 정리하고, 자료에 근거하여 또는 보편적 상식에 입각하여 논리적으로 해석한 이 두 권의 책을 통해 북한체제의 형성과정 및 그 성격에 관하여 많은 것을 배울 수 있었다. 아울러 북한의 1차 자료를 폭넓게 접하면서 실증적 연구의 중요성도 다시 확인할 수 있었다.

두 번째, 이종석의 「새로 쓴 현대북한의 이해」 등이다. 그는 북한체제의 내구력과 위기의 원인 및 변화양상에 관하여 이론과 현실 그

---

9) 김광운, 『북한정치사연구Ⅰ』(서울 : 선인, 2003), 33쪽.
10) 서동만 저작집 간행위원회 엮음, 『북조선 연구 : 서동만 저작집』(서울 : 창비, 2010), 13쪽.

리고 역사의 3요소를 유기적으로 배합하여 "있는 그대로의 북한"을 재구성하고자 하였다. 필자는 그의 책을 통해 올바른 '북한 읽기'의 지혜를 넓힐 수 있었고, 북·중 관계 연구에서 그가 많이 노력했지만 부족하다고 고백했던 관련 자료들을 새롭게 보충하고 싶은 욕심도 생겼다. 김용현은 「북한의 군사국가화에 대한 연구 : 1950~60년대를 중심으로」에서 북한 역사를 관통하고 있는 체제 현상 및 변화를 '군사국가화'라는 개념으로 재해석하였다. 그는 이 같은 상황이 최근 위기상황에서 나타난 일시적인 것이 아니라, 항일무장투쟁의 경험과 6·25전쟁, 그리고 분단구조라는 역사적 배경을 통해 지속적으로 갖춰졌다고 밝혔다. 이를 통해 필자는 동북아 지역구도, 북·중 관계, 북·중 경제관계 등과 관련한 사건들의 재구성에서 역사 흐름의 '연속성'과 '단절성'의 문제를 깊이 고민할 수 있었다.

세 번째, 북한의 통치 이데올로기인 '주체사상'에 대한 체계적·심층적 분석을 한 고유환의 논문 「김정일의 주체사상과 사회주의론」, 「사회주의 위기와 북한의 '우리식 사회주의'」, 「북한식 사회주의 체제의 지속과 변화」 등이다. 북한당국은 사회주의권 붕괴 이후 사회주의 이념의 정체성에 대한 주민들의 회의와 사회주의에 대한 '신심'의 약화, 그리고 신념체계의 동요를 막고자 사회주의 고수와 관련하여 각종 담론들로 사상통제를 강화해왔다. 이 논문들을 통해 북한의 통치이데올로기인 '주체사상'이 시대적 상황에 따라 '혁명적 수령론', '사회정치적 생명체론', '우리식 사회주의론', '사회주의 과학론', '인덕정치론', '붉은기 사상', '선군사상' 등으로 강조·변화되면서, 새롭게 만들어지는 과정을 살펴 볼 수 있었다. 이를 바탕으로 북한과 중국의 통치이데올로기를 비교 분석함으로써 지리적으로 인접해 있는, 마르크스–레닌주의에 뿌리를 둔 두 사회주의 국가의 이념체계가 같으면서도 다르게 변화했던 양상을 확인할 수 있었다. 뿐만 아니라 이러한 차이점이 양국의 경제 발전 및 대외정책에 투영되어 양국 간 '이데올로기적 관계'에 어떤 영향을 미쳤는지도 확인할 수 있었다.

네 번째, 1985년과 1987년 북한 사회과학출판사에서 출판한 박태호의 『조선민주주의인민공화국 대외관계사』1~2이다. 박태호의 책을 통해 북한 조선노동당의 대외정책 및 대외활동을 체계적으로 살펴 볼 수 있었고, 북·중 관계의 형성 및 성격과 전 역사를 살펴볼 수 있었다.

다섯 번째, 2010년에 출판된 히라이와 슌지(平岩俊司)의 『朝鮮民主主義人民共和國と中華人民共和國 : 「唇齒の關係」の構造と變容』과 2012년에 출판된 오고노기 마사오(小此木政夫) 등이 편저(編著)한 『転換期の東アジアと北朝鮮問題』이다. 히라이와 슌지의 책은 북·중 관계의 형성·발전에 영향을 끼친 요인을 네 가지로 나눠서 분석하였다. 히라이와 슌지는 '지정학적 요인'을 네 가지 요인 중의 하나로 보는 반면, 이 책에서는 이 네 가지 요인 모두를 지정학의 틀 속에서 재고찰하여, 북·중 경제관계의 형성·성격을 분석하고자 한다. 아울러 지정학 개념의 사용에서도 차이가 있을 것이다. 오고노기 마사오(小此木政夫) 등이 편저한 책에 실린 가모 도모키(加茂具樹)의 논문 「転換する中国外交と中朝関係」는 히라이와 슌지의 분석을 토대로 중국 외교에서 한반도가 두 가지 의미를 가진다고 분석하고 있다. 아울러 이 두 가지 의미가 시기별 중국의 외교방침과 어우러져 우선순위가 변화·교차하면서 한반도정책에 영향을 준다고 주장한다. 좀 더 구체적인 내용은 이 책의 제2장 제1절 일본에서의 연구성과 검토 부분에서 다루겠다.

이 책의 구성은 다음과 같다.

제2장에서는 지금까지 나온 북·중 관계와 북·중 경제관계에 관한 한국·중국·북한·일본 등에서의 연구들 및 지정학이론과 복잡계 이론을 활용한 연구들에 관한 재검토에 바탕하여 이 책의 연구 위상과 방향을 잡아보고자 한다. 나아가 이 책의 주요 연구방법론으로서 '경제지정학적 접근방법'과 '되먹임 시스템 원리'을 적용하기 위하여, 그 이론적 배경인 '지정학 이론'과 '복잡계 이론'을 살펴보고자 한다. 즉 지정학 이론 및 '경제지정학적 접근방법'이 왜 북·중 관계를 설명하는데 유용한지의 문제, 마찬가지로 복잡계로 왜 동북아 지역구도를 분석 설명할 수 있는지, '되먹임 시스템 원리'가 '북·중 경협 활성화'를 '섭동요인'으로 설정했을 때 시스템에서 일어나는 '요동' 즉, 파급효과를 제대로 설명할 수 있는지 등에 관해 이론적 측면에서 적용 가능성을 논증하고 관련 개념들을 정리·정립하고자 한다.

제3장에서는 시스템 즉, 동북아 지역구도의 '섭동요인'으로 될 '북·중 경협 활성화'에 대한 배경, 특징 분석을 통해 그 실체를 파악하고자 한다. 먼저 북·중 경제관계의 성격이 어떻게 변해왔는지에 대해 북·중 관계와의 상관성으로부터 관련 1차 자료와 중국의 당안·문선 등을 활용하여 검토 및 분석을 시도해 보고자 한다. 나아가 보다 근원적인 분석을 시도하고자 '지정학 이론' 및 '경제지정학적 접근방법'을 적용하여 북·중 관계에 영향을 미치는 네 가지 요인을 지정학적 코드로 그 역사적 발전 궤적(1949년부터 2013년까지)을 고찰하고자 한다. 즉 냉전, 탈냉전을 거치면서 '전통적 우의', '순치상의(脣齒相依), 순망 치한(脣亡齒寒)'으로 수사되던 북·중 관계에서 무엇이 변화하고 무엇이 지속되고 있는지를 정리함으로써 그 구조적 성격을 파악할 수 있기를 기대한다. 아울러 중국이 대북정책에서 '북한문제와

북핵문제를 분리'하여 접근한다는 지적에 대해서도 살펴보고자 한다.

　제4장에서는 먼저 동북아 지역구도의 변화과정을 정리해 보고자 한다. 구체적으로 한·미·일 ↔ 북·중·러 대립구도 형성, 중·미 화해와 동북아 지역구도의 재편, 동북아 각국의 이익 추구에 따른 합종연횡, 중국의 부상과 동북아 지역구도의 복잡화 등 시기별로 나누어 정리해 보고자 한다. 이어서 최근 북·중 경협의 특징과 활성화 양상에 관해서도 정리해 볼 것이다. 더불어 이에 대한 관련 주요 국가인 미국·일본·러시아·한국의 이해관계를 대 한반도(對韓半島)·대북(對北) 정책에 초점을 맞춰서 그들의 북·중 경협에 대한 인식 및 반응의 강약 여부를 평가하고자 한다.

　제5장에서는 동북아 지역구도를 '복잡계'로, 북·중 경협 활성화를 '섭동요인'으로 설정하고 되먹임 시스템 원리를 적용하여, 인과지도에 대한 분석을 통해 어떤 파급효과가 일어나는지를 고찰하고자 한다. 여기서 어떤 국가가 이 시스템의 '임계점'인지를 확인할 수 있을 것으로 기대한다. 지금까지 동북아 지역구도와 관련한 연구들은 중·미 관계를 핵심변수로 설정하였기 때문에, 한국에서의 '미세한 변화'가 동북아 지역구도에 미칠 수 있는 '놀라운 변화' 즉, '미시적 패턴'을 놓치곤 하였다. 또한 일부 연구 성과에서 한·중 협력의 중요성, 중견국가로써의 한국의 중요성을 강조하고 있긴 하지만, 이론의 뒷받침이 미흡했다. 이 책이 이를 보강·보완할 수 있기를 기대한다.

　제6장에서는 북·중 경협 활성화가 동북아 지역구도와 한·중 협력에 끼치는 파급효과를 통해, 결론적으로 의사 결정자들이 전략적 판단근거로 활용할 수 있는 시사점을 제시해 봤으면 한다.

　다음의 〈그림 1-1〉은 이 책의 문제의식과 연구 방법, 구성에 관한 전체적인 구도를 잡아본 것이다.

〈그림 1-1〉 문제의식, 연구 방법, 구성의 전체 구도

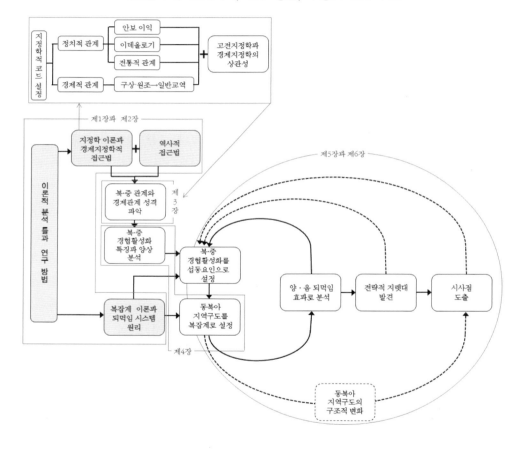

기왕의 북·중 경제관계에 대한 연구들을 살펴보면, 중국의 2차
자료를 위주로 하였기 때문에 놓친 점들이 많았다.

이 책에서는 북·중 경제관계의 새로운 규명을 위해 북한의 공간

(公刊)문헌, 특히 중국의 공식문헌에 대한 북한과 중국학계의 해설을 폭넓게 활용함과 동시에 북한, 중국, 한국, 일본 등의 관련 자료·문헌을 꼼꼼히 대조하여 역사적 사실을 재구성하고자 노력하였다.

북한 측 자료로는 북한의 대표적인 공식문헌인 『김일성저작집』, 『김일성전집』, 『김정일선집』, 『조선로동당력사』 등과 당 기관지인 『로동신문』, 경제학 분야의 이론잡지인 『경제연구』, 정치와 법률부문의 학술잡지인 『정치법률연구』 등을 이용하였다. 더불어 국영통신인 『조선중앙통신』 등과 같은 신문·간행지·보도매체를 이용하였다.

중국 측 자료로는 중국공산당 중앙위원회(中共中央) 마오쩌둥 저작 편집출판위원회에서 편집한 『毛澤東選集(第五卷)』, 중공 중앙 문헌연구실에서 편집한 『周恩來經濟文選』, 『周恩來外交文選』, 『周恩來年譜』, 『建國以來周恩來文稿(第1册)』, 중공 중앙 문헌편집위원회에서 편집한 『鄧小平文選(第三卷)』 등과 『1949~1952 中華人民共和國經濟黨案資料選編』, 『當代中國對外經濟合作』, 『當代中國對外貿易(上·下)』, 『1949~1994 中國對朝鮮和韓國政策文件滙編(1-5册)』, 『中國-韓國政府間主要文件集』 등을 이용하였다. 신문·보도매체로는 중국공산당 기관지인 『人民日報』와 그 자매지로 불리는 『參考消息』, 『環球時報』, 국영방송사인 『CCTV』 등도 이용하였다.

이상의 자료를 바탕으로 경제지정학적 접근방법을 통해 북·중 관계 및 북·중 경제관계를 재정리하였다. 나아가 복잡계 이론 및 그 분석도구를 분석틀로 삼아 북·중 경제관계 변화 특히 북·중 경협 활성화가 동북아 지역구도에 미치는 파급효과에 대한 분석을 통해 무엇인가 필요한 시사점을 도출하고자 기대하였다.

제2장
선행 연구 검토와
이론적 배경

1. 북·중 경제관계와 북·중 관계의 상관성

일반적으로 국가 사이의 '관계'란 둘 이상의 국가가 서로 관련을 맺거나 관련이 있음을 말한다. 따라서 '북·중 관계'는 북한과 중국이 서로 관련을 맺거나 관련이 있는 모든 방면이나 영역을 포함하는 개념일 것이다. 이에 비하여 '북·중 경제관계'는 경제라는 특정 영역에서 두 국가 사이의 관련에 한정된 용어이다.

북·중 관계를 구성하는 요소는 대단히 많을 것이다. 그 가운데 가장 중요한 방면은 두 국가가 안보 협력을 위해 맺는 공식, 비공식 협정으로서의 '동맹'일 것이다.[11] 그것은 두 국가 사이의 정치적 관계를 함축할 것이며, 경제적 관계에도 커다란 영향을 끼칠 것이다. 그런데 서로 다른 유형의 이익을 주고받는 동맹의 관계에서 어떤 요소가 다른 요소를 비대칭적으로 규정하는 경우도 있다. 지정학적 관련성으로부터 발생한 특별한 전략적 이익 제공 등 때문이다.

---

[11] Stephen M. Walt, *The Origins of Alliances* (Ithaca : Cornell University Press, 1987), p.12(이종석, 「중·소의 북한 내정간섭 사례연구」, 『세종정책연구』, 제6권 제2호 (2010), 382쪽에서 재인용).

이 책은 북·중 경제관계, 특히 북·중 경협 활성화가 동북아 지역 구도와 상호작용하여 어떤 현실을 만드는지를 규명하기 위한 것이다. 따라서 북한과 중국의 경제관계에 1차적 관심을 쏟고자 한다. 그런데 북한과 중국의 특수한 지정학 관계 때문에 북·중 경제관계는 처음부터 '원조·구상무역'의 형식을 취했던 사실에서도 확인할 수 있듯이 강한 '정치적 관계'를 포함한 것이었다.

북·중 경제관계는 북·중 관계의 변화 발전에 크게 영향을 받으면서 형성·발전 및 그 구조적 특성을 갖춰왔다. 예컨대 양문수는 북·중 경협 확대 원인으로 정치적 요인과 경제적 요인이 병존한다고 지적하였다. 김석진은 북·중 교역을 결정하는 기본 요인 중 중국과 북한 간의 지리적 거리가 불변이라고 강조하였다.[12] 여기서 지리적 거리는 지정학적 관계로 이해할 수 있을 것이다.

따라서 이 책에서는 큰 틀에서 북·중 경제관계를 북·중 관계의 한 부분, 북·중 경협은 북·중 경제관계의 한 양상이라 취급한다. 때문에 이 책에서는 북·중 경제관계의 성격 파악에 초점을 맞추면서도 북·중 관계와의 상관성을 포함시켜 이 책의 제4장 제2절과 제3절에서 다룰 것이다.

2. 한국에서의 연구

이종석은 북·중 관계는 탈냉전 후 정립된 "전략적 협력관계"의 범

---

12) 양문수, 「북·중 경협 확대와 통중 봉남의 미래」, 『황해문화』, 가을호(2011), 240~243쪽; 김석진, 「북·중경협 확대 요인과 북한경제에 대한 영향」, 『KDI 북한경제리뷰』, 1월호(2013), 96쪽.

주를 벗어나지 않았다고 주장한다. 그렇지만 내용면에서 실용주의적 측면이 강한 기존의 관계에 비해 정치·안보 면에서 유대가 강화되고 경제에서 구조적인 연계가 구축되는 등 '동맹의 요소'가 강화된 전략적 협력단계로 변화했다고 한다.[13] 여기서 북·중 간 "전략적 협력관계"란 중국이 북한의 국가 존립문제에서는 자신의 근본적인 이익으로 간주하여 적극 대처하지만, 그 밖의 문제는 선택적으로 협력하거나 지원하는 관계를 말한다. 즉 새로운 실용주의 질서 위에 동맹적 성격을 가미시킨 것이 전략적 협력관계라고 보는 것이다.[14] 그는 공동이익의 창출을 목표로 하는 북·중 경협이 북·중 경제관계의 과거와 달리 '구조적 결착관계'로 변화하고 있음을 의미한다고 지적하였다.[15] 또한 북·중 동맹은 '내정 불간섭형 비대칭 동맹'의 성격을 띠고 있으며, 이러한 관계는 1969년부터 북한이 중국으로부터 자율성을 확보하는 가운데 재정립된 것이며, 현재까지 지속되고 있는 북·중 동맹에서도 형태는 '전형적인 비대칭 동맹'으로 보이나 실제 내용에서는 '내정 불간섭형 비대칭 동맹' 그대로라고 강조한다.[16] 이러한 동맹관계가 유지되는 이유와 관련하여 이종석은 북한

----

13) 이종석, 「2차 핵실험 이후 북한-중국 관계의 변화 : 특징과 배경」, 『세종정책연구』, 제21호(2012), 15쪽.
14) 이종석, 『북한-중국 관계 1945~2000』(서울 : 도서출판 중심, 2000), 282쪽.
15) 이종석, 「북-중 경제협력의 심화 : 특징과 함의」, 『정세와 정책』, 7월호(2011), 10쪽.
16) 안보 이익·전략적 이익의 교환 관점에서 '비대칭 동맹(asymmetricalliance)'을 보면 약소국이 강대국에 대해 자율성 일부를 제공하는 것을 거부하는데도 불구하고 강대국이 자신의 특별한 전략적 이익을 지키기 위해 동맹관계를 포기하지 않는 경우가 발생할 수 있다. 이것을 약소국이 강대국에 특별한 전략적 이익의 제공을 넘어서서 자율성 이익까지 제공하는 '전형적인 비대칭 동맹'과는 달리 '내정 불간섭형 비대칭 동맹(non-intervention asymmetricalliance)'이라 부른다(이종석, 「중·소의 북한 내정간섭 사례연구 : 8월 종파사건」, 『세종정책연구』, 제6권 2호(2006), 383~384·414~416쪽).

이 비록 냉전시대에는 못 미치지만 여전히 중국에게 특별한 전략적 이익을 가지며, 인접한 '가치 공유국'이고, 더욱이 대미관계에서 북한을 여전히 중국의 '완충지역'으로 인식하기 때문이라고 주장한다.

문홍호는 후진타오 집권 이후 대북정책이 중국의 정치·경제·사회적 변화와 탈 이념화, 북한 핵문제의 돌출, 한반도 주변 정세 변화 등과 결부되어 기존의 '특수성'을 축소하고 '보편성'을 확대하는 방향으로 현실화되었다고 본다. 하지만 정치·이념적 유대의 퇴보에도 불구하고, 북·중 관계는 여전히 기대와 불신, 협력과 갈등을 교차하는 이중구조를 벗어나지 못했다고 주장한다. 이는 북한의 전략적 가치를 유지하려는 중국과 국제적 고립 상황에서 미우나 고우나 중국에 의존할 수밖에 없는 북한의 불가피한 선택에 따른 것이라고 한다. 때문에 중단기적으로 북·중 관계의 이러한 이중적 구조는 여전히 양국관계를 규율하게 될 것이며 더 나아가 한반도문제와 관련하여 복합적인 국제관계의 주요 변수로 작용할 것이라고 본다.[17] 아울러 현 단계 북·중 관계 분석에서 양국관계의 고유한 측면으로 간주되어 온 특수성과 국가이익에 기반한 정상적 국가관계로서의 보편성에 대한 비교 분석이 선행되어야 한다고 강조한다.[18]

이희옥은 향후 북·중 관계는 기존 '동맹'의 틀을 강화하기보다는 '국가 대 국가'라는 현재의 관계를 강화시킬 가능성이 크며, 나아가 중국은 북한을 정상국가로 만들기 위한 권고를 지속할 것으로 전망한다. 그러나 북·중 관계의 역사적 궤적을 보면 북·중 관계는 '순망 치한'의 지정학적 이익이라는 구조적 틀 내에서 움직이는 것도 사

17) 문홍호, 「후진타오 집권기 중국의 대북한 인식과 정책 : 변화와 지속」, 『북한, 어디로 가는가?』(서울 : 도서출판 플래닛미디어, 2009), 187·198쪽.
18) 문홍호, 위의 책, 170쪽.

실이라고 지적하였다. 다시 말해 중국과 북한 모두 동맹의 포기와 연루(포기-연루 모델)의 위험을 고려하여 최적의 이익을 추구할 수밖에 없다는 것이다. 여기서 북한체제의 생존에서 얻을 수 있는 중국의 핵심이익이 냉전기와 유사하거나 보다 강해질 수 있기 때문에 북·중 관계를 중장기적 맥락에서 보면 그 핵심변수는 북한체제의 존재방식에 대한 것이라 본다.[19]

이남주에 따르면 북·중 관계는 1961년「조·중 우호, 협조 및 호상원조에 관한 조약」의 체결로 '전통적 우호협력관계'를 맺음으로써 양국의 군사적 동맹관계를 더욱 강화하였고, 냉전체제의 해체와 1992년 한·중 수교 및 덩샤오핑(鄧小平)의 '남순 강화(南巡講話)' 이후 더 이상 이념과 전략적 목표의 공유가 아니라 현실적 이익 또는 전술적 목표에 기반을 둔 '실리적 관계'로 변화하기 시작했다고 한다.[20] 또 북·중 관계는 6·25전쟁 이후 이념·정치·군사적으로 밀접한 협력관계를 발전시켰으며, 중국은 북한의 안전보장에 매우 중요한 역할을 하였다고 한다. 그러나 북·중 사이의 현격한 힘의 차이에도 불구하고 비대칭적 관계는 아니었고, 북한은 중국에 대해 상당한 자율성을 유지하였다고 본다. 그는 이러한 특수관계가 가능했던 이유를 역사적 요인과 지정학적인 요인을 들고 있는데, 지정학적 중요성의 강약에 따라 양국관계가 조율된다고 분석하였다.[21]

이동률도 북·중 관계에서 지정학적 이익의 중요성을 강조한다.

---

[19] 이희옥,「북·중 관계의 변화와 한국의 대응」,『중국의 부상에 따른 한국의 국가전략 연구 Ⅰ』(서울 : 대외경제정책연구원, 2009), 182·200~202·211~212쪽.

[20] 李南周(이남주),「朝鮮的變化與中朝關係──從'傳統的友好合作關係'到'實利關係'」,『現代國際關係(中國)』, 第9期(2005), 53~54쪽.

[21] 이남주,「북·중 관계의 진전을 어떻게 볼 것인가?」,『황해문화』(2006년 여름), 186~189·191쪽.

그는 중국에게 전통적인 혈맹관계를 기반으로 한 '북한요인'이 이미 그 기능을 끝내가고 있다고 파악한다. 반면, 중국이 한반도에서의 영향력 증대를 모색할 수 있는 일종의 종속변수, 전통적 의미의 안보 완충지대에서 이제는 미국·한국과의 관계에서 전략적 지렛대로서의 가치가 부각되고 있다고 본다. 또한 중국은 비록 북·미 관계 개선이 이루어지더라도 북한이 인접한 대국인 중국과의 관계를 더 중시할 수밖에 없을 것이라고 주장한다.[22]

박종철은 냉전시기 북·중 관계를 이데올로기 관계, 안전보장과 원조 관계, 역사적 지정학적 관계를 중심으로 원심력과 구심력이 작동한 '보통 국가관계'였고, 탈냉전 이후 '전통적 우호협력관계'로 변화 발전했다고 해석한다. 특히 한·중 수교 이후 북·중 관계는 긴장 → 관계 회복 → 조정 → 관계 강화의 단계를 거쳤다고 본다. 그는 향후의 북·중 관계를 지정학적 의미의 '전통적 우호협력관계'로 지속하겠지만, 국가이익을 좀 더 고려하는 실용적인 관계로 변화·발전할 것으로 전망한다.[23]

전병곤은 북·중 관계에 대해 "이념의 공유를 기초로 한 혈맹관계가 해체되고 국제환경 및 국가이익을 고려한 전략적 이해관계에 따라 협력·갈등하는 관계로 전이했다고 본다. 즉, 사회주의 국가 간의 관계라는 특수성을 유지하되, 실리에 따라 부문별 협력이 증대되고

---

[22] 이동률, 「중국의 북한에 대한 인식과 전략 : 주요 현안을 중심으로」, 『동아시아브리프』, 제3권 제4호(2008), 100~101·105쪽; 이동률, 「중국의 대북전략과 북·중 관계 : 2010년 이후 김정일의 중국방문 결과를 중심으로」, 『세계지역연구논총』, 29집 3호(2011), 313쪽.

[23] 박종철(朴鍾喆), 「演變中的中朝關係研究 : 走出血盟(1953年~1994年)"(中國 社會科學院 博士學位論文, 2007); 박종철, 「북·중 관계 연구현황에 관한 분석」, 『社會科學研究』, 제34집 1호(2010), 92쪽; 박종철, 「중국의 대북 경제정책과 경제협력에 관한 연구」, 『한국동북아논총』, 제62호(2012), 76·96쪽.

있는 다층적 관계를 형성하고 있다."고 분석한다. 이러한 관점으로
부터 '천안함 사건'의 발생을 국제환경의 변화 속에서 중국과 북한의
전략적 이익이 수렴하는 계기였다고 주장한다. 그는 천안함 사건에
대한 중국의 대응을 볼 때, 중국의 대북정책을 변화보다 지속적 측
면이 강하다고 평가한다. 즉, 중국이 한반도의 안정을 최상위 목표
로 설정하고 6자 회담을 통한 북핵문제의 평화적 해결을 고수하면서
대북 압박보다는 포용 기조 하에서 경제 지원을 전략적으로 지속하
고 있는 점에 주목하였다. 그러나 미세하나마 변화의 측면도 감지할
수 있다면서, 천안함 사건 이후 북·중 관계가 경제협력에서 정치외
교를 넘어 군사안보 분야까지 포괄하는 방향으로 강화되고 있다고
주장한다.[24]

　　최명해는 중국의 한반도정책 기조를 한마디로 "현상 유지 플러스
(statusquo plus)"일 것이라고 표현한다. 또한 북한이 북·미 양자 구
도를 선호하는 전략적 의도 때문에 북·중 관계의 딜레마가 출현했
다고 본다. 그는 중국이 우선 남북 화해와 긴장 완화를 선행시키고,
이후 한반도의 '항구적' 평화를 미·중이 보증하는 한반도문제 해결
구도를 가장 선호해왔다고 본다. 하지만 북한은 중국이 선호하는 남
북관계 개선을 대중 외교에 하나의 '카드'로 활용하거나, 미국과 중
국이 한반도의 '안정적' 현상 유지를 목적으로 추진한 다자대화의 판
을 '모험주의'라는 돌발행동으로 흔들어 왔다고 분석한다. 때문에 중
국의 딜레마는 바로 "한반도 비핵화"와 "북한과의 정상적 관계 유지"
라는 상호 충돌하는 듯 보이는 정책목표에서 우선순위 또는 최소한
의 합의를 정하지 못한다는 데 있다고 바라본다.[25]

24) 전병곤, 「천안함 이후 북·중 관계의 변화와 영향」, 『韓中社會科學研究』, 제9권
　　제1호 통권 19호(2011), 2·16쪽.

박창희는 북·중 관계가 안보와 체제 안정이라는 두 가지의 지정학적 이익을 서로 공유할 수 있을 때 우호적 관계를 유지할 수 있었지만, 그렇지 못할 때 갈등 또는 대립의 관계로 나아갔다고 본다. 결국 북·중 관계는 최고 지도자들 간의 친분관계나 대외 선전을 위한 '혈맹' 등의 구호가 아니라 바로 냉철한 국가 이익에 의해 결정되었다고 주장한다. 그는 양국의 지정학적 이익이 북·중 동맹관계를 지배하는 결정적인 요인이라 판단하는 것이다.[26]

권영경은 중국이 1992년에 〈한·중 수교〉를 맺으면서 북·중 관계를 '정상국가 관계'로 전환하고자 북한에 '우호가격'에 의한 교역방식을 철폐하고 경화 결제방식을 요구한 사실에 주목한다. 그 결과 탈냉전시기 북·중 경제관계는 양적·질적으로 의미 있는 관계가 아닌 것으로 변화했다고 본다. 21세기 들어오면서 북·중 간 정치관계는 혈맹의 토대 위에서 전략적 협력관계로 구축되는 방향으로 진전하였고, 북·중 경제관계도 2000년대 이후 양적·질적으로 비약적인 성장을 했으며, 이것은 "신 북·중 경협 시대"가 도래하였음을 의미한다고 주장한다. 북·중 간 경제관계가 이렇게 밀착관계를 맺게 된 이유는 혈맹이라는 전통적 유대관계 위에 최근 국제질서 변화 속에서 맞아떨어진 북·중 간 전략적 이해관계, 북·중 양국의 경제개발에 대한 경제적 수요 등 세 가지 요인이 작용했기 때문이라고 분석한다. 그 결과 북·중 경제관계는 분명히 구조적으로 다른 형태로 진화하고 있으며, 동시에 환경 변화에 맞추어 속도 조절 내지 조율되어 갈 것이라 전망한다. 또한 그는 중국이 'G2'국가로 부상하면서

[25] 최명해, 「북한의 2차 핵실험과 북·중 관계」, 『국방정책연구』, 제3호 통권 제85호(2009), 116·124·141쪽.
[26] 박창희, 「지정학적 이익 변화와 북·중 동맹관계: 기원, 발전, 그리고 전망」, 『중소연구』, 통권 113호(2007), 30·33쪽.

북한의 '전략적 가치'를 재조명하고 대북정책의 우선순위를 '북한문제' 관리에 두고 있지만, 북한의 변화를 유도하는 방향으로 경제적 개입주의 전략을 추진할 것으로 예측한다.[27]

이태환은 양국 관계의 비대칭성을 감안할 때 중국 대외관계의 맥락에서 본 양국 관계가 북한의 시각에서 보는 북한과 중국과의 관계보다 더 중요하다고 주장한다. 이에 따라서 북·중 관계가 냉전기 '순망 치한'의 동맹관계에서 탈냉전기의 실용주의적인 우호협력관계로 전화하고 있다고 평가한다. 그는 냉전기 양국 관계를 지정학적 요인, 개인적 유대, 이데올로기적 요인과 지도부 간의 상호 인식 등을 포함하는 여러 가지 대내외적 요인의 영향으로 말미암아 양국 관계가 동맹관계를 유지하면서도 밀월기와 갈등기를 반복하며 변화해왔다고 정리한다. 하지만 탈냉전기에 들어오면서 북·중 관계는 이데올로기 요인과 개인적인 유대 요인이 퇴조하고 지정학적 요인을 포함한 체제 유지와 같은 국가 이익이 더 중요한 요인으로 작용하고 있다고 주장한다. 여기서 북·중 관계에 영향을 주는 '지정학적 요인'을 변수가 아닌 상수라고 강조한다. 그는 향후 북·중 관계를 변화와 지속의 두 측면 중에서 변화의 비중이 점점 높아질 것이며, 변화의 폭이 크지 않더라도 그 성격은 이미 달라지고 있고 앞으로도 크게 변화할 여지가 있다고 전망한다.[28]

김재관은 2003년 제2차 북핵 위기와 북핵 개발 이후 최근 북·중 관계가 경제안보 차원과 군사안보 차원에서 확고하게 안정적인 관계를 유지해왔다고 강조하였다. 그는 중국의 국가이익을 3가지로 분

27) 권영경, 「신 북·중 경협시대의 도래와 우리의 대응과제」, 『평화학연구』, 제13권 1호(2012), 147~148·170쪽.
28) 세종연구소 북한연구센터 엮음, 『북한의 대외관계』(서울 : 한울, 2007), 243~244·246·288~290쪽.

류했을 때 북·중 관계는 중국의 사활적인 핵심적 국가이익의 종속
변수라 할 수 있으며, 중국의 대북 기본 정책목표 중 한반도의 평화
와 안정 유지를 중국의 이해관계에서 보면 대북전략의 최우선 목표
라고 분석한다. 따라서 '우리식 사회주의'와 '주체'를 강조하는 북한의
입장 그리고 중국의 '동북 진흥전략(東北老工業基地振興戰略)'과 '창지
투(長吉圖)' 개발계획은 북·중 관계만을 겨냥한 것이 아니라 중·러
관계까지 포함하는 사업이라고 파악한다. 결론적으로 그는 북·중 경
협 확대를 '위성국가론', '동북 4성론'으로 보는 논리에 대하여 이론적
으로도 타당성이 없으며, 현실성도 전혀 없다고 진단한다.[29]

　이상의 한국 측 연구 성과들을 관점의 차이를 중심으로 정리하면
다음과 같이 나눌 수 있을 것이다.

　첫째, '지속'으로 보는 관점 즉, ①'동맹관계'에서 탈냉전 이후 정립
된 '실용주의적 우호협력관계' 또는 '실리적 관계'가 지속될 것이라
본다. 예컨대 2003년 제2차 북핵 위기와 북핵 개발 이후 북·중 관계
는 정치적 차원과 경제적 차원에서 확고하게 안정적인 관계를 유지
했으며 근본적인 변화가 없다고 본다. ②지정학적 이익에 기반을 둔
지정학적 관계가 6·25전쟁 시기부터 지속되었다고 본다. 지정학적
이익을 공유할 때에는 우호적 관계, 그렇지 못할 경우에는 갈등 또
는 대립의 관계를 반복하면서 지속되었다는 것이다.

　둘째, '변화 속의 지속'으로 보는 관점 즉, 북·중 관계가 '혈맹관계'
로부터 '정상적인 국가관계'로 변화하고 있다든가, 변화할 것이지만

---

29) 김재관, 「제2차 북핵 위기 이후 북·중 관계의 근본적 변화 연부에 관한 연구 :
경제·군사안보 영역의 최근 변화를 중심으로」, 『東亞硏究』, 第52輯(2007), 298·
300·307쪽; 김재관, 「G-2시대 한중관계의 주요 딜레마와 쟁점에 대한 시론적
검토」, 『한국사연구(160)』, 3월호(2013), 308쪽.

지속적인 측면이 존재한다고 본다. 이런 관점들은 주로 북한의 2013년 3차 핵실험을 그 계기로 보고 있지만, 아직 근본적인 변화가 없으며 변화의 폭도 작다고 인식한다.

셋째, '지속 속의 변화'로 보는 관점 즉, '동맹관계'에서 탈냉전 이후 정립된 '전략적 협력단계'가 지속될 것이라 본다. 이종석은 그 범주가 '전략적 협력관계'이지만 내용면에서 동맹의 요소가 유지되면서 실용주의적 측면이 강해지고 있다고 인식한다. 하지만 2차 핵실험 이후 내용면에서 실용주의적 측면이 강한 기존의 관계에 비해 정치·안보 면에서 유대가 강화되고 경제에서 구조적인 연계가 구축되는 등 '동맹의 요소'가 강화된 전략적 협력단계로 변화했다고 강조한다.

한국 측 연구자들의 관점은 대체로 북·중 관계를 '지속'과 '변화'의 두 측면에서 다루고 있다. 하지만 '완전 지속' 또는 '완전 변화'했다고 보는 견해는 거의 없다. 즉 큰 틀에서는 지속적이지만, 내용면에서 변화 측면이 있다든가, 설상 변화한다고 해도 변화의 폭이 작으며 지속 측면도 있다고 본다.

3. 중국에서의 연구

다음으로, 중국 측 연구 성과들을 살펴보자.

진징이(金景一)는 고대로부터 근대로의 북·중 관계사는 문화, 체계, 지연의 3개 차원에서 전개되었다고 본다. 즉 문화적 의미에서 '일의 대수(一衣帶水, 겨우 냇물 하나를 사이에 둔 가까운 이웃)', 천조예치체계(天朝禮治體系)적 의미에서 '보거 상의(輔車相依)'[30], 지연정치(地政學)적 의미에서 '순망 치한(脣亡齒寒)'적 관계라고 설명한

다. 역사적 인식의 동질성도 양국 관계를 돈독히 하는 유대라고 본
다. 그는 근대에 와서 특히 1876년 「강화도조약」의 체결 이후 북·중
관계가 '순망 치한' 관계를 형성하였다고 주장한다. 이때로부터 중국
에게 한반도의 지정학적 의미가 더욱 부각되기 시작하였으며, 양국
관계도 지정학적 차원에서 전개되었다고 보는 것이다.[31] 때문에 그
는 한반도문제를 지경학적으로 풀어야 한다고 주장한다.[32]

앤쉐퉁(閻學通)은 중국의 대북 정책을 이해하려면 우선 중국의 외
교정책을 이해해야 한다고 강조한다. 즉 "중국의 대외정책의 최고
목표는 경제 건설을 중심으로, 아니면 국가 종합 실력의 제고를 중
심으로 할 것인가 하는 문제이다. 양자는 본질적으로 구별된다. 현
재 우리나라(中國) 외교정책의 목표는 매우 명확하다. 중앙에서 매우
명확히 지적하였듯 우리나라 외교는 국내의 경제 건설을 위해 복무
하여야 하며 이 목표가 변하지 않으면 우리의 대북정책도 큰 변화가
없을 것이다. 주권이익과 경제이익 사이 우리나라는 경제이익을 대
외정책의 주요 이익으로 수호하고 있다."고 정리한다. 그는 이 점을
이해하면 중국의 대북 핵실험에 대한 정책뿐만 아니라 중국의 총체
적 외교정책의 이론 기초를 파악하는데 도움이 된다고 지적하였다.

----

[30] 중국에서는 입술과 치아가 서로 의존하는 형국이라는 의미로 '순치 상의(脣齒相
依)'란 표현도 자주 사용한다.

[31] 金景一, 「淺論中國與朝鮮半島關係史的三個層面」, 『東疆學刊(中國)』, 제19권 第2期
(2002), 41~45쪽.

[32] 진징이, 「지경학적으로 한반도 문제를 풀어야 한다」, 『통일뉴스』, 2011년 10월
5일자. 이와 관련하여 한국의 연구자 박광희도 1876년을 전후하여 북·중 관계
는 '순망 치한' 관계를 형성하였으며, 마오쩌둥시기를 거쳐 그 이후 세대의 외교
문제를 거론할 만한 지도자들은 모두 한결 같이 한반도와 중국의 관계를 '순망
치한'으로 생각하였다고 주장한다. 그는 앞으로도 중국 정치엘리트의 '순망 치
한'적 역사인식은 지속될 것으로 전망한다(박광희, 「한반도의 지정학적 의미에
대한 중국 정치엘리트의 전통적 인식」, 『新亞細亞』, 제13권 제3호(2006), 11~17쪽).

또 6자 회담은 효과적인 안전보장의 제안을 제시하지 못했다고 하면
서 "만약 6자 회담의 교훈을 종합한다면 우선 국제 안전관계와 경제
관계의 성격을 구분하지 못한 것이다. 국가 경제관계와 국가 안전관
계를 파악함에 있어서 동질적이라 여기고 안전관계를 경제와 '윈-윈
관계'라 이해한다. 국가 간의 안전관계는 대부분의 경우 '제로관계
(零和關係)'이지 '윈-윈적' 해석은 실제 상황에 적합하지 않다."고 주
장한다.[33]

다이쉬(戴旭)는 북·중 관계를 '피로 맺은 전투적 우의'라 표현하면
서 양국의 전통적 우의를 강조한다. 그는 한반도 정세 긴장의 배후
에 미국의 전략적 음모가 숨겨져 있다고 본다. 북한은 미국이 중국
의 주변국 중 유일하게 간섭할 수 없는 국가로써 북한 돌발행위의
근본목적이 미국과의 관계 정상화를 통한 자국의 체제 유지에 있다
고 판단한다. 이에 미국은 전략적으로 북한을 자극하고 중국을 압박
하여 대북제재에서 강경태도를 취하도록 압박하고 있다고 이해한다.
이럴 경우 미국은 일석이조의 효과를 얻을 수 있다는 것이다. 즉
북·중 관계 악화와 북·미 관계 정상화가 성사될 수 있다고 예측한
다. 더불어 미국은 한반도 위기에 대해 아무런 위기감도 없으며 방
관의 태도로 사태 진척을 지켜보고 있을 뿐이라고 지적한다.[34]

장랜구이(張璉瑰)는 북한의 핵 보유는 동북아 각 국, 특히 중국에
게 치명적이라고 인식한다. 아울러 이는 동북아 군비 경쟁을 더욱
악화시키고 동북아 국제관계를 더욱 복잡하게 만들고 있을 뿐만 아

---

33) 閻學通, 「朝鮮核試驗對中朝關係影響惡劣」, 『中國日報罔(中國)』, 2006년 10월 10일
    자; 閻學通, 「朝核迷局猜想」, 『領導文萃(中國)』, 第18期(2009), 113~136쪽.
34) 戴旭, 「美國對中國的暗算」, 『領導文萃(中國)』, 第18期(2010), 51~52쪽; 戴旭, 「朝鮮
    核爆凸顯中國綜合國力不足」, 『環球時報(中國)』, 2009년 6월 1일자.

니라, 북한 핵문제를 급속히 해결하지 않으면 세계적인 핵전쟁으로
까지 확산될 수 있다고 본다. 그는 현재 북한 핵문제 해결방법을 네
가지 경우로 상정하고 있다. "첫째, 협상을 통한 평화적 해결 둘째,
제재를 통해 북한 핵 포기를 압박하는 것 셋째, 회담이 무기한 연장
되면서 효력을 상실 넷째, 북·미 협상 끝에 북한이 제한적인 핵 보
유국으로 인정받는 것"이다. 그는 이 네 가지 경우 가운데 중국에게
제일 유리한 것이 첫 번째 경우이고, 최악의 경우가 네 번째 경우라
고 주장하면서, 위의 네 가지 경우 중 순위가 뒤로 갈수록 중국에게
는 불리하다고 주장한다.[35]

추쑤룽(楚樹龍)은 2012년 북한의 정권 교체가 안정적으로 이루어진
다고 해도 북한의 경제 및 정치와 정책의 불안정성으로 말미암아 한
반도의 불안정 추세는 지속될 것이라고 본다. 그는 중국의 대북정책
이 완벽할 수 없는 상황에서 북한 및 동북아 지역의 평화와 안정을
유지함으로써 평화적이고 안정한 주변 환경을 확보하여야 한다고 주
장한다. 그는 한반도에서 근본적인 개혁이 없는 한 그 어떠한 중대한
개혁도 헛되이 될 것이며, 모든 면에서 불리하다고 판단한다. 이러한
전략적 환경 속에서 중국은 유엔의 각종 결의 틀 내에서 북한과의 협
력을 지속하여야 하고, 최소한의 지지와 대북 원조를 하여야 하며, 동
시에 한국·러시아·미국 등 관련국과의 교류·협상을 지속적으로
유지해야 한다고 주장한다. 그래야만 한반도에서 급변사태가 발생했
을 때, 사태 악화를 방지할 수 있다고 보기 때문이다.[36]

---

35) 張璉瑰, 「朝鮮核問題 : 回顧與思考」, 『韓國研究論叢(中國)』, 第1期(2009), 130~132쪽;
張璉瑰, 「朝鮮核問題現狀與美國責任」, 『東北亞學刊(中國)』, 總第2期 第2期(2012),
4~5쪽.
36) 楚樹龍, 「東北亞戰略形勢與中國」, 『現代國際關係(中國)』, 第1期(2012), 20~21쪽.

스인홍(時殷弘)은 북한 핵문제에서 중국이 반드시 평화적 해결을 전제로 한반도의 비핵화를 견결히 옹호해야 하며, 북한과의 우호적인 관계와 접근방식을 유지함으로써 대북문제에서 주요 역할과 가능한 특수 '유대' 역할을 해야 한다고 본다. 동시에 한국과의 관계에서도 한·미 동맹의 불가피한 존재를 어느 정도 묵인하면서, 한국이 대외정책에서 자주성을 높여 나가며 국제 정치·경제영역에서 한·중 협력관계를 발전시키도록 해야 한다고 강조한다. 또 중국의 대남, 대북 균형정책은 중국의 장기적인 이익에 부합되며 중국의 대북 영향력 확대에도 유리하다고 지적한다. 그는 중국이 한반도의 비핵화를 지지하면서도 북한과 소원해질 수도 없는 북·중 관계의 특수성 즉, 지정학적 관계 때문에 중국이 각별한 인내심과 의지력을 갖고 접근하고 있지만, 이는 미국의 영향력이 쇠퇴되고 있는 상황에서 중국의 장기적 전략에도 유리할 것이라고 전망한다.[37]

차이쩬(蔡建)은 북핵문제 해결에서 중국이 수차례의 6자 회담을 성공적으로 개최했음에도 불구하고 대북 영향력이 제한적이었던 이유를 다음과 같이 제시하였다. "첫째, 중국의 외교전략은 중국의 대북 영향력 행사를 제한한다. 중국의 한반도문제에서의 우선은 전쟁을 피하여 한반도의 안정을 유지하는 것이다. 그 다음으로 한반도의 비핵화이다. 중국은 북한의 핵 보유를 원하지 않으며, 한반도의 안정성을 제고하여 한반도에서 영향력을 확대하여 더욱 유리한 정치적 지위를 확보함으로써 경제 발전에 총력을 기울이고자 한다. 둘째, 중국이 북한에 행사할 수 있는 수단은 제한적이다. 북핵문제 해결을

---

37) 時殷弘, 「朝鮮核危機：歷史, 現狀與可能前景——兼談当前的'韓國問題'」, 『敎學與硏究（中國）』, 第2期(2004), 58쪽; 時殷弘, 「中國如何面對朝鮮」, 『中國新聞週刊(中國)』, 第23期(2009), 37·39쪽.

위해 국제사회가 중국에 거는 기대는 환상이다. 중국은 대북 경제적 지렛대를 이용하여 대북제재를 감행하지 않을 것이며, 대화·협력을 통해 점진적으로 북한의 경제개혁을 유도할 것이다."[38] 결국 그는 북핵문제 해결의 열쇠를 미국이 오로지 갖고 있다고 본다.

주펑(朱峰)은 6자 회담이 실질적인 진전이 없는 원인을 6자 회담 참가국들이 '북핵문제 해결'과 '북한문제 해결'에서 지속적인 의견 차이를 보였기 때문이라고 본다. 그는 6자 회담의 실질적인 추진을 위해서 각 국의 북한문제와 북핵문제에서의 입장 조율 및 협력 건설(collaboration building)과 모멘텀 건설(momentun building)을 전제해야 한다고 주장한다. 즉 제재와 압력은 부차적인 수단으로 삼고, 원조와 지지를 통해 우선 북한의 경제난을 해결해주면서 점진적으로 북한의 개혁과 개방 및 동아시아 안보체계에 동참하도록 유도하여야 한다는 견해이다. 또 북한의 핵 보유는 미·일의 군사 타격을 막기 위한 방어용으로써 공격성을 띠지 않기 때문에 북한문제를 직시하는 것이 북핵문제 해결의 관건이라고 주장한다. 그는 2차 북핵실험 이후 6자 회담에서 강압외교(coercive diplomacy)를 가동시킬 필요가 있는지의 여부에 대해 토론할 때가 되었다고 지적한다.[39]

천펑쥔(陳峰君)은 1949년 북·중 수교의 동기와 목적이 ①중국 건국 초기 '일변도' 전략의 체현 ②오랜 시간 한반도 공산당과 중국 공산당인의 밀접한 관계의 자연적인 연속 ③중국의 국가이익의 필요에 기반한 현실적인 선택이었다고 정리한다. 그는 탈냉전 이후 한·중

38) 蔡建, 「中國在朝核問題上的有限作用」, 『韓國研究論叢(中國)』, 第1期(2012), 93·99~102·104~105쪽.
39) 朱峰, 「六方會談 : '朝核問題'還是'朝鮮問題'?」, 『國際政治研究(中國)』, 第3期(2005), 29·31쪽 36~37쪽; 朱峰, 「二次核試後的朝核危機 : 六方會談與'强制政治'」, 『現代國際關係(中國)』, 第7期(2009), 47·50쪽.

수교가 북·중 관계에서 새로운 도전이었지만, 북·중 우호관계는 여전히 동북아 국제관계체계의 불가결한 구성부분이라고 본다. 게다가 중국의 한반도에서의 특수 지위는 지리적 요인이 결정한 것이고, 역사적으로 형성된 것이며, 현실이 부여한 것이라고 강조하고 있다. 이는 지리, 역사, 정치, 경제 등 여러 방면의 요인이 합쳐져 복합적으로 작용한 자연적인 결과이기 때문에 중국의 한반도에서의 특수 지위에 대하여 누구도 부인할 수 없는 것이 현실이라고 주장한다. 그는 한반도가 잠재적 경쟁자인 중국을 견제하기 위해 미국에게도 필요하며, 미국의 일방주의를 견제하고 상쇄시키려는 중국에게도 중요한 전략적 요지라고 보면서, 결국 한반도 문제 해결의 관건을 미국이 쥐고 있다고 강조한다.[40]

선딩리(沈丁立)는 북한의 핵무기 개발과 무력 도발에 대하여 비판하면서, 이해 당사국 특히 중국이 냉정하고 공평하게 문제를 평화적으로 해결할 것을 주장한다. 아울러 북한 핵 포기는 북한 주권과 관련된 문제이기 때문에 지나친 추진은 문제를 해결하지 못할 뿐더러 악화시킬 수 있다고 분석하면서, 결국 북·중 관계에도 악영향을 미칠 수 있다고 본다. 그는 북핵문제가 중·미 관계에서 기회이자 도전인데, 2007년을 전후로 하여 그 이전이 기회였다면 그 이후는 도전이라고 이해한다.[41]

....

40) 陳峰君, 「21世紀朝鮮半島對中國的戰略意義」, 『國際政治研究(中國)』, 第4期(2001), 6~9쪽; 陳峰君, 「朝鮮半島的戰略地位及其發展前景」, 『國際政治研究(中國)』, 第4期(1995), 5~7쪽; 陳峰君, 「朝鮮半島 : 第二個科索沃?」, 『國際論壇(中國)』, 第5期(1999), 25쪽; 陳峰君, 『亞太大國與朝鮮半島』(中國 : 北京大學出版社, 2002), 297~300·338~339·344~347·353~354쪽.
41) 沈丁立, 「全面認識當前的中國國家安全環境」, 『探索與爭鳴(中國)』, 第4期(2011), 6~7쪽; 沈丁立, 「2007 : 防擴散與中美關係」, 『國際問題研究(中國)』, 第2期(2007), 6쪽.

추이즈잉(崔志鷹)은 한반도에서 중국의 이익을 '핵심 이익(核心利益)', '중요 이익(重要利益)', '일반 이익(一般利益)'으로 나눴다. 그에 따르면 북한정권의 존립은 중국의 핵심 이익에 속한다. 때문에 중국은 북핵문제 해결에서 평화적인 북핵문제 해결을 주장하며, 대북 경제제재와 군사압력에 반대한다고 설명한다. 그는 중국이 북한을 비판하면서도 대화를 통한 북한의 핵 포기를 원하며 북한과의 경제 무역관계를 계속 유지할 것으로 예측한다. 이러한 측면에서 중국과 미국의 한반도에서의 공동 이익은 비핵화이지만, 그 우선순위와 해결방식은 큰 차이를 보이고 있다고 분석한다. 즉 대 한반도정책에서 중국은 한반도의 평화와 안정을 출발점으로 삼지만, 미국은 이 점에서 그리 견결하지 않다는 것이다. 그럼에도 한반도문제는 중·미 협력 공조 속에서 해결해 나가야 한다고 주장한다.[42]

쉬원지(徐文吉)는 '순치 상의, 순망 치한'은 중국과 한반도의 지연관계를 반영하는 관용구로서 형상적이고 정확하다고 할 수 있겠지만, 전면적·전략적이지 못하다고 평가한다. 그는 중국의 한반도에 대한 국가 대전략(大戰略 : Grand Strategy) 또는 "최고 차원의 전략(最高層次上的戰略)" 수립이 필요하다고 강조한다. 이를테면 중국의 대한반도 대전략의 목표를 한반도 통일과정에서의 각종 장애를 제거하여 남북 당사자끼리 자주적인 평화통일을 통한 '비핵화', '중립적' 통일 한반도를 확보하는 것에 두어야 한다고 주장한다.[43]

선지루(沈驥如)는 북핵문제 해결에서 중국의 최대 국익을 한반도

42) 崔志鷹, 『朝鮮半島─多視角, 全方向的掃描, 剖析』(中國 : 同濟大學出版社, 2009), 202쪽; 崔志鷹, 「朝鮮半島問題與中美關係」, 『韓國研究論叢(中國)』, 第24期(2012), 124·127쪽.
43) 徐文吉, 『朝鮮半島時局與對策研究』(中國 : 山東大學出版社, 2007), 179·181~182·217~219·286~287쪽.

의 비핵화와 전쟁 방지라고 인식한다. 그는 중국정부가 반드시 북한 정부에게 1961년「조·중 우호, 협조 및 호상원조에 관한 조약」가운데 군사동맹과 관련한 내용을 삭제할 것을 제기해야 한다고 주장한다. 그 이유는 쟝쩌민의 '신 안전관(新安全觀)'이 이미 군사동맹의 선택을 배제하였다고 보기 때문이다. 또한 북·중 인민들 간의 우의는 영원한 것이지만, 정당·정부의 정책은 변화될 수 있기 때문이다. 이를 공개적으로 북한에 제기해야 하는 이유와 관련하여, 그는 북·중이 단시일 내에 조약 개정문제에 협의를 달성하지 못하더라도 구 조약이 북한 당국에 전하는 잘못된 메시지를 바로잡을 수 있기 때문이라고 주장한다. 그는 한반도 긴장 정세의 근원을 북·미 적대관계에 있다고 이해하며, 따라서 중국이 북핵문제의 무력 해결과 북한에 대한 과도한 제재를 반대할 수밖에 없을 것으로 전망한다.[44]

천룽산(陳龍山)은 북한의 변화·발전을 북·중 관계보다는 북한 지도층의 국내외 정치·경제 정세에 대한 판단 여부 및 북한과 미국·일본·한국 관계의 상호작용에서 찾는다. 그는 특별히 북·미 관계가 북한 개혁·개방의 최대 장애요인이라고 보기 때문에, 북·미 관계가 정상화되기 전에는 북한의 근본적인 개혁·개방을 기대하기 어렵다고 판단한다. 따라서 그는 북한의 외교전략을 대미외교를 중심으로 전개되는 '양축 전략(兩軸戰略)'으로 설명한다.[45]

선즈화(沈志華)는 냉전구조가 고착되면서 역사적으로 북·중 관계에 영향을 주던 지연적 요소와 감정적 요소가 점차 퇴색하고 혁명적이고 정치적인 요소를 짙게 했다고 본다. 그는 왜 이미 형성된 북·

---

44) 沈驥如,「維護東北亞安全的當務之急」,『世界經濟與政治(中國)』, 9기(2003), 53·57~58쪽; 沈驥如,「朝核危機趨緩背後」,『時事報告(中國)』, 第10期(2007), 54~55쪽.
45) 陳龍山,「中朝經濟合作對朝鮮經濟的影響」,『當代亞太(中國)』, 第1期(2006), 23·27쪽.

중 동맹관계를 11년 후인 1961년에 법률 형식으로 다시 확인했는지의 문제의식으로부터 출발하여 일련의 역사 사실과 분석을 통해 냉전을 배경으로 한 북·중 관계가 본질적으로 일종의 '정치 연인(政治聯姻)'이지, 양국이 선전하고 있는 또는 사람들이 표면상 밝혔던 것과 같은 '순치 상의'적인 자연적 연맹이 아니라고 주장한다. 그는 중국이 6·25전쟁 참전을 원치 않던 상황에서 끌려들어갔던 것이라고 보며, 마오쩌둥이 북·중 동맹을 결성한 이유도 아시아혁명의 이익 추구 및 중국공산당의 국제공산당운동에서의 지도권 장악을 염두에 둔 조치였다고 주장한다.[46]

왕촨쩬(王傳劍)은 천펑쥔 교수의 제자인 만큼, 중국이 복잡한 동북아 지역구도 게다가 날로 향상되는 중국 종합 국력으로 말미암아 한반도에서 특수한 지위에 처해 있다는 전제로부터 출발한다. 그는 탈냉전 이후에도 중국에게 한반도는 여전히 중요한 전략적 가치가 있으므로, 중국은 북한과의 전통적 우호협력관계를 강화·발전시킴과 동시에 한·중 우호관계도 지속적으로 발전시켜야 한다고 제안한다. 이는 탈냉전 이후 미국 세계화전략의 본질이 '쌍중 억제(雙重遏制, 북한을 억제하고 공산주의를 억제하는 것)'에서 '쌍중 규제(雙重規制, 북한을 규제하고 한반도 주변 대국을 규제하는 것)'로 전환한 데 대한 중국의 대응책이라고 주장한다. 여기서 '규제'라는 개념을 그는 중국어의 고유 해석인 '규범(規範), 제약(制約)'의 의미로 사용하였다.[47]

중국 측 연구자들의 관점이 갖는 특징은 탈냉전을 전후로 중·소,

---

46) 沈志華, 「脣齒相依' 還是'政治聯姻'?—中朝同盟的建立及其延續(1946-1961)」, 『近代史研究所集刊(臺灣)』, 제63기(2009), 149·164·188~189쪽.

47) 王傳劍, 「從'雙重遏制'到'雙重規制'—戰後美韓軍事同盟的歷史考察」, 『美國研究(中國)』, 第2期(2002), 32쪽; 王傳劍, 『雙重規制: 冷戰後美國的朝鮮半島政策』(中國: 世界知識出版社, 2003), 67·183~185·302쪽.

중·미 관계의 이중구조 속에서 북·중 관계를 인식하고 있는 점이다. 이와 관련하여 중국 연구자들은 2006년 1차 북한 핵실험 이후 '전통파'와 '전략파'로 의견이 크게 나뉘어졌다.

여기서 흥미 있는 것은 중국공산당 기관지인 『인민일보(人民日報)』 2000년 5월 12일부터 2013년 8월 18일자를 관찰해보면 제목에 '조한(朝韓)', '한조(韓朝)'를 포함한 총 190여 개 기사 중 '조한(朝韓)'으로 표현된 기사가 98개, '한조(韓朝)'로 표현된 기사가 92개였던 점이다. 기왕의 관행에 비추어 당연히 북한을 한국의 앞에 놓고 '조한(朝韓)'이라고 표현라는 것이 상식일 것이라고 전제할 경우 이 비율은 의외이다. 특히 2013년 5월 22일부터 8월 18일자까지만 한정하면 총 23개 기사 가운데 '한조(韓朝)'로 표현된 기사가 12개로 오히려 많았다.[48]

이 같은 현상은 북·중 관계에서 무엇을 의미할까?

2006년에 실시한 북한 제1차 핵실험을 계기로 나눠지기 시작한 중국 학계의 '전통파'와 '전략파'의 관점을 기준으로 연구 성과들을 종합·정리하면 〈표 2-1〉과 같다.[49]

---

[48] 『人民日報(中國)』, 2013년 5월 22일, 6월 7~8일, 10~13일, 7월 3일, 5일, 7~8일, 11일, 16일, 18일, 23일, 26일, 30일, 8월 8~9일, 15일, 17~18일자.

[49] 國際危機組織, 「紅色的差別 : 中國的朝鮮政策辯論」(亞洲報告 N°179, 2009年11月2日), 4~7쪽; 2009년 4월 이후 중국의 대북정책을 살펴보면 전통파의 관점이 우선 채택되었다고 볼 수 있다. 아울러 양국관계를 '정상적인 국가'관계라고 보는 전략파의 관점도 동시에 채택되었다(徐進, 「朝鮮核問題 : 中國応强力介入還是中立斡旋」, 『國際經濟評論(中國)』, 第6期(2011), 147~148쪽); 전통파와 전략파는 내적 접근방법의 차이로 여러 갈래로 세분화되는데, 이러한 인식의 차이는 실제 중국의 대북 정책방향을 두고 '전면적 협력론'과 '전술적 협력론'으로 나뉘기도 한다. 그러나 최근 중국의 대북정책은 어느 경우든 협력의 모멘텀을 유지하고자 한다는 점에서 일치하고 있다(이희옥, 「북·중 관계의 변화와 한국의 대응」, 『중국의 부상에 따른 한국의 국가전략 연구』(서울 : 대외경제정책연구원, 2009), 198~200쪽).

〈표 2-1〉 중국 대북정책에 대한 전통파와 전략파의 기본관점

		전통파	전략파
분류 및 기본관점		①북·중 관계는 순망치한적 특수관계 ②중국은 국제사회의 대북 강압으로 초래되는 북한의 위험 행동을 못하도록 방지 ③중국은 반드시 북한체제의 안정을 위해 대북지원을 유지 ④북한은 전략적 '완충지역'으로서 중국의 전략적 자산	①중국은 미국에 접근하여 중·미 협력 하에 대북 강경의 통일전선을 구축 ②중국은 북한 핵실험의 직접적인 피해자 ③북한은 중국의 혜택을 받으면서 중국의 이익을 고려하지 않음 ④중국은 전략적 부담이 되므로 대북지원 카드를 활용해 북한을 압박해야 함과 동시에 여타 4국과 협력하여 북한에 압박을 가해야 함
한반도에서 중국의 기본이익에 대한 양자의 인식 차이			
기본이익 1	한반도 평화 보장	공감	공감
기본이익 2	한반도 비핵화 보장	북한 핵무기 개발은 중국의 국가이익에 간접적인 악영향 미침	북한 핵무기 개발은 중국의 국가이익에 직접적인 악영향 미침
기본이익 3	북한 생존 보장	①북한체제에 대한 평가 회피 ②북한체제 존속여부와 국가 생존의 일치성 명확 ③국제사회에서 중국의 북한 3대세습체제를 지지한다는 국제사회의 공격과 비판에 대하여 언급 없음	①북한체제에 대해 비판적 태도 ②북한이 중국식 개혁·개방 모델을 취할 것을 적극 지지 ③북한체제 존속 여부와 국가생존의 일치성 불인식. 아울러 북한이 전면적인 중국식 개혁·개방 모델을 취할 경우 북한체제의 불안정과 사회 혼란을 야기할 것을 인식 못함

〈표 2-1〉에서 '전통파'는 '지속', '전략파'는 '변화'의 측면에 무게를 두고 있다고 이해해도 무방하다. 대표적인 전통파 연구자는 앤쉐퉁

(閻學通), 다이쉬(戴旭) 등이다. 전략파에 근접한 사람들은 스인훙(時
殷弘), 차이쩬(蔡建)이며, 그 외 전형적인 전략파는 장랜구이(張璉瑰),
추쑤룽(楚樹龍) 등이다.

　하지만 그 관점들을 보다 자세하게 분석해 보면 초기에는 그 구분이
보다 명확하나 점차 희석되고 있음을 발견할 수 있다. 현실적으로
중국공산당은 '전통파'와 '전략파'의 관점을 수렴하면서, 현실에서 풀
어야할 관련 문제들에 대하여 선택적으로 대응하기 때문일 것이다.

4. 북한에서의 연구

　북한에서는 북·중 관계, 북·중 경제관계를 직접 언급하는 연구
또는 언론 보도가 거의 없다. 따라서 북한의 대외정책 일반과 특별
히 대중 관계를 염두에 두고 관련 사안을 정리하면서 이와 관련한
김일성 주석과 김정일 국방위원장 등의 대외정책과 대외무역 등에
관한 보고 또는 지시 등을 먼저 살펴보고자 한다.

　북한은 1945년 해방 직후부터 소련 등과 대외무역을 촉진시켰다.
1949년 3월 17일 북한과 소련은「경제적 및 문화적 협조에 관한 협정」
을 체결하여 양국 간 통상관계를 확대하였다.[50] 북한으로서는 북한
경제의 기형성을 퇴치하고 경제를 급속히 복구 발전시키기 위하여
무역이 절실하게 필요하였다. 북한은 소련과의 협정을 "우호적 평등
적 원칙"에서 체결하였으며, 서로의 이익에 기초한 것으로 처음부터
대외무역에서 "자주적, 건설적" 성격을 분명히 하기를 원했다.[51]

50) 조선중앙통신사,『조선중앙년감(1950년판)』(평양 : 조선중앙통신사, 1951년), 299쪽.
51) 조선중앙통신사,『조선중앙년감(1950년판)』(평양 : 조선중앙통신사, 1951년), 300쪽.

1949년에 중화인민공화국이 새롭게 등장하면서 북한에게 중국은 두 번째로 중요한 무역 상대국이 되었다. 북한은 6·25전쟁 중에도 소련, 중국 및 동유럽 인민민주주의 나라들과의 교역을 멈추지 않았다. 북한당국은 전쟁 조건 하에서도 가능한 수출물자의 생산에 주력하였다. 이를 위해 북한은 1952년 10월 상업성에서 무역성을 분리시켜 대외무역을 전적으로 관리하도록 하는 대책을 취하였다.[52] 북한과 중국은 1953년 11월 23일 「조선민주주의인민공화국과 중화인민공화국 간의 경제 및 문화합작에 관한 협정」을 맺었다. 그 주된 내용은 "쌍방은 우호 협조와 호혜 평등의 기초 위에서 양국 간의 경제 및 문화관계를 발전시키며 피차 간 각종 가능한 경제적 및 기술적 원조를 호상 제공하며 필요한 경제적 및 기술적 합작을 진행"한다는 것이었다.[53]

북한에서 중국과의 무역에 대한 구체적 언급은 1954년 4월 23일 발표한 법령 「1954~1955년 조선민주주의인민공화국 인민경제 복구 발전 3개년계획에 관하여」를 통해 확인 가능하다. 즉, "쏘련, 중화인민공화국 및 인민민주주의 제 국가들과의 대외무역 관계를 가일칭 확대 강화"하겠다는[54] 내용이 그것이다.

북한과 중국은 1955년에 통상에 관한 협정과 의정서를 체결하였다. 이후 북·중 교역은 양적으로 크게 늘었으며, 품목도 증가하였다.[55]

---

[52] 김광순, 「우리나라의 인민민주주의 제도의 확대 공고화를 위한 조선로동당의 경제정책」, 『경제연구』, 제2호(1956), 54쪽. 뿐만 아니라 1949년 7월 18일 「개인 대외무역 허가에 관한 규정」을 발표하기도 했다(『로동신문』, 1949년 6월 26일자, 7월 21일자).

[53] 조선중앙통신사, 『조선중앙년감(1954~1955년판)』(평양 : 조선중앙통신사, 1954년), 78~79쪽.

[54] 조선중앙통신사, 『조선중앙년감(1954~1955년판)』(평양 : 조선중앙통신사, 1954년), 56쪽.

북한은 무역을 통한 외화벌이 및 사회주의진영 국가들과의 국제 분업을 경제 발전에 효과적으로 이용하겠다는 기본원칙을 지속적으로 견지하였다. 김일성 수상은 1949년 "모나즈석을 대량적으로 생산하여 다른 나라에 수출하면 막대한 외화를 벌수 있습니다"라며 광공업 생산을 무역 진흥과 연결시켜 독려한 바 있다.[56] 1957년 9월 20일에 개최한 최고인민회의 제2기 제1차 회의에서는 "우리는 자체의 자립적 경제 토대를 튼튼히 축성하는 기초 우에서 쏘련, 중화인민공화국을 비롯한 사회주의진영 국가들과의 경제적 및 기술적 협조를 더욱 강화하며 이 나라들과의 국제적 분업을 발전시켜야 할 것입니다. …… 무역사업을 활발히 전개하는데 중요한 과업은 수출 자원을 백방으로 동원하며 그 품종을 확대하고 품질을 더욱 높여 더 많은 외화를 얻는데 있다"고[57] 지시하였다. 1958년 6월 7일에 열린 조선노동당 전원회의에서도 김일성 수상은 "우리가 아무리 생산을 골고루 한다고 하여도 자기가 쓸 것을 다 생산할 수는 없습니다. 우리가 살아나가자고 하면 우리나라에 없는 것과 모자라는 것은 사들여오고 남는 것은 팔고 이렇게 유무상통해야 합니다."라고[58] 밝혔다.

55) 국제생활사, 『조선중앙년감(1956년판)』(평양 : 국제생활사, 1956년), 118쪽. 1954년 12월 31일에 중국은 1953년 11월 23일 협정에 근거하여 1955년도 물자와 현금으로써 북한을 원조할 데 관한 의정서를 북한과 조인하고 건설 기자재들을 북한에 공급하였다. 이와 함께 무역 협조를 강화하기 위한 「1955년도 상품교환에 관한 의정서」, 「화폐교환율에 관한 새 협정」도 체결하였다(『조선중앙년감(1956년판)』, 183쪽).

56) 김일성, 「모나즈석을 더욱 많이 생산하자(1949년 7월 31일)」, 조선로동당출판사 편, 『김일성전집(제9권)』(평양 : 조선로동당출판사, 1994), 458쪽.

57) 김일성, 「사회주의 건설에서 인민정권의 당면과업에 대하여(1957년 9월 20일)」, 조선로동당출판사 편, 『김일성선집(제5권)』(평양 : 학우서방, 1963), 173~177쪽.

58) 김일성, 「인민 소비품 생산을 늘이며 상품류통사업을 개선할데 대하여(1958년 6월 7일)」, 조선로동당출판사 편, 『김일성전집(제22권)』(평양 : 조선로동당출판사, 1998), 90쪽.

　이렇듯 북한은 중국을 포함한 사회주의진영 국가들과의 관계를 강화하는 한편 1955년 2월 25일 「대일관계에 관한 조선민주주의인민공화국 외무상의 성명」을 통해 "조선민주주의인민공화국 정부는 각이한 사회제도를 가진 모든 국가들이 평화적으로 공존할 수 있다는 원칙으로부터 출발하여 우리나라와 우호적 관계를 가지려고 하는 일체 국가들과 정상적 관계를 수립할 용의를 가지고 있었으며 우선 호상 이익에 부합되는 무역관계와 문화적 연계를 설정할 것을 희망"하였다.[59] 그해 『로동신문』에서는 '평화', '평화 공존'에 대해 반복적으로 강조하기도 하였다.[60]

　1956년 4월 23일 조선노동당 제3차 대회에서 김일성 수상은 "사회주의와 민주주의 진영 국가들의 평화 애호적 대외정책은 서로 다른 사회경제체계를 가진 나라들 사이에 평화적 공존이 가능하다는 것을 인정하며 평등과 내정 불간섭의 원칙에 기초하여 모든 나라들 사이의 친선과 정치, 경제, 문화적 협조를 강화할 것을 지향"하고[61] 있다고 역설하였다. 그는 보고에서 "서로 다른 사회제도를 가진 나라들 사이의 평화적 공존에 대한 레닌적 원칙을 견지하며 자주권의 호상 존중과 평등권에 입각하여 세계의 모든 평화애호국가들과의 정치적 연계와 실무적 연계를 맺기 위하여 노력"할 것이며, 특히 아세아에 대한 미제국주의의 침략과 일본군국주의의 재생을 견결히 반대하여 투쟁하며 식민주의를 반대하는 아세아 인민들의 공동투쟁을 강화하겠다고 다짐하였다.[62]

---

59) 국제생활사, 『조선중앙년감(1956년판)』(평양 : 국제생활사, 1956년), 16쪽; 『로동신문』, 1955년 2월 26일자.

60) 『로동신문』, 1955년 1월 13일자, 2월 23일자, 7월 14일자.

61) 김일성, 「조선로동당 제3차 대회에서 한 중앙위원회 사업총화보고」, 조선로동당출판사 편, 『김일성저작집(제10권)』(평양 : 조선로동당출판사, 1980), 182쪽.

　이때로부터 북한은 1980년대에 와서 체계화한 대외정책의 기본이념인 '자주 · 친선 · 평화'를 이미 준용하고 있었던 것이다. 또 "평화를 인정하며 친선과 협조를 강화할 것을 지향한다"는 문구에서 확인할 수 있듯이 '평화'를 '친선'보다 우선순위에 두었다. 그 의미에 대해서는 뒤의 해당 시기에서 구체적으로 살펴보겠다.

　1961년 9월 북한도 참여한 제1차 비동맹 정상회의가 열렸다. 북한은 아시아 · 아프리카 신생 독립국가들이 주장한 "반제 · 반식민주의"가 자신들의 성향과 일치하다고 판단하고 이른바 '제3세계에 대한 비동맹외교'를 강화하였다. 1961년 9월 11일, 조선노동당 제4차 대회 중앙위원회 사업총화보고에서 김일성 수상은 "우리 당과 공화국 정부는 각이한 사회제도를 가진 국가들 간의 평화적 공존 원칙에 입각하여 아세아, 아프리카, 라틴아메리카의 민족적 독립국가들과 우호적 관계를 설정하며 발전시키는 것을 대외정책의 중요한 한 고리"로 삼고 있으며, 이러한 원칙에 따라 "더 많은 나라들과 대외무역을 발전시키며 문화교류와 친선적인 협조관계를 발전시키기 위하여 노력할 것이다"라고[63] 밝혔다.

　김일성 수상은 1965년 4월 14일 인도네시아의 알리 아르람 사회과학원에서 한 강의에서 "우리 당이 혁명투쟁과 건설사업을 옳게 영도하기 위하여 무엇보다도 중요한 것은 주체를 철저히 세우는 것이었다. …… 이것은 남에 대한 의존심을 버리고 자력갱생의 정신을 발

---

[62] 김일성, 위의 보고, 183쪽. 또 1956년 4월 같은 달 북한은 '대외문화연락위원회'라는 '인민외교' 수행 담당기관을 노동당 외곽단체로 만들어 대 중립국 외교활동을 전개하기 시작하였다(김계동, 『북한의 외교정책 : 벼랑에 선 줄타기외교의 선택』(서울 : 백산서당, 2002), 132쪽.

[63] 김일성, 「조선로동당 제4차 대회에서 한 중앙위원회 사업총화보고」, 조선로동당출판사 편, 『김일성저작집(제15권)』(평양 : 조선로동당출판사, 1981), 309쪽.

양하며 자기의 문제는 어디까지나 자신이 책임지고 풀어 나아가는 자주적인 입장이다. …… 이것이 우리 당이 일관하게 견지하고 있는 입장이다"라고[64] 언급했다. 조선노동당이 수정주의, 사대주의를 반대하고 사상에서의 주체, 정치에서의 자주, 경제에서의 자립, 국방에서의 자위를 세워 온 과정을 나름 설명하고 있는 것이다.

이런 입장에서 북한은 사회주의 경제블럭과의 무역관계에서도 자주, 자립의 원칙을 가장 중시하겠다는 입장을 여러 차례 확인하였다. 김일성 수상은 1966년 8월 12일 『로동신문』에 발표한 「자주성을 옹호하자」라는 논설에서 이를 더욱 분명하게 밝혔다.[65]

> "1955년에 우리 당은 모든 분야에서 교조주의를 반대하고 주체를 확립할 데 대한 투쟁을 전 당적으로 전개하였다. 이것은 종파주의자들의 맹렬한 반항에 부딪혔다. 1956년에 그들은 당의 자주노선에 정면으로 항거하여 나섰다. …… 우리나라의 종파분자들은 예외 없이 수정주의자들이며 교조주의자들이었다. 그들은 또 사대주의자들이었다. …… 모든 사업에서 당의 자주노선이 관철되었다. …… 국제관계에서도 우리 당은 자주적으로 활동하였다. 현대 수정주의를 반대하는 투쟁도 우리는 자기의 판단에 따라 독자적으로 진행하였다. 정세가 복잡할수록 우리는 자주적이며 독자적인 입장을 확고히 견지하여 나갔다. 사상에서의 주체, 정치에서의 자주, 경제에서의 자립, 국방에서의 자위, 이것이 우리 당이 일관하게 견지하고 있는 입장이다"

64) 김일성, 「조선민주주의인민공화국에 있어서의 사회주의 건설과 남조선혁명에 대하여」, 조선로동당출판사 편, 『김일성저작집(제19권)』(평양 : 조선로동당출판사, 1982), 304~306쪽.
65) 조선로동당출판사, 『자주성을 옹호하자』(평양 : 조선로동당출판사, 1966), 1~2쪽.

이러한 원칙에서 북한경제는 소련 및 동유럽 사회주의 국가들과 일정한 거리를 둘 수밖에 없었고, 따라서 중국 등과의 대외무역을 더 발전시켜야 했다.

북한은 1980년대 들어오면서 어려워지고 있는 경제현실을 해결하기 위하여 대외개방정책을 적극 추진해 나갔다. 1984년 1월 26일에 발표한 「조선민주주의인민공화국 최고인민회의 결정」에서 김일성 주석은 "무역을 다각화, 다양화할 데 대한 방침은 무역의 폭을 넓히고 세계 여러 나라들과의 경제교류를 발전시켜 나라의 경제건설을 다그치고 국제경제적 협조를 강화하며 제국주의자들의 경제적 압력을 물리치고 대외무역을 자주적으로 발전시켜 나갈 수 있게 하는 정확한 방침이다"라고 지시하였다.[66] 북한은 같은 해 9월에 외국인의 직접투자, 합작투자를 유치하기 위한 「조선민주주의인민공화국 합영법」을 제정 공포하고, 1987년 4월 채택된 제3차 7개년 계획에서는 대외무역 확대와 경제 합작, 합영을 구체적으로 명시하였다.

여기서 우리가 주목해야 할 사안은 북한이 대외정책의 대상 확대와 우선순위 등을 조정하면서 기본이념도 일부 수정한 사실이다. 김일성 주석은 1988년 9월 8일 '공화국 창건 40돐 기념 경축 보고대회'에서 "공화국 정부는 앞으로도 자주, 평화, 친선의 대외정책을 계속 확고히 견지해 나갈 것입니다"고 밝혔다. 이전 시기 북한 대외정책의 기본이념은 '자주 · 친선 · 평화'였다. 그런데 '자주 · 평화 · 친선'으로 바꾼 것이다. 이는 북한의 정세 인식과 대외정책 변화를 반영한 것이었다.

....

[66] 김일성, 「남남협조와 대외경제사업을 강화하며 무역사업을 더욱 발전시킬데 대하여(1984년 1월 26일)」, 조선로동당출판사 편, 『김일성전집(제79권)』(평양 : 조선로동당출판사, 2008), 95쪽.

북한은 1971년 즈음부터 북·미 직접 대화를 통한 미국과의 평화
정착을 적극 모색하고 있었다. 1980년 10월 10일 조선노동당 제6차
대회에서 김일성 주석은 "북과 남이 서로 총을 겨누고 맞서고 있으
며 동족상쟁의 위험이 떠도는 가운데서는 북과 남 사이의 그 어떤
접촉과 대화도 좋은 성과를 거둘 수 없으며 민족의 진정한 단합과
통일을 이룩할 수 없습니다. 우리나라에서 긴장상태를 완화하고 전
쟁 위험을 제거하는 문제는 오직 정전협정을 평화협정으로 바꿈으
로써만 해결될 수 있습니다. 우리는 조선과 미국 사이의 대화를 실
현하고 평화협정을 체결할 데 대하여 미국에 이미 여러 차례 제의하
였습니다."라고[67] 밝힌 바 있다. 이후에도 기회 있을 때마다 김일성
주석은 미국과의 직접 협상과 평화협정 체결 등을 되풀이하여 주장
하였다.[68] 이 과정에서 북한 대외정책의 기본이념도 그들이 가장 중
시하는 목표에 조응하여 '친선'과 '평화'의 순서를 바꾸었을 것이
다.[69]

[67] 김일성, 「조선로동당 제6차 대회에서 한 중앙위원회 사업총화보고」, 조선로동
당출판사 편, 『김일성저작집(제35권)』(평양 : 조선로동당출판사, 1987), 344쪽.
[68] 김일성, 「주체사상을 구현하기 위한 조선인민의 투쟁에 대하여」, 조선로동당출
판사 편, 『김일성저작집(제38권)』(평양 : 조선로동당출판사, 1992), 106쪽; 김일
성, 「단마르크 사회민주당 위원장과 한 담화」, 조선로동당출판사 편, 『김일성저
작집(제38권)』(평양 : 조선로동당출판사, 1992), 304쪽; 김일성, 「사회주의건설과
조국통일을 위한 우리 인민의 투쟁에 대하여」, 조선로동당출판사 편, 『김일성
저작집(제41권)』(평양 : 조선로동당출판사, 1995), 160~161쪽.
[69] 1988년 북한은 남한과의 공존을 최초로 표명하는 한편, 12월 미국과 베이징에
서 참사관급 외교관 접촉을 시작하는 등 외교정책상의 변화를 나타냈다. 즉 탈
냉전 이후 북한은 사회주의권과의 기존 관계를 유지하는 한편, 대미·대일 관
계정상화 추진, 남북공존 모색, 새로운 단계의 대외경제개방 추진 등 나름의 대
응정책을 전개하였던 것이다(김계동, 『북한의 외교정책 : 벼랑에 선 줄타기외교
의 선택』(서울 : 백산서당, 2002), 149쪽; 정규섭, 「북한 외교정책의 역사적 전개」,
북한연구학회 편, 『북한의 통일외교 10』(서울 : 경인문화사, 2006), 255쪽).

　북한의 대외무역에 대한 태도와 비중은 '사회주의 경제블럭'의 해체 이후 더욱 크게 바뀌었다. 1993년 12월 8일 열린 조선노동당 중앙위원회 제21차 전원회의에서 김일성 주석은 "우리는 변화된 환경과 혁명발전의 요구에 맞게 경제구조를 개조하고 앞으로 몇 해 동안 경제건설에서 농업제일주의, 경공업제일주의, 무역제일주의를 실현하는 방향으로 나가야 합니다. …… 무역제일주의방침을 관철하여 대외무역에서 새로운 전환을 일으켜야 하겠습니다."라고 지시하였고, 또 "대담하게 대외무역방향을 동남아세아 나라들, 중근동 나라들, 아프리카 나라들을 비롯한 신생 독립국가들, 제3세계 나라들에 돌려야 합니다. 특히 지리적으로 가까운 동남아세아 시장에 나가는 것이 중요합니다."라고[70] 지시하였다. 김일성 주석은 자신의 삶이 마지막으로 접어들던 시간까지도 대외무역 발전의 새로운 전환을 이루겠다는 정책을 공표했던 것이다.

　1998년 공식 출범한 김정일 정권은 기존의 대외정책을 유지하면서도 "자력갱생"의 원칙을 특별히 강조하였다. 김정일 국방위원장은 "관광업을 하고 자원이나 팔아 돈을 벌어 가지고서는 경제를 발전시

---

70) 김일성, 「당면한 사회주의경제건설방향에 대하여(1993년 12월 8일)」, 조선로동당출판사 편, 『김일성저작집(제44권)』(평양 : 조선로동당출판사, 1996), 200~222쪽. 일례로 북한 경제학회 회장 김원삼은 재미 학자 한호석과의 인터뷰에서 "(북한) 대외 무역 부문을 보면, 자본주의 나라들은 우리나라의 대외 무역로를 봉쇄하고 있는 미국의 눈치를 보면서 우리나라와 무역 관계에 나서지 않고 있으며, 사회주의가 무너진 나라들도 우리나라와 무역 관계를 발전시키려고 하지 않고 있기 때문에, 우리나라는 무역의 방향을 제3세계 나라들로 돌리고 있습니다. 새로운 시장을 개척하기 위해서 합영과 합작을 늘이고 있습니다. 지금 나진·선봉 지구에 자유경제무역지대를 세우는 것도 대외무역 제일주의를 추진하는 한 방도가 됩니다. 그리하여 다른 나라의 앞선 기술을 우리가 배우기도 하고, 우리의 기술을 다른 나라에 밀어 넣기도 하면서 경제 발전의 새로운 돌파구를 열자는 생각입니다."라고 의견을 밝혔다(한호석, 「북(조선) 경제의 이해를 위하여(1995년)」, 『Center for Korean Affairs, Inc(統一學硏究所/onekorea.ong)』).

킬 수 없습니다. 관광업을 하면 돈을 좀 벌수는 있겠지만 그것은 우리나라의 현실에 맞지 않습니다. 외자를 끌어들여 경제를 부흥시켜 보려 하는 것도 어리석은 생각입니다. 그처럼 어려웠던 전후 복구건설시기에도 우리는 관광업이나 외자 도입이란 말을 모르고 살았습니다. 우리는 절대로 남을 쳐다볼 필요가 없습니다."라고 주장하였다.71) 그러면서도 1999년 신년사에서는 "대외사업부문 일군들은 여러 부문의 폭 넓은 지식을 깊이 있게 소유하여야 합니다"라고도72) 지적하였다.

김정일 국방위원장은 "우리는 자력갱생의 기치 밑에 강성대국을 건설해 나가야 합니다."라고 자주 주장하였다.73) 그는 경제문제만 풀면 강성대국을 건설할 수 있다고 주장하였다.74) 여기서 우리가 고

71) 김정일, 「자강도의 모범을 따라 경제사업과 인민생활에서 새로운 전환을 일으키자(1998년 1월 16~21일, 6월 1일, 10월 20일, 22일)」, 조선로동당출판사 편, 『김정일선집(제14권)』(평양 : 조선로동당출판사, 2000), 401쪽.
72) 김정일, 「대외사업부문일군들 앞에 나서는 몇 가지 과업에 대하여(1980년 1월 6일)」, 조선로동당출판사 편, 『김정일선집(제6권)』(평양 : 조선로동당출판사, 1995), 379쪽. 김지혜는 수출무역거래에서 발생하는 위험을 극복하려면 해당 수입국의 정치, 경제, 문화에 대한 연구를 심화시킬 뿐만 아니라 여러 가지 국제적 및 지역적인 환경에 대한 분석도 진행하여야 한다고 강조하였다(김지혜, 「수출무역거래위험과 그 극복방도」, 『경제연구』, 루계 제156호 제3호(2012), 41~42쪽).
73) 『로동신문』, 1999년 1월 1일자; 김정일, 「청년동맹 초급조직들의 역할을 더욱 높이자(1999년 9월 29일)」, 조선로동당출판사 편, 『김정일선집(제14권)』(평양 : 조선로동당출판사, 2000), 457쪽. 박상일은 자력갱생은 사회주의경제강국 건설의 근본원칙이라 강조하였다(박상일, 「자력갱생은 사회주의경제강국 건설의 근본원칙」, 『경제연구』, 루계 제158호 제1호(2013), 7~8쪽; 방영건, 「자력갱생은 강성국가건설의 근본방도」, 『정치법률연구』, 루계 제38호 제2호(2012), 15~16쪽).
74) 김정일, 「사회주의강성대국 건설에서 결정적 전진을 이룩할 데 대하여(2000년 1월 1일)」, 조선로동당출판사 편, 『김정일선집(제15권)』(평양 : 조선로동당출판사, 2005), 10쪽; 철학연구소, 『사회주의 강성대국 건설사상』(평양 : 사회과학출판사, 2000), 52쪽; 김경철, 「나라의 군사력을 끊임없이 강화하는 것은 우리 식 사회주의정치체제를 더욱 공고 발전시켜 나가기 위한 중요한 방도」, 『정치법률연구』,

려할 점은 북한이 자신들의 경제에 대한 외부로부터의 개혁·개방
요구를 물리치고, 자기들의 방식과 원칙 및 절차에 따라서 대외무역
을 시행하겠다는 것이지, 결코 무역을 안 하겠다는 것은 아니었다는
점이다.

　김정일 국방위원장의 지위를 승계한 김정은 제1위원장은 외국과
의 경제 협력 분야에서 앞 시기 영도자들과 확연히 다른 모습을 보
여주기 시작하였다. 2013년 3월 31일 조선로동당 중앙위원회 3월 전
원회의에서 "대외무역을 다각화, 다양화하여 적대세력들의 제재와
봉쇄정책을 짓부시고 경제강국 건설에 유리한 국면을 열어 놓아야
하겠습니다. 원산지구와 칠보산지구를 비롯한 나라의 여러 곳에 관
광지구를 잘 꾸리고 관광을 활발히 벌리며 각 도들에 자체의 실정에
맞는 경제개발구들을 내오고 특색 있게 발전시켜야 합니다."라고 강
조하였다. 경제 건설과 관련하여 관광사업을 중요하게 언급했던 것
이다. 하지만 그도 "경제 건설과 핵무력 건설을 병진시킬 데 대한 전
략적 노선"은 고수하였다.[75]

　루계 제38호 제2호(2012), 12~13쪽; 김정일, 「올해를 새 세기의 진격로로 열어나
가는데서 전환의 해로 되게 하자(2001년 1월 3일)」, 조선로동당출판사 편, 『김
정일선집(제15권)』(평양 : 조선로동당출판사, 2005), 85쪽; 김광호, 「선군정치는
자주성을 가장 철저히 옹호하는 정치」, 『정치법률연구』, 루계 제25호 제1호
(2009), 13·16쪽; 리현철, 「선군정치는 미제의 강권과 일방주의가 지배하는 국
제정치질서에 파렬구를 열어놓은 정치」, 『정치법률연구』, 루계 제26호 제2호
(2009), 19~20쪽;『로동신문』, 2008년 1월 1일자.

[75] 또 '경제·핵 병진'노선과 관련하여 "경제건설과 핵무력 건설을 병진시킬 데 대
한 전략적 노선은 우리의 실정에 맞게 나라의 경제발전과 국방력 강화에서 최
대의 효과를 낼 수 있는 현실적인 로선"이며, 이는 1962년 12월 당 중앙위원회
제4기 제5차 전원회의에서 내놓은 "경제와 국방병진로선의 계승이며 심화 발
전"이라고 역설하였다. 그리고 "핵강국의 존엄과 위력으로 대외활동을 배심있
게 벌려 우리 당의 국제적 권위를 더욱 높이고 자주적대를 철저히 세우면서 강
성국가건설을 힘있게 추동할 수 있는 대외적 조건과 환경을 마련하여야 한다"

　이제 북한에서 간행한『경제연구』[76] 및『정치법률연구』[77] 등을
통해 북한의 대외무역 및 북·중 경협 관련 연구 성과들을 좀 더 구
체적으로 살펴보자.

　『경제연구』에서 대외무역을 다룬 첫 번째 성과는 1957년 문정택의
논문이다. 문정택은 대외무역이란 "국제 분업에 기초하여 발생하는
우리나라 상품 생산자와 외국 상품 생산자 간의 경제적 연계 형태이
며, 이 경제적 연계는 상품 교환의 형태를 취하며, 따라서 그것은 상
품 유통의 영역에 속한다."고 개념 정의하였다. 그는 북한 대외무역
이 이윤 추구를 목적으로 하는 것이 아니라 높은 기술적 토대 위에
서 사회주의적 생산의 계속 성장과 개선을 촉진함으로써 전체 사회
의 물질적 및 문화적 수요를 최대한 충족시키는 것을 목적으로 한다
고 주장한다.[78] 또 다른 논문에서 그는 자립적 민족경제건설이 '폐쇄
적인 자급자족경제'를 만드는 것이 아니므로 대외무역을 발전시켜야
한다면서, 유무상통의 원칙은 사회주의 무역의 기본특징이며 사회주

고 밝혔다. 여기서 김정은은 "우리를 핵무력 강화로 떠밀고 있는 근원은 미국"
이라고 강조하면서, 동시에 "우리는 책임 있는 핵 보유국으로서 아시아와 세계
의 평화와 안전을 위하여 적극 노력하겠다"고 다짐했다(『로동신문』, 2013년 4월
1일자).

76) 북한 경제학부문의 연구 성과를 종합적으로 소개하는 이론잡지이다. 1956년 4
월 10일 창간되어 46배판 56쪽으로 1년에 4번 과학백과사전출판사에서 발행한
다. 처음에는 과학원출판사에서 발행하였고, 1961년부터 격월간으로 발행하였
으며, 1964년부터 계간으로 사회과학원출판사에서 발행하였다. 1973년에『사회
과학』으로 합쳐졌다가, 1985년 12월부터 다시『경제연구』로 속간하였다. 이 책
에서는 이 잡지의 1956년 창간호부터 2014년 제1호까지(1967~1985년 결호)를
살펴봤다.

77) 북한 정치와 법률부문의 학술잡지이다. 2003년 3월 창간. 과학백과사전출판사
에서 4×6배판 48쪽 계간으로 발행한다. 이 책에서는 이 잡지의 2003년 창간호
부터 2014년 제1호까지를 살펴봤다.

78) 문정택,「공화국 대외무역의 가일층의 발전과 제1차 5개년 계획 기간의 외화 문
제」,『경제연구』, 제2호(1957), 51쪽.

의 무역에서만 실현될 수 있다고도 주장하였다.[79]

북한 무역 품종의 증가와 관련하여, 리명서는 광물류와 농산물 등의 수출에서 시작하여 이후 자동차, 트랙터, 선반, 전동기 등 다양한 기계 설비류들과 화학공업 제품, 경공업 상품들로 확대되었고, 기술자들도 외국에 파견하고 있다고 밝혔다.[80] 신재호도 북한의 무역량 및 수출입품 구조와 관련하여 1953년에 비해 1960년에 수입액은 약 4배로, 수출액은 약 5배로 성장하였고, 수출에서 광물류 비중이 떨어지고 기계 및 설비 비중이 높아졌으며, 수입에서 기계설비, 전기자재, 흑색 및 유색금속 비중이 줄고 연료 비중이 급격히 높아졌다고 밝혔다.[81] 전정희도 1954년부터 1963년까지 사회주의 국가들과의 대외무역 총액이 약 6배로 성장하였으며, 1953년의 수출품 총액에서 광물류 81.8% 기계 및 설비, 전기자재 2.6%였다면 1963년에는 광물류 12.4% 기계 및 설비, 전기자재 6.9%로 변화했다고 정리하였다. 그는 이 변화를 북한의 경제적 자립성을 보여 주는 동시에 국제적 협조 강화의 기초라고 분석하였다.[82]

정승혁은 김정일의 중국 방문이 무역을 확대 발전시켜 나갈 수 있는 유리한 조건과 환경을 마련해 주었다고 밝혔다. 그는 중국 동북 3성의 경제적 잠재력을 높게 평가하였다. 즉, 랴오닝성(遼寧省)은 오랜 중화학공업지역으로서 중국에서 1, 2위를 다투는 생산능력을 가지고 있으며 항만 처리능력도 연간 4000만 톤이며, 지린성(吉林省)은

79) 문정택, 「자립적 민족경제 건설과 대외무역」, 『경제연구』, 제4호(1965), 14~21쪽.
80) 리명서, 「자립 경제건설에 대하여」, 『경제연구』, 제3호(1962), 74쪽.
81) 신재호, 「자립적 민족경제 건설을 위한 우리 당의 정책」, 『경제연구』, 제6호(1962), 7쪽.
82) 전정희, 「자립적 민족경제 건설과 경제건설의 기본노선」, 『경제연구』, 제3호(1965), 14쪽.

중국의 식량기지이며, 헤이룽쟝성(黑龍江省)은 농림 축산업과 중공업을 주축으로 하는 대기업이 경제의 골간을 이루고 있다고 분석하면서, 북한의 함경북도, 량강도, 자강도, 평안북도와 중국 동북 3성 사이의 '변강무역' 발전을 제기하였다.[83] 이 논문은 북한 학술지에서 처음으로 대외무역과 관련하여 중국의 동북 3성을 다룬 것이었다.

북한경제의 '중국 종속론'을 의식한 글도 나왔다. 주된 논점은 북한이 자립적 민족경제이므로, 국내시장을 대상으로 하는 생산을 기본으로 하고 여기에 보충적으로 대외시장을 대상하는 생산을 진행하고 있으며, 향후에도 대외시장은 국내시장을 개발하여 경제의 자립적 토대를 구축한 기초 위에서 개척할 것이라는 주장이었다.[84] 류정렬 역시 외국과의 경제교류를 위해서 무엇보다 자체의 경제력을 강화해야 하며, 대외무역을 통한 경제적 교류나 경제 합작과 합영을 통한 경제적 연계와 협조는 국제경제관계와 다른 나라들의 경제에 대한 연구를 심화시킬 것을 요구한다고 주장하였다.[85]

중국에 대한 일방적 무역 비중 확대를 우려하는 논문들도 많다. 대외무역을 발전시키는데서 가장 중요한 것이 대외시장의 폭과 범위에 관한 문제라는 주장이다.

문성은 대외시장을 확대하는데서 중요한 요구로 지역별, 나라별 무역 비중을 합리적으로 설정하는 것이라 본다. 아울러 현재 북한의

83) 정승혁, 「동북아시아 나라들과 무역을 확대 발전시키는데서 나서는 중요 요구」, 『경제연구』, 루계 제123호 제2호(2004), 37~39쪽.
84) ———, 「남조선경제는 대외시장에 종속된 '수출 주도형'의 식민지 예속경제」, 『경제연구』, 루계 제53호 제2호(1986), 45쪽.
85) 류정렬, 「자립적 민족경제 발전과 나라들 사이의 경제적 교류」, 『경제연구』, 루계 제56호 제3호(1987), 45쪽. 합영, 합작에 대한 연구로는 리성희, 「합작기업의 본질적 특징과 그 역할」, 『경제연구』, 루계 제95호 제2호(1997); 백창식, 「합영의 본질과 특징」, 『경제연구』, 루계 제75호 제2호(1992) 등이 있다.

대외무역을 확대 발전시키는데서 주공 방향을 러시아의 극동지역으로 설정하였다.[86] 더불어 북한과 지리적으로 가까운 동아시아 지역시장 개척과 유럽을 비롯한 발전된 자본주의 나라 시장에 적극 진출할 것을 주장하였다. 그가 유럽에 주목한 것은 시장용량이 상대적으로 크고 시장수요와 제품의 질적 수준이 높기 때문이었다.[87] 최경희도 대외시장의 적극 개척에서 문제 해결의 열쇠를 찾았다. 그는 대외시장 개척에서 중요한 것을 무역의 다각화 실현 즉, 발전도상 나라들과 자본주의 나라들을 비롯한 각이한 사회제도를 가진 여러 나라들과 무역을 발전시켜 나가는 것이라고 봤다.[88] 최영옥은 대외 상품시장 진출 방향과 방법을 옳게 설정하고 변화시켜야만 언제나 주도권을 틀어쥘 수 있다고 주장하면서, 동남아시아 나라들과의 무역거래 확대를 강조하였다.[89] 최영옥은 다른 글에서 "강성대국 건설"

---

[86] 김상학도 최근 러시아 원동지역 경제개발이 적극 추진됨에 따라 2010년에 비해 2011년 원동지역의 총 생산액은 105% 증가한 2조 3000억 루블로, 이 지역의 경제발전에서는 긍정적인 변화가 나타나고 있다고 하면서 이는 북한에게 이 지역과의 경제협력을 더욱 강화할 수 있는 조건과 가능성을 마련해주고 있다고 주장하였다. 아울러 최근 원동지역 경제발전의 특징으로 "첫째, 국가적인 투자가 급격히 늘어나고 있다. 둘째, 하부구조 건설이 본격적으로 다그쳐지고 있다. 셋째, 농업생산이 빨리 늘어나고 있다. 넷째, 주변 나라나 지역들과의 협력을 강화하여 지역경제발전에 유리한 조건과 환경을 마련하려고 한다." 등을 부각시켰다(김상학, 「로씨야 원동지역경제발전의 최근 특징」, 『경제연구』, 루계 제161호 제4호(2013), 54~55쪽).

[87] 문성, 「대외시장 확대는 현 시기 대외무역 발전의 중요 요구」, 『경제연구』, 루계 제153호 제4호(2011), 38~40쪽.

[88] 최경희, 「현 시기 대외시장을 개척하기 위한 방도」, 『경제연구』, 루계 제87호 제2호(1995), 50~52쪽. 또 리경숙은 대외시장 확대에서 그에 대한 정보사업 즉, 체계적 수집을 강화하는 것을 대외무역 발전의 선결조건이라 주장하였다(리경숙, 「대외상품 시장정보의 체계적 수집」, 『경제연구』, 루계 제103호 제2호(1999), 29~31쪽).

[89] 최영옥, 「현 시기 우리 당이 제시한 무역정책과 그 정당성」, 『경제연구』, 루계 제95호 제2호(1997), 13~17 · 16~17쪽; 리정용, 「변화된 환경에 맞게 대외무역을

의 요구에 맞게 대외무역을 발전시키기 위해, 실리의 철저한 보장 과[90] 이윤 추구를[91] 강조하였다. 특히 2013년의 논문에서는 실리 보장을 위해 대외무역전략을 세우는데서 세 가지 중요한 문제를 지적하였다. 그 중 나라의 경제토대가 강화되는데 맞게 수출품생산기지를 튼튼히 꾸리고 원료수출을 가공수출로 전환시켜 나갈 수 있도록 대외무역전략을 세워야 한다면서 원료상품의 수출에만 매달리는 것은 수입도 얼마 얻지 못하면서 나라의 귀중한 자원만을 낭비하는 것으로 비판하였다.[92] 서성준도 자립적 민족경제를 건설하는 기초 위에서 대외무역을 발전시켜 나갈 것을 강조하였으며,[93] 김철준도 대외무역에서 원료를 그대로 팔지 말고 가공하여 파는 것이 중요하다고 주장했다.[94] 그의 주장은 북한의 중국 수출품 가운데 1차 상품이 많은 것을 확실하게 비판하기 위한 지적이었을 것이다.

....

적극 벌려나가는데서 나서는 몇 가지 문제」,『경제연구』, 루계 제99호 제2호(1998), 17~18쪽.

[90] 최영옥, 「대외무역에서 실리를 보장하기 위한 방도」,『경제연구』, 루계 제119호 제2호(2003), 39쪽.

[91] 최영옥, 「사회주의 대외무역에서 수입구조의 개선」,『경제연구』, 루계 제123호 제2호(2004), 32~33쪽.

[92] 실리를 보장할 수 있도록 대외무역전략을 세우는데서 중요한 것은 「첫째, 정치적 이익을 중시하면서 경제적 이익을 실현해 나가는 것이고 둘째, 전 사회적 이익을 첫 자리에 놓고 그에 맞게 개별적 무역회사의 이익을 실현해 나가도록 하는 것이며 셋째, 당면한 이익과 전망적인 이익을 옳게 결합시키도록 하는 것이다. 또 수출무역과 수입무역의 균형보장에서 나서는 기본요구는 수출무역을 우선적으로 발전시키는 것이다"고 하였다(최영옥, 「실리를 보장할수 있도록 대외무역전략을 세우는데서 나서는 중요한 문제」,『경제연구』, 루계 제161호 제4호(2013), 34~36쪽).

[93] 서성준, 「자립적 민족경제 건설노선은 자주적인 대외무역 관계 발전을 위한 물질적 담보」,『경제연구』, 루계 제90호 제1호(1996), 11쪽.

[94] 김철준, 「우리 식으로 대외무역을 확대 발전시킬 데 대한 위대한 영도자 김정일동지의 경제사상」,『경제연구』, 제1호(2008년), 4쪽.

북한 대외무역을 발전시키기 위한 다양한 제안들도 쏟아졌다.

리신효는 생산자들이 대외무역에 직접 나설 것을 강조하였다. 그는 중앙만이 아니라, 위원회·부·도들에서 무역활동을 직접 하게 하여 대외시장을 넓혀가야 한다고 본 것이다.[95] 더불어 무역제일주의방침의 관철을 위해서 수출품 생산기지를 튼튼히 꾸리고 제품의 질을 높일 것도 제안하였다.[96] 리춘원도 지방무역이 지방의 수출 원천을 동원 이용하여 일정한 지역 안의 외화 수요를 자체로 보장할 수 있다면서 활성화시킬 것을 제안하였다.[97] 김승철도 여러 부문에서 여러 나라들과 여러 가지 상품을 가지고 여러 가지 방법으로 무역활동을 진행할 것을 촉구하였다.[98]

박명철은 "여러 가지 무역제품들 가운데서 국제시장을 독점할 만한 지표를 가지고 무역거래를 적극 벌여나가는 것은 수출을 늘리고 그 구조를 개선할 데 대한 당의 대외무역정책을 관철하기 위하여 나서는 중요한 문제의 하나"라고 주장한다. 그는 국제시장에서 패권을 쥘 수 있는 독점지표로 북한의 자원, 기술, 생산전통에 의거한 것으

---

[95] 리신효, 「새로운 무역체계의 본질적 특징과 그 우월성」, 『경제연구』, 루계 제77호 제4호(1992), 30~32쪽.

[96] 리신효, 「수출품생산기지를 튼튼히 꾸리고 제품의 질을 높이는 것은 무역제일주의방침을 관철하는데서 나서는 중요 요구」, 『경제연구』, 루계 제84호 제3호(1994), 46쪽.

[97] 리춘원, 「위대한 수령 김일성동지께서 밝히신 지방무역의 본질적 특징」, 『경제연구』, 루계 제96호 제3호(1997), 9~10·12쪽.

[98] 대외상품 시장체계는 정보에 의해 조종이 이루어지는 체계이긴 하지만 사회주의 경제체내에 속하여 있는 경제체계들은 국가의 경제조직자적 기능에 의해 안정성을 보장할 수 있지만 대외상품 시장체계는 국가의 경제조종권이 완전무결하게 적용될 수 없는 영역이며 더욱이 가치법칙의 작용에 따르는 시장경기의 부단한 변화, 치열한 시장 쟁탈전이 벌어지고 있는 영역이기도 한다(김승철, 「대외상품 시장체계의 안정성과 그 보장방도」, 『경제연구』, 루계 제129호 제4호(2005), 31~31·34쪽).

로 정해야 한다고도 말했다.[99] 김영일도 대외시장에서 독점적 지위
를 갖는 것의 중요성을 강조하였다.[100]

　　오기철은 대외무역 발전을 위해서 국제결제의 형식과 방법을 현
실에 맞게 개선할 것을 제안하였다.[101] 김남순 역시 현재 일부 나라
들에서 자본주의가 복귀되고 사회주의 시장이 붕괴된 것으로 하여
변천된 환경에 맞게 무역을 발전시키려면, 결제형태를 바로 설정하
고 이용하는 것이 중요하다고 봤다. 그가 말한 "일부 나라들에서 자
본주의가 복귀"란 중국을 포함한 지칭일 것이다.[102] 최원철은 대외
경제관계 발전과 관련한 외화문제를 풀기 위하여 합영, 합작을 잘해
나갈 것을 제안하였다.[103]

　　조강일은 무역의 양적 성장, 대외무역구조의 개선, 대외무역에서
방향 전환 등을 요구하였다. 그가 말한 대외무역에서의 방향 전환은
과거 '유무 상통'의 원칙에서 진행하던 무역 형식과 방법에서 벗어나
서 세계시장에서 보편적으로 쓰이고 있는 거래 형식과 방법을 적극
적용하자는 주장이었다.[104]

99) 박명철, 「독점지표를 가지고 무역거래를 하는 것은 현 시기 수출무역 발전의
　　주요요구」, 『경제연구』, 루계 제142호, 제2호(2009), 28쪽.
100) 김영일, 「현 시기 수출무역 지표의 합리적 설정은 나라의 대외지출능력 제고
　　의 중요 담보」, 『경제연구』, 루계 제146호 제1호(2010), 36~37쪽.
101) 오기철, 「국제결제의 형식과 방법을 개선하는 것은 대외 신용을 높이기 위한
　　중요한 방도」, 『경제연구』, 루계 제77호 제4호(1992), 33~34쪽. 그 외에도 김영
　　철, 「대외경제거래에서 신용위험의 발생요인」, 『경제연구』, 루계 제156호 제3
　　호(2012); 심진원, 「대외결제은행관리에서 지켜야 할 기본요구」, 『경제연구』,
　　루계 제155호 제2호(2012); 장경미, 「현 시기 경제관리를 합리적으로 해나가는
　　데서 나서는 기본요구」, 『경제연구』, 루계 제157호 제4호(2012) 등이 있다.
102) 김남순, 「대외무역에 따르는 국제결제를 잘하기 위한 방도」, 『경제연구』, 루계
　　제97호 제4호(1997), 21~25쪽.
103) 최원철, 「합영, 합작을 잘하는 것은 대외경제관계 발전의 중요 요구」, 『경제연
　　구』, 루계 제81호 제4호(1993), 18 · 20쪽.

김수성은 변화된 현실에 맞게 외국 투자기업들을 끌어들이기 위한 투자 환경과 조건을 유리하게 조성하는 것이 중요하다면서, 세금제도 개선을 제안하였다. 그는 우선 세금 종류를 단순화하여 세금 신고와 납부에서 복잡성을 없애고, 조세 감면조치를 취하며, 2중 과세 방지 대책 등을 수립할 것을 주장하였다.[105]

오철진은 무역거래의 법적 기초인 대외무역계약과 관련된 법률적 문제들에 대한 깊은 인식을 가질 것을 제기하였다.[106] 김은경은 자본주의 나라의 회사들에 대하여 정확히 파악할 것을 요구하였고,[107] 김성호는 대외관계가 확대 발전되는데 맞게 북한에 '외자은행'들을 설립할 수 있도록 하자고 제안하였다.[108]

김혜옥은 계약 쌍방 사이에 기술을 매매하는 무역의 적극 실현과 무역의 다각화, 다양화를 제기한 당 방침 관철을 통해서 대외무역의 폭을 넓힐 수 있다고 주장하였다.[109]

104) 무역거래 형식과 방법의 방향 전환에서 중요한 것은 가공무역, 되거리무역, 맞바꿈무역, 변강무역, 무관세 및 보세가공 무역, 자유무역항을 통한 중계무역을 비롯한 여러 가지 무역방식들을 대담하게 적용하며 세계시장에서 널리 쓰이고 있는 결제형태와 결제방식을 능숙하게 적용하는 것이다(조강일, 「무역제일주의방침은 사회주의 경제건설에서 일대 앙양을 일으키게 하는 혁명적 방침」, 『경제연구』, 루계 제83호 제2호(1994), 11~13쪽). 보세가공무역과 관련해서는 채일출, 「보세가공무역의 본질과 특징」, 『경제연구』, 루계 제103호 제2호(1999), 25~28쪽.
105) 김수성, 「투자유치를 위한 세금제도 수립에서 나서는 몇 가지 문제」, 『경제연구』, 루계 제152호 제3호(2011), 51~52쪽.
106) 오철진, 「대외무역에서 발생하는 저촉문제와 그 해결방도」, 『경제연구』, 루계 제101호 제4호(1998), 36~37쪽; 최성혁, 「「무역거래 조건의 해석에 관한 국제규칙」(인코텀즈 2010)」, 『정치법률연구』, 루계 제37호 제1호(2012), 44~45쪽.
107) 김은경, 「회사의 개념과 자격조건」, 『정치법률연구』, 루계 제8호 제4호(2004), 41~42쪽.
108) 김성호, 「외자은행에 대한 법적 규제의 필요성」, 『정치법률연구』, 루계 제8호 제4호(2004), 43~45쪽.

리명숙은 무역의 중요한 내용을 이루는 수입과 관련하여 경제 활성화에 필요한 원료와 자재, 현대적 기술 재건에 필요한 설비, 다른 나라의 앞선 기술, 인민생활 향상에 필요한 물자 등으로 한정하였다.110) 리기웅은 수입무역에서 '비 관세 공간'의 합리적 이용을 제안하였다.111)

채재득은 관광사업에 주목하였다. 그는 관광업을 발전시키는 것이 다른 나라들과의 국제적 교류와 경제적 관계를 확대하고 경제 건설과 인민생활 향상을 위한 일정한 조건을 마련할 수 있다고 주장하였다.112)

리금철은 수출무역을 발전시키는데서 광고의 역할을 강조하였다.113)

김금주는 사회주의 경제건설을 발전시키기 위하여 더 많은 외화수입을 획득해야 하며, 이를 위해 대외 진출 기업들의 경쟁력을 높일 것을 주장하였다. 이를 위해 국제시장에 대한 분석을 심도 있게 진행해야 하고, 시장 확보 전략을 바로 세워야 하며, 핵심 경쟁력을

109) 김혜옥, 「대외무역을 확대 발전시키는데서 기술무역이 가지는 의의」, 『경제연구』, 루계 제107호 제2호(2000), 29~30쪽.
110) 리명숙, 「현 시기 수입무역에서 제기되는 중요한 문제」, 『경제연구』, 루계 제121호 제4호(2003), 34~35쪽.
111) 리기웅, 「현시기 수입무역에서 품질규제의 합리적 이용」, 『경제연구』, 루계 제152호 제3호(2011), 44~45쪽; 김철수, 「비관세장벽의 본질과 법적 성격」, 『정치법률연구』, 루계 제35호 제3호(2011), 46~47쪽.
112) 채재득, 「관광업과 그 경제적 특성」, 『경제연구』, 루계 제91호 제2호(1996), 32쪽.
113) 리금철, 「수출무역에서 광고의 역할」, 『경제연구』, 루계 제153호 제4호(2011), 50~51쪽; 리금철, 「수출품의 광고 이용에서 나서는 몇 가지 문제」, 『경제연구』, 루계 제154호 제1호(2012), 52~53쪽; 전승학, 「무역회사들이 국제상품전람회를 통하여 상품수출을 확대하는 것은 대외무역 발전의 필수적 요구」, 『경제연구』, 루계 제158호 제1호(2013), 50~52쪽.

더욱 높여 나가야 한다고 설명하였다.[114]

강정남은 각 도들에 자체 실정에 맞는 '경제개발구'를 특색 있게 발전시켜 나갈 것을 강조하였다.[115]

이상에서 살펴본 북한 학자들의 논의는 북한 정부의 입장을 반영하고 있는 것으로 판단할 수 있다. 이를 통해 볼 때, 북한은 대외무역을 체제·유지와 관련하여 현재 최고의 정책으로 삼고 있으며, 모든 국가들과 무역 관계를 확대시키기 위하여 노력하고 있다. 아울러 '유무 상통'의 원칙에서 가치법칙의 적용을 강조하면서 '실리'를 추구하는 방향으로 나아가고 있다는 사실도 확인할 수 있었다. 1986년부터 '이득'에 대해 긍정적으로 평가하면서, 1991년에 신용에 대한 강조를 거쳐, 1999년부터 '실리주의'를 직접 다루기 시작하였고, 2003년에 이르면 논문 제목에서 직접 '실리'란 표현을 사용하였다.

북한에서도 중국에 대한 대외무역 의존도 심화를 경계하고 있다. 1993년 김일성 주석은 대외무역 방향 전환과 '폭과 범위'의 확대 즉, 동남아세아 국가 등과의 대외무역을 강화할 것을 요구하였다. 이는 구소련의 해체로 북한 경제에 대한 심각한 타격에서 얻은 교훈일 것이다. 또한 중국 동북 3성의 지리적 중요성을 강조하면서 중국과의 협력을 강화하여야 한다고 하면서도, 북한의 대외무역에서 '주공 방

---

[114] 김금주, 「대외진출기업의 경쟁력을 높이는 것은 대외시장 확보의 필수적 요구」, 『경제연구』, 루계 제161호 제4호(2013), 35~36쪽.

[115] 그는 경제개발구 선정에서 무질서를 없애고 경제개발구 창설 목적을 실현하기 위하여 경제개발구 선정 원칙이 규제되어야 한다고 주장하였다. 대체로 대외경제협력과 교류에 유리한 지역, 나라의 경제 및 과학기술발전에 이바지할 수 있는 지역, 주민지역과 일정하게 떨어진 지역, 국가가 정한 보호구역을 침해하지 않는 지역을 경제개발구로 선정하는 것을 원칙으로 한다고 강조하였다(강정남, 「경제개발구법제도에 대한 이해에서 제기되는 기초적인 문제」, 『정치법률연구』, 루계 제43호 제3호(2013), 52~53쪽).

향'을 러시아 극동지역과의 협력으로 설정하고 있다. 그 다음이 중국
과의 협력이라고 인식하고 있는 것이다. 동시에 동남아 국가들, 자
본주의 나라들과의 협력도 강화해야 한다고 강조하고 있다.

　여기서 주목할 것은 북한학계가 "중국과 로씨야를 비롯한 동북아
시아 나라들과 오랜 동안 밀접한 정치경제적 관계를 유지해 왔다.
제국주의자들의 침략을 반대하는 피어린 공동의 투쟁 속에서 마련
된 동북아시아 나라들과의 정치적 관계는 사회주의 건설 과정에 밀
접한 경제적 협조관계를 보장하는 기초로 되었다"고 보는116) 인식이
다. 이는 정치적 관계가 경제적 협조관계를 이루게 한다는 논리이
다. 즉 북한에서는 '정치에서의 자주'가 사회생활에서 결정적 의의를
가지며, 정치에서의 자주를 떠나서는 그 어떤 자주성도 논할 수 없
으며, '사상에서의 주체'도 이를 통해 표현되며 '경제에서의 자립', '국
방에서의 자주'를 보장한다고 본다.117) 이 같은 특징으로부터 북·중

116) 박춘호, 「아시아나라들과의 대외경제협조관계의 특징」, 『경제연구』, 루계 제159
　호 제2호(2013), 57~58쪽.
117) 김정일, 「주체사상에 대하여(1982년 3월 31일)」, 조선로동당출판사 편, 『김정일
　선집(제7권)』(평양 : 조선로동당출판사, 1996), 178쪽. 북한은 '경제에서의 자립'
　을 "주체사상의 구현이며, 나라의 자주성을 강화하기 위하여서는 정치적 자주
　성과 함께 경제에서의 자립성을 강화하는 것이 중요하다"고 밝혔다(김일성,
　「우리 당의 주체사상과 공화국정부의 대내외 정책의 몇 가지 문제에 대하여」,
　조선로동당출판사 편, 『김일성저작집(제27권)』(평양 : 조선로동당출판사, 1984),
　394·397쪽). 경제에서 자립의 원칙을 관철하자면 자립적 민족경제를 건설하
　여야 한다"면서, 이를 위해 첫째, 경제건설에서 자력갱생의 원칙을 견지 둘째,
　경제를 다방면적으로, 종합적으로 발전시킴 셋째, 자체의 원료, 연료기지를 튼
　튼히 꾸리는 것이라고 해석하였다. 여기서 "오늘날의 자력갱생은 현대적 기술
　에 자력갱생이다. 그러므로 실리가 보장되지 않는 낡고 뒤떨어진 공업을 그대
　로 두거나 자체로 해결한다고 하면서 질을 떨구면 언제가도 나라의 경제를 발
　전시킬 수 없다. 자력갱생한다는 것은 아무것이나 제 손으로 만들어야 한다는
　것이 아니며 모든 것을 자기 나라의 원료, 자재, 기술로 풀어나가는 것을 의미
　하지 않는다. 발전된 나라의 기술을 받아들일 것은 받아들여야 하며 자기 나

경제협력은 강한 '정치성'을 띠게 되는 것이다.

5. 일본에서의 연구

마지막으로 일본 학계의 연구 성과들을 살펴보자.

히라이와 슌지(平岩俊司)는 북·중 관계를 ①소련·미국과의 관계를 중심으로 한 안전 보장 관계 ②이데올로기적 관계 ③'순망 치한', '전통적 우의'로 표현되는 전통적 관계 ④북한에게 중국은 경제 발전을 위해 불가결한 국가로서의 경제적 관계 등 네 개의 관점에서 분석한다. 그는 이 네 개 요인이 "양자 관계를 돈독히 하고 있을 뿐만 아니라 내부에 많은 모순을 축적하게 하였다"고 본다. 그런데 1954년 9월부터 1958년 10월까지 두 시기에 거쳐 진행된 중국인민지원군(中國人民志願軍) 철군을 통해 중국에서 북한과의 관계는 북·중 관계를 규정하는 제3의 요인인 전통적 관계보다는 오히려 제1의 요인이 보다 구체화된 안전보장문제를 전제로 한 관계로 변질하였다고 이해한다. 이후 북·중 양국은 반복적으로 '순망 치한 관계'를 확인하지만 그 시점에서도 양국관계에는 미묘한 갈등을 내포하였다고 주장한다.[118]

야스다 준(安田 淳)은 중국이 북한과의 오랜 기간 긴밀한 관계를 유지했음에도 불구하고 한국과도 관계를 개선해 왔다는 점에서 신

라의 실정에 맞는 보다 현대적인 자체의 기술로 전환시켜 다른 나라의 것보다 더 훌륭하게 만들어내는 데 있다"고 주장하였다(김일성주의 기본교과서 집필조, 『김일성주의 기본』(평양 : 김일성종합대학출판사, 2004), 83~85쪽).

[118] 平岩俊司, 『朝鮮民主主義人民共和國と中華人民共和國 :「脣齒の關係」の構造と變容』(橫浜 : 世織書房, 2010), 4~5·37~38쪽.

중하고 교묘하게 정책을 추진하며 아시아에서 대국 지위를 구축해 왔다고 주장한다. 더불어 그는 중국이 북한에 대하여 개혁·개방에 따른 근대화의 추진, 당사자 간의 협력에 따른 남북통일문제의 해결을 강조하는 것이 북한과의 단순한 이데올로기적 연대와 맹목적 지지에서 벗어나 일정한 영향력을 행사하고 있음을 시사한다고 덧붙였다. 이러한 의미에서 중국은 자국의 근대화라는 경제적 논리뿐만 아니라 그것을 위한 환경 만들기와 아시아에서 지도적 지위 확립이라는 정치적 논리에서 대 한반도정책을 결정하고 있다고 본다. 따라서 중국은 한반도의 평화와 안정을 위해 북한과의 관계를 소원히 하거나 북한을 고립화 시키지 않을 것이며 군사협력을 포함한 양국의 긴밀한 관계를 여전히 유지할 것으로 전망한다.[119]

가모 도모키(加茂具樹)는 히라이와 슌지의 분석을 정리하면서 중국 외교에서 한반도는 두 가지 의미가 있다고 지적하였다. 하나는 인접한 지역으로서의 한반도이고, 다른 하나는 국제관계 무대로서의 한반도이다. 그는 통상적으로 중국과 북한과의 관계를 '순망 치한적 관계', '전통적 우의'로 평가하지만, 그것은 인접한 지역으로서의 특수한 양국관계를 강조한 결과일 뿐이라고 본다. 그에 따르면, 국제사회는 중국이 시기와 상황에 따라서 이 두 가지 의미의 우선순위를 유연하게 변화시켰다고 인식하며 이를 반영하여 북·중 관계가 2009년 6월을 시점으로 '순망 치한적 관계'로부터 '정상 국가관계'로 변화하였다고 이해한다고 주장한다. 나아가 그는 중국 정권 내부에서 바람직한 외교방침으로 '도광 양회(韜光養晦), 유소 작위(有所作爲)', 아니면 '도광 양회 견지, 적극적인 유소 작위' 가운데 어떤 것이 더 적

---

119) 安田淳,「中国の朝鮮半島政策」, 小此木政夫 編,『ポスト冷戰の朝鮮半島』(東京 : 日本國際問題研究所, 1994), 240~241쪽.

절할지를 논의하고 있다고 예측한다.[120]

　고미 요지(五味洋治)는 북·중 '특수관계'가 '일반적인 국가관계'로
변화하고 있다고 본다. 그는 2002년 출범한 후진타오(胡錦濤) 정권이
실리를 추구하고 있어 "혈맹관계에서 일반적인 인접국가 관계"로 전
환한 것이 틀림없다고 판단하다. 더욱이 중국정부는 2003년부터 제
기한 '동북 진흥계획' - 동북 3성과 북한과의 연대를 강하게 의식하
고 있다고 본다. 이런 측면에서 중국의 한반도에서의 1차 목표는 안
정 즉, 현상 유지이고, 실리라고 주장한다. 때문에 중국이 북한을 비
판하면서도 '전략적 부담'이 아닌 '전략적 자산'으로서 북한을 두둔하
고 있다고 해석한다. 그 이유를 "①북한의 존재는 주한미군을 중국
에서부터 멀리하고 군사 안정상의 비용 절감 ②중국이 6·25전쟁에
참전했던 것을 과오라고 하지 않기 위해 북한과 충돌하지 않음 ③폭
력자인 북한과의 중개역할을 담당하여 중국에 향해질 '횡포' '강압'
등 비판 회피 ④난민의 중국 유입 억제 ⑤북한의 지하자원, 염가의
노동력 이용 ⑥북한 경제를 향상시키는 것으로 사회변혁 촉구 등을
든다. 즉, 중국은 최소한의 비용을 지급하여 북한에 최대한의 영향
력을 유지하고 있다는 견해이다.[121]

　아키즈키 노조무(秋月望)는 중국과 북한 사이의 문제를 하나하나
별도로 볼 경우 우호·약화 관계를 판단하는 것이 매우 곤란한 경우
가 많다고 분석하였다. 특히 유의해야 할 것은 '우호 관계'의 실태 또
는 원조나 지원의 구체적인 내용이 '정보 관계자에 의한 정보'라는

[120] 加茂具樹,「転換する中国外交と中朝関係」, 小此木政夫·　文正仁·　西野純也 編著,
『転換期の東アジアと北朝鮮問題』(東京：慶應義塾大学出版会, 2012), 61~62·75~
76쪽.
[121] 五味洋治,『北朝鮮と中國─打算でつながる同盟國は衝突するか』(일본：築摩書房,
2012), 31~32·85~86·158~159·117~118·94쪽.

변칙적인 형태로밖에 드러나지 않는다는 점을 강조하였다. 외부의 세계에 대해서 북·중 간에 존재하는 '특수한 관계'를 의식시키는 것에 중점을 둔 정보 조작이라는 인상조차 주기도 한다는 것이다. 중국과 북한 사이의 메시지는 상대 국가에 대한 것과 국제사회 등 외부 세계를 향한 것이 혼재되어 있다고 할 수 있으며, 외부에서는 잘 보이지 않는 그러한 메시지를 구분하여 읽는 노력이 필요하다고 주장한다. 또 북한의 '자주'의 성격과 북·중 관계의 본질에 입각한다면 북·중 간의 '접근'이나 '우호의 확인'은 양국에 있어서 상대방에 대한 '견제책'으로서의 성격을 내포하는 것이고, 양국 관계의 본질은 상황 여하에 따라서 급 전개 될 가능성을 항상 갖고 있다고 이해한다. 그리고 북한이 대미 교섭에 적극적이라고 해서 그만큼 대중 관계를 가볍게 보고 있다고 결론짓는 것도 경솔하다고 주장한다.[122]

일본 측 연구자의 관점을 요약하면, 북·중 관계를 지속의 측면보다는 변화의 측면이 강한 것으로 파악하고 있다. 즉 '순망 치한 관계'로부터 '정상적인 국가관계'로 변화하고 있으며, '전통적 우의 관계'라고 말해진다고 해도 내용은 이미 변질했다고 이해한다. 변화의 계기에 대해서는 학자들마다 차이가 있다. 히라이와 슌지는 1950년대 중국인민지원군 철군 이후 북·중 관계가 '순망 치한 관계'라 해도 내용은 이미 변질되었다고 주장한다. 야스다 준은 한·중 수교 이후 중국은 북한과의 단순한 이데올로기적 연대와 맹목적인 지지에서 벗어나 일정한 영향력을 행사하기 시작하였다고 본다. 가모 도모키는 2009년 6월 2일 중국 외교부 친강(秦剛) 부 보도국장의 정례 기자회견에서 한 발언에 근거해 북·중 관계가 '순망 치한 관계'로부터

122) 秋月望, 「朝中關係の特質とその展開」, 小此木政夫 編, 『金正日時代の北朝鮮』(東京 : 日本國際問題研究所, 1999), 266쪽~267쪽.

'정상적인 국가관계'로 변화하였다고 주장한다. 고미 요지도 2002년 후진타오 정권이 출범하면서부터 '혈맹관계에서 일반적인 인접국가 관계'로 전환하였다고 본다.

지금까지 북·중 관계와 북·중 경제관계에 관한 각 국에서의 연구 성과를 살펴봤다.

북한을 제외한 다른 나라들에서의 관련 연구 성과들은 북·중 관계에서 중국의 변화만 강조하고, 북한의 변화를 간과하는 경향이 크다. 아울러 설상 북한이 변했다고 주장하는 관점도 대외 환경 또는 중국의 변화 때문에 어쩔 수 없었다고 설명한다. 아니면 중국의 대북정책이 북·중 관계의 흐름을 결정한다고도 주장한다. 이런 관점들도 나름의 논지가 있을 것이다. 하지만 이는 북한의 대외정책에서 강조하는 핵심이념인 '자주성'을 어떻게 이해해야 할 것인가 하는 문제와 직접 관련된 것이다.

과연 북한의 대외정책, 그 가운데서도 대외 경제정책은 언제부터 변화했으며, 왜 변화했을까?

학계에서는 북한의 대외정책을 보통 '지속과 변화'의 관점에서 서술하고 있다. 관련 연구성과들을 정리해보면 대체적으로 탈냉전 이후 즉 1980년대부터 북한은 대외정책에서 '실리'를 추구하기 시작했으며, 대외정책의 '이념'과 '원칙은 지속되고, 그 '형태'와 '수단'이 변화했다고 평가한다.[123] 즉 북한이 1988년 9월에 대외정책의 이념을

---

123) 안병준, 「북한외교정책 : 지속과 변화」, 박재규 편, 『북한의 대외정책』(서울 : 경남대출판부, 1986), 31~32쪽; 이종석, 『새로 쓴 현대북한의 이해』(서울 : 역사비평사, 2000), 352쪽; 유광진, 「북한의 대중국외교정책」, 북한연구학회 편, 『북한의 통일외교 10』(서울 : 경인문화사, 2006), 405~409쪽; 김계동, 『북한의 대외정책』(서울 : 백산서당, 2002), 381~382쪽.

1980년 제6차 당대회에서의 '자주·친선·평화'로부터 '자주·평화·
친선'으로 순서를 바꾸었다는 데서 그 근거를 찾고 있다. 또는 좀 더
이른 1960년대 중반에 주체사상을 체계화하는 과정에서 북한의 외교
정책을 규정하는 근본 지침을 '정치에서의 자주'로 바꾸었고, 이것이
현재까지도 지속되고 있다고 본다.[124] 이 같은 주장은 1966년 8월 12일
『로동신문』에 발표한 "자주성을 옹호하자"는 논설에서 중국의 '교조
주의'를 비판하며 '자주노선'을 밝힌 것을[125] 그 근거를 삼는다.

　이와 관련하여 북한의 외교정책을 진영 외교, 자주 외교, 중립국 외
교, 제3세계 외교(비동맹 외교), 다변화 외교, 서방 외교, 개방 외교,
전방위 외교 등 단계별 변화 발전과정을 거쳐 왔다고 설명하기도 한
다.[126] 또 북한이 추진해 온 외교정책의 방향을 크게 냉전시대에는
'진영 외교, 자주 외교, 혁명 외교, 해방 외교'를 추진했고, 탈냉전시대
에는 기존의 틀을 기본적으로 유지하면서 환경 변화에 적응하기 위
해 '실리 외교, 생존 외교, 유인 외교'[127]를 추진했다고도 이해한다.

　그러나 어떠한 외교행태든 앞에서 살펴 본 북한의 문헌과 결부시
켜 보면 북한의 경제관계를 포함한 대외정책의 입장은 '자주노선'에
서 큰 변화가 없었다. 다만 필요에 따라서 다양한 형태의 대외전략
을 구사하였으며, 대외정책에서 자주 즉, 주권이 침범되지 않는 한
세계 여러 나라들과의 평화, 친선을 추구해 왔다. 물론 시기에 따라
서 대외관계의 주방향과 무게를 달리했던 것은 분명하다.

---

[124]　정규섭, 「북한 외교정책의 역사적 전개」, 북한연구학회 편,『북한의 통일외교
　　　10』(서울 : 경인문화사, 2006), 244~246쪽.
[125]　『로동신문』, 1966년 8월 12일자.
[126]　김계동,『북한의 대외정책』(서울 : 백산서당, 2002), 122~152쪽; 정규섭, 앞의 논
　　　문, 246~278쪽.
[127]　김계동,『북한의 대외정책』(서울 : 백산서당, 2002), 382쪽.

북한이 대외 경제관계에서 실리를 추구하기 시작한 시점은 '자주외교'를 천명한 직후이다. 이를 확인할 수 있는 것은 1950년대 중반 시작된 중·소 분쟁에서 북한이 균형 외교를 선택한 사실이다. 또 1955년 2월 일본과 성명을 발표하면서 북·일 관계 정상화를 강조하기도 했다.[128]

김일성 수상은 1955년 4월 1일에 개최한 4월 전원회의에서 「우리 혁명의 성격과 과업에 관한 테제」 즉, 「모든 힘을 조국의 통일독립과 공화국북반부에서의 사회주의건설을 위하여」를 회람시켜[129] 소련공산당의 정책과 전혀 상반되게 '전쟁 불가피론'을 주장하였다. 4월 전원회의에 이어 1955년 12월 28일 김일성 수상은 「사상사업에서 교조주의와 형식주의를 퇴치하고 주체를 확립할 데 대하여」라는 연설을 하였다. 여기서 그는 정치사업 방법문제에서 "쏘련식이 좋으니, 중국식이 좋으니 하면서 싸웠습니다. 이것은 부질없는 일입니다. 밥을 먹는데 바른손으로 먹든 왼손으로 먹든 또는 숟가락으로 먹든 젓가락으로 먹든 상관할 바가 아닙니다. 어떻게 먹든지 간에 입에 들어가기는 마찬가지가 아니겠습니까. …… 정치사업을 하는데 무슨 식이든 간에 이 목적을 달성하면 되는 것입니다"라고[130] 주장하였

---

[128] 1954년 10월 21일, 중·소 양국 정부의 "호혜적인 조건에 입각한 일본과의 광범한 통상 관계의 발전 및 긴밀한 문화적 유대의 설정을 지지한다"는 「대일 관계에 관한 쏘베트사회주의공화국련맹 정부와 중화인민공화국의 공동선언」을 통해 볼 때 북·일 관계 정상화는 사회주의진영이 '허락한 범위'였다(『조선중앙년감(1956년판)』, 49쪽). 이러한 측면에서 볼때도 1955년 북한의 4월 전원회의는 큰 의미를 지닌다.

[129] 김일성, 「모든 힘을 조국의 통일독립과 공화국북반부에서의 사회주의건설을 위하여」, 조선로동당출판사 편, 『김일성저작집(제9권)』(평양 : 조선로동당출판사, 1980), 228~234쪽.

[130] 김일성, 「사상사업에서 교조주의와 형식주의를 퇴치하고 주체를 확립할 데 대하여」, 조선로동당출판사 편, 『김일성저작집(제9권)』(평양 : 조선로동당출판사,

다. 김일성 수상이 직접 독자적인 대외관계 추구와 '실리'를 분명하게 밝힌 것이다. 이는 덩샤오핑(鄧小平)의 '흑묘 백묘(黑猫白猫)론'[131]과 흡사하다.

김일성 수상은 또 "이제는 우리 식을 만들 때"가 되었다고 하면서 "맑스-레닌주의원칙을 철저히 고수하면서 그것을 우리나라의 구체적 조건, 우리의 민족적 특성에 맞게 창조적으로 적용"하여야[132] 한다고 강조하였다. 이때부터 북한은 대외정책에서 '자주노선'을 추진함과 동시에 '진영외교'를 넘어 '실리' 추구를 분명히 하였던 것이다.

이와 관련하여 주목해야 할 사실 하나는 1956년 '경제에서의 자립' 주장과 함께 4월에 『경제연구』를 창간한 점이다. 1956년 『경제연구』 창간호에서는 "경제 과학연구 사업에 있어서 교조주의와 독경주의는 맑스-레닌주의의 일반적 명제들을 조선의 구체적 현실에 적용시킴에 있어서 창조적 활동의 결여를 초래하였다 …… 교조주의와 형식주의를 배격하면서 우리나라 과도기가 발전하는 역사적 구체적

1980), 477쪽.

[131] '黑猫白猫論'은 검은 고양이든 흰 고양이든 쥐만 잘 잡으면 훌륭한 고양이라는 뜻으로 중국의 개혁·개방을 이끈 덩샤오핑의 말이다. 중국 인민을 잘 살 수 있게만 한다면 부유해질 수 있는 사람부터 먼저 부유해지라는 뜻의 선부론(先富論)과 함께 덩샤오핑의 경제정책을 가장 잘 대변하는 용어이다. 덩샤오핑이 제일 처음 '흑묘 백묘'를 사용한 것은 1962년 7월 인민공사화, 대약진운동이 실패하고 설상가상으로 닥친 3년 자연재해로 농촌의 경제발전문제로 당내에 치열한 논쟁이 있던 때였다. 당시 덩샤오핑은 농촌의 토지문제를 대상으로 '황묘백묘론(黃猫白猫論)'을 제안(鄧小平, 「怎樣恢復農業生産(1962年 7月 7日)」, 『鄧小平文選(第一卷)』(中國 : 人民出版社, 1994), 323쪽) 했는데 당시의 상황에서 비판 대상이었다. 특히 1976년 마오쩌둥은 공개 석상에서 이를 비판하였다. 1978년 개혁·개방이 시작되면서 '흑묘 백묘'론이 다시 제기되었던 것이다.

[132] 김일성, 「사상사업에서 교조주의와 형식주의를 퇴치하고 주체를 확립할 데 대하여」, 조선로동당출판사 편, 『김일성저작집(제9권)』(평양 : 조선로동당출판사, 1980), 478쪽.

조건들을 심오하게 창조적으로 연구하고 일반화하여야 한다"고133)
강조하였다. 이는 대외 정책 및 대외 경제관계 설정에도 그대로 반
영되었다.

다음의 〈표 2-2〉는 북한 〈헌법〉을 통해 본 대외정책 기본이념과
원칙의 변화 추이를 정리한 것이다.

〈표 2-2〉 북한 〈헌법〉을 통해 본 대외정책 기본이념과 원칙의 변화

〈조선민주주의인민공화국 헌법〉		
제정일	조 목	내 용
1948년 9월 8일	제5조	대외무역은 국가 또는 국가의 감독 밑에서 수행한다.
	출처	조선중앙통신사, 『조선중앙연감(1950년판 上)』, (평양 : 조선중앙통신사, 1950년), 1쪽.
1954년 4월 23일	제5조	대외무역은 국가 또는 국가의 감독 밑에서 수행한다.
1954년 10월 30일 1955년 3월 11일 1956년 11월 7일 1962년 10월 18일	출처	조선민주주의인민공화국 최고인민회의 상임위원회, 『조선민주주의인민공화국 법령 및 최고인민회의 상임위원회 정령집 3(1954년)』(일본 : 學友書房, 1954), 48~55쪽; 鄭慶謨·崔達坤 편, 『北韓法令集(第1卷)』(서울 : 大陸出版社, 1990), 14~16쪽.
〈조선민주주의인민공화국 사회주의 헌법〉		
제정일	조 목	내 용
1972년 12월 27일	제16조	조선민주주의인민공화국은 대외관계에 완전한 평등권과 자주권을 행사한다. 국가는 우리나라를 우호적으로 대하는 모든 나라들과 완전한 평등과 자주성, 호상존중과 내정불간섭, 호혜의 원칙에서 국가적 및 정치, 경제, 문화적 관계를 맺는다. 국가는 맑스-레닌주의와 프롤레타리아 국제주의원칙에서 사회주의나라들과 단결하고 제국주의를 반대하는 세계 모든 나라 인민들과 단결하며 그들의 민족해방투쟁과 혁명투쟁을 적극 지지 성원한다.
	제34조	조선민주주의인민공화국은 대외무역은 국가 또는 국가의 감독 밑에서 한다. 국가는 완전한 평등과 호혜의 원칙에서 대외무역을 발전시킨다. 국가는 자립적 민족경제를 보호하기 위하여 관세정책을 실시한다.
	출처	조선로동당출판사 편, 『김일성저작집(제27권)』(평양 : 조선로동당출판사, 1984), 627·631쪽.

133) 과학원 경제법학연구소, 「경제과학 연구 수준의 제고를 위하여」, 『경제연구』, 창간호(1956), 1~2쪽.

1992년 4월 9일	제17조	자주, 평화, 친선은 조선민주주의인민공화국의 대외정책의 기본리념이며 대외활동 원칙이다. 국가는 우리나라를 우호적으로 대하는 모든 나라들과 완전한 평등과 자주성, 호상존중과 내정불간섭, 호혜의 원칙에서 국가적 또는 정치, 경제, 문화적 관계를 맺는다. 국가는 자주성을 옹호하는 세계인민들과 단결하며 온갖 형태의 침략과 내정 간섭을 반대하고 나라의 자주권과 민족적, 계급적 해방을 실현하기 위한 모든 나라 인민들의 투쟁을 적극 지지 성원한다.
	제36조	조선민주주의인민공화국은 대외관계에 완전한 평등권과 자주권을 행사한다. 국가는 완전한 평등과 호혜의 원칙에서 대외무역을 발전시킨다.
	제37조	국가는 우리나라 기관, 기업소, 단체와 다른 나라 법인 또는 개인들과의 기업 합영과 합작을 장려한다.
	제38조	국가는 자립적 민족경제를 보호하기 위하여 관세정책을 실시한다.
	출처	조선로동당출판사, 『조선민주주의인민공화국 사회주의헌법(1992년)』(평양 : 조선로동당출판사, 1992), 4 · 10쪽.
1998년 9월 5일	제17조	자주, 평화, 친선은 조선민주주의인민공화국의 대외정책의 기본리념이며 대외활동원칙이다. 국가는 우리나라를 우호적으로 대하는 모든 나라들과 완전한 평등과 자주성, 호상존중과 내정불간섭, 호혜의 원칙에서 국가적 또는 정치, 경제, 문화적 관계를 맺는다. 국가는 자주성을 옹호하는 세계인민들과 단결하며 온갖 형태의 침략과 내정간섭을 반대하고 나라의 자주권과 민족적, 계급적 해방을 실현하기 위한 모든 나라 인민들의 투쟁을 적극 지지 성원한다.
	제36조	조선민주주의인민공화국은 대외무역은 국가 또는 사회협동단체가 한다. 국가는 완전한 평등과 호혜의 원칙에서 대외무역을 발전시킨다.
	제37조	국가는 우리나라 기관, 기업소, 단체와 다른 나라 법인 또는 개인들과의 기업 합영과 합작, 특수경제지대에서의 여러 가지 기업 창설 운영을 장려한다.
	제38조	국가는 자립적 민족경제를 보호하기 위하여 관세정책을 실시한다.
	출처	조선로동당출판사, 『조선민주주의인민공화국 사회주의헌법(1998년)』(평양 : 조선로동당출판사, 1998), 4 · 13쪽.
2009년 4월 9일 2010년 4월 9일	제17조	자주, 평화, 친선은 조선민주주의인민공화국의 대외정책의 기본이념이며 대외활동원칙이다. 국가는 우리나라를 우호적으로 대하는 모든 나라들과 완전한 평등과 자주성, 호상존중과 내정불간섭, 호혜의 원칙에서 국가적 또는 정치, 경제, 문화적 관계를 맺는다. 국가는 자주성을 옹호하는 세계인민들과 단결하며 온갖 형태의 침략과 내정간섭을 반대하고 나라의 자주권과 민족적, 계급적 해방을 실현하기

		위한 모든 나라 인민들의 투쟁을 적극 지지 성원한다.
	제36조	조선민주주의인민공화국의 대외무역은 국가 또는 사회협동단체가 한다. 국가는 완전한 평등과 호혜의 원칙에서 대외무역을 발전시킨다.
	제37조	국가는 우리나라 기관, 기업소, 단체와 다른 나라 법인 또는 개인들과의 기업 합영과 합작, 특수경제지대에서의 여러 가지 기업 창설 운영을 장려한다.
	제38조	국가는 자립적 민족경제를 보호하기 위하여 관세정책을 실시한다.
	출처	장명봉, 『2011 최신 북한법령집』(서울 : 북한법연구회, 2011), 59·61쪽.
2012년 4월 13일	제17조	자주, 평화, 친선은 조선민주주의인민공화국의 대외정책의 기본이념이며 대외활동원칙이다. 국가는 우리나라를 우호적으로 대하는 모든 나라들과 완전한 평등과 자주성, 호상 존중과 내정불간섭, 호혜의 원칙에서 국가적 또는 정치, 경제, 문화적 관계를 맺는다. 국가는 자주성을 옹호하는 세계인민들과 단결하며 온갖 형태의 침략과 내정간섭을 반대하고 나라의 자주권과 민족적, 계급적 해방을 실현하기 위한 모든 나라 인민들의 투쟁을 적극 지지 성원한다.
	제36조	조선민주주의인민공화국은 대외무역은 <u>국가기관, 기업소, 사회협동단체</u>가 한다. 국가는 완전한 평등과 호혜의 원칙에서 대외무역을 발전시킨다.
	제37조	국가는 우리나라 기관, 기업소, 단체와 다른 나라 법인 또는 개인들과의 기업 합영과 합작, 특수경제지대에서의 여러 가지 기업 창설 운영을 장려한다.
	제38조	국가는 자립적 민족경제를 보호하기 위하여 관세정책을 실시한다.
	출처	법률출판사, 『조선민주주의인민공화국 법전』(평양 : 법률출판사, 2012), 18·20쪽.

〈표 2-2〉를 보면 1948년부터 1962년까지의 〈조선민주의인민공화국 헌법〉은 대외무역에 대해 주로 제5조에서 '주체'만 강조했지, 그 '이념과 원칙', '대상'에 대한 언급은 없었다. 그런데 1972년 〈사회주의 헌법〉에서부터 변화가 나타났다. 앞에서 언급했듯 이 시기부터 북한은 대외관계의 '대상'을 '진영외교를 넘어 세계화'하기 시작한 시점이다. 즉 최대의 적인 '미국'도 그 '대상'에 포함시키고자 북한당국은 "'우리나라를 우호적으로 대하는 모든 나라들'과 '완전한 평등과

자주성, 호상 존중과 내정 불간섭, 호혜 원칙'에서 대외관계를 맺는 다"고 밝혔다. 그 다음 순서로 "맑스-레닌주의와 프롤레타리아 국제주의 원칙에서 사회주의 나라들과 단결하고……"라고 하면서 사회주의 국가와의 '친선' 관계를 강조하였다.

1992년의 북한 헌법은 북한 대외무역의 기본이념과 원칙을 '자주·평화·친선'이라고 명확히 하였다. 주목할 점은 '맑스-레닌주의'란 문구가 삭제된 점이다. 또 대외개방정책에 대한 언급 즉, '합영과 합작' 등도 나오기 시작하였다. 1998년 헌법에서는 대외무역의 주체를 '국가'에서 '국가 또는 사회협동단체'로 했고, 제37조의 장려 대상도 확대하였다.

2012년 헌법에 이르러서는 대외무역의 주체를 '국가기관, 기업소, 사회협동단체'로 더욱 확대하였다. 이와 관련하여 김정은 체제의 공식 출범과 함께 2012년 4월 13일에 열린 제12기 제5차 최고인민회의에서 최영림 총리의 내각 보고를 통해서 "수출품 생산기지들을 전망성 있게 꾸리고 경제무역지대 개발과 합영, 합작을 활발히 전개하며 다른 나라들과의 경제기술 협조사업을 더욱 강화해나갈 것이다"라고[134] 대외경제 관련 정책의 방향을 적극 제시하기도 하였다. 북한이 최고인민회의 보고문을 통해 대외경제정책의 추진방향으로 '경제무역지대 개발'을 공식 제시한 것은 아마 이것이 처음일 것이다. 이는 중국과 공동개발·공동운영 형태로 추진되고 있는 황금평·위화도 경제특구와 나선경제특구의 개발을 본격적으로 추진하기 위한 법적 인프라 구축과 북한당국의 실행 의지 표현이라고 볼 수 있다.[135]

---

134) 『로동신문』, 2012년 4월 14일자.
135) 김정은 체제의 공식 출범 이후, 대외 경제정책의 변화의 특징은 첫째, 외부세계와의 경제·기술 교류의 중요성 강조 둘째, 경제특구를 중심으로 경제 개방

한편, 북·중 경협과 관련해서는 2009년 이후 양적·질적 측면에서 모두 활성화 양상을 보여주며, 북·중 경제관계가 과거와는 달리 "'윈-윈 협력'에 바탕을 둔 '구조적 결착관계'로 변화" 또는 "구조적으로 다른 형태로 진화"하고[136) 있다는 점에 대부분 연구자들이 의견을 함께 한다.

또한 다양한 관점에서 접근했지만, 북·중 관계가 구조적으로 지속과 변화 또는 전통과 전략의 두 측면을 모두 포함하고 있다고 본다. 다만 연구 성과에 따라서 '지속 〉 변화'와 '지속 〈 변화'에서 차이를 보일 뿐이다. 또한 '지속'의 관점을 주장하는 경우에도 근본적인 변화는 없다고 하지만, 그래도 일정한 차이는 보여주고 있다고 분석한다. 예컨대 실리를 추구하는 영역 즉, 정치·안보 영역에서 경제영역으로 변화 또는 정치·안보 영역에 경제적인 요소가 포함된 방향으로 변화하고 있다는 점이다.

그렇다면 과연 북·중 관계는 무엇을 포함하고, 어떤 것에 영향을 받기에 이런 이중적인 양상을 보여줄까?

우선 북·중 관계를 흔히 정치적 관계와 경제적 관계 두 가지로, 또는 정치적 관계를 좀 더 세분화 하여 군사적(안보) 관계, 이데올로기적 관계, 역사적(전통적) 관계 네 가지로, 또는 특수성과 보편성으로 나눠서 설명하곤 하였다. 여기서 지적하고 싶은 건 변증법적으로 봤을 때 특수성과 보편성은 통일·대립된다는 사실이다.

정책 추진 셋째, 중앙정부 차원에서의 협력에 더하여 국경 인근의 지방정부와의 협력 강조 등이다(임강택, 「최근 5년간 북한 대외무역의 주요 특징 및 전망」, 『KDI 북한경제 리뷰』, 1월호(2014), 56~58쪽).

136) 이종석, 「북·중 경제협력의 심화: 특징과 함의」, 『정세와 정책』, 7월호(2011), 10쪽; 권영경, 「신 북·중 경협시대의 도래와 우리의 대응과제」, 『평화학연구』, 제13권 1호(2012), 170쪽.

문제는 현재의 북·중 관계를 '특수성 속의 보편성' 또는 '보편성 속의 특수성'으로 이해할 것인가 하는 점이다. 즉 '지속 속의 변화'일지, '변화 속의 지속' 일지를 판단하는 것이다.

다음으로 북·중 관계에 영향을 주는 요인 즉, 북·중 관계의 '특수성'을 결정하는 요인을 히라이와 슌지와 이태환은 네 가지, 천평쥔·왕촨쨘은 세 가지, 이남주는 두 가지로 지적하고 있다. 그리고 지정학만 강조한 이희옥, 박창희, 이동률, 진징이, 스인홍, 가모 도모키와 같은 연구자들이 있다. 이것을 정리하면 〈표 2-3〉과 같다.

〈표 2-3〉 북·중 관계 '특수성'의 영향 요인

연구자	결정적 요인	
	양	요인
히라이와 슌지	4가지	①안전보장상의 관계(지정학적 요인 포함)★ ②이데올로기적 관계 ③전통적 관계 ④경제적 관계
이태환	4→ 2가지	냉전시기 : ①지정학적 요인 ②개인적 유대 ③이데올로기적 요인 ④지도부 간의 상호 인식 탈냉전 이후 : ①지정학적 요인★ ②역사적 요인을 상수로 감안할 때 ③국내 경제체제 ④경제적 요인이 주요 변수
천평쥔· 왕촨쨘	3가지	①지리적 요인★ ②역사적 요인 ③현실
이남주	2가지	①역사적 요인 ②지정학적 요인★
이희옥	북·중 관계의 역사적 궤적을 보면 북·중 관계는 순망치한의 지정학적 이익이라는 구조적 틀 내에서 움직이고 있는 것도 사실	
박창희	북·중 관계는 '안보'와 '체제 안정'이라는 두 가지의 지정학적 이익을 서로 공유할 수 있을 경우 우호적인 관계를 유지할 수 있었으나, 그렇지 못한 때에는 갈등 또는 대립의 관계	
이동률	중국에게 북한은 전통적 의미의 안보 완충지대에서 이제는 미국, 한국과의 관계에서 전략적 지렛대로서의 가치가 부각되고 있는 것	
진징이	1876년 「강화도조약」의 체결 이후 북·중 관계는 순망치한 관계를 형성하였으며, 중국에게는 한반도의 지정학적 의미가 더욱 부각되기 시작하였고, 이때로부터 양국 관계는 지정학적 차원에서 전개	
스인홍	중국의 대북정책은 한반도의 비핵화를 지지하면서도 북한과 소원해질 수도 없는 북·중 관계의 특수성, 지정학적 관계로 중국이 각별한 인내심과 의지력을 갖고 접근하고 있음	

| 가모
도모키 | 중국 외교에서 한반도는 두 가지 의미 즉, 하나는 인접한 지역으로
서의 한반도이고, 다른 하나는 국제관계 무대로서의 한반도. 통상
적으로 중국과 북한과의 관계는 '순망치한적 관계', '전통적 우의'로
평가받지만, 그것은 인접한 지역으로서의 특수한 양국관계를 강조
한 결과임 |

* ★는 연구자가 더 강조하는 요인을 의미함

〈표 2-3〉에서 정리한 북·중 관계의 성격규명에 대한 선행 연구를
보면, 북·중 관계 특수성 분석에서 '지정학 이론' 및 그 분석도구의
적용이 가능하다는 점을 잘 보여준다. 또한 '지정학적 요인'이 지속
과 변화의 관점에서 볼 때 북·중 관계의 근본적인 변화를 저애하고
지속의 결정적 요인으로 작용함을 발견할 수 있다.

하지만 앞에서도 언급했듯 지정학의 개념 및 지경학의 개념이 혼
용되고 있다. 예컨대 대부분의 연구자들은 지정학적 요인을 고전지
정학적 의미로 사용하고 있다. '순망 치한적 관계'란 서구 중심적으
로 다뤄졌던 도식적 모델과 '지전략(geostrategy)' 즉, 고전지정학의
개념이라고 생각한다. 이런 의미에서의 분석이 확대·과장될 경우
'패권', '영토 확장'을 떠올리게 하기 때문이다. 실제적으로도 '중국 패
권론', '동북 4성론', '위성국가론'이 거론되고 있는 상황이다. 이는 한
때 나치즘에 이용되었던 지정학 이론의 과거를 연상시킨다. 아울러
이런 논리로 현재 북·중 경협의 활성화를 분석하면서 지경학적 개
념을 사용하면 결국 지경학의 개념도 혼용될 것이 분명하다.

제2절 지정학 이론의 적용

1. 지정학 이론을 활용한 연구

북·중 경협을 설명하기 위해서는 먼저 북·중 관계의 재구성이 필요할 것이다. 북한과 중국의 관계는 지리적으로 서로 맞닿아 있으며, 오랜 시간을 통해 형성되었다. 따라서 '지정학적 요인'을 떠나서는 그 성격을 제대로 규명할 수 없다. 때문에 이 책에서는 지정학 이론(geopolitical theory)을 이론적 배경으로 접근을 시도하였다.

기존 연구 성과를 검토한 결과, 지정학적 개념과 지경학적 개념의 혼용으로 문제의 인식에서 혼동을 초래하고 있음을 발견하였다. 즉 북·중 관계를 분석하면서, '지정학적 요인', '지경학적 관계', '지경학적 접근' 등의 표현들을 정확한 개념 규정 없이 많이 사용하고 있다. 그 결과 기왕의 '지정학적 요인'의 설명들은 주로 안보 및 고전지정학적 개념으로 제한하여 사용함으로써 중국을 강대국으로 북한을 약소국으로 취급하는 비대칭적인 고전지정학적 시각에 빠졌고, 그 결과 '중국 패권론', '동북 4성론' 등을 주장하기도 하였다.

이 책에서는 이를 극복·보완하기 위하여 세계화, 탈냉전의 흐름을 타며 점차 폭넓어져 가는 지정학이론의 발전과정을 편의상 '고전지정학적 시기'와 '신 지정학적 시기'로 나눠 논의를 전개하였다.

이와 관련하여 비판지정학자 오투아다일(Ó Tuathail), 비판지리학
자 닐 스미스(Neil Smith)의 주장을 바탕으로, 임덕순의 책『地政學 :
理論과 實踐』과 지상현·콜린 플린트의 논문 "지정학의 재발견과 비
판적 재구성"을 참조하여 지정학의 개념을 재정리하고 그 발전시기
를 구분하였다. 특히 지상현·콜린 플린트 등 비판지정학자들이 담
론 분석을 통해 고전지정학 이론과 현대 외교정책을 비판적으로 연
구함으로써 제국주의로 얼룩진 과거를 극복하고 지정학의 새로운
연구의 장을 열었다고 평가 받았음에도 불구하고, 비판지리학 그룹
으로부터 지정학의 경제적 요인을 간과했다고 비판 받았던 점에도
유의하였다.

또한 디킹크(Dijkink)가 소개했던 '지정학적 코드(geo-political code)'
란 개념을 북·중 관계를 밝히는데서 유용한 분석틀로 활용하였다.

최근에 와서 북·중 경협이 활성화됨에 따라 '지경학적 접근'이 자
주 거론되고 있다. 하지만 지경학적 접근을 지정학과 분리하여 인식
하거나 경제지리학으로 착각하여 사용하는 연구 성과들이 있다. 이
는 논리적으로도 부적절할 뿐만 아니라, 완전히 다른 결론으로 나아
갈 수 있다. 그렇다면 의문은 북·중 관계 및 한반도문제에 대한 분
석에서 지정학과 지경학은 분리하여 접근이 가능할지의 문제이다.

지정학이 비판지정학자, 비판지리학자들의 비판을 받으면서 고전
지정학으로부터 탈바꿈할 무렵인 1990년, 루트와크(E. N. Luttwak)는
「지정학에서 지경학으로 : 충돌의 논리, 무역법칙(From Geopolitics to
Geoeconomics : Logic of Conflict, Grammar of Commerce)」이란 논문을
통해서 지경학(地經學; geo-economic)적 접근을 제기하였다.[137] 1994년

---

137) 李敦瑞·李新,「地緣經濟學研究綜述」,『國外社會科學(中國)』, 第1期(2009), 42쪽.

미국의 조지 덴마크(George Demko)와 윌리엄 우드(William Wood)는
'지연(地緣) 정치경제'의 개념을 통해 지연정치와 경제경쟁을 밀접히
결합시켰다.[138]

이들의 주장에 이어 중국의 학자 니스슝(倪世雄)은 저서『當代西方
國制關係理論』, 싸번왕(薩本望)은 논문 「新興的地緣經濟學」, 천채이
(陳才)는 논문 「地緣關係與世界經濟地理學科建設」, 원윈초우(文云朝)
는 논문「關于地緣硏究的理論探討」 등을 통해 지연경제학, 즉 지경학
의 개념을 제기하고 지연경제학과 지연정치학(지정학)과의 관계를
명확히 하였다.

이들 논문에서 제일 중요한 성과는 지경학이 지정학의 산물인 만
큼 지경학 역시 '정치성'을 띠고 있다는 점이다. 이는 북·중 관계 및
북·중 경제관계의 성격 규명에서 매우 중요한 포인트이다.

한국에서는 1997년에 이종철의 논문「동북아 지역협력을 위한 경
제지정학적 접근」에서 '경제지정학'이란 표현을 사용하였다. 그는 경
제지정학의 개념을 지정학에 경제적 측면을 보강한 것이기도 하고,
정치경제학에 지리적 요인을 더한 것으로 볼 수 있다고 정의하였다.
그러나 경제지정학, 즉 지경학과 지정학의 관계에 대하여 언급하지
않았다. 그는 "경제지정학에서 보는 지역경제협력은 세계경제의 구
심력에 대응한 중간단계의 글로벌화다"라고 하였듯이 경제지정학을
경제지리학으로 이해하였다.

이 책과 관련하여 지정학 이론을 적용한 다음의 두 개 연구 성과
는 주목을 요한다. 박창희의 논문은 북·중 양국이 서로의 지리적,

138) George J. Demko, William B. Wood, *Reordering the world : Geopolitical on the
Twenty-First Century*, Westview Press, 1994, pp.10~11(盧光盛, 「國際關係理論中的
地緣經濟學」, 『世界經濟硏究(中國)』, 第3期(2004), 12쪽에서 재인용).

정치적, 이념적 연대를 통해 체제 안정을 강화시킬 수 있다는 차원
에서 지정학 개념을 포함시켜 논의를 전개했다. 이것은 고전지정학
에서의 탈피 노력이라고 평가할 수 있을 것이다. 다른 하나는 진창
이(金强一)·진징이(金景一) 형제가 함께 쓴 논문이다. 이들은 지정
학적 가치가 부각될 때 동북아 지역과 한반도에서는 갈등·충돌을
동반한다고 파악했다. 따라서 그들은 한반도의 이상적 모델로 지정
학적 가치의 약화 또는 소실된 상태를 상정하면서, 한반도 문제를
지경학적으로 풀어 나갈 것을 주장하였다.139) 더불어 왜 지정학을
경제지정학이라는 표현으로 사용해야 하는지도 시사해주었다.

하지만 의문은 여전히 남는다. 즉, 북·중 관계에서 과연 지경학적
가치의 부각을 지정학적 가치에 의한 대체 또는 지정학적 가치의 소
실로 볼 수 있을까? 필자는 기존 연구에서 사용했던 '지정학적 관계',
'지정학적 요인', '지정학적 코드'140) 등이 서로 어떻게 다른지에 관한
문제의식을 갖고, 위에서 언급한 관점들을 수렴하며 지정학의 개념
을 다시 살펴볼 것이다.

이 책에서는 '지정학적 코드'란 개념을 북·중 관계를 결정하는 요
인으로 사용하면서, 정치적 관계와 경제적 관계로 나누어 접근할 것
이다. 정치적 관계는 좀 더 구체적으로 '안보 이익'141), 이데올로기,
전통적 관계로 나눌 수 있다. 군사적인 부분도 매우 중요하지만 이

---

139) 金强一·金景一, 「朝鮮半島的地緣政治意義及其我國的影響硏究」, 『延邊大學學報
(中國)』, 第41卷 第4期(2008), 10쪽.
140) 지정학적 코드(geopolitical code)란 사회 내의 여러 집단이 내부인(우리)/외부인
(타자), 친구/적대세력을 구분하는 기준으로 기능한다. Dijkink.G, 1996, *National
Identity and Geopolitical Visicos : Maps df pride and pain*, NewYork : Routledge(지
상현·콜린 플린트, 「지정학의 재발견과 비판적 재구성」, 『공간과 사회』, 통권
제31호(2009), 178~179쪽에서 재인용).
141) 이 책에서 '안보 이익'은 주로 전통적인 안보개념에서 사용하였다.

책에서는 안보 이익과 같은 맥락에서 취급한다. 이를 북·중 관계
변화 발전의 역사적 발전 궤적에 결부시켜 지정학 이론을 배경으로
분석을 시도해 볼 것이다.

　다만 이 과정에서 지경학과 지정학의 관계에 대한 각 국의 번역상
차이를 해결하고자 지경학, 지연경제학, 지연정치경제학 등의 다양
한 표현을 '경제지정학(Geopolitical economy)'개념으로 사용하고자
한다. 그리고 경제지정학에 입각해 북·중 경협 활성화의 배경으로
되는 북·중 관계 및 북·중 경제관계를 새롭게 규명하고자 한다. 아
울러 북·중 관계의 규명에서 지정학적 가치의 추구가 핵심적이며
근본적인 요인인지를 살펴볼 것이다.

2. 지정학 이론과 경제지정학적 접근

1) 지정학 이론과 북·중 경제관계

　지정학은 1899년 스웨덴의 정치학자인 첼렌(Rudolf Kjellen)에 의해
처음 개척되어[142] 번성 → 급락 → 부활의 우여곡절을 거쳤다. 1930
년대 독일 나치즘과 결합되어 그들의 선전도구로써 번성하다가 이
후 거의 잊혀졌으나, 1970년대 미국의 헨리 키신저(Henry Kissinger),
브레진스키(Zbigniew K. Brzezinski)에 의해 재검토되면서 1980년대에

---

[142] 1916년 첼렌은 그의 저서 『생활형태로서의 국가(*Staten som Lifsform*)』에서 "지
　　정학은 국가를 지리적 유기체 즉 지역에 있어서의 현상으로 보고 고찰하는 국
　　가론이다"라고 하여, 영토 경영과 국가 성쇠에 주목하여 국가 내지 국가 정치
　　를 연구하는 것을 중요시하였다. 학문용어도 지리(지역, 또는 영토)에 기초한,
　　또는 지리에 관련된 정치라는 시각에서 '지정학(Geoppolitik)'이라고 하였다(임
　　덕순, 『地政學 : 理論과 實踐』(서울 : 법문사, 1999), 13쪽).

위상을 다시 높였다.[143] 이른바 '고전(전통) 지정학적 시기'를 맞이한
것이다.

세계화·탈냉전과 더불어 세계질서의 재편 배경을 설명하기 위한
분석 틀로써 지정학은 '신 지정학적 시기'를[144] 맞이한다. 1992년 오
투아다일(O'Tuathail) 등 비판지정학자들, 닐 스미스(Neil Smith) 등 비
판지리학자들에 의해 지정학은 과거의 오명에서 벗어나 공간을 둘
러싼 국가나 집단들의 갈등과 투쟁 또는 협력을 설명하는 유용한 접
근방법이 되었다. 그럼에도 불구하고 지정학 개념은 다양하게 정의
되어 아직도 개념의 혼용으로 혼동을 초래할 때가 많다.[145]

콜린 플린트에 따르면, "지정학은 여러 이미지를 불러내는 단어이
다. 어떤 의미에서 이 단어는 전쟁, 제국, 외교의 아이디어를 불러일
으킨다. 지정학은 영토를 통제하고 쟁취하고자 하는 국가들의 행위
다. 그런데 지정학이 창출하는 또 다른 이미지가 있다. 이론적으로

[143] 지정학의 역사적 발전과정에 관해서는 임덕순, 위의 책, 24~40쪽; 지상현·콜
린 플린트, 「지정학의 재발견과 비판적 재구성」, 『공간과 사회』, 통권 제31호
(2009), 170~172쪽; 葛漢文, 「批判地緣政治學的發展與地緣政治研究的未來」, 『國際
觀察(中國)』, 第4期(2010), 42~44쪽 등 참고.

[144] 고전(전통)지정학이란 2차 대전 이전의 도식적(formal) 모델과 소위 신 냉전 시
대인 1970년대 후반 이래 득세한 지전략(geostrategy) 모델을 함께 일컫는다(이
종철, 「동북아 지역협력을 위한 경제지정학적 접근」, 『지리학논총』, 제29호
(1997), 26쪽). 본문에서는 이를 근거로 해석의 편리를 위해 '고전지정학적 시
기'라 하고 이에 상응해 아울러 임덕순의 '신 지정학'에 대한 주장도 감안하여
'신 지정학적 시기'라고 구분하였다.

[145] 중국에서는 '지연경제학(地緣政治學)'이라 부르며, 지연정치, 지연경제, 지연문
화, 지연전략 등을 포함한다(文云朝, 「關于地緣研究的理論探討」, 『地理科學進展
(中國)』, 第18券 第2期(1999), 172~175쪽). 임덕순은 지정학과 정치지리학은 사
실상 구별하기 힘들다고 한다. 특히 1990년대에 와서는 두 학문을 같은 것으로
보는 경향이 강해져가고 있지만, 아직도 '지정학'은 정치학자들이, '정치지리학'
은 지리학자들이 즐겨 사용하고 있다고 한다(임덕순, 『政治地理學 原理: 理論
과 實際(第2版)』(서울: 법문사, 1997, 10~13쪽).

지정학은 영토와 대중을 분류하는 언어와 실행이다"라고 하면서 세
계정치를 이해하고 분석하며 비판하기 위해 지정학은 하나 이상의
정의를 필요로 한다고 지적하였다.146)

> "첫째, 우리는 지정학과 정치적 기술 간의 관계에 주목해야 한다. 지정
> 학은 '영토전략의 실행과 표상'이다. 둘째, 지정학은 영토를 장악하기 위한
> 경쟁과 그것에 대한 합리화의 수단 이상이다. 지정학은 세계를 '보는' 방식
> 이다. 셋째, 지정학의 이해는 '상황 구속적 지식'을 확인하는 것으로부터
> 출발한다. 지정학은 단지 한 나라가 다른 나라와 경쟁하는 것에 관한 것이
> 아니라 …… 다양한 영토에 대한 복합적 실행과 복합적 표상이다. 넷째,
> 지정학은 '비판적 지정학'이 되었다. 이것은 지정학적 언술 내의 권력관계
> 를 밝혀내는 실천이다"

그는 지정학을 고전지정학의 단순한 모델로 이해할 것이 아니라,
지리적 요인에 기반을 둔 여러 상황들 속에서 세계를 보는 방식으로
본다. 또한 비판적인 시각에서 기존 문제에 대해 면밀히 검토해 볼 것
을 독려한다.

임덕순에 따르면, "지정학은 지리적 상황(조건)에 관계되어 일어
나거나 전개되는 국제관계 내지 국제정치를 연구하는 학문이다."라
고147) 정의된다. 이 책에서는 이들의 지정학 개념 정의를 인식의 출
발점으로 삼았다.

지정학은 여러 요인의 영향을 받는다. 비판지정학적 시각에서의
역사·국제관계·문화·세계관과 비판지리학적 시각에서의 경제적
요인도 동시에 고려하여야 한다. 이와 관련하여 임덕순은 '지정적 요

---

146) 콜린 플린트 지음(한국지정학연구회 옮김), 『지정학이란 무엇인가』(서울 : 길,
   2007), 38~43쪽.
147) 임덕순, 『地政學 : 理論과 實踐』(서울 : 법문사, 1999), 20쪽.

인이'란 곧 정치가, 국가나 정부, 그 외 집단 등이 각기 자기·자국 이익 획득이나 유지와 관련해서 행동을 전개할 때 그 행동에 작용하거나, 그 행동이 근거하는 요인을 말한다고 설명한다.

지정학의 제 요인은 크게 ①공간적 요인 ②자연지리적 요인 ③경제지리적 요인 ④문화지리적 요인 ⑤심리적 요인으로 구분하고 있다.[148] 물론 구체적 수준에서 지리적으로 행동을 분석할 때는 위의 요인들을 개별적으로, 또는 ②-③ 요인의 통합적으로, 경우에 따라서는 ①-②-④-⑤ 요인 보다 더 큰 통합적 시각으로도 보아야 할 것이다. 최근에는 통합적으로 보는 경향이 강하고, 또한 그렇게 보도록 권장하고 있다. 통합적으로 보면, 지정적 행동이 환경 결정론적으로 잘못 흘러갈 위험성을 크게 배제할 수 있다.[149]

하지만 현재 북·중 관계 관련 연구 성과에서는 지정학적 접근을 공간적 요인이라는 측면에서 강조하고 있다. 이는 관련 연구에서 중국의 '패권', '위협'에 초점이 맞춰지며 한국이나 타 주변국의 대외전략의 전개에 부정적 영향을 미친다.

물론 북·중 관계를 지정학적으로 접근하는 가장 큰 이유는 우선 그의 공간적 요인 때문이다. 공간적 요인이란 위치 즉, 사물이 차지하고 있는 자리인데 여기서 특히 중요시하는 것은 관계적 위치이다.

---

[148] 이를 보다 세분하면, 공간적 요인은 ①위치 ②거리 ③토지 형상 ④토지(또는 국토), 지리적 요인은 ⑤지형 ⑥기후 ⑦주요 자원, 경제지리적 요인은 ⑧주요 생산시설 ⑨주요 접근로 ⑩시장 규모, 문화지리적 요인은 ⑪인구 분포 ⑫민족 분포 ⑬종교 분포 ⑭언어 분포, 심리적 요인은 ⑮환경 지각 등 15개 요인으로 구분할 수 있다(임덕순, 위의 책, 95~108쪽).

[149] Sloan, G. R., 1988, *Geopolitics in United States Strategic Policy*, Wheatsheaf, Brighton; Kost, K., 1989, "The Conception of Geopolitics in Political Geography and Geopolitik in Germany until 1954", *Political Geography Quarterly*, 8-4(임덕순, 『地政學 : 理論과 實踐』(서울 : 법문사, 1999), 96쪽에서 재인용).

관계적 위치를 논할 때는 타국 또는 타지와의 인접 여부, 육지나 해양과 어느 정도로 접해 있거나 떨어져 있는가, 요충지로 쓰일 수 있는 자리인가 등이 중요시된다. 이에 초점을 맞추면 북·중 간은 일단 인접해 있고 청일전쟁, 냉전이 시작되면서 세계질서가 미·소 양극체제로부터 단극체제로 이행하는 과정 — 6·25전쟁, 국·공 내전, 타이완(臺灣)문제 — 에서 강대국의 패권과 팽창의 지전략(geostrategy)에 포함되어 양국 간 후방기지로, 전략 요충지로 '순망 치한' 관계를 유지해왔다.

  여기서 지정학적 가치는 주로 정치·안보 영역에 국한되었고, 이른바 서유럽·미국 강대국 중심으로 이루어진 '강요된 지정학적 가치'였다. 이는 지정학적 가치로 하여금 패권·팽창·충돌의 색채를 띠게 한다. 탈냉전과 더불어 세계질서는 단극화에서 다극화로 진행하고 있으며, 지역 단위 경제블럭 강화현상도 보여주고 있다. 이제 그 어느 강대국에 의한 통제(일방주의)는 어렵게 되었고, 미국도 '양면 전략(hedging strategy)'에 입각하여 선별적으로 협력과 통제의 수단를 번갈아가며 세계를 '관리'하고 있다. 이는 1970년대 일본의 급속한 경제적 성장과 1990년대 후반 중국의 부상 등에 기인한 것이다.

  그러나 다극화·세계화 추세로 경제적 의존도가 심화되면서 각국은 협력의 양상을 보여주었음에도 불구하고, 동북아 지역구도에는 여전히 냉전체제의 잔재가 남아있다. 그 결과 지정학적 접근에서도 고전지정학적 이미지를 크게 벗어나지 못하고 있다. 북·중 관계도 이 속에서 맺어지기 때문에 북·중 관계 연구에서 지정학적 접근은 정치·안보적 요인에만 국한되어 중국의 부상을 '패권·위협'으로 과대평가하는 경우가 많다. 이는 문제의 본질을 파악하는데 결정적 장애이다.

2) 경제 지정학적 접근과 북·중 경제관계

국제정치 영역에서 세계질서의 변화와 함께 국제관계의 흐름과 외교이념 분석을 위하여 현실주의 → 자유주의 → 신 현실주의 → 신 자유주의(신 자유 제도주의) 등 다양한 논의와 이론이 풍미하였다. 그 하나로 국가중심적인 패러다임으로부터 국가이익도 고려하여 선별적 협력을 주장하는 신 자유 제도주의까지 등장할 수 있었다. 따라서 지정학도 그 접근 틀에서 패러다임 전환을 이뤄야 할 것이다. 특히 마르크스 정치경제학에 기반을 둔 북한, 중국과 같은 사회주의 국가의 경제적 관계를 연구할 때 더욱 유용할 것이다.

그럼, 경제지정학이란 무엇인가? 쉽게 말하면 지정학에 경제적 측면을 보강한 것이기도 하고, 정치경제학에 지리적 요인을 더한 것으로 볼 수도 있다.[150] 이 또한 비판지리학자들이 비판지정학자들에 대한 비판에서 경제적 요인을 소홀히 했다고 지적한 점을 보완한 것이다.

중국의 관련 학자들 사이에서도 지정학을 논하면서, 특히 중국의 경제적 부상과 함께 국내 경제 발전을 위한 주변 환경의 안정을 주장하며 지연경제학(Geoeconomic) 즉, 지경학적 접근을 하고 있다. 니스슝(倪世雄) 등은 지연경제학이란 경제이익·경제관계가 군사충돌·정치관계를 대체하는 것을 말하며, 동시에 이를 국제관계의 주축(主軸)으로 하는 이론이라고 정의하였다. 아울러 지연경제학은 경제성, 국제성, 지역성의 속성을 지닐 뿐만 아니라 지연정치학처럼 모두 '정치성'을 띠고 있다고 하였다. 양자 관계에서 지연경제학(지경학)은 지연정치학(지정학)이 발전된 산물이며, 전자의 흥행은 후자

---

150) 이종철, 「동북아 지역협력을 위한 경제지정학적 접근」, 『지리학논총』, 제29호 (1997), 29쪽.

의 대체 또는 후자의 소실을 의미하지 않는다고 하였다. 이러한 의
미에서 탈냉전 이후 지연경제학의 발전을 '포스트 지연정치경제학'
또는 '지연정치전략의 경제화'라고 부를 수 있다고 주장한다.[151]

경제지정학을 중국에서는 지연경제학 또는 지연정치경제학이라
고 부르고, 한국에서는 지경학이라고 말하지만, 아직도 관련 연구에
서는 별반 활용되지 않고 있다.

이 책에서는 경제지정학을 지리적 상황에 지정학의 제 요인 중 경
제적 요인이 세계질서 변화 추세와 걸맞아 발전 심화되어 일어나거
나 전개되는 국제관계 내지 국제정치를 연구하는 학문이라고 개념
규정하여 사용하고자 한다.

여기서 왜 '지경학'을 '경제지정학'이라는 표현으로 사용하고자 하
는지에 대한 의문이 생길 것이다. 이는 현재 지정학·지경학 연구영
역에 존재하는 문제점이기도 하다. 다음과 같은 3가지 요인에서 그
답을 찾을 수 있지 않을까 한다.

첫째, 지정학과 고전지정학을 구분하지 못하는 경우가 있다.

둘째, 지경학을 경제지리학으로 착각하는 경우가 있다. 지경학은
주로 지역경제의 작동원리에 착안하여 궁극적으로 정치적 목적에
도달하려는 것이고, 경제지리학은 주로 세계경제의 지역적 표현방식
에 착안하여 궁극적으로 그 지역의 개발과 세계 각 지역의 경제 발

---

151) 倪世雄, 『當代西方國際關係理論』(中國 : 上海復旦大學出版社, 2001), 400~403쪽; 薩
本望, 「新興的地緣經濟學」, 『世界知識(中國)』, 第5期(1995), 16쪽; 陳才, 「地緣關係
與世界經濟地理學科建設」, 『世界地理研究(中國)』, 第10券 第3期(2001), 3쪽. 1992년
미국 랜드(RAND)연구소 리처드 솔로몬(Richard Solomon)은 탈냉전 이후 국가
안전의 개념은 점차 전통적인 군사실력의 균형에서 경제영역에까지 확장되었
으며, 상업과 기술역량도 군사역량과 마찬가지로 국가실력과 영향력의 중요한
구성부분이라고 주장했다. 아울러 세계는 지연경제학의 시대에 진입하고 있다고
도 지적하였다(薩本望, 「新興的地緣經濟學」, 『世界知識(中國)』, 第5期(1995), 2쪽).

전을 도모하고자 하는 것이다.[152] 사실 모두 지역이라는 공간 개념
을 도입하여 현실에서는 착시현상으로 구분이 어렵다. 예컨대 '지경
학적으로 한반도 문제를 풀어야 한다'고 할 때 '지경학'은 '경제지리
학'이어야 더욱 적합하다.[153]

　셋째, 지정학이 지경학으로의 대체를 지정학의 약화 또는 소실로
인식하는 경우가 있다. 여기서 지정학은 고전지정학이 더욱 적합하
며 약화될 수 있지만 소실될 수는 없다. 이 점은 북·중 관계에 적용
될 때 더욱 두드러진다.

　때문에 이 책에서는 이런 점들을 고려하여 지정학의 한 갈래로서
의 '비주얼적 효과'를 보여주는 '경제지정학'이라는 용어를 사용하는
것이다.

　지정학과 경제지정학적 관계로부터 볼 때 북·중 경제관계는 북·
중 지정학적 관계의 '산물'임을 알 수 있다. 즉 북·중 경제관계는
1990년대 냉전체제의 해체와 한·중 수교를 시점으로부터 형성된 것
도 아니며, 2000년대 북·중 교역규모가 확대되면서부터 형성된 것
도 아니다. 이는 1949년 북·중 수교로부터 '원조·구상무역'의 형식
을 갖추며 비롯되었고, 1950년대 중·후반부터 1970년대에 걸쳐 일
련의 상황들과 결합하면서 그 구조적인 틀을 이미 형성하였던 것이

---

152) 陳才, 「地緣關係與世界經濟地理學科建設」, 『世界地理硏究(中國)』, 제10권 第3期
　　(2001), 4쪽.
153) 진징이는 한반도문제를 지경학적으로 즉, 경제로 풀어야 한다고 주장한다. 글
　　의 맥락으로부터 볼 때 진징이가 말하는 '지경학'은 위의 천차이가 말하는 경
　　제지리학에 해당된다. 필자가 보기에 이는 한반도문제 해결에서 지경학을 초
　　월한 '이상모델'에 더욱 가깝다. 즉, 진징이가 제시한 이 해결책은 지경학적 접
　　근에서 경제적 요인을 극대화, 정치적 요인은 극소화하여 궁극적으로 경제로
　　써 한반도문제를 풀자는 입장이다(진징이, 「지경학적으로 한반도 문제를 풀어
　　야 한다」, 『통일뉴스』, 2011년 10월 5일자).

다. 때문에 북·중 경제관계는 '정치성'을 띨 수밖에 없고, 지속과 변화의 두 가지 측면을 모두 내포할 수밖에 없다. 철학에서 말하는 '사물의 이면성', '모순의 두 가지 측면'과 같은 맥락이다.[154] 이를 경제지정학적 접근방법이 잘 설명해줄 수 있을 것으로 기대한다.

이 책에서는 북·중 수교 이후 북·중 간 '순망 치한'의 고전지정학적 가치가 강하게 추구되던 시기로부터 점차 약화되는 과정, 더불어 경제지정학적 가치가 대두하면서 점차 심화 발전하는 과정을 3개 단계(1949~1992년, 1992~2000년, 2000~현재)로 나눠 북·중 관계의 변화 발전에 따른 북·중 경제관계의 형성·발전 및 그 구조적 특성을 고찰하고자 한다.

---

[154] 마오쩌둥은 모순의 두 가지 측면 즉, 주요 모순과 부차적 모순을 설명하면서, 시기·상황에 따라 주요 모순이 부차적 모순으로 될 수도 있고, 부차적 모순이 상승하여 주요 모순으로 될 수도 있다고 하였다. 이는 중국의 외교전략에도 잘 반영되어 있다(毛澤東, 「矛盾論(1937年8月)」, 中共中央毛澤東主席著作編輯出版委員會, 『毛澤東選集(第一卷)』(中國 : 人民出版社, 1969), 295~301쪽).

제3절 복잡계 이론의 적용

1. 복잡계 이론을 활용한 연구

이 책에서는 동북아 지역구도를 복잡계로 파악하며, 관련 이해 당사국 지도부 및 그 대응을 구성요소로 설정하여 분석해 나갈 것이다. 다시 말하면, 북·중 경협이 동북아 지역구도에 미치는 영향을 분석하기 위해 '복잡계 이론(complex system theory)'을 적용하겠다는 것이다.

동북아 지역구도 시스템은 혼란하고 복잡하게 얽혀있다. 여기서 거시적인 것과 미시적인 것을 동시 고찰하여, 거시적인 것에서 미시적인 하나의 규칙을 발견하려는 것이다. 이 미시적인 것이 복잡계 이론에 의하면 '패러다임의 전환'을 가져올 수 있다. 우리가 흔히 말하는 '나비의 효과'처럼 말이다.

복잡계 이론 및 그 분석도구들은 매우 유용하고 매력 있는 연구방법임에도 불구하고 워낙 어렵고 복잡하다보니 활용도가 높은 편은 아니었다. 다행히 몇몇 연구자들의 훌륭한 선행연구가 있었기 때문에 연구에 큰 도움이 되었다.

우선, 복잡계 이론의 기본적인 내용을 이해하기 위해 제2세대 시스템 이론을 대표하는 존 브리그스·데이비드 피트의『혼돈의 과학』

부터 살펴보자. 이 책에서는 '혼돈에서 질서'로, 다시 '질서에서 혼돈'
으로 진화하는 과정에 '초기 조건에의 민감', '창발현상', '섭동과 요동'
등 제3세대 시스템 이론인 복잡계 이론의 근간을 이루고 있는 개념
들을 사례로써 설명해주고 있다. 전형적인 예로 '제트 여객기의 추락
사건', '난류', '주식 시장의 등락', '뇌 속 신경 세포의 우발적 작용' 등
이다. 홍콩에 있는 한 마리 나비의 날개짓이 뉴욕의 기후를 바꾼다
는 이야기가 이제는 '혼돈 이론'의 격언이 되었다. 이 격언은 이 책에
서 말하는 새로 대두하는 '전체성의 과학'을 극적으로 예시하는 것이
며, 우주 안의 모든 것이 상호 연결되어 있다는 점을 과학계가 깨달
을 것을 주장하고 있다. 이 점에서 자연과학, 사회과학의 경계 없이,
자연과학의 방법론을 사회과학에 접목할 수 있는 가능성도 열릴 것
으로 기대한다.

　다음으로 2005년에 출판된 윤영수·채승병이 지은『복잡계 개론』
이다. 이 책에서 말하는 '복잡계'란 우리가 살고 있는 세상을 하나의
복잡한 시스템으로 이해하는데, 이는 보이는 겉모습 뒤에 숨어 있는
공통된 질서의 창발을 의미한다. 필자들은 매우 난해한 복잡계 이론
의 개념, 관련 용어들을 자세하면서도 알기 쉽게 설명해주었고, 그
분석도구들도 사례로써 흥미 있게 소개해주었다. 또한 우리가 일상
적으로 지나쳐왔던 자연계와 사회·경제계의 여러 현상들에도 이러
한 복잡성이 도처에 숨어 있음을 보여주면서, 복잡계와 복잡성의 의
미, 복잡계의 이론 및 배경, 그리고 현실에 어떻게 적용할 것인지와
그 한계에 대해서도 소개하였다. 이 책에서 사용한 복잡계 개념들은
주로 이 책을 따랐음을 밝히는 바이다.

　세 번째로 2004년에 출판된 김동환이 지은『시스템 사고：시스템
으로 사고하기』이다. 이 책에서는 복잡계 이론의 연구방법론인 '시

스템 다이내믹스(system dynamics)'에 뿌리를 둔 시스템 사고에 대해 소개하고 있다. 시스템 사고는 시스템의 작동원리를 직관적으로 파악함으로써 궁극적으로 전략지점을 발견하기 위한 사고방식이다. 시스템을 이해하는 것으로 만족하는 것은 시스템 사고의 스타일이 아니다. 시스템 사고는 작은 힘으로 큰 변화를 가져올 수 있는 전략을 발견하도록 도와준다. 일명 '정책 지렛대'라 한다. 또 시스템 사고는 동양의 전통사상인 '주역'과 마찬가지로 시스템의 변화에 초점을 둔다. '주역'과 시스템 사고는 변화를 이해하기 위한 학문으로써 동일한 기본원리를 공유하고 있다고 한다. 그것은 시스템의 변화와 파동에 초점을 두는 사고, 변화를 억제하는 음의 기운과 변화를 촉진하는 양의 기운을 분석하는 사고, 그리고 순환적인 관계성, 즉 '피드백 루프(되먹임 고리)'를 찾아내려는 사고라 평가하고 있다. 이 책에서는 주로 이 책과 앞의 두 책에 근거해 되먹임 시스템 원리의 개념을 활용하였다.

복잡계 이론 및 그 분석도구를 현실의 사회과학분야 연구에 적용한 성과들을 살펴보자.

통일연구원은 경제·인문사회연구회 합동 연구총서 시리즈로 '행위자 기반 모형(Agent-Based Model, ABM)'을 적용한 3권의 책을 간행하였다. 그 외 2009년에 출판된 이교덕·김국신·조정아·박영자의 『북한체제의 행위자와 상호작용』, 2009년에 출판된 민병원·조동준·김치운의 『탈냉전 이후 국제관계와 북한의 변화』, 2010년에 출판된 조정아·김영윤·박영자의 『북한 시장 진화에 관한 복잡계 시뮬레이션』 등이 있다.[155]

---

155) 이교덕·김국신·조정아·박영자, 『북한체제의 행위자와 상호작용』(서울 : 통일연구원, 2009); 민병원·조동준·김치운, 『탈냉전 이후 국제관계와 북한의 변

최근의 연구성과로는 동국대학교 한국사회과학연구(SSK) 분단/탈분
단 행위자-네트워크 연구팀의 "행위자-네트워크 이론(actor-network
theory, ANT)과 분단 연구" 프로젝트가 있다.[156] 여기서 박순성은 '행
위자-네트워크 이론'이 분단 현실을 경험적으로 또는 일상생활 속에
서 그려내고 보여줄 수 있는 방법을 보여주는 이론 틀이라며, 분단
체제론이 암시하고 있지만 제대로 보여주지 못하는 분단체제의 블
랙박스들을 일상의 세계에서 찾아내고 펼쳐 보임으로써, 그 자체로
분단체제를 극복하는 운동이 될 것이라고 설명한다.[157]

또한 '시스템 사고기법'을 적용한 오상열의 "시스템 사고를 적용한
효과적인 정부의 중소기업 지원 시점 연구"와 문종열의 "시스템 사
고기법을 이용한 개성공단사업 전략 레버리지 연구"가 있으며, '복잡
계 이론'을 국제정치에 적용한 민병원의 "복잡계로서의 국제정치 : 새
로운 패러다임의 모색을 위한 실험"과 "불확실성 속의 질서 : 복잡계
이론과 국제정치학" 등이 있다.

중국에서도 관련 연구 성과들을 찾아볼 수 있다. 중국 학계는 마
르크스주의에 기반하여 시스템 이론 및 복잡계 이론에 관한 연구를
1980년대부터 활발하게 추진하였다. 초기 연구들은 주로 경제, 관리
학, 공학 등 이공계 쪽에서 활발했으며, 인문계 쪽은 이론의 소개에
그치는 형편이었다.

화』(서울 : 통일연구원, 2009); 조정아·김영윤·박영자, 『북한 시장 진화에 관
한 복잡계 시뮬레이션』(서울 : 통일연구원, 2009).
156) 동국대 SSK 분단/탈분단 행위자-네트워트 연구팀 주최, 『"행위자-네트워크 이
론(ANT)과 분단 연구"—제1회 분단/탈 분단 행위자-네트워트 콜로키움 자료집』
(서울 : 동국대 SSK 분단/탈분단 행위자-네트워트 연구팀, 2011년 6월 28일).
157) 박순성, 「한반도 분단현실에 대한 두 개의 접근 : 분단체제론과 분단/탈분단의
행위자-네트워크이론」, 『경제와 사회』, 통권 제94호(2012), 30~36쪽.

대표적인 연구 성과로는 1983년에 발표된 판윤캉(潘允康)의 "系統論與社會學硏究"(사회학), 2005년과 2011년에 발표된 장스잉(張嗣瀛)의 "控制論, 系統工程, 複雜系統與複雜性科學―複雜系統的定性硏究"(공학)와 "複雜系統中的自聚集, 系統功能與正反饋"(공학), 2009년에 발표한 앤쉬후이(閻旭暉)의 "複雜性科學視野下的組織管理本質硏究―基于複雜系統演變的分析"(관리학), 2011년에 발표된 왕토우(王濤)의 "動態系統理論視覺下的複雜系統 : 理論, 實踐與方法"(언어학) 등이 있다. 필자는 이 논문들을 한국 연구 성과들과 상호 보충·비교하면서, 이론 습득 및 정리·정립에 도움을 받았다.

중국 인문학계 쪽에서 복잡계 이론을 본격적으로 활용하기 시작한 것은 2000년대 중, 후반부터였다. 중국 연변대학 동북아연구원 원장이자 국제정치학과 교수 진챵이(金强一)는 혼돈학 이론 및 그 기법을 처음으로 국제정치에 적용한 연구자라 할 수 있다. 그는 2005년에 발표한 "振興東北老工業基地與對外開放度"에서 시스템 이론의 전체성에 입각해 폐쇄된 시스템과 열린 시스템(open system)의 상호관계로 '개방도' 개념을 제기하면서, 중국 동북지방 노후 공업기지의 대외 개방도를 제고하려면 주변국과의 협력, 특히 폐쇄된 북한 시장과의 협력을 이끌어 내는 것이 관건이라 주장하였다. 이어 2008년에 발표한 "論開放社會的邊界效應"에서는 열린 시스템의 파급효과를 이론적으로 증명하고자 하였다. 같은 해에 발표한 "中美日東北亞戰略框架之中的朝鮮半島問題―朝鮮半島問題與東北亞大國戰略指向關聯的硏究"에서는 혼돈 이론에 입각해 '끌개(attractor)'의 개념 및 그 원리를 분석기법으로 적용하였다. 그 결과 동북아 각국의 전략적 지향이 '경제이익의 끌개'에 의해 끌려 갈 경우 정치·안보영역에서의 충돌이 약화되고 협력이 확대되는 상태를 예견할 수 있다면서 동북아 지역구도의 '이상적 모델'로 제시하였다.

2004년과 2005년에 브루노 라투르(Bruno Latour)의 저서 『實驗室生活(*Laboratory Life*)』과 『科學在行動(*Science in Action*)』의 중국어 번역본이 나오면서 'ANT(Actor-Network Theory, 行動者圖絡理論, '행위자-네트워크 이론)'를 방법론으로 활용한 논문들도 속속 나오기 시작하였다. 2007년에 발표된 궈쥔리(郭俊立)의 「巴黎學派的行動者圖絡理論及其哲學意蘊評析」, 2009년에 발표된 주쟨펑(朱劍峰)의 「從'行動者圖絡理論'談技術與社會的關係一'問題奶粉'事件辨析」와 아이쏘웨이(艾少偉)·먀오창훙(苗長虹)의 「行動者圖絡理論視域下的經濟地理學哲學思考」, 2012년에 발표된 주펑(朱峰) 등의 「行動者圖絡理論(ANT)與旅游研究範式創新」, 그리고 2008년에 완성된 궈밍저(郭明哲)의 박사학위논문 「行動者圖絡理(ANT)—布魯諾·拉圖爾科學哲學研究」 등이 있다.

여기서 ANT를 복잡계 이론의 한 갈래로 또는 그 분석기법으로 볼 것인지, 복잡계 이론의 다음 세대 이론으로 볼 것인지, 복잡계 이론과 별도로 볼 것인지에 관해서는 논쟁의 여지가 있다고 생각한다. 왜냐 하면 ANT 역시 복잡계 이론의 핵심 개념·특징으로 되는 혼돈 이론에서의 '초기 조건에의 민감성', 전체성, 복잡성 등을 갖고 있기 때문이다.

라투르가 제기한 ANT의 핵심개념인 '행위자'는 인간뿐만 아니라 비인간(자연, 자원, 사물, 과학적 장치, 기술 등)을 포함한다. 이것은 주체/객체, 사회/자연 사이의 근대적 이분법을 극복하려는 시도의 일환이라고 볼 수 있다.[158] 그는 행위자를 '블랙박스'로 여긴다고 본

---

[158] 홍민, 「행위자-네트워크(ANT) 이론과 분단연구: 연구동향과 적용 가능성」, 동국대 SSK 분단/탈분단 행위자-네트워크 연구팀 주최, 『"행위자-네트워크 이론(ANT)과 분단 연구"—제1회 분단/탈분단 행위자-네트워크 콜리키움 자료집』

다. 만약 하나의 새로운 기술의 탄생 또는 하나의 실험실을 행위자
로 봤을 때 새로운 기술이 탄생되는 복잡한 과정은 '블랙박스' 속에
담겨져 은폐되고 사람들은 과학연구의 결과에만 주목할 것이며 그
것을 절대적 진리라 믿는다는 것이다. ANT는 이 '블랙박스'를 열어
사람들에게 복잡한 연구과정과 매개의 행위자 모두 정보에 대한 '번
역(translation)'을 통해 복잡한 시스템 속에서 미세한 우발적 요인이
라도 연구의 결과를 변화시킬 수 있다는 것을 보여주고자 했다. 이
른바 푸앵카레의 '초기 조건에의 민감성'이다. 라투르가 말하고자 하
는 '행위자'는 '번역자'이지, 단순한 '중개자'가 아니라는 것이다.

　또한 ANT('행위자-네트워크 이론')는 행위자인 인간/비인간, 자연/
사회 등이 근본적으로 대립되는 것이 아니라 복잡하게 얽혀 상호 작
용·공생하는 구성요소로서 다이내믹한 네트워크 즉, 복잡계를 이루
고 있다고 인식한다. 즉 자연과 사회를 이분화하지 않고 시스템의
전체성에 입각해 관찰 배율에 따른 행위자의 미시적·거시적인 것을
동시 고찰하려는데 있다. 아울러 ANT에서는 네트워크에 주목할 때
어떤 대상의 내부/외부를 나눌 필요가 없어진다고 본다. 네트워크에
는 "위상기하학적인 표면과 달리 안/밖이 존재하지 않으며, 모든 지
점이 경계지점"이라고 이해하는 것이다. 그러나 실제로 ANT를 통한
사례연구에서 안/밖의 구분은 가시적인 형태로 설정되는 경우가 많
다.159) 이는 "복잡성에 의해 정의되는 복잡계에서는 똑같은 대상이

　　（서울 : 동국대 SSK 분단/탈분단 행위자-네트워크 연구팀, 2011년 6월 28일), 5쪽.
159) 브루노 라투르 외 저(홍성욱 엮음), 『인간·사물·동맹 : 행위자 네트워크 이론
　　과 테크노사이언스』(서울 : 이음, 2010), 29~30쪽; 홍민, 「행위자-네트워크(ANT)
　　이론과 분단연구 : 연구동향과 적용 가능성」, 동국대 SSK 분단/탈분단 행위자-
　　네트워크 연구팀 주최, 『"행위자-네트워크 이론(ANT)과 분단 연구"—제1회 분
　　단/탈분단 행위자-네트워크 콜로키움 자료집』(서울 : 동국대 SSK 분단/탈분단

라도 바라보는 축척에 따라 복잡성의 정도가 달라진다", "복잡계는 열린 시스템이며, 그 경계가 불분명하며 자연적으로 정해지는 것이 아니라 관찰자의 의도에 따라 달라진다.", "시스템이 열려 있다는 이 야기는 외부환경과 차단되어 있지 않고 끊임없이 영향을 주고받는 다는 것이다. 이 영향은 추상적인 에너지와 정보, 무형자산 같은 것 일 수도 있고, 구체적인 물질과 사람, 유형자산 같은 것일 수도 있 다." 등과 같은 복잡계의 정의 및 특징과 같은 맥락이다.[160]

　게다가 복잡계의 근간을 이루는 "우주 안의 모든 물질은 상호 연 결되어 있다"고 주장하는 '혼돈 이론'과도 같은 맥락인 듯싶다. ANT 는 '행위자'가 '번역'을 통해, 혼돈 이론에서의 '섭동요인'이 '임계점'을 경과하면서 창발한다는 논리와 같다고 정리했다. 이러한 시각에서 ANT는 복잡계 이론의 분석도구로서 자리매김이 가능하다고 본다. 때문에 '시스템 사고', '끌개', 'ABM', 'ANT'에는 모두 하나의 원리가 적 용된다.

　이 책에서는 이 원리를 '되먹임 시스템 원리(feedback system principle)' 라고 사용하였다. 시스템에 '되먹임 고리'가 형성되면 시스템의 구성 요소들이 '상호 작용'을 하며, '미세한 변화가 놀라운 결과를 초래'하 는, 또 '전혀 예기치 않았던 방향의 결과'를 관찰할 수 있다.

　기왕의 연구들에서는 북핵·북한문제, 북·중 관계 등을 중·미 관계의 큰 틀 속에서 인식하며 그 해법을 이에 귀결시켰다. 결국 복 잡한 과정은 외면된 채 결과에만 주목하다보니 이른바 강대국은 더 욱 강대해 보이고 약소국은 더욱 약소해 보였다. 그 때문에 강대국 의 역할은 더욱 확대 과장되고 약소국의 역할은 무시되기도 한다.

　　행위자-네트워크 연구팀, 2011년 6월 28일), 9~10쪽.
[160]　윤영수·채승병, 『복잡계 개론』(서울 : 삼성경제연구소, 2005), 61~62쪽.

그래서 '약소국의 역할'과 같은 '미세한 변화', '중국은 동북아 지역
에서 강대국임에도 불구하고 기대하는 역할을 수행하지 못할까' 등
등은 '블랙박스' 속에 갇혀졌다. 이 '블랙박스'는 시스템이 작동하는
본질과 다이내믹한 복잡한 과정을 은폐하고 저애하였다. 강대국이
든 약소국이든 하나의 시스템 속에서는 존재 자체만으로도 그에 따
른 역할이 분명 있다. 따라서 이 책에서는 '되먹임 시스템 원리'로 이
'블랙박스'를 열어 보고자 한다.

2. 복잡계 이론과 되먹임 시스템 원리

1) 되먹임 고리와 시스템 사고

'복잡계'란 수많은 구성요소들의 상호작용을 통해 구성요소 하나
하나의 특성과는 사뭇 다른 새로운 현상과 질서가 나타나는 시스템
을 말한다. 무수한 요소가 상호 간섭을 통해 만들어낸 패턴이 각 요
소 자체에 되먹임되는 것을 '되먹임 시스템 원리'라고 부른다. '되먹
임'이란 피드백(Feedback)을 한국어로 번역한 말이다. 또한 '환류', '되
알림', '송환'이라고도 번역한다. 어떤 일로 인해 일어난 결과가 다시
원인에 영향을 미친다는 의미이다. 그런데 구성요소들 사이의 상호
작용은 한쪽 방향으로만 이뤄지지 않고 다양한 경로를 거쳐 자기 자
신에게로 돌아오는 경우가 많다.161) 이러한 경우를 '되먹임 고리(피
드백 루프 : Feedback Loop)라고 한다.162)

되먹임은 산출된 결과물이 시스템의 작동을 더욱 촉진시키는 '양

161) 윤영수 · 채승병, 『복잡계 개론』(서울 : 삼성경제연구소, 2005), 59쪽.
162) 김동환, 『시스템 사고 : 시스템으로 사고하기』(서울 : 선학사, 2004), 126쪽.

성 되먹임'과 산출된 결과물이 시스템의 작동을 억제하는 '음성(부적) 되먹임'으로 나뉜다. 이러한 상호작용하는 요소 간 인과관계에 양과 음의 인과관계가 있기 때문에[163] 되먹임 고리에도 '양 되먹임 고리'와 '음 되먹임 고리'가 있다. 이를 '되먹임 고리의 극성'이라고도 한다.

구성요소들 사이의 상호작용이 같은 방향으로 변화되면 '양의 인과관계'를 이룬다고 하며, 반대방향으로 변화하면 '음의 인과관계'를 이룬다고 한다. 따라서 되먹임 고리의 극성도 이러한 변화가 되먹임 고리를 따라 자기 자신에게 양의 영향으로 되돌아오면 '양 되먹임 고리'(자기 강화 고리), 음의 영향으로 되돌아오면 '음 되먹임 고리'(자기 균형 고리)를 의미한다.[164]

『혼돈의 과학』에서는 18세기 중엽 제임스 와트(James Watt)에 의해 되먹임 고리를 응용하기 시작했다고 말한다.[165] 제임스 와트는 그의 증기선에 연료 연소율로 속도를 조절하는 자동 장치를 설치하였고, 그렇게 함으로써 되먹임 고리를 고안한 셈이라고 한다. 1940년대에 와서 거꾸로 되먹임, 즉 '음 되먹임' 현상의 응용도 대중화 되었다. 되먹임 시스템 원리는 처음에 기계공학이나 물리학, 역학에서 사용하였고, 생물학, 경제학(경영학)으로까지 그 활용영역을 넓혀갈 수 있었다. 1990년대 접어들면서 사회학에도 적용하기 시작하였다.

'되먹임 시스템 원리'는 최근 크게 각광 받고 있는 복잡계 이론의 발전과 맥을 같이 했다고 봐도 무방할 것이다. 과학계는 19~20세기

---

[163] '양의 인과관계'는 변화를 촉진하는 관계이고, '음의 인과관계'는 변화를 억제하는 관계이다.

[164] 김동환, 앞의 책, 148~151쪽; 윤영수·채승병, 앞의 책, 59쪽.

[165] 상세한 내용은 존 브리그스·데이비드 피트(김광태·조혁 옮김), 『혼돈의 과학』(서울: 범양사, 1990), 23~27쪽 참조.

초에 걸쳐 뉴튼(Isaac Newton) 물리학으로 대표되는 근대 과학의 기계론적 세계관과 그 방법론으로서의 요소 환원주의(reductionism)적 사고방식에 어떤 변화가 필요하다는 인식을 갖기 시작하였다. 즉 전체를 조망하는 안목이 필요했던 것이다. 새로운 인식은 데카르트 (René Descartes)로부터 시작되어 베르탈란피(L .V. Bertalanffy)에 의해 '닫힌 시스템'의 딜레마를 '열린 시스템(open system)' 으로 해결할 수 있다는 결론에 이르렀다. 이러한 인식이 하나의 이론체계로 발전하며 '시스템 이론'으로 발전한 것이다.

'시스템 이론'은 다양한 방향으로 발전하면서, 1960년대부터 오늘날까지 이른바 '4C 이론'의 등장으로 이어졌다. '4C 이론'이란 1950~1960년대에 유행한 사이버네틱스(cybernetics), 1970년대에 유행한 파국 이론(catastrophe), 1980년대에 유행한 혼돈 이론(chaos theory)을 거쳐 1990년대 이후 유행한 복잡계 이론(complex system theory)으로 이어지는 흐름을 말한다.[166]

미국의 산타페연구소는 이전까지 각 학문 영역으로 나뉘어져 있던 다양한 연구 흐름에 대한 통합작업을 1980년대에 추진하면서 이들을 모두 복잡계 이론으로 공식화하였다.[167] 이것을 사회과학 분야의 시스템 이론 관점에서 보면, 1950~60년대 구조기능주의 이론과 연계되어 발전된 시스템을 제1세대 시스템 이론, 1970년대 이후 카오스, 사이버네틱스, 엔트로피(entropy) 이론 등을 도입하여 보다 역동적인 시스템을 설명하려는 이론들을 제2세대 시스템 이론, 그리고

---

166) 시스템이론의 발전과 복잡계 이론의 형성에 관련한 상세한 내용은 윤영수 · 채승병, 『복잡계 개론』(서울 : 삼성경제연구소, 2005), 91~92쪽 참조.
167) 윤영수 · 채승병, 앞의 책, 제2장과 미첼 월드롭(김기식 · 박형규 옮김),『카오스와 인공생명으로』(서울 : 범양사, 1995) 참조.

1980년대부터 산타페연구소를 중심으로 개발된 복잡계 이론을 제3세대 시스템 이론이라고 한다.[168]

흔히 우리는 시스템 사고의 한 구성요소 또는 절차로써 되먹임 고리를 활용한다. 하지만 시스템이 되먹임 구조를 형성하지 않으면 시스템 이론은 정태적인 요소환원주의 연구기법과 구별이 없어진다. 즉, 시스템에서 구성요소들 사이의 되먹임 관계는 시스템을 살아 움직이는 생명력의 원천이고 핵심인 것이다.

현실생활에서 인구 출생이 있으면 인구 사망이 있고, 힘이 가해질 때 작용과 반작용이 동시에 존재한다는 물리법칙은 양과 음 되먹임 고리가 동시에 존재하며 동시에 작용한다는 것을 설명해준다. 다만 어느 하나가 시스템을 지배하는지 여부에 따라 시스템은 다른 효과를 나타낸다. 또한 양과 음 되먹임 고리가 교대로 시스템을 지배하는 경우도 있다. 이렇듯 시스템을 지배하는 되먹임 고리가 바뀌는 현상을 '지배적 되먹임 고리의 전환'이라고 한다. 이것을 되먹임 구조의 법칙 또는 원리라고 한다.[169]

이상에서 살펴본 '되먹임 고리'는 '시스템 사고(Systems Thinking)'의 핵심이다. 시스템 사고는 '시스템 다이내믹스(Systems Dynamics)'에 뿌리를 둔다. 1961년 매사추세츠 공과대학교(MIT)의 포리스터(J. Forrester) 교수는 그의 저서 『산업 동태론』에서 '시스템 다이내믹스'를 공식 제안하였다.[170] 시스템 다이내믹스는 시스템의 구조를 모델화하여 이를 컴퓨터에서 시뮬레이션함으로써 정책효과를 분석하는

168) R.Keith Sawyer, *Social Emergence : Societies As Complex system*(New York : Cambridge University Press, 2005)(이교덕 · 김국신 · 조정아 · 박영자, 『북한체제의 행위자와 상호작용』(서울 : 통일연구원, 2009), 7쪽에서 재인용).
169) 김동환, 앞의 책, 154~157쪽; 윤영수 · 채승병, 앞의 책, 330쪽을 참조하여 정리.
170) 윤영수 · 채승병, 앞의 책, 322쪽.

방법론,[171] 바꿔 말하면 시스템의 변화를 야기하는 요인들 간의 상호관계를 현실적으로 묘사하여 성장이나 변화 패턴을 추정하는 방법론이다.[172] 시스템 다이내믹스 방법론은 시스템을 통제하고, 관리하는 정책 및 의사 결정을 지원하는 중요한 기능을 포함하고 있기 때문에 인접 학문분야에서도 많이 활용하고 있다.[173]

시스템 사고는 기존의 분석적 사고와 구분이 가능하다. 분석적 사고는 환원주의(reductionism : 복잡하고 추상적인 事象이나 개념을 단일 레벨의 더 기본적인 요소로부터 설명하려는 입장)에 기반한 사고방식으로 시야를 좁혀가면서 사물을 관찰하는 것이다. 이에 비해 시스템 사고는 전일주의(holism, 全一主義 : 세계를 기계적으로 구성된 요소들의 집합체가 아니라 여러 가지 상호 관계가 복잡하게 얽혀 있는 그물과 같다고 보는 입장)에 기반하여 시스템의 다양한 프로세스의 상호작용을 관찰한다.[174] 흔히 분석적 사고는 '부분의 합=전체의 합(1+1=2)'이라 하고, 시스템 사고는 '부분의 합>전체의 합(1+1>2)'라고 한다. '부분의 합>전체의 합(1+1>2)'의 대표적 예로 '시너지 효과'가 있다.

이러한 시스템 사고를 활용하고자 하는 궁극적인 목적은 경제적이면서도 효과적으로 문제를 해결할 수 있기 때문이다. 시스템 사고에서는 문제의 요소와 구조를 파악하는 것뿐만 아니라, 미세한 변화

---

[171] 김동환, 앞의 책, 12쪽.

[172] 윤영수 · 채승병, 앞의 책, 322쪽.

[173] Forrester, J. W(1961), *Industrial Dynamics*, Cambridge, The MIT Press(오상영, '시스템 사고를 적용한 효과적인 정부의 중소기업 지원 시점 연구',『한국 시스템 다이내믹스 연구』, 제7권 제2호(2006), 24쪽과 윤영수 · 채승병, 앞의 책, 322쪽에서 재인용).

[174] Haines, S. G(2000), *Systems Thinking & Learning*, HRD Press(채영수 · 채승병, 앞의 책, 324~325쪽에서 재인용).

가 거시적인 변화와 결과를 초래할 수 있는 전략적 지렛대(Leverage)
를 직관적으로 발견하는 데도 활용한다.[175]

지금까지 우리가 많이 보아왔던 단선적·정태적 정책 평가 시각
의 한계를 극복하기 위해서도 되먹임 고리와 시스템 사고를 적극 도
입해야 할 것이다.[176]

2) 복잡계 이론과 되먹임 고리 분석

'복잡계(Complex Systems)'에 대한 정의는 다양하다. 미국 산타페
연구소 교수 브라이언 아서(W. B. Arthur)의 주장을 인용하면, 복잡
계란 "무수한 요소가 상호 간섭해서 어떤 패턴을 형성하거나, 예상
외의 성질을 나타내거나, 각 패턴이 각 요소 자체에 되먹임하는 시
스템이다 …… 시간의 흐름에 따라 끊임없이 진화하고 펼쳐지는 과
정에 있는 시스템"이다.[177] 즉 복잡계는 수많은 구성요소들이 상호작
용을 통해 각기 개별적 특성과는 다른 새로운 현상과 질서가 나타나
는 시스템을 의미한다. 이러한 새로운 질서의 출현을 '창발(創發)'이라
고 하며, 이로 인해 나타나는 질서적인 현상을 '창발현상(Emergence
Behavior)'이라고 부른다.

윤영수·채승병은 '복잡계'를 창발현상을 보이는 시스템이라고 정
리하였다. 아울러 이러한 창발적인 질서를 만들어가는 과정을 '자기
조직화(self-Organization)' ― 적응하여 가는 과정이라고 하였다.

복잡계의 창발현상 중 또 다른 특징적인 것이 '임계현상(臨界現象)

[175] 윤영수·채승병, 앞의 책, 325~332쪽.
[176] 최남희, 「참여정부의 지방분권정책에 대한 평가」, 『한국 시스템 다이내믹스 학
회 추계학술대회 논문집』(2005).
[177] 윤영수·채승병, 앞의 책, 58쪽.

이다. 어떤 구성요소들은 특정한 임계점(Crotocal Point)을 전후하여, 시스템의 조건이 조금씩 변함에 따라 시스템의 거시적인 상태에 현격한 변화를 일으킨다. 시스템이 임계점과 멀리 떨어져 있을 때에는 무질서한 상태였다가, 임계점에 접근하면 구성요소들이 규칙을 갖고 모이면서 새로운 질서를 만들어내는 현상이 관찰되는 것이다. 이러한 현상을 '임계현상'이라고 말한다.

복잡계 이론에서 창발성은 미시적 행위의 상호작용에 의해서 거시적인 새로운 질서가 나타나는 것을 의미하는데, 이는 과거의 시스템 및 시스템 이론과 구별된다. 시스템 이론은 시스템의 경계에 따라 닫힌 시스템 → 반 열린 시스템 → 열린 시스템(복잡계)으로 발전하는 단계를 거치면서 평형이론에 입각한 정태적인 시스템 이론에서 비 평형이론에 입각한 복합적·동태적인 시스템 이론으로 발전해 왔다. 그 결과 시스템의 구성요소도 더욱 다양해지고, 복잡도도 증가하였으며, 구성요소 간 상호작용성도 더욱 복합적이고 심화되었다. 복합적이고 복잡성이 높은 복잡계에서 되먹임 고리는 그 효과와 역할이 더욱 커졌다.

복잡계는 일반적으로 다음과 같은 다섯 가지 특징을 보여준다.[178]

첫째, 복잡계는 상호작용 하는 많은 구성요소를 가지고 있다.

둘째, 복잡계 구성요소들의 상호작용은 흔히 결과를 예측할 수 없는 비선형적(nonlinear, 非線型的)이다.

셋째, 복잡계의 구성요소들의 상호작용은 흔히 되먹임 고리를 형성한다.

넷째, 복잡계는 '열린 시스템'이며 그 경계가 불분명하다.

178) 윤영수·채승병, 앞의 책, 59~61쪽; 조현일, 『1000』(서울 : 접힘·펼침, 2008), 37쪽.

다섯째, 복잡계의 구성요소는 또 다른 복잡계이며 종종 끊임없이 적응해 나간다.

이 책이 다루고자 하는 동북아 지역구도는 복잡계로서 갖춰야 할 위의 5가지 특징을 모두 갖추고 있다고 생각한다.

동북아 지역구도는 현재 정치·안보영역에서 냉전 잔재구도인 '남·북방 삼각구도' 대립과 비 정치·안보영역에서 협력으로 '비 평형'상태에 있다. 현재 동북아 지역구도 문제는 '남·북방 삼각구도'나 경제협력에만 초점을 맞춰 설명할 수 없다. 세계화·다극화 추세 하에서 '연결성'을 강조하는 현재의 상호작용에서 오는 미세한 부분을 간과할 수 있기 때문이다. 혼돈 이론에서는 이를 '초기 조건에의 민감성(sensitivity to the initial condition)'이라고 한다.

기존연구에서의 '복잡성'은 구조와 역할의 다양한 분화를 의미한다. 따라서 평형을 기본원리로 하여 요소 환원주의적 분석을 하는 시스템 이론과 복잡계 이론은 질적으로 다르다. 복잡계에서의 '복잡성'은 시스템의 4가지 상태, 즉 평형상태 → 평형에 가까운 상태 → 평형에서 먼 상태 → 비 평형상태로 가는 모든 복잡함을 내포한다.

이 책에서는 동북아 지역구도를 하나의 복잡계로 바라보면서, 미세한 변화들을 다시 살펴보고자 한다.

3) 섭동이론과 인과지도

왜 시스템에 '섭동요인'을 가해야 할까? '섭동(perturbation, 攝動)'이란 무엇일까? 우선, 섭동과 요동의 사전적 의미를 살펴보자.

『한자말 사전』에서는 '섭동(攝動)'이란 "①유성, 위성, 혜성 등이 서로의 인력과 태양의 인력으로 말미암아 운행에 영향을 받는 일 ②주요한 힘의 작용에 의한 운동이 부차적인 힘의 영향으로 말미암아 조

금 흔들리며 일어나는 운동 ③몸가짐을 조섭함"을 가리킨다.[179]

『조선말대사전(1)』에서는 '섭동'이란 "①어떤 행동을 잘 가다듬는 것 ②〈물리〉천체와 태양 사이의 만유인력의 작용에 의한 주되는 운동이 다른 천체의 영향으로 하여 일어나게 되는 운동의 변화 ③〈물리〉주요한 힘의 작용에 의한 운동이 부차적인 힘의 영향으로 말미암아 조금 교란되어 일어나는 운동"을 말한다.

『조선대백과사전』에서는 '섭동'이란 "역학계의 운동을 기술하는 해밀튼함수가 상대적으로 주요한 부분과 작고 부차적인 항의 합으로 표시될 때 이 부차적인 항이 대표하는 힘에 의해 생기는 운동"을 말하며, 요동(fluctuation, 搖動 또는 波動)이란 "동일한 거시적 조건에서 임의의 물리적 양의 구체적인 값이 그것의 평균값의 근방에서 변하는 현상"이다.

『영조사전』에서는 'perturbation'이란 "①교란하다, 혼란시키다 ②(마음을) 소란케 하다, 당황케 하다, 불안케 하다"는 의미로 규정한다. 주로 수학과 물리학에서 사용하는 용어란 것을 알 수 있다.

'섭동이론(perturbation theory, 攝動理論)'이란 무엇인가? 섭동이론은 해석적으로 풀 수 없는 문제의 해(解)를 매개변수들의 테일러 급수로 나타내는 이론이다. 매개변수들이 매우 작으므로, 급수의 유한 개의 항을 계산하여 근사적인 해를 얻는 것이다. 또한 일단 하나의 문제에 대략적인 답을 얻은 후에 이 단계에서 누락된 구체적인 정보들을 순차적으로 추가하여 점차 사실에 가까운 답을 만들어가는 과정들을 통칭하는 이론이기도 하다.

섭동이론은 고전 물리학에서부터 현대 물리학의 '끈 이론'까지 활용된다. 고전 물리학의 중력이론에서 섭동이론을 적용한 사례는 태양과 지구, 달을 비롯한 태양계 내의 행성들의 영향에 대한 계산이다. 모든 행성들의 중력에 대한 영향은 너무 복잡하기 때문에 지구의 운동을 계산하는 건 불가능하다. 우선 섭동에 의해 지구와 태양의 중력 영향을 계산하고 달의 중력을 적용하여 근사값으로 수정한다. 그리고 행성들 하나하나를 대입시킨다면 최종적으로 가장 근사치의 중력 값을 도출할 수 있다.

'혼돈'을 구체적으로 처음 인식한 푸앵카레는 '섭동이론'을 사용해 근 2세기에 걸쳐 과학에 공헌했던 뉴튼식 체제에 의문을 던졌다. 뉴튼의 방정식으로 대상이 2개인 2체 문제는 완벽하게 서술되지만, 3개인 3체(다체 문제 : many boby problem) 문제만 되어도 해석적으로 풀 수가 없었다.[180] 푸앵카레가 고심했던 다체 문제는 비선형이었다. 그는 2체 문제에 비선형성의 복잡성을 증대시키기 위해 섭동을 가함으로써 제3의 물체의 운동이 나타내는 작은 효과에 대응하도록 했고, 이렇게 해서 만들어진 새 방정식을 풀어보려 했다. 이때 작은 섭동을 주어도 궤도들을 조금 변화시킬 뿐 큰 변화는 없었다. 하지만 어떤 궤도들은 매우 작은 섭동을 가해 주기만 해도 무질서하게 심지어는 혼돈 양상으로 변화 즉, 요동친다는 것을 발견하였다.[181] 이것이 바로 '초기조건에의 민감성'이다.

'섭동'과 '요동'은 모두 어떤 시스템과 관련된 작은 변화를 의미하

---

180) 윤영수 · 채승병, 앞의 책, 110~111쪽.
181) 존 브리그스 · 데이비드 피트(김광태 · 조혁 옮김), 『혼돈의 과학』(서울 : 범양사, 1990), 27~29쪽.

지만, 약간의 차이가 있다. '섭동'은 시스템 외부에서 가해지는 변동이고, '요동'은 시스템 내부의 구성요소들에서 발생하는 변동을 의미한다. 예를 들어서 냄비에 담긴 물을 생각할 때, 냄비를 손으로 가볍게 건드려서 살짝 흔드는 것은 섭동이다. 반면에 열을 가해서 냄비 안쪽에 기포가 생기며 물의 흐름이 활발해지는 것은 요동이다.[182]

섭동이론를 활용하는 목적은 바로 시스템의 문제가 해결되지 않을 경우, 그 요동을 일으킬 수 있는 섭동요인을 가해가면서 '되먹임 시스템 원리'에 의해 시스템의 각 구성요소들이 보여주는 반응과 대응을 관찰하여 시스템의 임계점 즉, 전략적 지렛대를 발견하는데 있다. 또한 시스템에 섭동요인을 가했을 때 섭동의 사전적 의미 그대로 '혼란'을 가하는 것이기에 시스템의 복잡도는 증가하며 미세한 변화의 관찰에 더욱 유리하다. '지배적 되먹임 고리의 전환'이라는 특성에 근거해[183] 되먹임 시스템 원리는 복잡하게 얽힌 시스템에서 그 역할이 더욱 부각되기 때문이다. 구체적인 설명은 제5장에서 하고자 한다.

시스템 사고는 사고를 시각화한다. 인과관계는 화살표로 표시되고 되먹임 구조는 원형으로 표현된다. 이 과정에서 시스템의 인과적 구조는 하나의 지도로 표시된다. 이를 '인과지도(causal map)'라고 부른다.

이 책에서는 북·중 경협 활성화 요소들을 인과지도(因果地圖)로

---

182) 윤영수·채승병, 앞의 책, 110쪽.
183) 음과 양의 되먹임 고리가 교대로 시스템을 지배하는 경우도 있다. 강하게 군림하던 되먹임 고리의 힘이 약해지고, 약하던 되먹임 고리가 강해지면서, 시스템을 지배하는 되먹임 고리가 바뀌는 현상을 '지배적 되먹임 고리의 전환(a shift dominant feedback loops)'이라고 한다(김동환,『시스템 사고 : 시스템으로 사고하기』(서울 : 선학사, 2004), 157쪽).

모형화하여 파급효과를 분석하고자 한다. 인과지도에 대한 개념은
제5장에서 모형화하면서 설명할 것이다.

제3장
북·중 지정학적 관계의
변화과정

북 · 중 경제관계의 성격은 1949년 수교 이후 북 · 중 간 '순망 치한'
의 고전지정학적 가치가 강하게 추구되던 시기로부터 점차 약화되
는 과정, 이어서 경제지정학적 가치가 태동하면서 점차 심화 발전하
는 과정 등 크게 세 시기(1949~1992년, 1992~2000년, 2000~2013년)로
나눌 수 있을 것이다.

1. 1차 · 2차 타이완해협 위기, 6 · 25전쟁과 북 · 중의 반미 공동행동(1949~1956년)

북한은 1945년 일제로부터 해방된 직후부터 오랜 기간을 미국에
의해 대외경제 연계를 차단당해 왔다. 미국은 1948년 사회주의국가
들에 대한 수출 규제법을 만들었으며, 1949년 11월 '대 공산권 수출
통제위원회(Coordinating Committee for Export to Communist Countries)'
를184) 만들어 북한을 포함한 사회주의국가들에 대한 제재를 본격화

---

184) 사회주의 국가들의 서방 첨단 군사기술 접근을 막기 위해 출범한 냉전시대의
대표적 제재 기구. 회원국은 NATO(북대서양조약기구) 가맹 16개 국 중 아일랜

하였다. 미국은 1950년에 북한을 "적국"으로 규정한 이래,「적성국 무
역법」,「수출 행정 관리법」,「대외 원조법」,「수출입 은행법」,「재산
통제 규범」등을 통해 다양한 방법으로 북한경제를 봉쇄하였다.[185]
미국의 대북 봉쇄정책에 따라서 북한은 무역 다각화 등에서 심대한
손실을 보았다. 그 결과 북한경제는 중국 등 일부 특정국가에 대한
비중을 크게 늘릴 수밖에 없는 형편에 있었다. 이는 1949년 새롭게
건국한 중화인민공화국에게도 마찬가지였다. 결국 북한과 중국은
미국에 의해 '강요된 지정학적 가치'를 추구할 수밖에 없는 형편이었다.

　먼저 북·중 간 지정학적 코드부터 설정해 보자.

　이 책에서는 북·중 간 지정학적 코드를 크게 두 가지 즉, 정치적
관계와 경제적 관계로 나누고자 한다. 정치적 관계는 좀 더 구체적
으로 안보 이익, 이데올로기, 전통적 관계로 나눌 수 있을 것이다.
군사적인 부분도 매우 중요하지만, 이 책에서는 안보 이익과 같은
맥락에서 취급하고자 한다.

　1949년부터 1992년까지의 북한과 중국은 안보 이익 → '강', 이데올
로기 → '강', 전통적 관계 → '강'으로 정치적 관계가 돈독한 시기였다.

드를 제외한 15개국과 일본, 호주를 합쳐 17개국이다. 소련 붕괴 등 냉전체제
가 종식됨에 따라 없어졌다.

[185] 고영남,「우리나라의 대외경제적 연계를 차단하여 온 미제의 악랄한 책동」,『경
제연구』, 제1호(2011), 62쪽; 정혁,「미제가 조작해낸 우리나라에 대한 각종 제
재법들의 반동성」,『정치법률연구』, 루계 제23호 제3호(2008), 42~43쪽. 또 미
국은 대외적으로는 사회주의 나라들을 반대하는 냉전정책을 실시하는 것과 함
께 대내적으로도 1950년에 발표한 '파쑈악법'의 하나인「국내안전법」과「전복
활동통제법」, '공산주의단체의 등록제도'를 통해 공산당을 비롯한 정당, 단체
들을 탄압 말살하고 있다(심철,「미국「국내안전법」의 조작과 그 반동적 본질
」,『정치법률연구』, 루계 제6호 제2호(2004), 40~41쪽; 심철,「미국「전복활동통
제법」에 규제된 '공산주의단체 등록제도'의 반동성」,『정치법률연구』, 루계 제9
호 제1호(2005), 40쪽; 정연식,「미국 '안전'보장법체계는 모략적이고 위헌적인
법체계」,『정치법률연구』, 루계 제12호 제4호(2005), 41쪽).

지정학적으로 보면 미국을 적(敵)으로 한 상호 안보 이익이 극대화된 고전지정학적 가치가 강요된 시기였다. 즉 미국은 냉전구조가 고착된 미·소 양극체제 하에서 '사회주의 진영의 최대의 적', 동시에 양국에게는 '공동의 적'이었다.[186]

이를 정리하면 다음의 〈표 3-1〉과 같다.

〈표 3-1〉 1949~1992년 북·중 간 지정학적 관계

지정학적 코드 \ 단계	정치적 관계			경제적 관계
	안보 이익	이데올로기	전통적 관계	
1949~1956	강	강	강	약 (원조·구상 무역 위주)
1956~1969	강	강→중	강→중	
1969~1979	강→중	중→약	중	
1979~1992	중→약	약	중→약	

* 표에서 '강·중·약'의 기준은 대체적으로 '강'은 북·중 간 '혈맹관계'에서 1961년 「중·조 간의 우호 및 호상 원조에 관한 조약」을 체결하기 전의 '정도'를 기준으로 말하며, '중'은 이 조약의 체결로 양국 간 관계가 한 단계 떨어진 '전통적 우호관계'에서 중·미 관계가 정상화되기 전까지의 '정도'를 기준으로 말하고, '약'은 그 이후부터 현재까지 '정도'를 기준으로 말함.

〈표 3-1〉의 역사적 발전 단계는 한반도 분단의 고착과 냉전시기를 배경으로, 강대국 사이에 지전략(geostrategy)의 일부로 편입된 한반도의 지정학적 가치를 중심으로 구분한 것이다. 이 시기는 주로 안보 이익이 강조되었으므로 개념상 '고전지정학적 가치'가 추구되었던 시기라 지칭할 수 있을 것이다.

---

[186] 북한당국은 주민들에게 1945년 한반도 분단과 1950년 전쟁 그리고 이어진 북한 봉쇄 등을 모두 미국이 저질렀다면서, "승냥이처럼 간악하고 교활하며 인류의 모든 불행과 고통의 화근이 미제에 의해 생겨났다"고 가르친다(박동진, 『승냥이 미제의 죄악』(평양 : 금성청년출판사, 1988), 3쪽). 그 결과 북한 주민은 일반적으로 미국을 "철천지 원수"로 부른다.

사실 두 나라의 인민은 1930년대 항일투쟁으로 전통적 우호관계를 쌓아왔고,[187] 1945년 국·공 내전 시에는 북한이 자국 영토를 중국공산당의 '후방기지·전략적 요충지·완충지대'로 제공하기도 했다.[188] 하지만 이 때에는 양국에게 미국이란 '가상의 적' 또는 '상징적인 적'이었을 뿐이었다.

1949년 신 중국 성립 이후 비롯된 국·공 내전의 연장선상에 있는 두 차례 타이완해협 위기, 6·25전쟁을 겪으며 양국에게 미국이란 존재는 '구체적인 적'으로서 실질적인 의미를 갖게 되었다. 즉 미국과 '간접적인 충돌'에서 '직접적인 충돌'로 바뀐 것이었다.

제1차 타이완해협 위기(1949년 10월 24일~1950년 8월)는 마오쩌둥이 1949년 10월 24일 타이완 통일을 위해 일으킨 '진먼(金門)전역'에서부터 비롯된다. 사실 중국공산당의 국·공 내전 승리로 미국은 타이완으로 쫓겨난 장제스(蔣介石) 정권에 크게 실망하고 있었다. 1949년 12월 23일 트루먼 정부는 "타이완은 역사적으로나 지리적으로 중국의 일부분"이라고 강조하고 "타이완은 특별히 중요한 군사적 중요성"을 지니지 않는다면서 대 중국 봉쇄정책이 전면적으로 실패했음을 인정했다.[189] 1950년 1월 5일 트루먼은 타이완정책에 대한 성명을 발표한다. 그 내용을 요약하면 장제스 정권에 군사 원조를 중단하며 타이완문제는 중국의 내정문제로서 미국이 간섭하지 않는다는

---

187) 김광운, 『북한정치사연구Ⅰ』(서울 : 선인, 2003), 513~529쪽.
188) 길재준·리상전, 『중국 동북해방전쟁을 도와』(평양 : 과학백과사전출판사, 2008), 102~113쪽; 김일성, 「국제반제력량과 련합하여」, 조선로동당출판사 편, 『김일성동지회고록 : 세기와 더불어(계승본/제8권)』(평양 : 조선로동당출판사, 1998), 263쪽.
189) Dean Acheson, *Present at Creation : My years in State Department*, New York, 1969, 350~356쪽(喬兆紅, 「朝鮮戰爭與中國的臺灣問題」, 『當代中國史硏究(中國)』, 第12卷 第5期(2005), 95~96쪽에서 재인용).

것이었다.[190] 게다가 미국 내부에서도 실패한 장제스 정권에 대한
지지 여부와 관련하여 논란이 컸다. 이는 마오쩌둥에게 타이완 통일
에 대한 매우 유리한 국제환경을 조성해주었다. 1950년 4월 마오쩌
둥은 8월에 타이완에 대한 전면적인 공격을 결정하였다.[191]

　그런데 1950년 6·25전쟁의 발발로 형국은 반전된다. 미국에게 타
이완의 전략적 가치가 다시금 부각되었고, 개입의 빌미를 제공해주
었다. 트루먼은 1950년 6월 27일 성명에서 남한과 장제스 정권 원조
및 제7 함대를 타이완해협으로 출동시킨다고 발표하였다.[192] 타이완
통일은 또 다시 내전에서 국제전으로 상승하고 긴장상태에 빠졌다.
1950년 9월, 맥아더(Douglas MacArthur)의 '인천 상륙작전' 성공은 북·
중 간 '순망 치한' 관계를 크게 부각시켰다. 중국 내부는 "반혁명분자
들의 파괴활동"이 창궐했고,[193] 중국 동북지구의 주권을 위협받을
수 있는 상황에까지 치달았다. 거기에 북한당국의 지원 요청, 소련

[190] *The Department of State Bullitin*, Vol, 22, No 550, Jan 16, 1950(喬兆紅, 「朝鮮戰爭
　　與中國的臺灣問題」, 『當代中國史硏究(中國)』, 第12卷 第5期(2005), 95쪽에서 재인용).
[191] 王飛·華東方, 「回顧5次臺海危機」, 『艦載武器(中國)』, 第3期(2004), 73쪽.
[192] 1950년 7월 31일 맥아더는 직접 타이완에 가서 장제스 정권과 연합군까지 결성
　　한다. *The Department of State Bullitin*, Vol, 22, No 550, Jan 16, 1950(喬兆紅, 「朝
　　鮮戰爭與中國的臺灣問題」, 『當代中國史硏究(中國)』, 第12卷 第5期(2005), 97쪽에
　　서 재인용).
[193] 6·25전쟁 발발 이후 중국 내부에는 반혁명분자들이 경제건설 특히는 군용 수
　　송을 파괴하고 암살과 무장폭동이 빈번했다. 심지어 제3차 세계대전이 시작되
　　었고 미국과 장제스의 시기가 도래되었다는 유언비어가 퍼졌다. 또한 상인들
　　의 투기 모리행위로 물가의 급격한 상승이 있었다(「1950年10月26日 中央公安部
　　關于全國公安會義的報告(Z44-1950-4)」, 「1951年2月28日 東北局關于進一步鎭壓反
　　革命活動的指示(Z44-1951-1)」, 「1950年10月20日 中財委關于防止物價波動問題的
　　指示(GM 51/23)」: 劉國光·王明哲, 『1949~1952 中華人民共和國經濟黨案資料選編』
　　(中國: 城市經濟社會出版社, 1990), 341~343·398~401쪽; 周恩來, 「關于處理美間
　　諜案給東北局的電報(1949年6月, 11月)」, 中共中央文獻硏究室, 『建國以來周恩來文
　　稿(第1冊)』(中國: 中央文獻出版社, 2008), 30~33쪽).

의 압력 등이 중국을 참전하도록 했다.[194)]

 6·25전쟁 시기 조선인민군과 중국인민지원군은 '중·조 연합사령
부'를 성립시켜 함께 미국과 전쟁을 수행했다.[195)] 당시 김일성 수상
은 주체문제를 강조했다.[196)]

 "소련 인민들이 도와주며 중국 인민지원부대들이 나와서 형제적으로 도
 와주니 승리는 꼭 우리의 것이다. 이와 같이 생각하고 거저 안일하게만 지
 나고 긴장성이 없이 주도적 창발성이 없이 남이 해놓은 것으로 거저 향락
 만 하려는 자들은 다 위험한 분자들이며 망국노를 면할 수 없는 위험한 경
 향입니다. 누가 어떻게 도와주든지 간에 우리 문제는 자신의 손으로써 해
 결하여야 합니다. 주인은 우리 조선 인민입니다 …… 우리 민족의 자력갱
 생 여하는 우리 당사업과 우리 인민군 투쟁 여하에 달려 있습니다"

 그러나 전쟁이 길어지면서 북한과 중국 및 소련과의 잠재된 갈등

194) 맥아더가 38선을 넘어 압록강, 두만강까지 진격하고 미군 비행기가 중국의 동
 북 접경도시를 선회하는 상황에서 중국이 중국 국경 내로 적이 진입할 것을
 염려한 것은 당연한 일이었다. 마오쩌둥은 김일성이 소련의 계획에 따라 중국
 에 망명정부를 수립하고 그 잔여부대를 동북지구로 철수시킨다면, 그 불길이
 중국으로 옮겨 불타고, 결국 스탈린이 '중·소 우호동맹 상호조약'에 근거해
 수십만의 소련극동군을 중국 동북에 파견해 중국의 작전을 지원하게 될 것이
 라고 생각했다(선즈화(沈志華), 「중국의 6·25전쟁 참전결정에 대한 평가」,
 『6·25전쟁과 중국』(서울 : 백산서당, 2001), 261~262쪽). 당시 중국 동북에는 소
 련과 특별한 친분이 있던 '동북지역의 왕'으로 불리운 가오강(高岡 : 동북국 서
 기)이 있었다. 또 선즈화는 당시의 마오쩌둥이 중국의 국가이익 뿐만 아니라
 아시아 사회주의혁명을 염두에 두고 있었고, "설령 (한국전쟁에서) 싸워서 진
 다고 해도 꼭 싸워야 한다"고 밝힘으로써 스탈린에게 자신은 티토와 같은 민
 족주의자가 아닌 점을 증명하고자 했다고 주장한다(沈志華, 「1950 : 朝鮮戰爭是
 如何發生的」, 『同舟共進(中國)』, 第9期(2010), 42쪽). 여기에서도 6·25전쟁 참전
 이 짙은 이념적 색채를 띠였음을 알 수 있다.
195) 杜平, 『在志願軍總部』(中國 : 北京解放軍出版社, 1989), 141~142쪽.
196) 김일성, 「현 정세와 당면과업(1950년 12월 21일)」, 조선로동당출판사 편, 『김일
 성선집(제3권)』(평양 : 조선로동당출판사, 1953), 207~208쪽.

이 표출되었고,[197] 북한은 대외정책의 기조를 '자주'와 '자립'으로 설정해 나갔다. 또한 중국의 타이완 통일 노력도 중단되었다. 미국도 이 즈음에 공산국가에 대한 봉쇄전략인 서태평양 방위선 즉, 제1도련(島鍊)을 재구축하기 시작하였다.

1951년 9월 8일 「미·일 상호 방위조약」, 1953년 10월 1일 「한·미 상호 방위조약」, 1954년 12월 2일 타이완당국과 「공동방위조약」을 체결함으로써,[198] 주일·주한·주타이완 미군은 합법적 지위를 얻을 수 있었다. 이는 중국을 크게 자극하지 않을 수 없었다.

이 같은 사태 발전은 제2차 타이완해협 위기(1954년 9월 3일~1955년 5월)로 이어졌다. 미국은 역시 제7함대를 출동시켰다. 중국은 치열한 해상전투 끝에 전투의 주도권을 잡았지만 더 이상의 진공을 중단하였다. 대신 1955년 타이완문제의 '평화적 해결'을 주장하였으며, 1956년 제3차 국·공 합작(國共合作)까지 건의한다. 하지만 미국의 지지를 믿고 타이완당국은 거절한다.[199] 여기서 중국의 1955년 타이완문제에 대한 '평화적 해결' 주장은 북한과의 협의를 통해 나온 것이라고 한다.[200]

제2차 타이완해협 위기와 동시에 1954년 9월 16일~1955년 10월 26

---

197) 6·25전쟁의 끝내기와 관련하여 마오쩌뚱과 스탈린이 전쟁정책을 바꾸면서 김일성은 자신의 의사와는 관계없이 끌려가야만 하는 상황이었다.

198) 주한미군은 「한·미 상호방위조약」 제4조의 "상호 합의에 의하여 결정된 바에 따라 미합중국의 육군, 해군과 공군을 대한민국의 영토 내와 그 부근에 배치하는 권리를 대한민국은 이를 허여하고 미합중국은 이를 수락한다."에 근거하여 주둔하고 있다. 주요 전력은 미 제8 육군사령부와 미 제7 공군사령부이다.

199) 王飛·華東方, 「回顧5次臺海危機」, 『艦載武器(中國)』, 第3期(2004), 74~75쪽.

200) 히라이와 슌지는 『周恩來外交活動大事記』에서 1954년 9월 7일 관련 내용을 근거로 남일의 비밀 방중 시 저우언라이(周恩來)와 합의를 봤다고 주장한다(平岩俊司, 『朝鮮民主主義人民共和國と中華人民共和國 : 「脣齒の關係」の構造と變容』(橫浜 : 世織書房, 2010), 18~19쪽).

일까지 북한에 주둔하고 있던 중국인민지원군의 제1차 철군도 이루어졌다. 철군의 이유를 히라이와 슌지는 1954년 한반도문제에 대한 제네바협상이 결렬된 상태에서 북·중 협력으로 미국의 보다 타협적인 자세 또는 국제사회에 평화 무드를 조성해 미국에 압박을 가하려 했던 것이라고 주장한다. 이와 관련해서 1954년 8월 또는 9월, 저우언라이-남일 비밀회담에서 어떤 합의가 있었을 것이라고 추론하고 있다.[201]

요컨대 이 시기 한반도·타이완이 미국의 서태평양의 전략적 요충지로 자리 잡으면서 북한과 중국에게는 반미 정서의 공유로 안보 이익이 크게 부각되었으며, '강요된 고전지정학적 가치'가 추구되었던 것이다. 이로써 양국관계는 '피로써 맺은 혈맹' 관계, '형제 당' 관계로 자리매김 되었다.

그것은 두 나라 정상의 만남을 통해서도 확인 가능하다. 북·중 정상회담은 1950년부터 2012년까지 총 46회 이뤄졌다.[202] 다음의

[201] 平岩俊司, 『朝鮮民主主義人民共和國と中華人民共和國:「脣齒の關係」の構造と變容』(横浜:世織書房, 2010), 16~19쪽. 북한은 정전협정 제4조 60항에 근거해 한반도에서 외국군의 철퇴를 주장, 중국은 타이완문제와 한반도문제는 평화적으로 해결해야 한다는 주장을 내세우며 제네바협상이 결렬된 상황에서 유엔의 틀에서 벗어나 대미관계를 풀려고 했다(박태호, 『조선민주주의인민공화국 대외관계사 1』(평양:사회과학출판사, 1985), 165·168쪽). 그리고 1955년 4월 미·소가 제외된 반둥회의(제1차 아시아-아프리카회의)가 개최되고 '평화적 공존 5항 원칙'이 제기되며 '제3세계'가 국제정치의 새로운 역량으로 역사적 무대에 등장하였다. 또한 이때부터 중국 외교정책에는 '구동 존이' 방침이 관철되기 시작하였다.
[202] 북·중 정상회담에 대한 정리는 劉金質·潘京初·潘榮英·李錫遇 編, 『1991~2000 中國對朝鮮和韓國政策文件滙編(上卷)』(中國:世界知識出版社, 2006), 9~17쪽; 이종석, 『북한-중국관계 1945~2000』(서울:중심, 2000), 309~312쪽; 이동률, 「중국의 대북전략과 북·중 관계」, 『세계지역연구논총』, 29집 3호(2011), 309쪽; 『로동신문』, 『人民日報(中國)』 각 호를 참고하여 작성.

〈표 3-2〉는 1950년~1954년까지 북·중 정상회담 내역을 정리해본 것이다.

〈표 3-2〉 1950년~1954년 북·중 정상회담 내역

序	일시	회담 주체	장소	회담 주제	비고
1	1950.5	마오쩌둥·저우언라이-김일성	베이징	한국전쟁 사전계획	비공식
2	1950.6.3	마오쩌둥-김일성	베이징	휴전회담 운영 방침	비공식
3	1950.12.3	마오쩌둥·저우언라이-김일성	베이징	중조연합사령부 설치문제	비공식
4	1953.11	마오쩌둥·저우언라이-김일성	베이징	전후 경제원조, 중조경제 및 문화합작에 관한 협정	공식
5	1954.9~10	마오쩌둥·저우언라이-김일성	베이징	중국 건국 5주년 기념	공식

김일성 수상은 1950년 한국전쟁을 전후한 시기에 세 차례 연이어 중국을 방문했으며, 1953년과 1954년에도 연이어 중국을 공식 방문하여 정상회담을 통해 양국의 현안을 해결하였다.

이 시기 북·중 사이의 지정학적 가치에는 정치적 관계뿐만 아니라 경제적 관계에도 반영되었는데, 〈표 3-3〉과 같다.[203]

〈표 3-3〉 1950~1954년 북·중 교역 규모

(단위 : 억 달러)

연도	'50	'51	'52	'53	'54	'55
무역 총액	0.065	0.18	0.23	0.46	0.82	0.76

203) 沈覺人, 『當代中國對外貿易(下)』(中國 : 當代中國出版社, 1992), 370~371쪽.

하지만 〈표 3-3〉과 같이 주로 사회주의 국가 간 무상원조·구상무역(物物交換)으로 이루어진데다가 정치적 관계의 '파생물'로써 '약'이라고 평가해도 무방할 것이다.

북·중 간 구상무역은 1950년 8월 18일「중·조 구상무역 협정」체결로부터 시작된다. 이어 중국은 1950년 11월 4일 "조선전쟁에 무상으로 물자를 원조하자"고 선언하였다.[204] 1953년 11월 23일에는「중·조 경제 및 문화합작에 관한 협정」을 체결하였으며, 중국은 1953년 말 이전에 북한에 제공되는 원조를 일체 무상으로 하였고, 여기에 다시 북한경제 부흥을 위해서 중국화폐로 8만 억 원을 원조하기로 합의하였다.[205] 또 북한 전후 복구의 일환으로 1953~1958년 중국에 파견된 산업연수생 총 51,576명 중 북한 연수생이 25%를 차지했다. 이들은 농업·공업·수공업·경공업·군공업 등 20여 개 분야로 나뉘어 23개 성(省)에 분포되어 연수를 받았다.[206] 아울러 이들의 처우도 동시기 타 산업 연수생들에 비해 높았다. 심지어 중국의 기술자들과

---

[204] 石林,『當代中國對外經濟合作』(中國 : 中國社會科學出版社, 1989), 24·630쪽; 沈覺人,『當代中國對外貿易(下)』(中國 : 當代中國出版社, 1992), 311쪽[1949년 12월「중·조 우편 및 무선통신과 유선통신을 할 데 관한 협정」이 북·중 간 첫 정부 간 경제협력 협정이라고도 하지만 본 문은 1950년 8월 체결한 협정을 그 시작으로 간주한다]; 사실 1949년 11월 "關于向朝鮮出口煤炭問題給高岡等的電報"는 1949년 11월부터 북·중 간 경제관계가 있었음을 보여준다[周恩來,「關于向朝鮮出口煤炭問題給高岡等的電報」, 中共中央文獻研究室,『建國以來周恩來文稿(第1冊)』(中國 : 中央文獻出版社, 2008), 564쪽]. 북한은 중국과의 우편물 교환사업이 1948년 1월에 중국 동북지방부터 시작했으며, 1950년 1월 20일 체결한「조·중 우편물 교환, 전보연락, 전화연락에 관한 협정 및 의정서」를 통해 그 다음 날부터 전 중국과 우편물을 교환했다고 서술한다[조선중앙통신사,『조선중앙년감(1951~1952년판 국내편)』, (평양 : 조선중앙통신사, 1952년), 369쪽].
[205] 이종석,『북한-중국관계 1945~2000』(서울 : 중심, 2000), 201쪽.
[206] 石林,『當代中國對外經濟合作』(中國 : 中國社會科學出版社, 1989), 24쪽, 241~242쪽.

같은 혜택을 받았다. 이는 양국 경제·과학기술 교류가 1950년대부터 그 형태를 갖추었다는데서 큰 의미를 가진다. 그리고 북·중 변경무역(邊境貿易)도 1954년 8월부터 시작되었다.[207]

중국은 안보·물자·경제 기술적 지원 외에도 인력 지원도 아끼지 않았다. 1953년 11월 김일성 수상의 방중 시, 전후 복구사업에 대한 원조 요청으로 40만 명 이상의 중국인민지원군이 북한에 남아 전후 복구사업에 투입되었다. 이들은 북한 지도부 및 주민과 인적·물적 유대를 긴밀하게 하였으며 양국 혈맹관계를 더욱 두텁게 하는 역할을 하였다.[208]

[207] 滿海峰,「新時期中朝關係定位與中朝邊境地區經濟合作發展」,『遼東學院學報(中國)』, 第13卷 第6期(2011), 124쪽.
[208] 이는 중국의 가장 큰 지원이며, 북한의 군사 및 경제가 자생력을 가질 수 있는 시간을 벌어준 것이라고 평가한다(김용현,「북한의 군사국가화에 관한 연구 : 1950~60년대를 중심으로"(동국대학교 정치학과 박사학위논문, 2001), 77~81쪽). 아울러 중국의 문헌에서도 1953년 정전협정 당시 중국인민지원군은 120여만 명의 병력을 북한에 주둔시켰고, 북한의 지원 없이 1956년 4월까지 44만명의 병력이 북한 전후복구사업에 투입되었으며, 피로써 맺은 북·중 간 우의를 더욱 돈독히 하였다고 적혀 있다(軍事科學院軍事歷史研究部,『抗美援朝戰爭史(第三卷)』(中國 : 軍事科學出版社, 2000), 511~520쪽; 中共中央文獻研究室,『周恩來年譜』(中國 : 中央文獻出版社, 2007), 562쪽).

중국인민부조단(단장 하룡)의 조선인민군 전람회 참관(1953. 10. 24.)

중국 중경을 방문 중인 조선인민대표단을 환영하는 학생들(1954. 4. 16.)

중국청년대표단의 황해북도 송림 소재 황해제철소 방문(1954. 7. 19.)

평양 주재 중국대사 潘自力의 신임장 봉정식(1955. 1. 14.)

평북 안주 소재 중국인민지원군 열사묘(1955. 2. 3.)

북한정권 수립 10주년 행사에 참가한 중국 대표단(단장 주덕)(1955. 8. 3.)

평양에서 열린 중화인민공화국 창건 6주년 기념보고대회(1955. 10. 10.)

중국인민지원군 참전 6주년 기념 집회(1956. 10. 25.)

중국 국제주의 열사 라성교 추모탑(1957. 2. 4.)

라성교는 1951년 4월 중국인민지원군으로 전쟁에 참가하였으며, 1952년
1월 2일 평남 성천군 선전리 비류강에서 썰매를 타다 물에 빠진 소년을
구하고 죽었다. 북한 최고인민회의 상임위원회는 1953년 6월 25일 그에
게 국기훈장 제1급을 수여하였고, 평안남도 성천군에 추모비를 세웠으며,
김일성 수상이 거기에 친필을 남겼다.

중국인민지원군 열사묘 제막식(1957. 2. 4.)

중국인민해방군 창건 30년 기념 지원군사령부 보고회(1957. 7.)

6월 25일 미제 반대 투쟁의 날 평양 군중대회(1958. 6. 25.)

평양에서 열린 중국도서전시회(1958.10.29.)

조·중 우의탑 제막식(1959. 10. 5.)

평양 모란봉에 건립되었으며, 1985년 개건 확장하였다. 총 12만 ㎡에 달하는 지역에 중국인민지원군의 참전 기념일인 10월 25일을 상징하여 1,025개의 천연화강석과 대리석을 다듬어 30m 높이로 세워졌다. 비문은 다음과 같다.

"항미 원조 보가위국의 기치 높이 우리와 함께 싸워 공동의 원쑤를 물리친 중국인민지원군 렬사들 그대들이 남긴 불멸의 위훈과 피로써 맺어진 조 중 인민의 국제주의적 친선은 륭성하는 이 나라 강토 우에 길이 빛나리라"

중국인민해방군 창건 32주년 기념 사진전람회(평양: 1959. 8.)

조·중 우호협조 및 호상원조에 대한 조약 지지 집회(평양: 1961. 7.)

2. 중·소 관계 악화, 북한의 자주노선과
북·중의 반미·반소 노선 공유(1956~1969년)

이 시기 양국은 반미(反美) 정서를 공유하였지만, 반소(反蘇) 정서
도 일정하게 공유하였다. 북한의 중·소 간 등거리(1956년~1961년),
북·중 관계 밀착(1961년~1964년), 북·중 관계 악화(1964년~1969년)
등의 태도 변화로 양국 간에는 갈등과 협력이 반복적이었다.

1956년 2월 소련공산당 제20차 대회에서 후르시초프의 스탈린 개
인숭배 비판과 자본주의 진영과의 평화공존 거론은 북한과 중국을
크게 자극하였다. 소련의 개인숭배 비판은 중국공산당 당장(黨章)에
서 '마오쩌둥 사상'의 삭제와 '김일성 만세' 등도 삼가야 하는 상황으
로 이어졌다.[209]

양국 모두 소련에 대한 불만이 있었다. 북한은 1955년 4월에 열린
당 중앙위원회 전원회의에서 "모든 힘을 조국의 통일 독립과 공화국
북반부에서의 사회주의 건설을 위하여"라는 테제를 발표하였다.[210]
김일성 수상은 이 테제를 통해 국제정세 이해와 사회주의혁명의 성
격 등에서 소련과의 차이점을 드러냈다. 북한은 4월 전원회의에서
소련공산당의 '평화 테제'와 전혀 상반되게 '전쟁 불가피론'을 주장하
였던 것이다.

이어 1955년 12월 28일 김일성 수상은 「사상사업에서 교조주의와
형식주의를 퇴치하고 주체를 확립할 데 대하여」라는 연설을 통해 정
치사업 방법문제에서 "쏘련식이 좋으니, 중국식이 좋으니 하면서 싸

209) 沈志華,「中共八大爲什么不提毛澤東思想」,『歷史敎學(中國)』, 第1期(2006), 5~10쪽.
210) 조선로동당 중앙위원회 당력사연구소,『조선로동당력사』(평양 : 조선로동당출
    판사, 2006), 261쪽.

웠습니다. 이것은 부질없는 일입니다. …… 정치사업을 하는데 무슨 식이든 간에 이 목적을 달성하면 되는 것입니다"라고[211] 주장하였다. 이 같은 인식은 1956년 '경제에서의 자립'을 주장하며 대외 정책, 대외 경제관계에 그대로 반영되었다.

중국은 소련에 대해 공개적으로 비판을 시작하였다. 1957년 6월 마오쩌둥은 '전쟁 불가피론'을 주장하면서 "소련은 사회주의 국가이며 소련공산당은 레닌이 창조한 당이다. 비록 현재 소련은 수정주의에 의해 정권이 약탈되었지만 그것은 기필코 오래 가지 못할 것이다. 우리는 언제든지 소련의 좋은 경험은 따라 배워야 하며 그렇지 않으면 착오를 범하게 될 것이다."고[212] 하면서 소련 지도부를 공격하였다.

1957년 11월 모스크바 방문 시 마오쩌둥과 소련공산당 지도부 사이에는 직접 의견 충돌까지 있었다. 북한도 당시 내부적으로 자유주의, 수정주의적 경향을 배격해야 한다고 강조하고 있었다.[213]

---

211) 김일성, 「사상사업에서 교조주의와 형식주의를 퇴치하고 주체를 확립할 데 대하여」, 조선로동당출판사 편, 『김일성저작집(제9권)』(평양 : 조선로동당출판사, 1980), 477쪽.

212) 毛澤東, 「關于正確處理人民內部矛盾的問題(1957年3月)」, 中共中央毛澤東主席著作編輯出版委員會, 『毛澤東選集(第五卷)』(中國 : 人民出版社, 1977), 363~402쪽에 수록된 1957년 3월 최고국무회의 11차 확대회의에서 한 연설을 수정·보완하여 『人民日報(中國)』(1957년 6월 27일자)에서 소련 수정주의에 대해 직접적인 비판을 한다. 사실 비슷한 내용으로 '수정주의'란 문구가 사용되지 않았을 뿐 1956년 저우언라이(周恩來)의 한 지시문에서 드러나 있었다(周恩來, 「向一切國家的長處學習(1956年5月3日)」, 中共中央文獻研究室, 『周恩來經濟文選』(中國 : 中共中央文獻出版社, 1993), 71~72쪽).

213) 김일성, 「현실을 반영한 문학예술작품을 많이 창작하자(1956년 12월 25일)」, 조선로동당출판사 편, 『김일성저작집(제21권)』(평양 : 조선로동당출판사, 1983), 460쪽. 비록 소련이라고 직접적으로 지적하지 않았지만 논설을 세밀히 검토해 보면 소련을 겨냥한 것으로 인식된다. 하지만 북한 내부에서는 1958년부터 시작된다고 보는 견해도 있다(이종석, 『북한-중국관계 1945~2000』(서울 : 중심,

1957년 11월 김일성 수상은 "평화적 공존의 시대라고 하는 견해의 부당성"을 지적하고 "우리 시대를 투쟁의 시대, 혁명의 시대로 규정"하면서, 사회주의 나라들과 공산당, 광범한 반제역량을 동원하여 반미투쟁을 결정적으로 강화할 것을 강조하기도 하였다.[214]

중국은 중·소 관계 악화 시 북한의 전략적 가치를 의식하여 자기 편으로 끌어들이기 위해 노력했다.

〈표 3-4〉에 나와 있듯이 마오쩌둥 주석이 1957년 11월 모스크바 각국 공산당대회에 참석한 김일성 수상을 만나 직접 중국의 '8월 종파사건' 개입에 대해 사과했다.[215]

〈표 3-4〉 1957년~1964년 북·중 정상회담 내역

序	일시	회담 주체	장소	회담 주제	비고
6	1957.11	마오쩌둥-김일성	모스크바	중국인민지원군 철수 합의	공산당 대표 대회
7	1958.11~12	마오쩌둥·저우언라이 -김일성	베이징/ 무한	통일문제, 타이완문제, 국제공산진영 단결문제	공식
8	1959.1	마오쩌둥-김일성	모스크바	국제공산주의운동문제	소련 공산당 21차 대회

2000), 218쪽). 필자는 김일성이 1957년 11월 마오쩌둥의 8월 종파사건에 대한 사과를 흔쾌히 받아들인 사실에 주목하여 반소 정서를 어느 정도 공유한 것으로 본다. 또한 이는 1955년 말부터 북한 주체 확립의 연장선상에서 인식할 필요성도 있을 것이다.

[214] 조선로동당 중앙위원회 당력사연구소, 『조선로동당력사』(평양 : 조선로동당출판사, 2006), 304~305쪽.

[215] 중국당국은 1956년 8월과 그 이듬해 15명 미국기자의 방중 및 상호 교류를 요청하였지만, 미국이 두 번 모두 거부하였다. 중국의 미국과의 관계 개선 의지는 미국에 의해 거절당했다(周琪, 「中美關係60年的回顧與思考」, 中國社會科學院 國際研究學部, 『中國對外關係 : 回顧與思考 1949~2000』(中國 : 社會科學文獻出版社, 2009), 250~251쪽).

9	1959.9	마오쩌둥·저우언라이 -김일성	베이징	중국 건국 10주년 기념	공식
10	1960.5	마오쩌둥·저우언라이 -김일성	항주	파리 4개국 회담 유산 문제, 양당과 소련공산당과의 관계	비공식
11	1961.7	마오쩌둥·저우언라이 -김일성	베이징	중국 건국 10주년 기념	공식
12	1963.9	류사오치-김일성	평양	반제, 반수정주의 문제	공식
13	1964.2~3	마오쩌둥·류사오치 -김일성	베이징	중소분쟁 관련	비공식
14	1964.11	마오쩌둥·저우언라이 -김일성	베이징	소련 신 지도부 분석·논의	비공식 (베트남 방문)

중·소 갈등관계는 1959년, 1962년 중·인 국경분쟁 등을 통해 심화되었다.[216]

1960년 4월 중공『홍기(紅旗)』는 '레닌주의 만세'라는 제하의 논설을 통해 '평화적 공존론', 소련의 '수정주의'를 비판하였다. 이로써 중·소 분쟁은 표면화되었고, 동년 7월 26일, 소련정부는 중국과 체결한 계약서 600개(전문가 계약서 343개, 과학 기술 합작 계약서 257개)를 파기하였다. 더불어 1960년 7월 28일부터 9월 1일까지 중국에 체류하고 있는 소련 전문가 1,390명을 전부 철수 한다는 결정을 중국정부에 통고하였다. 900여 명의 소련 전문가 파견계획도 중단시켰다.[217]

이와 같이 중·소 관계가 결렬되자, 북한의 고전지정학적 가치도 더욱 부각되었다. 1960년 10월, 김일성 수상은 모스크바에서 개최된 81개국 공산당·노동당 회의에 파견할 김일에게 "백두산에 들어가 유격투쟁을 할지언정 소련의 대국주의적 압력에 절대로 굴하지 말

216) 이종석, 『북한-중국관계 1945~2000』(서울 : 중심, 2000), 217쪽.
217) 石林, 『當代中國對外經濟合作』(中國 : 中國社會科學出版社, 1989), 634쪽.

라"고 지시하면서 중국의 입장을 지지하도록 하였다. 이것은 소련과의 결별을 각오한 대항을 시작했다는 것을 말해준다.[218] 북·중 사이에 '반 수정주의'라는 이념적 공통요인이 크게 작용하고 있었던 것이다.

한편 대외적으로 볼 때 중국은 제3차(1958년 8월 23일~10월 5일), 제4차(1961년 4월 1일~1965년 11월 14일) 타이완해협 위기를 겪고 있었다.[219] 특히 제4차 타이완해협 위기는 미국의 중국 핵시설 및 핵개발 타격정책과 맥을 같이 하였다.[220] 때문에 1964년 말부터 1965년 초까지 중국은 모든 역량을 반미에 집중시켰고, 소련과는 필전(筆戰)에 그쳤다.[221]

한반도에서는 1961년 5·16 군사쿠테타와 이어진 미국의 박정희 정부에 대한 인정을 통해 한·미 관계가 더욱 강화되었다. 여기에 더하여 중국인민지원군의 철군으로 북한은 안전 보장에서 제도적 장치를 필요로 했다. 1961년 7월 6일, 북한은 소련과 동맹조약을 맺었고, 이어 7월 11일 중국과도 「중·조 간의 우호, 협조 및 호상 원조에 관한 조약」을[222] 맺었다.[223] 조약은 전쟁으로부터 체결국의 안전

---

218) 이종석, 『북한-중국관계 1945~2000』(서울 : 중심, 2000), 219쪽.
219) 王飛·華東方, 「回顧5次臺海危機」, 『艦載武器(中國)』, 第3期(2004), 75쪽; 秦克麗, 「四次臺海危機及啓示」, 『軍事歷史(中國)』, 第1期(2002), 61쪽.
220) 미국의 비밀문헌이 해제되면서 미국이 1961년부터 중국의 핵시설 및 핵 개발에 대해 직·간접적인 타격을 추진하고자 했던 사실이 확인되었다. 당시 중국은 전시상태까지 들어갔다(陳東林, 「核按鈕一觸卽發」, 『黨史博覽(中國)』, 第3期(2004), 8쪽). 1965년 2월 코시긴 수상이 중국을 방문하여 마오쩌둥과 5차례의 담화 끝에 2월 11일 양국은 외교문제, 국제문제에 대해 상호 소통을 강화하고 의견을 교환해 나가기로 했다(中共中央文獻研究室, 『周恩來年譜』(中國 : 中共文獻出版社, 2007), 708쪽).
221) 중국공산당과 소련공산당 사이의 논쟁에 대한 문헌은 『국제 공산주의운동의 총노선에 대한 논전』(북경 : 민족출판사, 1965)에 잘 정리되어 있다.

을 공동으로 지켜나갈 것을 목적으로 한 것이었다. 이와 관련하여
김일성 수상은 "이 조약들은 우리나라의 평화적 통일 위업에 저촉되
지 않을 뿐 아니라 오히려 미제국주의자들의 침략적 기도를 막음으
로써 우리나라의 평화적 통일을 앞당길 것입니다"라고 의미 부여하
였다.[224] 조약 체결로 북한과 중국은 '형제 당 관계'에서 '국가 대 국
가의 관계'로 한 단계 떨어졌지만, '전통적 우호관계'를 계속 유지해
갔다.

　북한당국은 소련·중국과의 관계를 새롭게 설정한 바탕 위에서,
미국에 대한 공세를 더욱 강화해 나갔다. 북한은 군사정전위원회를
통해 1961년에 2,517건, 1963년에 6,484건, 1965년에 6,953건에 달하는
미군의 "군사적 도발행위와 정전협정 위반행위"가 있었다고 항의했
다. 1962년 쿠바 위기, 중·인 국경전쟁 재발로 북·중 관계는 더욱

222)「조·중 우호, 협조 및 호상 원조에 관한 조약」의 주요 내용은 다음과 같다.
"… 맑스-레닌주의와 프로레타리아 국제주의의 원칙에 입각하여 또한 국가주
권과 영토완정에 대한 호상 존중, 호상 불가침, 내정에 대한 호상 불간섭, 평등
과 호혜, 호상 원조 및 지지의 기초 우에서 …… 형제적 우호 협조 및 호상 협
조관계를 가일층 발전시키며 양국 인민의 안전을 공동으로 보장하며 아시아와
세계평화를 유지 공고화하기 위하여 모든 노력을 다할 것을 결의한다. 또한
양국 간의 우호협조 및 호상협조 관계의 강화 발전은 양국 인민의 근본이익에
부합될 뿐만 아니라 또한 세계 각국 인민의 이익에 부합된다고 확신한다 ……"
7개 조항 가운데 가장 중요한 제2조의 내용은 다음과 같다. "체약 쌍방은 체약
쌍방 중 어느 일방에 대한 어떠한 국가로부터의 침략이라도 이를 방지하기 위
하여 모든 조치를 공동으로 취할 의무를 지닌다. 체약 일방이 어떠한 한 개의
국가 또는 몇 개 국가들의 연합으로부터 무력 침공을 당함으로써 전쟁상태에
처하게 되는 경우에 체약 상대방은 모든 힘을 다하여 지체 없이 군사적 및 기
타 원조를 제공한다."
223) 박태호,『조선민주주의인민공화국 대외관계사 1』(평양 : 사회과학출판사, 1985),
219~222쪽.
224) 김일성,「조선노동당 제4차 대회에서 한 중앙위원회 사업 총화보고(1961. 9.
11.)」,『김일성저작집(제15권)』(평양 : 조선로동당출판사, 1994), 306~307쪽.

밀착되었고 북·소 관계는 악화되었다.

하지만 이러한 북·중 간 밀착관계도 오래가지 못했다. 1964년 10월 흐루시초프의 실각과 브레즈네프의 등장에 따른 소련 신 지도부에 대한 양국의 인식 차이, 1965년 베트남 전쟁 확대에 대한 이견 등이 발생하였고,[225] 1966년 중국의 문화대혁명 시작과 북한의 '자주노선' 천명으로 두 나라의 관계는 더욱 악화되었다.[226] 이후 북한과 중국은 1970년 10월까지 일체의 정상회담이 없었다.

결국 북한과 중국은 1967년 서로의 현지 대사를 소환하기에 이르렀으며, 북한의 대외경제정책도 이즈음 변화가 나타났다. 중국과 소련으로부터의 원조 삭감 및 원조의 대부분이 차관으로 대체되었고, 이전에 받았던 차관의 상환기간도 도래하면서 심각한 외채난에 봉착했기 때문이었다.[227] 결국, 1967년 12월 27일 김일성 수상은 "우리의 자주권을 존중하며 우리나라와 경제적 연계를 맺기를 원하는 각이한 사회제도를 가진 모든 나라들과 무역 및 통상 교류관계를 발전시켜 나갈 것입니다"라고 새로운 입장을 밝힌다.[228]

---

225) 여기서 중국의 소극적 태도는 당시 중국의 국내 상황 즉, 6·25전쟁 참전 후의 후유증, 게다가 대약진운동의 실패에 이은 3년 자연재해, 대외적으로는 중·소 관계가 악화되는 시점에서 북방으로부터 오는 소련의 위협이 있었기 때문이다. 1960년대 초부터 소련은 군대를 몽골에 파견하였으며, 중·소 접경지역에서의 충돌이 날로 심각해지는 상황이었다. 이러한 상황에서 중국은 국가이익의 고려에서 미국과의 직접 충돌을 원하지 않았다(李桂華, 「1965年越南對華態度突變的原因初探」, 『黨史研究與教學(中國)』, 第4期(2007), 47~48쪽). 1964년 11월 9일 베트남은 소련의 경제·군사적 지원을 약속받고, 1965년 2월에 관련 협정을 체결한다. 이로써 베트남은 자신의 전략적 가치를 이용해 과감히 중국을 버리고 소련의 편에 선다.

226) 이종석, 『북한-중국관계 1945~2000』(서울 : 중심, 2000), 237~244쪽.

227) 김일한, 「북한의 대외경제에 대한 인식과 북·중 경협」, 『글로벌정치연구』, 제4권 1호(2011), 9쪽.

228) 김일성, 「국가활동의 모든 분야에서 자주, 자립, 자위의 혁명정신을 더욱 철저

북한 내부는 '1956년 위기'에 이어 또 한 차례의 위기에 직면했던 것이다.[229] 당시 대외적 환경과 어우러지면서 북한에서는 군사 모험주의가 대두되었고, 유일사상체계의 확립, 정치·사회·군사적 차원에서 군사국가화의 형성으로 이어졌다.[230] 반면, 북·소 관계는 점차 회복되기 시작하였다.

그러나 이 와중에도 북·중 교역은 계속되었다. 이는 다음의 〈표 3-5〉가 잘 보여준다.[231]

〈표 3-5〉 1956~1968년 북·중 교역 규모

(단위 : 억 달러)

연도	'56	'57	'58	'59	'60	'61	'62	'63	'64	'65	'66	'67	'68
무역 총액	0.68	0.56	0.91	1.16	1.20	1.17	1.35	1.51	1.55	1.80	2.03	1.77	1.13

당시의 상황을 그대로 반영하여 1967년 12월 14일에 열린 북한 최고인민회의 제4기 제1차 회의에서 김일성 수상은 다음과 같이 보고

히 구현하자 : 조선민주주의인민공화국 최고인민회의 제4기 제1차 회의에서 발표한 「조선민주주의인민공화국 정부정강」, 조선로동당출판사 편,『김일성저작집(제21권)』(평양 : 조선로동당출판사, 1983), 534·536~537쪽.

229) 이즈음, 북한과 미국이 직접 충돌하는 사건이 연이어 발생했다. 대표적인 사건은 1967년 1월 경호함 56호 사건, 1968년 1월 푸에블로호사건, 1969년 4월 EC-121 비행기사건 등이다. 북한군의 군사행동에 대응하여 미국은 즉각 국가안전보장회의를 열고 "군사적 보복조치"를 취할 것을 결정했다. 김일성 수상도 "우리 인민과 인민군대는 미제국주의자들의 보복에는 보복으로, 전면전쟁에는 전면전쟁으로 대답할 것입니다."라고 응대했다(김일성, 「조선인민군 창건 스무돌을 맞이하여(1968년 2월 8일)」, 조선로동당출판사 편,『김일성전집(제40권)』(평양 : 조선로동당출판사, 2001), 66쪽.

230) 김용현, 「북한의 군사국가화에 관한 연구 : 1950~60년대를 중심으로"(동국대학교 정치학과 박사학위논문, 2001), 36·100~102·151쪽.

231) 沈覺人,『當代中國對外貿易(下)』(中國 : 當代中國出版社, 1992), 370~371쪽.

하였다.[232]

　　"조선민주주의인민공화국 정부는 자력갱생의 기치 밑에 자체의 힘과 내
　부 원천을 최대한으로 동원하여 자립적 민족경제를 건설하는 로선을 계속
　견지하면서 프로레타리아 국제주의 원칙과 완전한 평등 및 호혜의 원칙에
　서 다른 나라들과 경제관계를 맺고 대외무역을 발전시켜 나갈 것입니다
　…… 만일 모든 사회주의 나라들이 경제적으로 서로 유무상통하면서 사회
　주의 시장을 공고 발전시켜 나간다면 매개 사회주의 나라들의 민족경제의
　발전을 더욱 촉진되고 신생독립국가들의 경제적 자립을 위한 조건이 보다
　더 유리하게 이루어질 것이며 나아가서는 자본주의 시장을 불안정한 상태
　에 빠뜨리고 세계자본주의 경제체계의 전반적 위기를 더욱 심화시킬 수
　있을 것입니다."

　김일성 수상은 프로레타리아 국제주의 원칙과 완전한 평등 및 호
혜의 원칙에서 대외무역을 통해 경제적으로 서로 유무상통하여 사
회주의 시장을 발전시킬 것을 주장했던 것이다.

　이상에서 살펴본 상황을 근거로 〈표 3-1〉과 같이 '이데올로기'는
'강 → 중'으로 약화되었다고 표시하였다. 여기서 지적할 것은 1961
년 7월 11일 북·중 동맹조약의 체결이 양국 간 '혈맹관계'를 상호 신
뢰성이 한 단계 낮은 '전통적 우호협력관계'로 떨어졌다는 점이다.
이는 중국인의 6·25전쟁 참전 당시 아무런 조약 없이도 '피를 나눈
사이'에 비해선 대조적이다. 이때로부터 북·중 '전통적 우호협력관
계'에서 '전략성', '실리성'의 속성을 띄기 시작했다고 말할 수 있을 것
이다. 다만 '냉전'이라는 베일에 가려졌을 뿐이다.

232) 김일성, 「국가활동의 모든 분야에서 자주, 자립, 자위의 혁명정신을 더욱 철저
　　히 구현하자 : 조선민주주의인민공화국 최고인민회의 제4기 제1차 회의에서 발
　　표한 「조선민주주의인민공화국 정부정강」」, 『경제연구』, 제4호(1967), 26~27쪽.

〈표 3-1〉에서와 같이 비록 '안보 이익'은 여전히 '강'하지만 '전통적 관계'는 '강 → 중'으로 약화되기 시작하였다. 이것이 향후 북·중 관계의 이중적 구조 형성의 출발점이다. 아울러 이는 당시 강대국 사이의 긴장과 완화의 이중적 관계와도 맥을 같이 한다.

이 시기 경제적 관계에서는 1958년 9월 27일 두 차례의 「중국의 대북 차관협정」,[233] 1960년 10월 13일 「중국의 대북 차관협정 및 플랜트 공급과 기술 원조를 제공할 데 관한 협정」,[234] 1962년 1월 8일 「중·조 상호 물자를 공급할 데 관한 의정서」, 1965년 12월 28일 「중국의 대북 무상으로 물자 및 차관을 제공할 데 관한 협정」 등을 체결하였다.[235] 중국은 대약진운동의 실패로 경제력이 매우 낙후한 상황에서도 적지 않은 대북 경제원조를 단행하였다.[236]

[233] 두 개의 대북 차관협정은 1958년 9월 북한 리주연 부수상을 단장으로 하는 정부 대표단 방중 시 체결한 「1959년~1962년 조·중 양국 간의 호상 중요 물자 공급에 관한 협정」과 「중국 정부가 조선에 차관을 제공할 데 관한 협정」을 말한다. 이 두 협정을 통하여 압록강 운봉수력발전소를 양국이 공동으로 건설할 것도 합의하였다(조선중앙통신사, 『조선중앙년감(1959년판)』, (평양 : 조선중앙통신사, 1959년), 39쪽).

[234] 1960년 10월 4일~15일 북한 리주연 부수상을 단장으로 하는 정부 경제대표단 방중 시 10월 13일 체결한 「중화인민공화국과 조선민주주의인민공화국에 차관을 제공할 데 관한 협정」과 「중화인민공화국이 조선민주주의인민공화국에 종합 설비를 납입하며 기술원조를 제공할 데 관한 협정」을 말한다. 이 두 협정에 의해 중국은 북한에 1961년부터 1964년까지 4억 2천만 루블의 장기차관을 제공하게 되었으며, 다이야 공장, 무선기계공장, 일부 일용 필수품을 생산하는 경공업 공장 등 기업소, 공장 건설을 협조하게 되었다. 또 면방직 설비와 무선통신설비를 제공하기로 하였다(조선중앙통신사, 『조선중앙년감(1961년판)』, (평양 : 조선중앙통신사, 1961년), 136쪽).

[235] 沈覺人, 『當代中國對外貿易(下)』(中國 : 當代中國出版社, 1992), 323쪽; 石林, 『當代中國對外經濟合作』(中國 : 中國社會科學出版社, 1989), 24·633~639쪽; 中國社會科學院 中央黨案館, 『1958~1965 中華人民共和國經濟黨案資料選編』(中國 : 中國財政經濟出版社, 2011), 358·662·665쪽.

[236] 저우언라이가 1962년 2월 7일 중공중앙 확대회의에서 한 연설―"克服目前困難

이 같은 사실은 역시 앞에서와 마찬가지로 북·중 경제적 관계를 정치적 관계의 '파생물'로 이해할 수 있을 것이다. 때문에 '약'으로 평가하였다.

3. 중국의 연미·반소 전략과 북한의 대 미·일 인식 변화 (1969~1979년)

이 시기 미·소 양극 구도는 소련이 공세적이었고, 미국은 상대적으로 수세적이었다. 1973년~1974년, 1979~1980년 발생한 두 차례의 중동 석유 위기, 베트남전쟁에서의 실패로 미국의 경제는 어려움에 빠졌고, 주민들은 일상생활에서 정체성 혼란을 겪었다. 반면 석유 위기를 통해서 소련은 많은 혜택을 얻었다. 미·소의 대립은 더욱 격화되었다.[237]

미국은 소련을 견제하려는 일관된 정책의 연장선상에서 중·소관계가 악화된 틈을 타서 중국과의 관계 개선에 나섰다. 중국은 1965년 베트남전쟁 확대 시에 이미 소련의 위협을 미국과의 긴장 관계 완화를 통해 줄여 나가고자 했다. 1965년 2월 27일 중국은 미국에게 "중·미 관계는 국제문제이고 우리는 절대 남을 침략하지 않으며 전쟁을 도발하지 않을 것이다"고 의사를 표시한 바 있다.[238] 4월 2일 저우언라이(周恩來)는 파키스탄 대통령 아유브 칸(Mohammad Ayub

的主要方法"에서도 잘 보여주고 있다(周恩來,「克服目前困難的主要方法」, 中共中央文獻硏究室,『周恩來經濟文選』(中國 : 中共中央文獻出版社, 1993), 120~125쪽).
237) 백근욱,「소련의 대 중동정책 : 석유문제를 중심으로」(연세대학교 정치학과 석사학위논문, 1985).
238) 中共中央文獻硏究室,『周恩來年譜』(中國 : 中共文獻出版社, 2007), 714쪽.

Khan)을 통해 미국에게 "중국은 주동적으로 미국에 대한 전쟁을 도발하지 않지만 만약 미국이 중국에 전면적인 폭격을 단행한다면 그것은 전쟁이고 전쟁은 한계가 없다"고[239] 전하였다. 미국은 이 메시지를 중국이 전쟁에 직접 개입하지 않으려 하며, 미국에게 중국을 반대하는 행동을 피해달라고 받아들였다.[240] 중국의 대미 유화책은 베트남과 북한의 불만을 자아냈다.

이런 상황에서 1968년 소련은 체코슬로바키아에 대한 군사 개입을 정당화하기 위해 '브레즈네프 독트린(Brezhnev Doctrine)'을 발표하였다. 요지는 "각 사회주의 제국은 국가주권의 독립을 확보하나, 그것은 그 나라의 사회주의 발전의 방향이 다른 사회주의국가나 국제공산주의운동의 이익을 저해하지 않는 한계에서 확립해야 한다."는 것이었다.[241] 사회주의 진영의 어느 나라든 그 생존이 위협 받았을 때, 국가주권을 사회주의권 전체의 이익을 위하여 제한되어야 한다는 주장은 동유럽권뿐만 아니라 다른 사회주의국가들로부터 심한 반발을 초래하였다. 중국 공산당은 '브레즈네프 독트린'을 가리켜 "소련의 현대 수정주의 집단은 '제한주권론'에 대해서 가일층 강도적인 해석을 하고 있는 바, 말하자면 남의 주권은 유한한 것이고 소련 수정주의 집단의 사회주의적 제국주의의 주권은 무한하다고 얘기하는 것과 다름없는 침략주의적 확장정책의 소산"이라고 맹렬하게 비난하였다.[242]

239) 周恩來, 「中國堅決支持越南人民的抗美戰爭(1965年4月2日)」, 中共中央文獻研究室, 『周恩來外交文選』(中國：中共文獻出版社, 1990), 439~443쪽; 中共中央文獻研究室, 『周恩來年譜』(中國：中共文獻出版社, 2007), 723쪽.
240) 沈志華·李丹慧, 『戰後中蘇關係若干問題研究』(中國：人民出版社, 2006), 519쪽.
241) 『경향신문』, 1969년 7월 2일자.
242) 上海人民出版社編譯室 옮김, 『勃列日涅夫言論集(第四集)』(中國：上海人民出版社, 1976), 186쪽(邢和明, 「中國共産黨對蘇聯模式認識的演變(1949~1976)」(中共中央黨校 中共黨史 專攻 博士學位論文, 2004), 199쪽에서 재인용); 박창희, 「지정학적

중국과 소련은 1969년 중·소 국경지대인 우수리강 일대에서 무력 충돌하였다. 이른바 '전바오다오(珍寶島)사건'으로 양국은 국경지역에 무력을 증강 집결시켰으며, 소련은 중국에 핵시설 타격 압박까지 가했다.[243]

중국은 소련을 보다 근본적으로 대처하고자 미국과 함께 '연미·반소(聯美反蘇)' 연대를 구축하기 시작했으며, 북한과의 관계 정상화에도 노력을 기울여 나갔다. 1971년 7월과 1972년 2월의 미 국무장관 키신저(Henry Kissinger), 대통령 닉슨(Richard Nixon)의 연이은 방중과 함께 중·미 관계는 완전 풀어졌다. 중국은 1971년 10월에 타이완을 축출하고 유엔 안보리 상임이사국 지위를 얻었다. 이 과정에 중국의 핵 보유도 일정한 역할을 했을 것이다.[244]

제2차 석유위기로 고통 받던 일본 역시 1972년에 중국과 수교했다. 이와 함께 동아시아에서 "쓰샤오룽(네 마리 용/四小龍 : 한국, 싱가포르, 홍콩, 타이완)"은 석유 위기를 극복하며 비약적 경제성장을 이뤄냈다. 새로운 정세의 도래로 경직되었던 양극체제는 점차 이완하였고, 동북아 지역에 형성됐던 전후 국제질서의 재편도 이뤄졌다. 그 결과 중국은 문화대혁명의 종결을 통해 새로운 변화를 갈망하는 정치적 분위기를 조성하였고, 1978년부터 개혁·개방을 추진해 나갈

이익 변화와 북·중동맹관계 : 기원, 발전, 그리고 전망」,『중소연구』, 통권 113호(2007), 39쪽.
[243] 陳東林, 「核按鈕一觸卽發」,『黨史博覽(中國)』, 第3期(2004), 9~10쪽.
[244] 1988년 12월 24일 덩샤오핑은 베이징 전자산업공정을 시찰하면서 "만약 60년대 이래 중국이 원자탄, 수소탄, 인공위성 발사에 성공하지 못했다면 중국을 영향력 있는 대국이라 할 수 없으며 이러한 국제적 지위도 없었을 것이다. 이는 한 민족의 능력, 한 민족 나아가 한 국가의 흥왕 번창의 상징"이라고 지적하였다 (鄧小平, 「中國必修在世界高科技領域占有一席之地(1988年12月24日)」, 中共中央文獻編輯委員會,『鄧小平文選(第三卷)』(中國 : 人民出版社, 1993), 279쪽).

수 있었다.[245]

1969년부터 북·중 관계도 다시 풀리기 시작하였다. 북한은 1960년대 말까지 계속된 '군사 모험주의'로 인해서 경제 발전이 지체되었다. 여기에 더하여 1968년 '프에블로호 나포' 등 북·미 사이의 직접 충돌은 전쟁 직전 상태까지 악화되었다. 이는 북한 내부에도 엄청난 부담과 갈등요인으로 작용했다.[246]

소련으로서는 북한의 도발이 자칫 미·소 사이의 충돌로 이어질까봐 우려하지 않을 수 없었으며, 이에 따라 북한에 고성능 무기를 지원하지 않는 등 점차 거리를 두기 시작하였다.

하지만 중국은 프에블로호 사건이 발생하자 즉각 북한에 대해 강한 지지를 표명하면서 적극 다가섰다. 중국 국무원 총리 저우언라이는 1970년 4월 5일부터 4월 7일까지 북한을 공식 방문하였고, 「조선민주주의인민공화국 정부와 중화인민공화국 정부 간의 공동콤뮤니케」를 통해 북한을 옹호하였다.[247] 북한은 6월 27일 "미제의 조선침

[245] 당시 '문화대혁명'으로 인한 국내 정치적 혼란을 덩샤오핑은 자기의 저술에 "전국의 정치적 국면은 혼란상태에 빠졌다."고 적고 있다(鄧小平, 「思想更解放一些, 改革的步子更快一些(1988年5月25日)」, 中共中央文獻編輯委員會, 『鄧小平文選(第三卷)』(中國 : 人民出版社, 1993), 264쪽). 아울러 이런 '혼란상태'가 중국의 개혁·개방의 발걸음을 다그치게 하였다. 당시 보도 자료나 구술 자료에 근거하면 인민들의 심리상태는 '문화대혁명만 아니면 무엇이든 받아들일 수 있었다'고 한다. 중국 국민들의 변화에 대한 갈망과 개혁·개방정책이 맞아 떨어지면서 새로운 정책은 큰 저항이 없이 추진될 수 있었다.
[246] 김용현, 「북한의 군사국가화에 관한 연구 : 1950~60년대를 중심으로」(동국대학교 정치학과 박사학위논문, 2001), 102쪽.
[247] 북한 역시 "중국공산당의 영도 밑에 중국인민이 자본주의를 복귀시키려는 제국주의와 현대 수정주의의 음모를 분쇄하고 프로레타리아 문화대혁명을 성과적으로 수행하였으며 모든 힘을 다하여 더 많이 더 빨리 더 좋게 절약하면서 사회주의를 건설하고 국방력을 강화하기 위한 투쟁을 벌려 자기 나라를 날로 장성하는 사회주의 국가로 전변시킨데 대하여 축하"하였다(조선중앙통신사, 『조선중앙년감(1971년판)』(평양 : 조선중앙통신사, 1971), 552쪽).

략전쟁 도발 20년과 타이완 강점 20년에 즈음하여 진행된 중국인민의 투쟁을 지지하는 평양시 군중대회"를 통해 "피로써 맺어진 조·중 두 나라 인민들 사이의 불패의 친선단결"을 내외에 보여줬다.[248] 또 중국의 요청으로 북한 군사대표단은 1971년 8월 18일~9월 7일 중국 인민해방군 및 공군, 해군 북해함대를 방문하였으며, 8월 25일에는 저우언라이 총리와의 담화가 있었다.[249] 북한 군사대표단은 방중 기간인 9월 6일에 양국 간「무상 군사 원조 제공 협정」을 체결했다.[250] 이 협정으로 중국은 매년 1억 위안 상당의 군수물자를 북한에 무상 지원한 것으로 알려지고 있으나, 1994년 7월 김일성 사망 이후 급감하여 600~800만 달러 정도의 군사장비 보수비용을 제공한 것으로 추정되고 있다.

다음의 〈표 3-6〉은 이 시기 북·중 정상회담 내역을 정리한 것이다.

〈표 3-6〉 1970~1979년 북·중 정상회담 내역

序	일시	회담 주체	장소	회담 주제	비고
15	1970.10	마오쩌둥·저우언라이 -김일성	베이징	국제정세, 양국관계, 국제공산주의운동 문제	비공식
16	1971.11	마오쩌둥·저우언라이 -김일성	베이징	미·중관계, 남북대화(추정)	비공식
17	1972.3	마오쩌둥·저우언라이 -김일성	평양	닉슨 방중 결과, 남북대화	비공식

[248] 조선중앙통신사,『조선중앙년감(1971년판)』(평양 : 조선중앙통신사, 1971), 194~195쪽.
[249] 『로동신문』, 1971년 8월 19일자, 8월 25~27일자, 9월 7일자. 이 협정은 1971~1972년 중·미 화해가 북한 안보에 줄 충격을 완화하기 위한 일종의 '보상' 차원에서 체결되었다고 한다(최명해, 「북한의 대중'의존'과 중국의 대북 영향력 평가」,『주요 국제문제분석』, No. 2010-15(2010), 4쪽).
[250] 조선중앙통신사,『조선중앙년감(1972년판)』(평양 : 조선중앙통신사, 1972), 408쪽.

18	1972.8	마오쩌둥·저우언라이 -김일성	베이징	국제 통일전선, 유엔문제	비공식
19	1975.4	마오쩌둥·덩샤오핑 -김일성	베이징	인도지나 정세, 통일문제	공식
20	1978.5	화궈펑-김일성	평양	양국관계, 문화혁명 종결	공식
21	1978.9	덩샤오핑(총서기/군위 주석 : 화궈펑)-김일성	평양	북한정권 수립 30주년	공식

　북한도 미·중 관계 개선 및 중·일 경제협력이라는 국제환경에
적응하고자 변화하는 모습을 보이기 시작하였다. 북한에서의 새로
운 조짐은 1966년 '자주성을 옹호하자'는 사설을 발표한 직후인 1967
년부터였다.

　김일성 수상은 1971년 9월 25일과 10월 8일에 일본 신문기자에게
북·일 관계를 설명하면서 "조선민주주의인민공화국은 창건된 첫날
부터 우리나라에 대하여 평등과 호혜의 원칙에서 우호적으로 대하
는 모든 나라들과 친선관계를 맺는 정책을 실시하여 왔습니다."라고
하면서, "우리는 비록 사회제도에서 차이는 있지만 일본과 선린관계
를 맺을 것을 희망하였습니다"라고[251] 밝혔다. 동시에 대미정책에
대해서도 "우리는 중국과 미국이 어떤 관계를 가지는가, 미제가 아
세아의 다른 나라들에 대하여 어떤 정책을 실시하는가에 관계없이
우리나라에 대한 미국의 정책으로부터 출발하여 독자적인 대미정책
을 실시할 것입니다. 그러므로 우리는 미제가 우리나라에 대하여 태
도를 어떻게 취하는가 하는 것을 주시하고 있습니다."라고[252] 입장

251) 김일성, 「조선로동당과 공화국정부의 대내외정책의 몇 가지 문제에 대하여」,
　　조선로동당출판사 편, 『김일성저작집(제26권)』(평양 : 조선로동당출판사, 1984),
　　297~298쪽.
252) 김일성, 「조선로동당과 공화국정부의 대내외정책의 몇가지 문제에 대하여」,
　　조선로동당출판사 편, 『김일성저작집(제26권)』(평양 : 조선로동당출판사, 1984),

을 밝혔다. 1972년 12월 25일, 조선민주주의인민공화국 최고인민회의 제5기 제1차 회의에서도 이 같은 입장을 거듭 강조하였다.[253] 북한은 미국까지 포함시킨 서방과의 관계 강화를 통한 외교 활로를 적극 추구하였던 것이다.

여기에는 경제성장에 따른 기계·설비 수요 때문에 유럽과 일본 등으로부터 기계·설비를 적극 도입해야만 했던 사정도 작용했다. 하지만 1973년 석유 위기와 북한의 비철금속 가격 하락으로 무역대금을 제때 결제하지 못함으로써 서방 자본주의국가들과의 관계 개선은 실패했다.[254] 그 결과 북한으로서는 중국과의 경제협력이 더 절실해졌다.[255] 하지만 북·중 교역 규모는 1970년대에 들어서면서 조금씩 늘긴 했으나, 다음의 〈표 3-7〉과 같이 여전히 '약한 수준이었다.[256]

〈표 3-7〉 1969~1978년 북·중 교역 규모

(단위 : 억 달러)

연도	'69	'70	'71	'72	'73	'74	'75	'76	'77	'78
무역 총액	0.92	1.15	1.67	2.83	3.36	3.90	4.82	3.95	3.74	4.54

310~311쪽.

[253] 김일성, 「우리나라 사회주의제도를 더욱 강화하자」, 조선로동당출판사 편, 『김일성저작집(제27권)』(평양 : 조선로동당출판사, 1984), 621·622쪽.

[254] 김연철, 「북한 경제관리 개혁의 성격과 전망」, 김연철·박순성 편, 『북한경제개혁연구』(서울 : 후마니타스, 2002), 11쪽.

[255] 이와 관련하여 김일성 주석은 "사회주의나라들은 맑스-레닌주의와 프로레타리아국제주의 원칙에 서서 공동의 원쑤를 반대하며 공동의 목적을 위한 하나의 투쟁대렬에 뭉쳐있습니다."라고 말했다(『외국 기자들이 제기한 질문에 대한 대답』(평양 : 조선로동당출판사, 1973), 25쪽).

[256] 沈覺人, 『當代中國對外貿易(下)』(中國 : 當代中國出版社, 1992), 370~371쪽.

북한은 1974년 2월 조선노동당 중앙위원회 제5기 제8차 회의를 통해서 김정일 비서를 후계자로 공식화하였다. 그는 당 내부에서 주체사상에 대한 해석권을 독점하면서, "김일성 수령 절대주의", "김일성주의의 독창성" 등을 추진해 나갔다. 북한은 1976년부터 마르크스-레닌주의 한계성을 지적 · 비판하며 주체사상의 철학적 원리와 차이점을 부각시키기 시작하였다.[257] 이는 문화대혁명을 겪고 있는 중국과 이데올로기적 구별을 두려는 것이었지만,[258] 당시 대외환경은 후계자 구축과정 중이었던 북한에게 중국의 지지를 필요로 했다.

북한은 1973년부터 북유럽국가들과 국교 정상화에 노력했고, 1974년에 호주와 대사급 외교관계를 수립했다. 나아가 세계보건기구, 국제원자력기구, 유엔 식량 및 농업기구 등에도 가입했다. 이를 더욱 발전시켜 1975년 8월에는 '블록 불가담운동'에 가입하여 제3세계 국가들과의 협력관계도 발전시켜 나갔다. 북한은 "자주 · 평화 · 친선"의 구호 밑에 반미 성향의 국가들에게 자신들도 어려운 조건에서 경제원조까지 제공했다. 그 결과 북한은 1975년 11월에 열린 유엔 제30차 총회를 통해 "유엔군사령부를 해체하며 유엔의 깃발 밑에 있는 남한의 모든 외국군대를 철거시켜야 한다"는 결의를 얻어낼 수 있었

257) 김정일, 「온 사회를 김일성주의화하기 위한 당사상사업의 당면한 몇 가지 과업에 대하여(1974년 2월 19일)」, 「주체철학의 이해에서 제기되는 몇 가지 문제에 대하여(1974년 4월 2일)」, 「김일성주의의 독창성을 옳게 인식할 데 대하여(1976년 10월 2일)"(고유환, 「김정일의 主體思想과 社會主義論」, 『안보연구』, 23집(1993), 10~16쪽에서 재인용). 김정일이 1974년 4월 14일 당 간부들에게 "당의 유일사상체계 확립의 10대 원칙"을 발표하면서 사실상 주체사상은 '수령론'으로 변질되어 가기 시작하였다.
258) 김정일, 「당의 전투력을 높여 사회주의 건설에서 새로운 전환을 일으키자(1978년 12월 25일)」, 조선로동당출판사 편, 『김정일선집(제6권)』(평양 : 조선로동당출판사, 1995), 203쪽.

다. 이것은 북·미 대결에서 미국에게 큰 타격이 아닐 수 없었다.

　이상에서 살펴본 내용을 반영한 〈표 3-1〉에 따르면, 이 시기 북·중 간 정치적 관계에서 '안보 이익'은 '강 → 중'으로, '이데올로기'는 '중 → 약'으로,[259] '전통적 관계'도 '중'을 보여준다. 또 양국 모두 자국의 경제 발전을 위해 서방국가들과 협력을 도모하고자 했기 때문에 1970년대 초부터 북·중 관계는 '전략성', '실리성' 성격이 보다 짙어졌다.

　경제적 관계에서 중국은 1960년대 후반 단절했던 대북 원조를 재개했다는 사실은 역시 정치적 관계의 '파생물'로 인식할 수 있다. 1970년 10월 17일 중국은 「대북 경제 및 기술 원조를 제공할 데 관한 협정」을 체결하였다. 이어서, 1971년 8월 15일 「중·조 경제합작 협정」, 1972년 10월 9일 「북한의 안주 분지에서 석유 지질 탐사활동을 진행할 데 대한 중·조 경제합작 협정」, 1973년 6월 18일 「정유공장을 세울 데 대한 중·조 경제 기술합작 협정」, 1974년 8월 30일 「중·조 경제 기술 합작 협정」 등을 체결하였고,[260] 1975년 10월 1일에 '중화인민공화국 박람회'를 평양에서 개최하였다.[261]

---

[259] 북한은 1970년대 말부터 사회주의 국가의 원조가 삭감된 상황에서 서방의 선진 기술과 자본의 도입과 함께 수출 증대와 외화 수입 증대를 위한 대외무역 정책을 추진하게 된다. 소련과학원 세계사회주의체제경제연구소, 『조선민주주의인민공화국』(모스크바 : 소련과학원 세계사회주의체제연구소, 1985), 204~208쪽(김일한, 「북한의 대외경제에 대한 인식과 북·중 경협」, 『글로벌경제연구』, 제4권 1호(2011), 9쪽에서 재인용). 이 시기 북한과 중국은 모두 서방과 화해한다는 것은 이데올로기적 요인이 약화되었음을 단적으로 증명해준다.

[260] 石林, 『當代中國對外經濟合作』(中國 : 中國社會科學出版社, 1989), 24쪽, 643~652쪽;『로동신문』, 1971년 8월 17일자; 조선중앙통신사, 『조선중앙년감(1972년판)』, 408쪽; 조선중앙통신사, 『조선중앙년감(1973년판 下)』, 380쪽; 조선중앙통신사, 『조선중앙년감(1974년판 下)』, 391쪽.

[261] 沈覺人, 『當代中國對外貿易(下)』(中國 : 當代中國出版社, 1992), 345쪽.

4. 중·미 수교, 중국의 개혁·개방과 북한 외교정책 이념의 체계화(1979~1992년)

1979년 1월 1일 중·미 수교와 함께 미국은 타이완과의 공동방위 조약 폐기를 선언하였다. 미·소 양극 구도에서 미국은 경제력을 점차 회복하고 있는 반면 소련은 경제의 침체, 개혁의 실패로 나아갔다. 그 결과 미국의 '세계 유일 초강국' 위상이 더욱 부각되었다.

중·미 관계 개선의 변화 속에서 미국 시장에 의존하여 "쓰샤오룽" 경제는 급성장하였고, 일본경제를 축으로 새로운 동아시아 분업구조가 만들어져 갔다. 그 결과 동북아시아에서 미국의 주도성에 대한 명분과 현실은 점차 퇴색하는 변화도 나타났다. 이는 곧 적극적인 지역 협력을 모색할 수 있는 분위기가 조성되고 있다는 것을 말해준다. 또한 1982년부터 중·소 관계도 완화되기 시작하였고,[262] 같은 해 4월 16일 중·소 변경무역도 회복되었다.[263] 북방으로부터 오는 군사적 위협이 점차 사라지면서 중국은 가장 유리한 안보환경을 맞이하였다.

1981년 6월, 중공 제11기 6차 전원회의 결의를 통해 덩샤오핑(鄧小平)은 마오쩌둥 사상체계를 재정립하고, 1982년 중공 12차 전국대표대회를 거쳐 개정 당장(黨章) 및 헌법에서 '마오쩌둥 사상'을 지도사상으로서의 위상을 재확립시켰다.[264] 이로써 중국은 1979년 3월 개

262) 沈志華, 『中蘇關係史綱：1917~1991年中蘇關係若干問題再探討』(中國：社會科學文獻出版社, 2011), 459쪽; 李靜杰, 「中俄關係60年的回顧與思考」, 中國社會科學院國際研究學部, 『中國對外關係：回顧與思考 1949~2000』(中國：社會科學文獻出版社, 2009), 298~299쪽.

263) 沈覺人, 『當代中國對外貿易(下)』(中國：當代中國出版社, 1992), 346쪽.

264) 中國共産黨中央委員會, 『學習「關于建國以來黨的若干歷史問題的決議」』(中國：人民

혁·개방 초기부터 '4가지 기본원칙의 견지'를 '안전벨트'로, 꾸준히 법적·제도적 장치를 갖추면서 '독립 자주 외교노선'을 추진해 나갈 수 있었다.

중국은 더 이상 어느 특정 국가를 반대하지 않는 외교정책을 목표로, '평화적 공존 5항 원칙'을 기초로 모든 국가와 우호적 관계를 발전시킬 것을 강조하면서 '중국 특색 사회주의 길'을 모색하며 경제 건설에 경주하였다. 1987년 중공 13차 전국대표대회에서는 "사회주의 초급단계"의 기본노선을 제기하면서 "경제 건설을 중심"으로 할 것을 호소한다. 비록 텐안먼 사건(天安門事件), '성자 성사(姓資姓社 : 중국은 자본주의인가 사회주의인가)' 대논쟁으로 서방국가들에 의해 '중국 붕괴론'까지 제기되었지만, 1991년 말~1992년 초에 이르러 위기를 극복한다.[265]

그러나 북한은 1980년대 중국의 개혁·개방 가속화에 대하여 회의를 드러냈다. 중국의 변화는 북한으로 하여금 점차 중국의 '반 수정주의', '전쟁 불가피론'에 회의를 가지게 하였다. 북한은 중국과 경제 발전방식에서 차이를 두기 위해 "우리식 사회주의의 고수"를 주장하였고, 1980년 개정한 「당 규약」에서 '마르크스-레닌주의'를 완전히 삭제하고 '주체사상'을 공식 이데올로기로 규정하였다.[266] 또한 1982년 9월 김일성 주석에게 올린 개혁·개방 관련 보고서에서 중국식 개혁·개방 모델에 반대한다는 점을 분명히 하였다.[267]

日報出版社, 1981).
[265] 송승엽, 『중국 개혁 개방 30년』(서울 : 휴먼비전, 2008), 95~104쪽.
[266] 고유환, 「김정일의 主體思想과 社會主義論」, 『안보연구』, 23집(1993), 21~22쪽.
[267] 박창희, 「지정학적 이익 변화와 북·중 동맹관계 : 기원, 발전, 그리고 전망」, 『중소연구』, 통권 113호(2007), 41~42쪽.

　그렇다고 북한이 폐쇄경제를 지향한 것은 물론 아니었다. 북한은 1980년 10월 열린 조선노동당 제6차 대회를 통해 대외정책의 원칙을 '자주 · 친선 · 평화'로 체계화하였고, 외교정책의 기본방향으로 자주적 대외정책 실시, 블록불가담운동 확대 발전, 세계 모든 나라들과의 친선관계 발전, 세계 평화와 안전을 위한 투쟁 등을 제시하였다.[268]

　김정일 비서 역시, 1982년 3월 31일에 열린 '위대한 수령 김일성동지 탄생 70돐 기념 전국주체사상토론회'에 보낸 논문에서 "자력갱생의 원칙에서 자립적 민족경제를 건설한다는 것은 결코 문을 닫아 매고 경제를 건설한다는 것을 의미하지 않습니다. 자립경제는 다른 나라에 의한 경제적 지배와 예속을 반대하는 것이지 국제적인 경제협조를 부인하는 것이 아닙니다. 특히 사회주의 나라들, 신흥세력 나라들이 서로 경제 기술적으로 긴밀히 협조하는 것은 이 나라들의 경제적 자립을 보장하고 경제적 위력을 강화하는데서 중요한 역할을 합니다"라고[269] 주장하였다.

　북한은 1984년에 「합영법」을[270] 채택하고, 무역 대상국을 다각화하기 위해[271] 노력하면서, 대외무역 등에 관한 법적, 제도적 장치를

---

268) 김일성, 「조선로동당 제6차 대회에서 한 중앙위원회 사업총화보고」, 조선로동당출판사 편, 『김일성저작집(제35권)』(평양 : 조선로동당출판사, 1987), 365~367쪽.
269) 김정일, 「주체사상에 대하여(1982년 3월 31일)」, 조선로동당출판사 편, 『김정일선집(제7권)』(평양 : 조선로동당출판사, 1996), 58쪽.
270) 1984년 9월, 북한 최고인민회의가 외국의 자본과 기술을 도입하기 위해 합작투자에 관해 제정한 법이다. 법 시행 이후 해외동포를 제외한 외국인의 투자 활성화에 실패하자, 이를 보완해 1992년 「합영법 시행규칙」으로 개정하였다. 주요 내용은 합작 당사자는 화폐 · 재산 · 현물 · 발명권 · 기술 등을 출자하며 그 가격은 국제 시장가격에 준해 평가되고, 합작회사에서 일하는 외국인이 얻는 임금과 출자자의 소득에 대해서 북한 소득세법에 의해 과세되며 소득의 일부를 해외 송금할 수 있다는 것이다.
271) 무역의 다각화와 다양화에 관련하여 1984년 1월 26일에 발표된 「조선민주주의인민공화국 최고인민회의 결정」은 "무역을 다각화, 다양화할 데 대한 방침은

갖추어갔다.272) 1988년에는 대외정책의 이념을 '자주·친선·평화'로
부터 '자주·평화·친선'으로 순서를 바꿈으로써 '친선'적 관계보다는
더 넓은 의미에서의 '평화'에 초점을 맞춰 대외관계를 더욱 확대시키
겠다는 의지를 분명히 하였다. 또한 제한적 경제특구를 만들었지만,
좋은 결과를 얻지 못했다. 이 과정에서 나온 것이 1989년 6월 '모기
장 이론'이었다.273)

  이러한 차이에도 불구하고 북한은 중국과의 관계 유지로 동구권,
소련의 몰락으로 인한 안보적 공백과 경제적 공황상태를 채워나가
려 했다. 중국도 북한정권과의 전통적 관계 유지를 원했다. 그 결과
북·중 정상은 다음의 〈표 3-8〉에서 확인할 수 있듯이 현안 또는 기

  무역의 폭을 넓히고 세계 여러 나라들과의 경제교류를 발전시켜 나라의 경제
  건설을 다그치고 국제경제적 협조를 강화하며 제국주의자들의 경제적 압력을
  물리치고 대외무역을 자주적으로 발전시켜 나갈 수 있게 하는 정확한 방침이
  다"라고 설명하였다(김일성, 「남남협조와 대외경제사업을 강화하며 무역사업
  을 더욱 발전시킬데 대하여(1984년 1월 26일)」, 조선로동당출판사 편, 『김일성
  전집(제79권)』(평양 : 조선로동당출판사, 2008), 95쪽).
272) 1983년 「세관법」 채택 이후 2007년까지 23종류를 제정·채택하였고, 시행규정
  은 80개를 포함해 103개의 대외경제 관련 법률을 운영하고 있다고 한다. 장명
  봉, 『2011 최신 북한법령집』(서울 : 북한법연구회, 2011)(김일한, 「북한의 대외
  경제에 대한 인식과 북·중 경협」, 『글로벌 정치연구』, 제4권 1호(2011), 10쪽
  에서 재인용).
273) 김정일은 1989년 6월 「조선로동당 중앙위원회 책임일군 및 도당책임비서들과
  한 담화」에서 "최근 일부 사회주의 나라들에서 수정주의, 개량주의 정책의 후
  과로 하여 엄중한 사태가 조성되고 …… 외부로부터 들어오는 불건전한 사상
  요소에 오염되지 않게 하는 유일한 방도는 당 사상 교양사업을 강화하는 것입
  니다 …… 이는 모기장을 치는 것과 같습니다 …… 모기장을 쳐놓으면 문을
  열어놓아도 문제될 것이 없습니다."라고 지시하였다(김정일, 「당을 강화하고
  그 영도적 역할을 더욱 높이자(1989년 6월 9일, 12일)」, 조선로동당출판사 편,
  『김정일선집(제9권)』(평양 : 조선로동당출판사, 1997), 355쪽). 이는 중국 개혁·
  개방 덩샤오핑이 제기한 "쓸모없는 것을 버리고 유용한 것을 취하자(去粗取
  精)"와 같은 맥락으로 이해할 수 있다.

회가 있을 때마다 만나서 양국관계와 한반도문제를 논의해 나갔다.

〈표 3-8〉 1980~1992년 북·중 정상회담 내역

序	일시	회담 주체	장소	회담 주제	비고
22	1980.5	화궈펑-김일성	베오그라드		티토 장례식
23	1981.4	덩샤오핑-김일성	평양	양국관계 조율, 모택동평가	비공식
24	1982.4	덩샤오핑·후야오방 -김일성	평양	중국 신 지도부 상견례	비공식
25	1982.9	덩샤오핑·후야오방 -김일성	평양	양국관계, 사회주의발전전략	공식
26	1983.6	덩샤오핑·후야오방 -김정일	베이징	김정일 중국 최초 방문, 선전 방문	비공식
27	1984.5	후야오방-김일성	평양	양국관계, 한반도문제	공식
28	1984.11	덩샤오핑·후야오방 -김일성	베이징	양당문제, 한반도 정세	비공식
29	1985.5	후야오방 -김일성·김정일	신의주	양당, 양국문제	비공식
30	1986.10	이셴녠-김일성	평양	양국관계	공식
31	1987.5	덩샤오핑-김일성	베이징	양국관계, 한반도 정세	공식
32	1988.9	양상쿤-김일성	평양	중국 건국 40주년 기념, 양국관계, 통일문제	공식
33	1989.4	자오쯔양-김일성	평양	양국관계, 국제문제	비공식
34	1989.11	덩샤오핑-김일성	베이징	양당, 양국관계, 국제문제	비공식
35	1990.3	쟝쩌민-김일성	평양	양당, 양국관계	공식
36	1991.10	쟝쩌민-김일성	베이징	양국관계, 국제문제	공식
37	1992.4	양상쿤-김일성	평양	-한·중 수교 설명 -김일성 80회 생일 축하	공식

북한경제는 1991년부터 위기에 빠졌다. 그 이유는 사회주의 국제시장이 소련의 몰락과 함께 완전 해체되었기 때문이었다. 당시 북한 교역에서 72% 이상이 소련과 동구권 사회주의국가들과의 교역[274], 그리고 1990년부터 북·소 무역에서의 경화 결제방식이라는 점을 감

---

[274] 홍익표, 「북한의 대외경제와 무역」, 『현대 북한경제론』(서울 : 오름, 2005), 297쪽.

안하면 북한에게는 심각한 충격이 아닐 수 없었다. 이전에 북한은 없는 원료와 자재를 사회주의국제시장에서 우호가격(friendship price)으로 사올 수 있었지만, 1990년부터 우호가격은 폐지되고 현금결재만 가능했다.

이 시기 소련과의 무역액은 47% 급감하였고, 전략물자인 석유와 코크스 수입도 줄었다. 중국도 북한에 대해 사회주의 우호가격제와 구상무역을 없애고 경화 결제를 요구하였다. 교역 주체도 중앙정부에서 지방정부로 변경하였다.[275] 결국 북한 경제는 버티기 어려운 상황에 빠졌다.

북한은 외교적 봉쇄와 고립에서 빠져나오기 위해 1971년부터 미국에 대한 입장 변화를 거쳐 1988년에 이르러 관계 개선에 적극 나섰다. 김일성 주석은 1989년 신년사에서 남북회담을 제안했다. 대한민국을 통해 미국·일본과의 국교 정상화를 모색하고자 했던 것으로 보인다. 한국과 북한은 1989년 2월부터 정치·군사회담을 가졌고, 1990년 9월에 서울에서 남북 간 첫 고위급회담을 열었다. 이어서 평양에서 북·일 관계 정상화를 위한 「평양·도쿄 공동성명」을 발표했다. 1991년 9월에는 남북 간 유엔 동시 가입이 이뤄졌고, 12월에 「남북 화해와 불가침을 위한 공동성명」 및 「한반도 비핵화 공동성명」이 발표되었다. 이상의 성과에 바탕하여 북한은 미국과 관계 개선을 위한 적극 행동에 나섰다. 1992년에 들어오면, 『로동신문』에서 '반미공동투쟁월간' 행사 소개가 없어졌다. 대신 "미제와 남조선 집권자들이 전쟁 책동으로 조선반도의 긴장상태를 격화시키고 있다"는 조국평화통일위원회 서기국 보도가 그 자리를 채웠다.[276] 북한은 1992년 1

---

275) 이영훈, 「북·중 무역의 현황과 북한경제에 미치는 영향」, 『금융경제연구』, 제 246호(2006), 3~4쪽.

월 10일에 국제원자력기구(IAEA) 협정에도 서명했지만, 미국과 핵무
기 및 미사일문제를 둘러싸고 대결과 대화를 반복해 나갔다.

이 시기 북·중 간 정치적 관계는 완전히 중국의 경제 발전과 북
한의 체제 안정에 초점이 맞춰졌다. 〈표 3-1〉에서와 같이 '안보 이익'
은 '중' → '약'으로, '이데올로기'는 '약'으로, '전통적 관계'도 '약'을 보
여준다.

경제적 관계에서는 1982년 10월 28일 「중·조 상호 주요 물자를
공급할 데 대한 협정」, 1985년 1월 17일 '중국 대북 경제 원조를 제공
할 데 대한 협정', 1986년 9월 8일 「중·조 1987~1991년 상호 주요 물
자를 공급할 데 대한 협정」 등에서 보여주다시피 1992년 중국의 경
화결제를 요구하기 이전의 원조·구상무역이 위주였고, 북한의 대외
무역에서 1990년 대중 의존도는 11% 정도의 수준에 불과하였다.277)
1991년에 약 22%로 증가한 것은 동구권, 사회주의 붕괴로 대중·대
일 무역으로 '강제 전환'되었기 때문이었다.

1991년까지 북·중 무역 총액은 〈표 3-9〉와 같다.278)

〈표 3-9〉 1979~1991년 북·중 교역 규모

(단위 : 억 달러)

연도	'79	'80	'81	'82	'83	'84	'85	'86	'87	'88	'89	'90	'91
무역 총액	6.47	6.78	4.80	5.45	4.93	5.00	4.73	4.91	5.33	4.77	5.62	4.83	6.10

276) 『로동신문』, 1992년 6월 25일자.
277) 沈覺人, 『當代中國對外貿易(下)』(中國 : 當代中國出版社, 1992), 347·357쪽; 石林,
『當代中國對外經濟合作』(中國 : 中國社會科學出版社, 1989), 24·679쪽. 조선중앙
통신사, 『조선중앙년감(1987년판)』, (평양 : 조선중앙통신사, 1987년), 396쪽.
278) KOTRA, 「2005년도 북한의 대외무역 동향」, 『코트라(kotra.or.kr)』, 2006-12-04
(2006년 12월).

　1970년대 말, 1980년대 초부터 북·중 사이에는 '강요된 고전지정
학적 가치의 추구' → '고전지정학적 가치의 약화'를 보였다. 여기에
1980년대 후반부터 활발해진 한·중 경제 교류 추진은 북·중 사이
의 고전지정학적 가치의 유지를 더욱 어렵게 하였다.

　1991년 12월 31일 「대한무역진흥공사와 중국국제상회 간의 무역
협정」이 체결되었으며, 한국 정부는 민간 무역단체끼리의 협정을 정
부 차원에서 승인해 주었다.[279] 1992년 5월 2일에는 한국과 중국 사
이에 투자보호협정을 체결하였다. 주요 내용은 "한·중 양국 간의 투
자 관련 주요 사항에 대한 상호 최혜국 대우와 내국민(內國民) 대우
부여, 보상 등에 관한 최혜국 대우 부여, 보상금의 자유 송금 보장
및 분쟁 해결 절차" 등을 명시하였다.[280]

　이제 중국은 북한을 대할 때, 자국 경제 발전을 위한 주변환경 안
정의 추구라는 측면을 더욱 고려하였다.[281] 이것은 '경제지정학적
가치'가 대두하였음의 의미한다. 따라서 북·중 관계를 "냉전시기에
는 이데올로기 중심의 국제관계, 한·중 수교 이후부터는 국가 이익
을 더욱 중요시한다."고 평가하는 것은 너무 단선적이다.

[279] 『동아일보』, 1992년 1월 23일자.
[280] 『연합뉴스』, 1992년 5월 2일자.
[281] 中華人民共和國外交部亞洲司, 『中國-韓國政府間主要文件集』(中國 : 世界知識出版社, 2007), 1~2쪽.

제2절 고전지정학적 관계의 약화와
경제지정학적 관계의 태동
(1992~2000년)

　탈냉전 이후, 북·중 관계를 흔히 중국의 경제적 실리 또는 실용
주의 기준에 맞춰진 전략적 협력관계라고 평가한다. 또 중·미 관계
의 하위단위에 북·중 관계를 배치한다. 그 이유는 한·중 수교, 1차
북핵 위기와 5차 타이완해협 위기, 중국의 급부상 등에 주목했기 때
문일 것이다.

　1992~2000년 북·중 간 지정학적 관계는 〈표 3-10〉과 같이 정리할
수 있을 것이다.

〈표 3-10〉 1992~2000년 북·중 간 지정학적 관계

지정학적 코드 단 계	정치적 관계			경제적 관계
	안보 이익	이데올로기	전통적 관계	
1992~2000	약 → 중	약	약	약 → 중

1. 덩샤오핑의 '남순 강화', 한 · 중 수교와
북 · 중 고전지정학적 관계의 약화(1992년~1993년)

이 시기에 고전지정학적 관계가 약화된 요인으로는 우선 한 · 중
수교를 들 수 있다.

1989년부터 미 · 소 양극체제에 근본적인 변화가 생기면서 미국은
세계 유일 초강대국으로 자리 잡았다. 이에 따라 미국에게는 반소
(反蘇)를 위한 중국의 전략적 가치가 사라졌으며, 새롭게 중 · 미 관
계에 모순 · 갈등 · 투쟁이 부각되었다. 이에 대응하기 위해 중국은
적극적으로 상호 협력을 강조하는 주변국 외교를 강화하였다.

한국과 중국은 국교 정상화를 위해 일찍부터 계속 노력하고 있었
다. 그 과정은 아래 〈표 3-11〉과 같다.

〈표 3-11〉 한국과 중국의 국교 수립과정

연도	내용
1983년 5월 5일	중국 민항기사건. 한 · 중 정부당국 간 최초 접촉
1987년 12월 24일	노태우 대통령, 중국과의 국교수립 희망 발언
1989년 3월 23일	대한무역투자진흥공사 · 중국 국제무역촉진위원회, 무역사무소 개설 합의
1989년 6월 17일	한국 · 중국 해운 정기 직항로 개통
1991년 8월 26일	제1차 한국 · 중국 경제회담
1991년 10월 2일	이상옥 외무장관과 첸치천 외교부장 회담
1991년 12월 31일	한국 · 중국 무역협정 서명(베이징)
1992년 5월 19일	한국 · 중국 어업회담(베이징)
1992년 8월 24일	한국 · 중국 수교

중국은 1992년 아시아에서 유일하게 타이완과 수교하고 있던 한국
과 수교하였다. 이 사건은 외교적으로 북한에게 가장 커다란 타격이

었다. 1950년대 후반부터 북·중·러 '북방 삼각관계'가 균열상태에 빠졌다면, 중·미 화해(중·미 수교), 한·중 수교는 '북방 삼각관계'를 사실상 파탄에 빠뜨렸다. 한국은 '한·소 수교', '한·중 수교'를 통해 북한을 국제무대로 불러내서 개혁·개방을 유도하겠다던 본래 목적과 달리, 북한을 더욱 고립시켰다. 북한은 '한·소 수교' 직후 보였던 거친 반응과 다르게, '한·중 수교'에 의외로 차분하게 대응하였다.[282]

　1970년대부터 중국의 국제적 지위는 상승하였고, 1990년대 중반부터는 경제적으로도 급부상하였다. 이는 미국의 상대적 위축을 초래하였다. 새롭게 변화하는 국제환경에서 한·중 수교는 동북아 지역 구도에 '신 질서'를 형성하는 돌파구였다. 또한 "동북아의 탈 지정학적 질서를 극명하게 보여주는 사례"이기도[283] 했다. 여기서 '탈 지정학적 질서'라는 표현보다는 '탈 고전지정학적 질서'가 더 적합할 것이다.

　그러나 분단·영토 분쟁이 존재하는 동북아 지역에서는 강대국의 이익과 모순이 복잡하게 얽힌 냉전적 구조의 잔재를 쉽게 청산하지 못했다. 이런 상황에서 한·중 수교는 한국에게는 북핵·분단문제 및 경제성장과 중국에게는 주변 환경의 안정 및 대미·대일 전략에서 상호 협력의 필요성을 증대시키는 것이었다.

　1993년 한국은 대 중국 무역수지에서 흑자를 기록하기 시작하였고, 중국과의 무역은 크게 늘어갔다. 아래 〈표 3-12〉에서 보듯 그 과정은 미국과 일본과의 교역량 감소과정이기도 했다.

---

282) 하용출 외, 『북방정책-기원, 전개, 영향』(서울 : 서울대학교출판부, 2003), 132~133
　　쪽.
283) 박창희, 「지정학적 이익 변화와 북·중 동맹관계 : 기원, 발전, 그리고 전망」,
　　『중소연구』, 통권 113호(2007), 44쪽.

〈표 3-12〉 한국 대외무역에서 점하는 한 · 중 무역 비중 변화

(단위 : 억 달러)

연도	한국수입 총액(A)	대(對) 중국 수입		대(對) 미국 수입		대(對) 일본 수입	
		수입액 (B)	수입비중 (B/A)	수입액 (B)	수입비중 (B/A)	수입액 (B)	수입비중 (B/A)
1992	1,584	64	4.0	363.8	23.0	310.6	19.6
1995	2,602	165	6.4	545.3	21.0	496.6	19.1
2000	3,328	313	9.4	668.5	20.1	523.0	15.7
2005	5,457	1,006	18.4	719	13.2	725	13.3
2006	6,349	1,180	18.6	768	12.1	785	12.4
2007	7,283	1,450	19.9	830	11.4	827	11.4
2008	8,573	1,683	19.6	847	9.9	892	10.4
2009	6,866	1,409	20.5	667	9.7	712	10.4
2010	8,916	1,884	21.1	902	10.1	925	10.4

* 수입 비중(B/A)은 백분율. 출처 : 한국무역협회

1998년 양국 관계는 "21세기를 향한 협력적 동반자 관계"로 격상되었다. 1999년에는 경제, 정치적인 교류 외에도 군사 교류도 제한적이지만 확대하였다.[284]

반면, 북한은 경제적으로 1992년부터 1998년까지 마이너스를 기록하며 심각한 경제난과 식량난에 봉착한다. 이 시기 경제 성장률은 마이너스 6.7%로 급감하였고, 식량 생산량도 1992년 497만 3천 톤, 1995년 424만 5천 톤, 1997년 266만 톤으로 떨어졌다.[285]

중국은 1992년 1월 18일~2월 21일 덩샤오핑의 '남순 강화(南巡講話 : 남방 경제특구를 순시하면서 더욱더 개혁과 개방을 확대할 것을 주장한 담화)'와 더불어 '사회주의 시장경제론'를 도입하면서 개혁 · 개방을 더욱 확대하였다.[286] 그 연장선상에서 1992년 1월 26일 북한과

---

284) 이태환, 「한 · 중 전략적 협력 동반자 관계 : 평가와 전망」, 『세종정책연구』, 제6권 2호(2010), 135쪽.
285) 『한국은행(bok.or.kr)』 통계자료 참조.

새로운 '구상무역협정'을 체결하였다.

　이로써 1950년부터 비롯된 양국 간 구상무역 방식을 외화 결제방식으로 바꾸고 기업 왕래에서도 정부의 간섭과 제한을 최소화할 것을 요구하는 가급적 시장경제 원칙에 기초한 상업거래를 추구하였다.[287] 북·소 간에 이어 북·중 사이에도 사회주의 우호가격제도가 폐지되었다.

　그러나 한·중 수교로 인한 배신감이 가해져 북·중 관계가 악화되었음에도 불구하고 아래의 〈표 3-13〉을 보면, 1993년까지의 북·중 무역은 일시적으로 증가한다.

〈표 3-13〉 1992~1999년 북·중 교역 규모

(단위 : 억 달러)

연도	'92	'93	'94	'95	'96	'97	'98	'99
무역 총액	6.97	9.00	6.24	5.50	5.67	6.56	4.13	3.70

　일시적 북·중 교역 규모 증가의 원인은 앞에서 언급했듯 북한이 사회주의권 무역 감소를 중국으로 대체했기 때문이었다. 1993년 말 북한은 제3차 7개년 계획(1987~1993)의 실패를 인정하였다. 북한은 심각한 경제적 어려움 때문에 식량난과 에너지난을 겪었고, 경제 가동률도 30% 이하로 떨어졌다. 그 결과 북한 주민의 일상생활은 외부

286) 鄧小平, 「在武昌, 深圳, 珠海, 上海等地的談話要點(1992年1月18日~2月21日)」, 中共
　　中央文獻編輯委員會, 『鄧小平文選(第三卷)』(中國 : 人民出版社, 1993), 370~383쪽.
287) 『人民日報(中國)』, 1992년 1월 29일자. 북한에서는 이와 관련하여 1992년 1월 26
　　일 양국 간 「정부무역협정」이 체결되었다고만 밝혔고 그 내용에 대해 구체적
　　으로 언급하지 않았다(조선중앙통신사, 『조선중앙년감(1993년)』(평양 : 조선중
　　앙통신사, 1993), 462·731쪽).

의 지원에 의존해야만 겨우 유지될 수 있었다.[288]

그런데 1994년부터 북·중 관계는 크게 악화되었다. 이른바 북·중 사이에 '8년 공백기'가 시작되었던 것이다. 이 과정에서 1993년에 예정되었던 김정일 국방위원장의 중국 방문도 취소되었다. 당시 중국은 1992년 10월 12~18일 중공 14차 전국대표대회에서 13년 간의 개혁·개방 성과를 평가하면서 덩샤오핑의 '중국 특색 사회주의건설 이론'에 당의 지도적 지위를 부여하였다. 중국당국은 사회주의 시장경제체제 확립을 경제체제 개혁의 목표로 명확히 하였으며, 전 당에 경제 건설에 총력을 기울일 것을 호소하였다. 이는 중국에 사회주의 시장경제체제가 초보적으로 확립되었음을 의미한다. 따라서 중국은 경제특구의 확대 건설과 함께 개혁·개방의 폭을 점차 넓혀갔으며, 경제를 급속히 성장시켜 나갔다. 이 과정에서 중국공산당의 공식이념도 '마르크스-레닌주의' 계승 발전과 함께 개혁·개방을 공식 표방하였다.[289]

반면, 북한은 1980년대 개정된 「당 규약」에 이어 1992년 개정된 〈조선민주주의인민공화국 헌법〉 제3조에서 공식이념으로서의 '마르

---

[288] 박순성, 「김정일 시대(1994~2004) 북한 경제정책의 변화와 전망」, 북한연구학회 편, 『북한의 경제 3』(서울 : 경인문화사, 2006), 343~344쪽.

[289] 1981년 6월 27일 「건국 이래 당의 약간의 역사적 문제에 관한 결의(關于建國以來黨的若干歷史問題的決議)」를 통해 마오쩌둥 사상체계를 재정립한다. 동시에 중공 8차 전국대표대회에서 삭제된 마오쩌둥사상을 1981년의 『결의』에 따라 1982년 중공 12차 전국대표대회 개정 「당장(黨章)」에서 마오쩌둥사상은 지도사상으로써의 위상을 다시 되찾게 된다. 이는 마오쩌둥사상에 대한 계승 발전을 의미한다(中共中央委員會, 『學習「關于建國以來黨的若干歷史問題的決議」』(中國 : 人民日報出版社, 1981)). 그리고 그 이후의 중국공산당 「당장(黨章)」, 「헌법」, 전국대표대회, 특히 정권 교체시 반복적으로 강조되고 반영되고 있다. 이는 중국의 공식문헌인 『鄧小平文選』, 『江澤民文選』, 『十六大以來重要文獻選集』 등에 수록되어 있다.

크스-레닌주의'를 완전히 삭제하였다.[290] 1992년 1월, 김정일 국방위
원장은 "사회주의 위업을 끝까지 완성하기 위하여서는 혁명과 건설
에서 사회주의 원칙을 일관성 있게 견지하여야 합니다."라고[291] 주
장하였다. 그가 말한 사회주의는 '북한식 사회주의'였다.

2. 1차 북핵 위기, 5차 타이완해협 위기와
북·중 고전지정학적 관계의 부각(1993년~1997년)

1993년에 미국과 대한민국은 북한을 겨냥한 '팀-스피리트 훈련'을
재개했다. 북한 매체들은 이 훈련을 "핵 불장난", "핵전쟁 연습"으로
비난했다.[292] 북한당국은 '자위'를 명분으로 플루토늄 기반 핵무기
개발에 박차를 가했다. 미국 클린턴행정부는 영변 원자로에 대한 폭
격을 검토했다. 북한은 1993년 3월 13일 "민족의 자주권과 나라의 최
고이익을 수호하기 위하여 자위적 조치를 선언한다"며 정부 성명을
통해 NPT 탈퇴를 밝혔다.[293] 이로써 '북핵 위기'가 시작되었다.

하지만 의문은 왜 1980년대 초 북한의 핵시설이 확인되었는데도
방임하다가 1992년 「남북기본합의서」, 「한·중 무역협정」이 체결된
직후에야 위기가 발생했을까 하는 점이다. 그 이유는 바로 미국의
아시아 개입정책에 있었다. 미국은 세계 유일 초강대국으로서의 위

290) 고유환, 「김정일의 主體思想과 社會主義論」, 『안보연구』, 23집(1993), 22쪽.
291) 김정일, 「사회주의건설의 력사적 교훈과 우리 당의 총로선(1992년 1월 3일)」,
  조선로동당출판사 편, 『김정일선집(제12권)』(평양 : 조선로동당출판사, 1997), 282
  쪽.
292) 『로동신문』, 1993년 1월 15일자, 3월 18일자.
293) 『로동신문』, 1993년 3월 13일자.

치를 아시아에서 계속 확보하고자 하였다. 소련의 해체, 게다가 남북관계의 개선 및 한·중 교류의 활성화는 미국의 한반도문제 개입 명분을 크게 상쇄시켰다. 이 시점에서의 북핵 위기의 발생은 미국의 개입에 빌미를 제공하였을 뿐만 아니라 한·중 수교의 발걸음도 더욱 다그치게 만들었다.

또한 여기에는 사회주의국가의 '핵 효과'도 한 몫 했을 것이다. 중·미 관계의 개선, 중국의 자주화 노선에는 앞에서 언급했듯 핵 보유가 큰 역할을 했기 때문이다. 결과적으로 1차 북핵 위기는 북·미 간 직접 대화를 이끌어냈다. 미국은 북한의 핵문제를 둘러싼 위기감의 고조 속에서 유엔 안전보장이사회가 북한에 대해「핵 확산 금지 조약」복귀와 1993년 5월 국제원자력기구의 사찰 수용을 요구한 결의에 따라 북한과 핵 협상을 시작하고, 합의서에 서명했던 것이다. 이 합의서에 따라 북한의 핵개발 능력 동결을 목적으로 한 미국의 당초 의도는 일부 달성했지만, 40억 달러 이상의 100MW 용량의 경수로 2기 건설과 산업용 중유 50만 톤을 북한에 제공하기로 하였다. 북한은 미국을 상대로 핵 카드를 이용하여 기대했던 정치·경제 부문의 정상화를 이끌어낼 발판을 마련할 수 있었고,[294] '라진-선봉 자유 경제무역대 개발' 등을 통해 경제를 활성화시켜 나가고자 노력하였다.[295]

---

[294] '북·미 제네바 합의' 북한 대표단장은 "조선반도의 핵문제 해결을 위한 하나의 이정표가 되며, 역사적 의의를 가지는 문건"으로 합의 내용에 대해 커다란 의미를 부여했다(『로동신문』, 1994년 10월 24일자).

[295] 1994년 6월 14일 '라진-선봉 자유경제무역지대 개발과 발전소 건설' 관계부문 일군협의회에서 김일성 주석은 "라진-선봉지구는 자유경제무역지대로 꾸릴 수 있는 유리한 조건을 가지고 있기 때문에 잘 꾸리면 숱한 돈을 벌수 있습니다. 그 지구는 중국, 로씨야와 인접하여 있을 뿐만 아니라 라진항, 선봉항 같은 좋은 항들을 가지고 있습니다 …… 중국 동북지방과 로씨야의 원동지방, 몽골

북한 대외무역관계의 70~80%를 차지하던 사회주의시장이 일시에 없어진 정세로부터 조선노동당은 '무역 제일주의 방침'을 내놓았으며, 그 일환으로 나진-선봉지구를 자유경제무역지대로 선포함으로써,296) 대외무역을 발전시키고 기간공업을 비롯한 기타 경제사업을 추진시키고자 하였던 것이다. 북한은 경제특구를 활성화하고 확대시키기 위해 외국인 투자가들에게 유리한 법률적 토대297) 및 재정적 특혜 제공 그리고 최신 과학기술의 도입을 우선시하였다.298)

한편, 북한의 핵 개발이 대미 협상용, 미국과의 관계 개선에 국가정책의 우선순위를 둔 결과라는 해석을 둘러싸고 북한의 핵 개발 의

에서 우리나라를 통하여 뽑아야 할 물동이 많습니다. 중국 길림성과 흑룡강성, 료녕성에서는 알곡을 한해에 몇 천만 톤씩 생산하는데 그 가운데서 적지 않은 량을 회령을 거쳐 청진항으로 실어다 배로 뽑으려 하고 있으며, 로씨야에서도 강재와 비료를 비롯하여 많은 물동을 우리나라 항들을 통하여 뽑으려 하고 있습니다. 몽골에서도 물동을 한해에 몇 백만 톤씩 우리나라 항들을 통해여 뽑으려 하고 있습니다. 이런 조건에서 우리가 라진-선봉지구를 자유경제무역지대로 꾸리고 라진항과 선봉항, 청진항을 잘 운영하여 중국과 로씨야, 몽골에서 나오는 물동을 중계하여 주면 숱한 돈을 벌 수 있습니다"라고 강조하였다(김일성, 「라진-선봉자유경제무역지대 개발과 수력발전소 건설을 다그칠 데 대하여(1994년 6월 14일)」, 조선로동당출판사 편, 『김일성저작집(제44권)』(평양 : 조선로동당출판사, 1996), 453~455쪽).

296) 최영철, 「라진-선봉지구를 국제금융거래의 중심지로 꾸리는 것은 자유경제무역지대개발의 중요고리」, 『경제연구』, 루계 제98호 제1호(1998), 28~29쪽.

297) 김일성 주석은 "우리는 완전한 평등과 호혜의 원칙에서 외국투자가들이 공화국 영역 안에 투자하는 것을 장려하며 외국투자가들의 투자를 보호하고 그들의 합법적 권리와 이익을 보장해주기 위하여 외국인투자법을 비롯하여 관계되는 법들을 제정하여 발표하였다"고 말했다(김일성, 「미국 '워싱톤타임스' 기자단이 제기한 질문에 대한 대답(1994년 4월 16일)」, 조선로동당출판사 편, 『김일성저작집(제44권)』(평양 : 조선로동당출판사, 1996), 343쪽).

298) 예컨대 중국은 1979년 7월에 처음으로 「中華人民共和國中外合資經營企業法」을 제정한 이래 외국투자관계법들과 국무원 조례들을 계속 제정하였다. 북한도 같은 방향으로 나아가고자 하였다(리승준, 「경제특구와 그 발전방향」, 『경제연구』, 루계 제157호 제4호(2012), 54~56쪽).

도에 대한 논쟁이 있었다. 학계에서는 대체적으로 '자주의 산물', '대미협상용 → 생존의 유일선택'으로 인식한다. 필자는 북한 핵 개발의 본질이 북한의 '자주노선'과 직결된다고 인식한다. 중·소 관계 발전사에서도 엿볼 수 있듯이 중국은 항상 독립자주를 선택하였기에 갈등과 모순이 있었다. 여기서 우리가 주목을 요하는 부분은 북·미 관계의 갑작스런 개선이 또다시 중국에게 북한의 '고전지정학적 가치'를 상승시켰다는 사실이다.

여기에 더하여 1995년 타이완 총통 리덩후이(李登輝) 방미는 1995년 7월 21일~1996년 3월의 5차 타이완해협 위기를 초래하면서, 북한의 가치를 더욱 상승시켰다.[299] 미국의 리덩후이 방미 허용은 17년간에 걸친 타이완 최고 지도자 방미 불허의 '금령(禁令)'을 깬 것이고, 중·미 관계의 정치 기초를 엄중하게 해친 것이었다. 또 타이완 당국과 국제 사회의 반중국 세력의 기세를 올려주는 역할도 했다.[300]

미국의 지지를 얻은 리덩후이는 1995년 5월 말~6월 초 네 차례에 걸쳐 "반제 대륙 진공(反制大陸進攻)"이라는 군사훈련을 전개하였고, 이에 대응하여 중국은 1995년 7월~1996년 3월 일곱 차례 대규모 군사훈련(2차례 미사일 발사 훈련 포함)을 벌였다.

중국의 이 같은 조치는 미국을 자극시켜, 미국에서 대 중국 정책에 관한 논쟁을 불러일으켰다. 논쟁의 결과, 미국 양 당의 주류파는 "중국의 굴기(崛起)와 강대해지는 것은 막을 수 없다"는 기본인식을 갖게 되었으며, 중국을 '고립'시키고 '억제'시키는 것이 상책이 아니며 중국과 '접촉'을 유지하는 것이 미국의 장기적인 이익에 부합하는

299) 첸지천(錢其琛),『열 가지 외교 이야기(外交十記)』(서울 : 랜덤하우스 중앙, 2004), 307~311쪽.
300) 첸지천(錢其琛), 위의 책, 310쪽.

것으로 대체적인 의견 수렴이 있었다.301)

　이로써 중·미 관계에는 갈등·협력의 이중적 구조가 고착되었다. 이상을 배경으로 1996년 5월 북한 홍성남 부총리의 방중에 맞춰 5년간의 대북 원조 내용을 담은「중·조 경제 기술 협정」을 체결하였고, 폐지했던 사회주의 우호가격제도 부활하였다.302) 얼어붙었던 북·중 관계가 회복하기 시작하였던 것이다.303)

....

301) 첸지천(錢其琛),『열 가지 외교 이야기(外交十記)』(서울 : 랜덤하우스 중앙, 2004), 311쪽.

302) 1991년 11월 23일, 김일성 주석은 당, 국가, 경제 지도일군협의회에서 "다른 일부 사회주의나라들도 사회주의 길로 계속 나가고 있지만 무역은 사회주의식으로가 아니라 자본주의식으로 하고 있습니다. 그들은 우리나라와의 무역에서도 딸라에 의한 결제방식을 적용할 것을 요구하고 있습니다."라고 연설하였다(김일성, 「당, 국가, 경제 지도일군협의회에서 한 연설 : 변화된 환경에 맞게 대외무역을 발전시킬데 대하여(1991년 11월 23일, 26일)」, 조선로동당출판사 편, 『김일성저작집(제43권)』(평양 : 조선로동당출판사, 1996), 230쪽). 이는 중국이 1990년대 들어서면서 양국 무역에서 국제가격의 절반 이하로 상대방에게 물품을 공급하는 우호가격제와 물물교환으로 이루어져 온 기존의 방식 대신에 북한에 현금결제 방식을 요구하였음을 의미한다(이종석,『북한-중국 관계 1945-2000』(서울 : 도서출판 중심, 2000), 275쪽). 1996년 5월 21일「중국이 북한에 제공하는 상품차관에 관한 협정」과 대북 무상원조를 위한「중국이 북한에 제공하는 경제 및 군사 원조에 관한 중화인민공화국과 조선민주주의인민공화국 사이의 협정」을 맺었다(中華人民共和國 外交部,『中國外交』(中國 : 世界知識出版社, 1997), 907쪽; 조선중앙통신사,『조선중앙년감(1997년판)』(평양 : 조선중앙통신사, 1997년), 488쪽). 연감에는 5월 22일로 나와 있다. 이는 기왕의 우호가격제와 물물교환 방식으로 회복되었음을 의미한다.

303) 이영훈, 권영경은 이 시기를 '전략적 협력단계'로 접어들기 시작하였다고 주장한다. 이는 경제적 협력관계를 강조하기 위한 것이다(이영훈, 앞의 논문, 2006년, 3~4쪽; 권영경, 앞의 논문, 165~167쪽); 이동률은 1999년 북한 김영남의 방중을 한·중 수교 후, 첫 최고위급 회담으로 북·중 관계 회복이라고 주장한다(이동률, 앞의 논문, 303쪽). 양국관계가 전략적 협력단계로 접어들었다고 표현하면 마치 동반자 관계에서의 전략적 협력관계를 의미할 수 있다. 기왕의 연구들을 보면 양국관계를 '혈맹관계', '특수관계'라고 할 뿐 명확한 규명이 없다. 필자는 이 시기에 '전통적 우호관계' 속에서의 '삐걱임'이 회복되기 시작한다고 본다. 아울러 이 시기를 경제협력 활성화의 시작점이라고 본다.

여기서 덧붙인다면 중국은 6·25전쟁의 교훈으로부터도 배웠을 것이다. 앞에서 언급했듯 북한의 급변사태는 중국 내부의 불안정 및 경제에도 막대한 영향을 끼칠 수 있기 때문이다. 물론 이는 중국의 국제적 지위의 상승이나 전쟁 시기 소련으로부터의 '보상'을 부정하는 것은 아니다. 때문에 중국은 북핵문제에 촉각을 세우지 않을 수 없을 것이다.

3. 중국의 부상, 6차 타이완해협 위기와 북·중 경제지정학적 관계의 태동(1997년~2000년)

1997년 동남아시아의 통화 위기가 동북아시아를 거쳐 세계 경제에 불안을 가져왔다. 이른바 '아시아 금융 위기(金融危機)'가 발생한 것이다. 그런데 중국은 금융위기를 피할 수 있었고, 오히려 자국의 통화를 안정적으로 유지함으로써 동아시아 지역경제를 주도할 수 있었다. 쟝쩌민 국가주석은 직접 동남아국가연합 등과의 관계 개선에 적극 나서며, 일본을 누르고 이 지역에서 영향력을 크게 확대시켜 나갔다.[304]

중국은 1997년 7월에 홍콩을 반환 받았고, 9월에 중공 15차 전국대표대회에서 덩샤오핑 이론을 공식이데올로기로 확립하며, 사회주의 시장경제체제를 체계화하였다. 1996년 이전의 경제성장이 양적 성장에 그쳤다면 이 시기로부터 중국은 질적 성장을 추구하였다. 대외정책에서도 1993년 '도광 양회(韜光養晦 : 자신의 재능이나 명성을 드러

---

[304] 『한겨레신문』, 1997년 12월 16일자.

내지 않고 참고 기다린다는 뜻)'로부터 반패권·반침략 및 평화를 강조하는 쟝쩌민의 '유소 작위(有所作爲 : 할 수 있는 일에는 적극 참여하여 영향력을 행사하며 따라서 일정한 성과를 이루어내겠다는 뜻)' 국제전략사상을 펼쳐 나갔다.[305] 중국의 '유소 작위'는 주변국들에 의해 '위협', '패권'으로 받아들여졌다.

미국은 1997년 중국과 '건설적인 전략 동반자 관계'를 수립함과 동시에 같은 해 발표한 「4개년 국방검토보고서」에서 중국을 '잠재적 패권 도전국'으로 지목하고 일본과 개정된 「미·일 방위 협력 지침」을 통해 한반도와 타이완해협을 적용대상으로 미·일 동맹을 강화하였다.

미국은 클린턴(Bill Clinton) 행정부 시절 미·중 관계를 "전략적 동반자 관계"로 호칭하였으나, 그의 경쟁자였던 부시(George Bush)는 "경쟁자이지 전략적 동반자가 아니며", 미국은 "최선을 다해 타이완을 도움으로써 '자위(自衛)'할 것이다"라면서, 클린턴의 타이완문제에서의 '3불 원칙'을 외면한다. 아울러 타이완에 대한 무기판매도 증가할 것을 암시하였다.[306] 이 틈에 리덩후이(李登輝)는 1999년 7월 '양국론(兩國論)'을 반영한 헌법 개정을 제기하여 6차 타이완해협 위기(1999년 7월~9월)가 발생하였다. 중국은 타이완의 분열세력이 리덩후이의 '양국론'에 따라 개헌을 꾀하고 있다면서, 이 같은 타이완의 개헌이 이뤄질 경우, 무력사용을 불사할 것임을 강력히 시사했다.[307]

---

305) 江澤民, 「江澤民在亞太經濟合作組織領導者非正式會議上的講話」, 『新華月報(中國)』, 第11期(1993), 149쪽. 유소작위는 1993년 11월 20일 '아태경제회의 비정식회의'에서 제기되고 1997년 중공 15차 대표대회에서 재천명된다.
306) 吳建民, 『外交案例』(中國 : 中國人民大學出版社, 2007), 324쪽.
307) 중국은 중국 동남부 해안에서 대규모 제 병종(諸兵種) 합동군사훈련을 실시하였다.

미국은 5차 타이완해협 위기 이후 양국 정상 상호 방문 시 타이완 문제에서 '3불 원칙'으로 합의했으면서도 불구하고, 1996년부터 타이완의 무력 돌발사태에 대비하여 암암리에 타이완과의 군사교류를 강화하였다.[308] 중국은 "타이완문제가 중·미 관계에서 제일 중요하고 제일 민감한 핵심문제이며 이는 중국의 핵심 국가이익과 관련"된다고 주장하였다. 하지만 중국은 이 시기 미국과의 직접 대결을 피하고자 하였으며, 중·미 협력의 틀 속에서 타이완문제를 평화적으로 풀어 나가고자 했다. 이는 앞에서 언급했듯 1955년부터 변함이 없었다.

1998년 현재, 지구상에서 핵무기를 보유한 일곱 국가 가운데 중국과 인접한 국가가 4개국(러시아·인도·파키스탄·북한)이다. 이러한 상황에서 핵전쟁이 일어나거나 북한마저 미국의 영향권으로 들어간다면 중국에게는 큰 타격이 아닐 수 없었다. 때문에 핵문제에 대해 이중적으로 접근하는 미국의 북핵 제재에 중국도 이중적일 수밖에 없었으며, 북한과의 관계에서 '안정'을 우선시할 수밖에 없었다. 또 이 시점에서 1999년 3월 나토가 주도한 코소보전쟁이 발생한다.[309]

경제적 측면을 살펴보자. 쟝쩌민 주석은 1995년 6월 두 차례의 훈춘(琿春)-두만강 지역 시찰을 통해서 1992년 북핵 위기의 발발 및 중·미 관계의 갈등으로 중단되었던 '두만강지역 개발계획'를 재가동

---

[308] 陶文釗, 「中美關係中的臺灣問題」, 中國社會科學院國際研究學部, 『中國對外關係 : 回顧與思考 1949~2000』(中國 : 社會科學文獻出版社, 2009), 276쪽.

[309] 미국과 나토가 주도한 코소보전쟁을 '제국주의 개입'으로 받아들인 북한은 언젠가는 중국의 국내문제와 한반도 문제에 대해서도 개입할 것으로 우려하였다. 이 전쟁은 북한이 스스로 제2의 코소보가 될 수 있다는 인식을 갖게 함으로써 8년 간의 침묵을 깨고 중국과 관계를 회복하도록 하는 '기폭제'로 작용하였다(박창희, 「지정학적 이익 변화와 북·중 동맹관계 : 기원, 발전, 그리고 전망」, 『중·소 연구』, 통권 113호(2007), 47쪽).

시켰다. 이는 1996년 중국 「정부사업보고」에서 "지역경제의 균형적
발전"전략이 대외경제협력정책에 반영되면서,[310] 당시 중국의 개
혁·개방 이후 국내경제 발전 불균형 구조를 타개하고자 했던 것과
관련된다. 1999년에 와서는 변경 개방지역을 훈춘시에서 연변조선족
자치주(延邊朝鮮族自治州)지역으로 확대시켰다. 비록 이 프로젝트의
추진은 완만하였지만, 1992년 중앙에서 훈춘시를 4개 개방도시 중의
하나로 지목하고, 주변 4국을 대상으로 한 수출가공지대와 중·러
호시무역지대를 설립함으로써 북한과의 접경지역 연계개발 가능성
을 높여 나갔다. 중국이 동북지역 경제 발전의 연장선상에서 북한과
의 협력을 다뤘다는 사실은 이제 북·중 간 경제지정학적 가치가 태
동하였다는 점을 의미한다.

한편, 북한은 대외무역을 통해 '고난의 행군'에서 벗어나고자 1991
년 나선지역을 '자유경제무역지대'로, 나진·선봉·청진을 '자유 무역
항'으로 설정하였고, 1993년 「자유경제무역지대법」을 제정하였다.

김정일 국방위원장은 1996년 4월 22일 조선노동당 중앙위원회 책
임일꾼들과의 담화에서 "변화된 현실조건에 맞게 무역사업을 개선
강화할 것"을 지시하였다.[311] 당시 북한은 '무역제일주의' 방침을 추
진하고 있었다. 이와 관련하여 대외무역을 크게 신장시키기 위해 온
힘을 쏟았다.

북한당국은 1997년 6월, 나선 지역 내의 화폐개혁, 자유시장 개설,
자영업 허용 등 경제개혁조치를 취해 나갔다. 1998년 '사회주의 강성

---

310) 中華人民共和國中央人民政府門戸岡 홈페이지(www.gov.cn).
311) 김정일, 「경제사업을 개선하는데서 나서는 몇가지 문제에 대하여(1996년 4월
    22일)」, 조선로동당출판사 편, 『김정일선집(제14권)』(평양 : 조선로동당출판사,
    2000), 164~165쪽.

대국' 건설을 슬로건으로 경제 발전에 주력하는 모습을 보여주었다. 특히 북한은 1992년부터 1998년 열 다섯 종류의 대외경제 관련 법을 제정하였을 뿐만 아니라, 해당 법률들의 개정도 같이 단행했다.[312]

또한 미국이 북·미 제네바협의를 잘 이행하지 않는 상황에서 1995년 중국의 '두만강지역 개발계획'의 재가동과 1996년 북한의 방중을 통해 양국의 경제이익은 접점이 만들어졌다. 1999년, 북한 김영남 최고인민위원회 상임위원장의 방중을 계기로 양국관계는 전에 비하여 상당히 회복하였다. 중국의 대북투자도 1994년 북·미 제네바협의 체결시기를 제외하고는 전무인 상태에서 1998년부터 회복하기 시작하였다.[313]

그런데, 북·미 사이에 새로운 문제가 발생했다. 1998년에 들어서면서 미국의 대북 중유 제공에서의 혼선과 테러지원국 재지정 등에 발목이 잡히며, 북·미 관계가 또다시 악화됐던 것이다. 1998년 8월, 북한은 일본 방향으로 '광명성 1호 로켓'을 발사했다. 미국은 이를 장거리 미사일로 발표하면서 북한으로부터의 "미사일 위협"을 이슈화했다. 북한 역시 『로동신문』에 북한의 미사일이 서울, 워싱턴, 도쿄를 겨냥한다는 내용의 기사를 게재하며 주변국을 자극했다.[314]

이 같은 사태 진전과정에서 1992~1999년 북·중 관계는 미국에 의해 북한·타이완의 고전지정학적 가치가 부각되었고, 〈표 3-10〉에서와 같이 '안보 이익'은 '약 → 중'으로, '이데올로기·전통적 관계'에서는 변화를 보이지 않았다. 또 한·중 수교로 관계가 악화되어 소위

---

312) 김일한, 「북한 대외경제에 대한 인식과 북·중 경협」, 『글로벌정치연구』, 제4권 1호(2011), 10쪽.
313) 홍익표, 「북한의 대외경제정책 및 경제협력 현황」, 북한연구학회 편, 『북한의 경제 3』(서울 : 경인문화사, 2006), 568쪽, 〈표 7〉 참조.
314) 『로동신문』, 1998년 12월 19일자.

'공백기'라 불리는 이 시기에도 북·중 사이에 군사적 교류만은 지속하였다. 여기에는 중국인민지원군 출신들이 나서서 '전통'을 이어갔다.[315] 북·중 사이의 경제관계는 비록 정치 관계가 악화됨에 따라 〈표 3-13〉에서 볼 수 있듯이 무역 총액 3.7억 달러로 하락하였지만, 양국 대외정책의 변화에 초점을 맞춰서 '약 → 중'으로 평가하였다.

이상에서 살펴봤듯이 고전지정학적 가치가 부각되는 순간 북·중 관계는 강화되지만, 한반도 문제는 결코 해결되지 않는다. 그렇다고 해서 현재의 동북아 지역구도에서 고전지정학적 가치가 소실될 수도 없는 상황이다. 다만 이러한 고전지정학적 가치 ― '안보 이익'의 공유를 최소화시킬 수는 있을 것이다. 바로 현재 대두하고 있는 경제지정학적 가치를 최대한 활용하여 이를 상쇄시키는 노력이 필요한 것이다. 그 현실적 가능성은 북·중 간 경제지정학적 가치의 심화 발전이 보여줄 것이다.

또한 이를 주변국들이 어떻게 받아들일 것인가의 문제도 중요하다. 이를테면 북·중 전통적 우호협력관계는 지정학적 관계와 국제환경 및 국제정세와 어울려서 이루어진 전략적 협력관계 ― '지정학적 관계 + 전략적 협력관계'로 정리할 수 있다. 즉 1999년까지는 미국의 지전략(geostrategy)에 한반도·타이완이 포함되어 양국 간 고전지정학적 가치가 부각되었음을 고려하면 '고전지정학적 가치 + 전략적 협력관계'라 할 수 있겠다.

---

315) 이종석, 『북한-중국 관계 1945-2000』(서울 : 도서출판 중심, 2000), 281~284쪽.

제3절 경제지정학적 관계의 발전·심화 (2000년~2013년)

2000년 이후 북·중 교역 규모는 1990년대와 비교하여 다음의 〈표 3-14〉와 같이 크게 늘었다.[316]

〈표 3-14〉 2000년~2013년 북·중 교역 규모

(단위 : 억 달러)

연도	'00	'01	'02	'03	'04	'05	'06
무역 총액	4.8	7.3	7.3	10.2	13.7	15.8	16.7
연도	'07	'08	'09	'10	'11	'12	'13
무역 총액	19.7	27.8	26.8	34.6	56.3	59.3	65.4

이와 관련하여 2000년대 이후 현재까지의 북·중 간 지정학적 관계를 정리하면, 〈표 3-15〉와 같다.

---

316) KOTRA, 「2011년도 북한의 대외무역 동향」, 『코트라(kotra.or.kr)』, 12-018(2012년 6월); KOTRA, 「2013년도 북한 대외무역 동향」, 『코트라(kotra.or.kr)』, 2014-05-22(2014년 5월); 한국무역협회, 「2012년 남북교역·북중무역 동향 비교」, 『Trade Focus』, Vol.13 No.8(2013); 한국무역협회, 「2013년 남북교역·북중무역 동향 비교」, 『Trade Focus』, Vol.13 No.9(2014); 이종규, 「2013년 북한의 대외무역 평가 및 2014년 전망」, 『KDI 북한경제리뷰』, 1월호(2014).

〈표 3-15〉 2000년~2013년 북·중 간 지정학적 관계

지정학적 코드 단 계	정치적 관계			경제적 관계
	안보이익	이데올로기	전통적 관계	
2000~2009	중 → 약	약	약	중 → 강
2009~2013	약	약	약	강

1. 중국의 WTO 가입, 북한의 핵문제와
북·중 경제지정학적 관계의 발전(2000년~2009년)

2000년대에 와서 북·중 양국 관계는 다음의 〈표 3-16〉에서 정리하였듯이 정상들의 상호 방문으로 상당부분 회복하였다.

김정일 국방위원장의 방중과 쟝쩌민 주석의 방북으로 양국 관계는 보다 좋아졌다. 북한은 2004년, 김정일 국방위원장 방중으로 5천만 달러 상당의 경제지원을 얻어냈다.[317] 2005년과 2006년의 정상 간 상호 교환방문 때에는 사실상의 지원 성격을 지닌 중국의 대북투자와 무역이 크게 증가하였다. 특히 2005년 후진타오의 방북 시에는 5년간 20억 달러의 경제지원을 약속한 것으로 알려졌다.[318]

[317] 정영철, 「실리주의에 기초한 경제협력 국제무대에서 공동의 이익 수호 합의」, 『민족 21』, 통권 제57호(2005), 85~86쪽; 윤지훈, 「발걸음 빨라진 중국의 대북투자 '동방의 엘도라도'를 잡다」, 『민족 21』, 통권 제95호(2009), 97쪽.
[318] Ralph Jennings, "China's Hu Landmark North Korean Factory, Talks Trade", *Kyodo News International*, October 29, 2005(이동률, 「중국의 대북전략과 북·중 관계: 2010년 이후 김정일의 중국방문 결과를 중심으로」, 『세계지역연구논총』, 29집 3호(2011), 301쪽에서 재인용). 또한 2005년 김정일-후진타오 정상회담 때, 50억 달러 규모의 경제개발 지원을 제안하기도 했다고 한다(권영경, 「신 북·중 경협시대의 도래와 우리의 대응과제」, 『평화학연구』, 제13권 1호(2012), 147~148·151쪽).

중·한 수교 이후 처음 만난 쟝쩌민 주석과 김정일 국방위원장(2000. 5.)

〈표 3-16〉 2000~2006년 북 · 중 정상회담 내역

序	일시	회담 주체	장소	회담 주제	비고
38	2000.5	쟝쩌민 -김정일	베이징	-중 · 한수교 이후 첫 정상회담 -김정일 집권 6년 만의 첫 중국 방문 -남북정상회담(6월15일)직전 회담	공식
39	2001.1	쟝쩌민 -김정일	베이징	-김정일 상하이 방문 -방중 이후 북한 7.1경제개혁조치 실행(2002 년), 개성공업특구 설립	비공식
40	2001.9	쟝쩌민 -김정일	평양	-11년만의 중국 정상의 북한 방문 -중 · 조 우의 공고 강화	공식
41	2004.4	후진타오 -김정일	베이징	-북핵 위기 후 첫 정상회담(2개월 후 6자 회 담 복귀) -후진타오 집권 후 첫 정상회담	비공식
42	2005.10	후진타오 -김정일	평양	-후진타오 주석의 첫 북한 방문 ①양국 향후 발전 방향문제 : 중 · 조 우의 　강화 ②대화로 한반도문제 해결할 것을 협의 ③중 · 조 경제 무역 협력 추진 ④양국이 취득한 성과에 대해 적극 평가	공식
43	2006.1	후진타오 -김정일	베이징	-김정일 화북, 광동, 베이징 방문 -BDA문제로 6자 회담 공전	비공식

당시 북 · 중 정상회담에서 다뤘던 회담 의제 및 이에 대한 양국의
입장을 정리하면 〈표 3-17〉과 같다.

〈표 3-17〉 북 · 중 정상회담의 기본의제 및 북 · 중 관계

북 · 중 정상회담 기본의제	① 중국의 대북 경제지원 ② 6자 회담 복귀의 교환 ③ 북한 후계자체제와의 상견례 ④ 북한의 개혁 · 개방과 장래 문제 ⑤ 천안함 사건 이후 동(북)아시아 지역 정세
중국의 대응[319]	① 전략적 소통의 강화-권력승계의 과도기에 처한 북한과의 적극 적인 소통을 통한 체제 관리 의지를 피력 ② 친 중국체제의 연착륙-경제협력과 북한의 중국식 개혁 · 개방 의 유도를 통한 친 중국 체제의 연착륙 ③ 북핵 6자 회담의 재개
북 · 중 공감대	정상회담을 통한 북한체제의 안정
북 · 중 딜레마	한반도 비핵화와 정상국가 관계 유지

비록 2006년, 2009년 북한의 두 차례 핵실험으로 두 나라 사이에 갈
등이 있었지만,[320] 2009년 10월 수교 60주년 행사에 맞춰 이뤄진 원자
바오 총리의 북한 방문을 통해 '약간의 갈등'은 눈 녹듯 사라졌다.[321]

이로써 북·중 관계는 중국의 대외관계에서[322] 제일 높은 레벨을
유지하였고,[323] 북·중 교역 규모도 성장세를 지속하였다. 북한의

---

[319] "中共中央總書記, 國家主席胡錦濤在吉林省長春市同朝鮮勞動党總書記, 國防委員會
委員長金正日擧行會談(2010년 8월 27일)」,『华媒网(news.ccvic.com)』, 2011년 5월
23일(검색일).

[320] 2006년, 2009년 2차례의 북한 핵실험 후, 중국은 역사상 처음으로 북한문제와
관련하여 유엔 안전보장이사회의 대북 제재 결의안 1874호에 찬성하였다. 주
요 내용은 북한에 대한 무기 금수 및 수출 통제, 화물 검색, 금융·경제 제재
등이다. 이 같은 중국의 결정에 대해서 북한도 중국을 원색적으로 비난하였다
(박창근,「북한의 미사일 발사와 중·북 관계의 변화」,『사회과학논집』, 제37집
2호(2006), 87~93쪽.

[321] 윤지훈,「북·중 경협의 상징 압록강-두만강 개발프로젝트 : 황금평과 라진항,
동북아 경제지도 바꾼다」,『민족 21』, 통권 제104호(2009), 68~73쪽.

[322] 직접적으로 중국의 대외관계 레벨에 관한 문헌이나 연구물은 찾아볼 수 없었
다. 하여 필자는 중국의 국제관계를 다룬 논문, 공식 문헌, 보도 매체들에서 언
급한 관련 내용들을 종합·추론하여 그 레벨을 다음과 같이 정리하였다. 중국
의 대외관계는 낮은 레벨에서 높은 레벨로 수교관계, 선린 우호관계, 동반자
관계, 전통적 우호관계, 혈맹관계로 구분 가능하다. 이 가운데 동반자 관계는
비 전략적 동반자관계와 전략적 동반자로 나뉜다. 비 전략적 동반자관계는 협
력적 동반자관계, 건설적 협력 동반자관계, 전면적 협력 동반자관계가 있다.
전략적 동반자관계에는 전략적 동반자관계, 전략적 협력 동반자관계, 전면적
인 전략적 협력 동반자관계가 있다. 여기서 중·일 '전략적 호혜관계'는 전략적
동반자관계에서 협력적 동반자관계보다 낮은 레벨이다.

[323]「조선민주주의인민공화국과 중화인민공화국 간의 우호, 협조 및 호상원조에
관한 조약」제7조를 보면 "본 조약은 수정 또는 폐기할 데 대한 쌍방 간의 합
의가 없는 이상 계속 효력을 가진다"고 되어 있다. 즉 북·중 관계는 전통적 우
호관계를 계속 유지하고 있음을 알 수 있다. 또한 현재의 북·중 경협은 동 조
약 제5조 "…(전략) 양국의 사회주의 건설사업에서 호상 가능한 모든 경제적
및 기술적 원조를 제공하며 양국의 경제, 문화 및 과학기술적 협조를 계속 공
고히 하며 발전시킨다"의 반영이기도 하다(조선중앙통신사,『조선중앙년감
(1962년판)』(평양 : 조선중앙통신사, 1962), 162쪽).

전체 대외교역(남북교역을 제외할 경우)에서 북·중 교역액이 차지하는 비중은 2005년을 기준으로 50%를 초과하였고, 2008년에는 72.8%를 기록하였다.[324] 2004년, 2005년 양국 정상의 상호 방문으로 중국의 대북투자도 1천만 달러를 초과하며 2008년 4천 1백만 달러로 늘어났다.[325]

이 같은 현상은 국제정세의 변화 속에서 1990년대 중반부터 변화하는 양국의 대외정책이 접점을 찾으며 추진된 결과였다. 앞에서 언급했듯이 북한은 강성대국 건설을 위한 경제문제 해결과 외교적 고립의 '돌파구'로, 중국은 국내 경제 발전의 불균형구조 타개를 위한 주변 환경의 안정적 관리로 양국은 경제협력이 필요했던 것이다.

북한은 이즈음 대외무역에서 '실리'를 크게 강조하고 나섰다. 북한의 경제 관련 학회지에 직접적으로 '실리주의'라는 표현도 등장하였다. 즉, 경제사업에서 실리를 따지고 그것을 보장하는 것이 강성대국 건설에서 매우 중요한 의의를 가진다는 것이었다.[326] 2000년부터 박삼룡, 한철, 리기준, 김정길, 김영흥, 황성철, 오선희 등 북한 연구자들은 너나없이 경제사업 각 영역에서 본격적으로 '실리'를 내세웠다.[327] 렴일욱은 합영, 합작기업의 생산 경영 활동에 대한 '실리 평

[324] KOTRA, 「2011년도 북한의 대외무역 동향」, 『코트라(kotra.or.kr)』, 12-018(2012년 6월). 2000~2011년까지의 북·중 경협 현황 및 특징에 관한 세세한 내용은 이금휘, 「북·중 경제협력 활성화와 그 파급효과」, 『동북아연구』, 제27권 2호 (2012), 201~207쪽.

[325] 2008년 1월말 중국정부가 공식 허가한 대북 투자는 총 84건, 4.4억 달러, 그 중 북한과 협의된 투자총액은 2.6억 달러이다(『新華社(中國)』, 2008년 4월 24일).

[326] 리상우, 「상업의 최량성 규준과 그 리용」, 『경제연구』, 루계 제105호 제4호 (1999), 33쪽.

[327] 박삼룡, 「사회적 생산의 효과성을 높이는 것은 경제사업에서 실리를 보장하기 위한 중요한 문제」, 『경제연구』, 루계 제108호 제3호(2000), 9~11쪽; 한철, 「경제적 효과성 타산은 경제사업에서 실리를 보장하기 위한 중요 방도」, 『경제연구』,

가를 강조하면서, 더 많은 이윤을 내는 것이 투자가들의 투자목적과 기업의 생존과 관련된 사활적인 문제라고 주장하기도 하였다.[328] 김철용도 무역거래에서 실리를 지켜야 한다면서, 제한된 노력과 자재, 자금을 효과적으로 이용하여 더 많은 외화를 벌어야 할 현실에서 수출품을 많이 생산하고 무역거래를 진행하는데서 타산을 바로 하여 더 많은 이득을 얻을 것이 절실히 요구된다고 주장하였다.[329]

루계 제110호 제1호(2001), 11~13쪽; 리기준, 「건설의 실리를 보장하는데서 지하 랭동저장고 건설의 경제적 효과성」, 『경제연구』, 루계 제115호 제2호(2002), 34~36쪽; 김정길, 「사회주의 원칙을 확고히 지키면서 가장 큰 실리를 얻게 하는 것은 사회주의 경제관리 완성의 기본방향」, 『경제연구』, 루계 제118호 제1호(2003), 13~14쪽; 김영홍, 「계획화의 4대 요소를 합리적으로 분배 리용하는 것은 경제적 실리를 보장하기 위한 중요 요구」, 『경제연구』, 루계 제118호 제1호(2003), 22~24·26쪽; 황성철, 「건설에서 실리를 보장하는 것은 기본건설 발전을 위한 중요 과업」, 『경제연구』, 루계 제119호 제2호(2003), 29~31쪽; 오선희, 「실리를 나타내는 지표의 합리적 리용」, 『경제연구』, 루계 제120호 제3호(2003), 27~28·34쪽; 리광일, 「상업에서 사회주의원칙을 확고히 지키면서 가장 큰 실리를 얻기 위한 몇가지 방도」, 『경제연구』, 루계 제122호 제1호(2004), 30~32쪽; 주현, 「실리보장의 원칙에서 편의봉사활동을 진행하기 위한 방도」, 『경제연구』, 루계 제124호 제3호(2004), 30~31쪽; 리윤국, 「생산의 전문화는 실리보장의 중요 방도」, 『경제연구』, 루계 제133호 제4호(2006), 18~20쪽; 정영범, 「경제실리를 정확히 타산하는 것은 계획사업개선의 중요 요구」, 『경제연구』, 루계 제135호 제2호(2007), 16~18쪽; 김청일, 「사회주의 경제에서 실리의 중요한 특징」, 『경제연구』, 루계 제150호 제1호(2011), 15·20쪽; 정영섭, 「현시기 경제사업에서 사회주의 원칙을 고수하며 사회주의 경제의 우월성을 높이 발양시키는데서 나서는 중요한 문제」, 『경제연구』, 루계 제156호 제3호(2012), 5~6쪽; 장경진, 「과학기술을 중시하는 것은 경제관리에서 실리를 보장하기 위한 방도」, 『경제연구』, 루계 제157호 제4호(2012), 15~16쪽; 김남철, 「새 건설과 보수개건을 적절히 배합하는 것은 도시건설에서 실리를 보장하기 위한 중요 원칙」, 『경제연구』, 루계 제159호 제2호(2013), 18~19쪽; 리혜영, 「하부구조건설을 앞세우는 것은 도시건설에서 실리를 보장하기 위한 중요 원칙」, 『경제연구』, 루계 제159호 제2호(2013), 20~21쪽.

[328] 렴일욱, 「합영, 합작기업의 생산경영활동에 대한 실리평가에서 나서는 원칙적 요구」, 『경제연구』, 루계 제117호 제4호(2002), 36~37쪽.

[329] 김철용, 「무역거래에서 실리의 원칙」, 『경제연구』, 루계 제121호 제4호(2003), 31쪽.

하지만, 사회주의경제강국 건설의 요구에 맞게 대외무역을 발전
시키는데서 중요한 것은 혁명적 원칙, 사회주의 원칙을 확고히 지키
면서 실리를 보장하는 것이라는 주장도 있었다. 다른 나라와의 경제
거래를 진행하면서 경제적 이익보다 정치적 이익을 선차시하고 중
시해야 한다는 주장이었다.[330]

중국은 2002년, 후진타오(胡錦濤) 시대에 들어서면서 개혁·개방의
실질적인 확대를 추진하기 위하여 세계무역기구(WTO)에 가입하였
다. 이는 중국이 정식으로 자본주의 경제체제에 편입되었음을 의미
한다. 중국은 2003년 중공 16차 전국대표대회에서 「사회주의 시장경
제체제를 보완·보강할 데 대한 결의」를 통과시켰다. 중국은 경제체
제 개혁을 서둘러 2010년까지 완전한 사회주의 시장경제체제를 이룩
할 것을 밝혔다. 더불어 동북지역의 노후화된 공업기지를 새롭게 정
비·발전시켜야 한다는 방침을 정하였으며, 동북지역경제의 체제 개
혁 및 산업 발전계획을 국가의 주요 발전전략으로 설정하였다.

원자바오 총리는 3차례에 거쳐 중국 동부지역을 시찰한 후, 2003
년 10월에 열린 중공 16기 3중 전회에서 동북지역의 노후화된 중공
업기지의 현대화를 경제 발전의 새로운 전략으로 하는 「동북 진흥계
획」을 제기한다. 2005년에 들어와서 중국은 「동북 노후공업기지의
대외개방 확대 실시에 관한 의견(국판발 [2005] 36호 문건)」을 통해
접경국가들과의 경제무역협력을 강조하면서 '대 두만강 개발계획'으
로의 전환을 통해 두만강유역 개발을 위한 국제협력을 본격적으로
추진해 나갔다.[331] 2003~2008년 중국 지린성(吉林省)은 연간 14.3%의

---

330) 최광호, 「대외무역에서 혁명적 원칙, 사회주의 원칙을 지키면서 실리를 보장하
　　기 위한 방도」, 『경제연구』, 루계 제154호 제1호(2012), 38~39쪽.
331) 國務院辦公廳, 「關于促進東北老工業基地進一步擴大對外開放的實施意見」, 『中華

성장률을 보이며 두만강지역 개발 및 북한과의 연계 개발에 새로운 가능성을 보여주었다.

2000년대 북한의 최대 관심은 체제 유지였다.[332] 북한은 2001년 공동사설의 통해 "주체 90년은 위대한 당의 영도 따라 21세기 강성대국 건설의 활로를 열어나가야 할 새로운 진격의 해, 거창한 전변의 해"라고 하면서 경제건설에 주력하는 모습을 보여주었다. 2002년 「7·1 경제관리 개선 조치」의 실시, 경제특구의 확대 및 관련 법규의 개정이 이루어짐에 따라 중국에 대한 수출도 급상승하였다. 이 같은 상황은 2002년부터 일본이 대북 제제를 가하기 시작한 것과도 관련 있을 것이다. 일본은 2006년부터 사실상 교역 금지 조치를 취해 북·일 교역이 중단되었다.[333]

북한은 2005년 10월, 후진타오의 방문에 맞춰 「투자 촉진 및 보호에 관한 협정」을 체결함으로써 대북투자의 위험성을 감소시켜 대북투자 활성화를 위한 인프라도 구축해 나갔다.[334] 같은 해 10월 10일

人民共和國國務院公報(中國)』, 23期(2005); 원동욱, 「북·중 경협의 빛과 그림자: '창지투 개발계획'과 북·중 간 국경 연계 개발을 중심으로」, 『현대중국연구』, 제13집 1호(2011), 53쪽.

[332] 『로동신문』, 2002년 10월 25일자.

[333] 김석진, 「북·중 경협 확대 요인과 북한경제에 대한 영향」, 『KDI 북한경제리뷰』, 1월호(2013), 96쪽.

[334] 북한에서는 관계 법 체계가 확립되었다고 주장한다. 먼저 외국인투자의 기본 원칙에 대한 규제로 「헌법」 제37조에 "국가는 우리나라 기관, 기업소, 단체와 다른 나라 법인 또는 개인들과의 기업합영과 합작, 특수경제지대에서의 여러 가지 기업창설운영을 장려한다"고 규정하였다. 그 외 「조선민주주의인민공화국 외국인투자법」이 있으며, 직접투자방식과 관련하여 「조선민주주의인민공화국 합영법」, 「조선민주주의인민공화국 합작법」, 「조선민주주의인민공화국 외국인기업법」, 「조선민주주의인민공화국 외국투자은행법」이 있다. 또 특수경제지대 관계를 규제하는 대표적인 법은 「조선민주주의인민공화국 라선경제무역지대법」, 「합영기업창설 및 경영규정」, 「합작기업창설 및 경영규정」, 「재정관리규정」 등이 발표되었다. 부동산임대관계를 규제하는 법과 규정에서

중국의 5000만 달러 상당의 무상원조로 조업을 개시한 대안친선유리
공장은 '북·중 간 우호의 상징'이었다.[335] 게다가 "정부 인도·기업
참여·시장 원칙"의 12자 방침을 북·중 경협의 원칙으로 제기하였
다. 이렇게 북·중 경협은 양국의 국경지역 개발프로젝트와 연동되
어 그 추동력을 보장받게 된다. 이로써 중국이 북핵 제재에 동참하
였음에도 불구하고, 북·중 교역액은 상승세를 보여주었다.[336] 동시
에 2000년 남북 정상회담이 이루어져 「6·15 남북공동선언」을 발표
하였고, 남북관계도 크게 개선되었다.

기본을 이루는 것은 「조선민주주의인민공화국 토지임대법」과 「라선경제무역
지대 건물 양도 및 저당 규정」이며, 외국투자기업 및 외국인 세금관계로는 「조
선민주주의인민공화국 외국투자기업 및 외국인 세금법」과 「라선경제무역지대
및 외국인세금규정」이 있다. 그 외 「조선민주주의인민공화국 외화관리법」,
「조선민주주의인민공화국 대외경제중재법」, 「라선경제무역지대 기업소관리운
영규정」 등이 있다(전경진, 「외국투자에 대한 법률적 고찰」, 『정치법률연구』,
루계 제32호 제4호(2010), 49~50쪽; 전경진, 「공화국 외국투자관계법 체계에 대한
이해」, 『정치법률연구』, 루계 제33호 제1호(2011), 42~43쪽; 강철수, 「우리나라
외국투자기업회계 관련 법규의 규제범위와 국제회계기준의 리용 가능성」, 『경
제연구』, 루계 제160호 제3호(2013), 47~49쪽; 오창혁, 「국제투자법관계의 당사
자인 국가에 대한 리해에서 나서는 중요한 문제」, 『정치법률연구』, 루계 제34호
제2호(2011), 49~50쪽).

[335] 중국 우의(吳儀) 국무원 부총리의 방북 시 일련의 흐름을 보면 중국이 북한에
대한 기본적인 최소 원조와 협력에만 그쳤던 것과 완전히 다른 양상이었다.
2005년의 후진타오 주석의 방북 때 북과 맺은 「경제 기술 협력 협정」은 북·중
간의 경제협력이 달라질 것을 예고한다(정영철, 「혁명2세대와 혁명4세대의 만
남 : 북·중 관계 새 장을 열다」, 『민족 21』, 통권 제57호(2005), 85~86쪽); 윤지
훈, 「발걸음 빨라진 중국의 대북 투자 '동방의 엘도라도'를 잡아라」, 『민족 21』,
통권 제95호(2009), 97쪽.

[336] 북한의 2005년도 무역은 1991년 이후 최대 규모인 30억 달러를 넘어섰다. 민족
내부거래인 남북교역까지 합하면 40억 5천 700만 달러이다(『연합뉴스』, 2006년
5월 8일). 북·중 무역규모도 2001년 7억 4천만 달러에서 2005년에 15억 8천만
달러로 늘었다. 5년 동안 연평균 28% 증가했던 것이다(『연합뉴스』, 2006년 10
월 18일).

　하지만 김정일 국방위원장은 "제국주의 반동세력은 세계 사회주의체계의 붕괴를 기회로 하여 반제자주역량에 대한 공세를 강화하였으며 특히 세계 유일 초대국으로 대두한 미제국주의는 국제무대에서 강권과 전횡을 부리고 다른 나라들의 자주권을 난폭하게 유린하면서 세계제패의 야망을 실현해보려고 침략과 전쟁정책을 더욱 악랄하게 추구하여 나섰습니다"고[337] 계속 주장하였다. 이런 인식 하에서 2002년 2차 북핵 위기, 2005년 북한의 핵 보유 선언,[338] 2006년 1차 북 핵실험이 순차로 발생하였다.

　중국은 한반도문제의 평화적 해결을 위하여 2003~2007년 사이 6차례의 '6자 회담'을 이끌어냄으로써 세계정치무대에서 중국의 영향력을 과시하였다.

　미국도 더 이상 북핵과 관련하여 중국의 도움 없이 문제를 해결할 수 없다는 사실을 어느 정도 인정하였다. 이러한 추세에 상응하여 미국은 '중국 위협론'을 대체할 새로운 개념으로서 "책임 있는 이해 상관자론"을 제시하여 중국이 국제사회에서 책임 있는 역할을 수행하면 이에 대해 미국은 국제사회에서 중국의 역할과 이익을 인정하겠다는 부시행정부의 입장을 개념화하였다. 2001년 '9·11 사태' 이후 2005년 8월~2007년 12월 수차례 양국 전략적 대화의 진행은 중·미 관계가 '경쟁자'에서 '이해 상관자'로 전환하였음을 의미한다.

　실제적으로 중국은 이 시기 국내경제 발전문제를 악화시킬 국제

---

[337] 김정일, 「선군혁명로선은 우리 시대의 위대한 혁명로선이며 우리 혁명의 백전백승의 기치이다(2003년 1월 29일)」, 조선로동당출판사 편, 『김정일선집(제15권)』(평양: 조선로동당출판사, 2005), 354쪽.
[338] 2005년 2월 10일, 북한은 핵무기 보유를 선언했다. 그들은 핵 개발 이유를 미국의 '대북 고립 압살 정책'에 맞서서 "우리 인민이 선택한 사상과 제도, 자유와 민주주의를 지키기 위해"서라고 했다(『로동신문』, 2005년 2월 10일자).

적 갈등 회피가 최우선이었다. 따라서 2003년 11월, 12월 제기한 '화평 굴기(和平屈起 : 세계평화를 지지하면서 대국으로 발전하겠다는 뜻)'를 2004년에는 보다 유연한 표현인 '화평 발전(和平發展)'으로 바꾸었고, 2005년에는 '조화 세계(調和世界)' 구축을 핵심으로, '주변 환경의 평화와 안정'의 추구를 대외정책의 기조로 세웠다. 즉 현실적인 측면에서 중국은 미국과의 '이해 상관자 관계'에 호응한 셈이다. 이는 2003~2008년 네 차례 타이완해협 '소'위기[339]가 양국 간 공조로 '관리'된 사례에서 잘 보여준다. 즉 공통적인 이해관계가 존재하는 부분에서 중국과 미국은 함께 타이완해협에서 평화와 안정을 유지하고, 현상유지를 선호하였다.

반면 중국은 여전히 미국이 암암리에 타이완의 독립세력을 지원한다고 평가하고 있었다. 다만 타이완문제에서 미국과의 군사적 충돌을 피하고자 하였고, 타이완문제를 경제·인적 교류의 강화를 통해 평화적으로 해결할 수 있다고 인식하였다. 2008년 타이완에 새정부가 들어서면서 양안관계는 비로서 본격적으로 호전되기 시작하였다. 또 미국의 2008년 경제위기로 중국과의 협력에 의존해야 하는 상황이었고, 경제협력은 날로 밀접해졌다.

2005년 10월, 미국은 북한 '위조지폐 사건'을 문제 삼아 대북 금융제재 등에 나섰다.[340] 당시 북한은 중국이 미국의 계좌추적에 협력

---

[339] 타이완해협 '소'위기는 2000년 이전의 타이완해협 위기에 비해 정도가 낮고 무력 및 군사적 대치국면으로 가지 않았음을 고려하여 '소'위기 또는 '준'위기로 평가한다(陶文釗, 「中美關係中的臺灣問題」, 中國社會科學院國際研究學部, 『中國對外關係 : 回顧與思考 1949~2000』(中國 : 社會科學文獻出版社, 2009), 283쪽).

[340] 부시행정부는 대외정책을 개괄하는『국가안보전략보고서』등에서 북한을 "폭정국가", "선제공격대상", "대량살상무기 전파국"으로 지목했다. 미국행정부는 인권·종교·마약·위조지폐 등의 문제를 북한과 연계시켜 북한에 대한 봉쇄의 강도를 높여 나갔다.

했다고 보고 불신감을 표시했다. 중국은 2007년 3월 북·미 양자회
동 끝에 협의된 미국의 행정조치로 자국의 은행 신용도에서 타격을
받았다. 중국은 2006년 10월 핵실험을 감행한 북한에 대해서 "제멋대
로(悍然)"라는 표현까지 사용하며 사상 처음으로 대북 제재결의안인
「안보리 결의 1718호」에 찬성한다.341) 그러나 중국은 실질적인 제재
에 참여하지 않은 채, 핵실험 이후 10여 일 만에 탕자쉬안(唐家璇) 국
무위원이 방북하여 6자 회담의 복귀를 약속받는다.342)

　하지만 북한은 중국의 중재역할마저 부인하며, 북·미 직접 대화
를 추구하는 방향으로 선회했고 결과적으로 '9·19 공동성명' 발표에
이어 '2·13 합의', '10·3 합의'를 도출해낸다. 이 과정에 '중국 배제
론'이 현실화되었고, 중국의 북핵문제 해결에서의 한계를 드러냈다.

　2008년 6월 중국 차세대 국가주석으로 지목받은 시진핑(習近平)
국가 부주석이 북한을 공식 방문하였다. 시진핑 부주석은 "중·조 친
선 협조관계를 끊임없이 공고 발전시키는 것은 중국 당과 정부의 확
고한 방침"이라며 "중국 측은 조선 측과 함께 두 나라 사이에 각 분
야에서의 교류와 협조를 끊임없이 심화시킴으로써 두 나라 인민에
게 큰 행복을 가져다 주고 이 지역에 항구적인 평화와 공동의 번영
을 이룩하기 위해 큰 기여를 할 것"이라고 밝혔다. 시진핑 부주석은
김정일 국방위원장과의 면담에서 북·중 관계를 "피로써 얽혀진 관
계"로 표현하였고, 북한의 6자 회담 복귀를 약속받았다.343)

---

341)『人民日報(中國)』, 2006년 10월 10일자.
342)『人民日報(中國)』, 2006년 10월 20일자.
343) 시진핑 부주석은 이 자리에서 "현재 6자 회담은 잠시 동안의 어려움을 극복해
　　서 다시 전진하려는 기회를 맞고 있다"며 "각 회원국이 함께 노력해 6자 회담
　　이 새로운 단계로 진입하기를 바라며 중국은 이를 위해 건설적 역할을 하면서
　　북한과 대화와 협력을 강화하기를 바란다."고 밝혔다. 이에 김 국방위원장은

이 일련의 사실들로부터 볼 때 중국은 대북정책에서 결국 현실적으로 '전통파'의 관점을 좀 더 우위로 채택하였음을 알 수 있다. 즉 앞에서 언급했듯이 2006년 1차 북 핵실험 이후 중국 내부에는 대북정책을 둘러싸고 치열한 논쟁 끝에 '전통파'와 '전략파' 양대 진영으로 나뉘어졌지만, 북한을 보는 입장에서 중국 전통파의 '전략적 자산'이나 전략파의 '전략적 부담'이나 모두 북한의 '전략성'을 강조하고 있다. 〈표 2-1〉에서 보다시피 북한 행위가 중국의 '전략성'에만 초점이 맞춰지는 것도 아니다. 북한은 1950년대부터 줄곧 '주체'를 강조하며 '자율성'을 보여 왔다. 즉 1950년대에 형성된 북·중 관계의 갈등과 협력의 틀이 현재에도 계속 유지되고 있는 것이다. 다만 북핵문제가 터지면서 더욱 확대되었을 뿐이다.

이를 두고 "북한은 중국의 말을 듣지 않는 아이", "중국은 북한의 인질"이라 평가하기도 한다. 게다가 중국의 세계무역기구 가입 또는 북한의 제한적인 개방정책은 헨리 키신저가 "전쟁(2차례의 세계대전과 냉전)이 20세기의 세계정치를 지배했다면 21세기에는 경제가 지배적 지위를 차지할 것이다"고 전망하였던 것처럼,[344] 탈냉전과 더불어 "세계 사무의 중심무대"에 위치한 국가 간의 경쟁은 이미 과거의 정치·군사적 무대에서 경제적 무대로 전환하였음을 확인시켜 준다.[345]

"6자 회담이 우여곡절은 있었지만 많은 부분 중요한 협의와 합의를 이룩했다"며 "중국이 6자 회담 의장국으로서 중요한 역할을 해온 만큼 앞으로도 중국과 좋은 협력을 계속해 나가기를 바란다"고 화답했다(KOTRA 글로벌 윈도우, 『북한경제정보』, 2006년 6월 25일자).
[344] 陳才, 「地緣關係與世界經濟地理學科建設」, 『世界地理研究(中國)』, 第10卷 第3期 (2001), 2쪽.
[345] E.N Luttwak, *The Endangered American Dream*, New York : Siomn and Schuster, 1993(韓銀安, 「淺析地緣經濟學」, 『外交學院學報』, 總第75期 第1期(2004), 70쪽에서 재인용).

세계화·시장화 추세 속에서 양국의 '전략성'은 원하든 원하지 않
든 고전지정학적 가치에서 경제지정학적 가치의 추구로 변화 발전
하는 계기로 되었다. 따라서 '경제적 관계'는 '중 → 강'으로 평가한다.

하지만 모두 전쟁을 원하지 않는다고 하지만 여전히 충돌은 존재
하기 때문에 북·중 양국의 대미관계에서의 안보 이익 역시 존재한
다. 이러한 측면에서 〈표 3-15〉에서와 같이 '안보 이익'은 '중 → 약'
으로 평가할 수 있다. '이데올로기'적 관계를 보면 비록 '피로서 얽혀
진 관계'란 표현을 다시 사용하긴 했지만, 이 역시 과거의 '혈맹'을 의
미하는 것으로 보여지지 않기에 '약', '전통적 관계'도 '약'이라 할 수
있다.

2. 신 북·중 경협시대의 도래와 북·중 경제지정학적 관계의 심화(2009년~2013년)

북·중 경협은 지속적으로 활성화하였다. 중국 중앙정부는 2008년
6월 국가발전계획위원회 주도로 1992년과 1999년 편제된「중국 두만
강지역개발계획(中國圖們江地區開發規劃)」에 대한 수정작업을 거
쳐,346) 부진했던 '두만강지역 개발계획'을 '중국 두만강지역합작개발
규획강요-창지투 개발 개방 선도구를 중심으로(中國圖們江區域合作
開發規劃綱要-以長吉圖爲開發開放先導區/창지투 개발계획)'으로 수정

---

346) 1992년 다자간 협력체제로 북한·중국·러시아의 경계지대인 두만강 하류지역
을 개발하고 동북아 지역의 경제협력을 확대하기 위해 계획하였다. 남·북한,
중국, 러시아, 몽골의 5개국이 참여하여 두만강유역개발계획(TRADP)을 추진하
였고, 2001년부터는 두만강 접경지역에 대한 한국·일본을 포함하는 동북아
지역사업으로 확대하였다.

하여 중앙정부의 프로젝트로 격상시켰다.[347] 이 계획은 중국 중앙정부 차원에서 처음으로 비준한 변경지역 개발계획으로 기타 변경지역의 초 국경 광역 경제권 형성에도 파급효과를 기대한 것이었다.[348]

이를 위해 중국은 2008년 9월 29일 창춘-지린-연길(延吉)-도문(圖們) 고속도로의 전 구간을 개통하였고, 2010년 12월 30일 2007년부터 시작되어 건설되었던 창춘-지린 도시 간 고속철도를 개통하였다.[349] 북·중 경제협력 및 북·중 관계를 중국의 '동북 진흥전략'과 '창지투 개발계획' 차원에서 바라볼 때, 두만강지역 개발을 위한 두 나라의 도로 건설은 관건 사안일 것이다.[350]

2009년 3월 북한 김영일 총리가 중국을 방문하였고, 2달 후인 5월 25일 북한은 2차 북 핵실험을 단행하였다. 중국은 핵실험 직후 소집된 중앙외사영도소조(中央外事工作領導小組) 회의에서[351] 북핵문제

---

347) 吉林市社會經濟統計年鑒 編委會, 「中國圖們江區域合作開發規劃綱要—以長吉圖爲開發開放先導區」, 『吉林市社會經濟統計年鑒』(中國 : 中國統計出版社, 2010), 3~8쪽; 『人民日報(中國)』, 2009년 11월 17일자; 『人民日報(中國)』, 2009년 11월 25일자.

348) 吳昊, 「長吉圖開發開放先導區 : 探索統籌區域發展的新模式」, 『吉林大學社會科學學報(中國)』, 第2期(2010), 11쪽~13쪽; 원동욱, 「북·중 경협의 빛과 그림자 : '창지투 개발계획'과 북·중 간 초국경연계개발을 중심으로」, 『현대중국연구』, 제13집 1호(2011), 48쪽.

349) 『吉林日報(中國)』, 2008년 9월 29일자; 『吉林日報(中國)』, 2010년 12월 31일자.

350) 張玉山, 「朝鮮經濟政策變化對中朝圖們江區域合作的影響」, 『朝鮮韓國歷史研究(中國)』, 第13期(2011), 446쪽.

351) '중앙외사공작영도소조(中央外事工作領導小組)'는 "중국공산당 중앙정치국이 외교사무를 영도하고, 국가안전사무를 논의하고, 조율하는 중앙 직속 기구"이며, '중앙국가안전영도소조(中央國家安全領導小組)'라고도 한다. 중국의 외교정책과 국가안전과 관련된 모든 사무가 중국공산당 중앙외사공작영도소조에서 결정된다. 중국공산당이 국가의 중대사를 결정하도록 한 중화인민공화국 헌법 전문의 정신에 따라 설치됐다. 그 실무는 1998년 8월에 설치된 중공중앙외사판공실(中共中央外事辦公室) 즉, 국무원외사판공실(國務院外事辦公室)에서 담당

와 북한문제를 연계시키지 않는다는 방침을 정한 것으로 알려졌다. '조선 반도의 비핵화(無核), 평화(不戰)와 안정(不亂)'에 대한 원칙을 정했는데, 그런데 우선순위가 전쟁 방지, 북한의 체제 안정 유지, 비핵화였다.[352] 중국은 개혁·개방 지속을 위해서 국내외 정세의 안정이 최우선이라고 말한 덩샤오핑의 "안정이 모든 것을 압도한다(穩定壓倒一切)"는 방침을 다시 확인한 것이었다. 특히 2008년 세계 금융위기 파장 속에서 안정적인 동북아 지역 질서를 유지하는 것이 중국에 유리하다고 판단한 것이다.

중국은 대북제재 결의안인 「안보리 1814호」에 동참한지 5개월 후인 2009년 10월 4일~6일에 원자바오 총리가 수교 60주년에 맞춰 방북하여 「조·중 정부사이의 경제기술 협조에 관한 협정」을 체결하였다.[353]

북·중 관계 강화에 '촉매 역할'을 한 것은 2010년의 '천안함 피격'과 '연평도 포격' 사건의 발발이었다. 두 사건은 한반도 긴장 고조와 한·미 동맹 강화라는 상황을 만들었고, 북한의 외교적 고립 심화로 이어지면서 북·중 양국 간의 관계를 역설적으로 강화시켜 주었다.[354]

하고 있다. 마오쩌둥 시대에 한때 폐지됐다가 덩샤오핑이 개혁·개방 정책을 실시한 1981년 당 중앙의 결정으로 다시 설치됐다. 조장은 국가주석, 부조장은 국가부주석, 멤버는 국무원의 외교담당 부총리 또는 국무위원과 외교부장, 국방부장, 공안부장, 국가안전부장, 상무부장, 홍콩마카오판공실 주임, 화교판공실 주임, 신문판공실 주임, 당중앙선전부장, 대외연락부장, 인민해방군 총참모부장이다. 명실 공히 당·정·군(黨政軍)의 최고 책임자들이 참여하고 있다.

[352] 蔡建, 「中國在朝核問題上的有限作用」, 『韓國研究論叢(中國)』, 1期(2012), 100쪽.
[353] 조선중앙통신사, 『조선중앙년감(2010년판)』(평양 : 조선중앙통신사, 2010), 327쪽.
[354] 중국공산당 중앙당교 교수 장롄구이는 중국의 황금평 투자에 대하여 천안함, 연평도 사건 이후 미국에 대항하라는 여론을 배경으로 한 미국 견제용이라고 견해를 밝혔다(『南方人物週刊』 2011년 6월 17일자); 장경일, 「'천안'호사건을 계기로 3각 군사동맹을 강화하기 위한 미제의 책동과 그 위험성」, 『김일성종합

그 결과가 2010년 8월~2011년 5월 김정일 위원장의 세 차례 연이은 방중이었다. 양국은 정상회담에서 "대를 이은 조·중 친선"의 관계를 대내외에 과시하였다. 당시 중국은 중국공산당 중앙정치국 상무위원회 위원 9명 전원이 나서서 김정일 국방위원장을 환대하였다.[355] 중국의 이런 예우는 다른 국가의 경우에 전례가 거의 없었다.

〈표 3-18〉은 2010년 5월부터 2011년 5월까지 김정일 국방위원장의 연이은 중국 방문과 정상회담을 정리한 것이다.

〈표 3-18〉 2010~2011년 북·중 정상회담 내역

序	일시	회담 주체	장소	회담 주제	비고
44	2010.5	후진타오 -김정일	베이징	-천안함, 연평도 사건 직후 중국 방문과 정상회담 -전략적 소통 강화 등 협력 5개안 제시	비공식
45	2010.8	후진타오 -김정일	창춘	-창지투 개방 선도구 방문 -한미합동 군사훈련 이후 중국 방문	비공식
46	2011.5	후진타오 -김정일	베이징	-김정일의 연속 3회 중국 방문과 정상회담	비공식

이 같은 분위기는 곧 바로 양국 접경지역 개발로 이어졌다. 제일 주목을 끈 것이 다음의 〈표 3-19〉에 정리한 나선,[356] 황금평·위화도 경제특구[357] 공동개발사업이다.

대학학보(력사·법률)』, 제59권 제2호(2013), 87쪽.

355) 『조선중앙통신』, 2011년 5월 27일; 『鳳凰網(ifeng.com)』, 2010년 5월 8일; 『CCTV 13 뉴스(中國)』, 2011년 5월 25일.

356) 북한은 나선무역지대를 통한 대외경제협력과 교류를 더욱 확대 발전시키기 위하여 2011년 12월 3일 최고인민회의 상임위원회 정령 제2007호로 「조선민주주의인민공화국 라선경제무역지대법」을 수정하여 발표하였다. 새 법에서는 토지 임대기간을 50년까지로 하며, 임대기간이 끝난 다음 계약을 다시 맺어 토지를 계속 이용할 수 있도록 하였다(리광혁, 「라선경제무역지대 개발제도의 기본내용」, 『정치법률연구』, 루계 제40호 제4호(2012), 43~45쪽). 동시에 자유무역항제도를 확립하였다(신기섭, 「공화국 자유무역항제도의 기본내용」, 『정치법률연구』, 루계 제40호 제4호(2012), 42~43쪽.).

황금평, 위화도 경제지대 공동개발, 공동관리 대상착공식(2011. 6. 8.)

라선경제무역지대 조중 공동개발 및 공동관리 대상착공식(2011. 6. 8.)

357) 북한은 1984년 외국의 직접 투자를 유도하려는 목적으로「합영법」을 제정하였
    으나 실패하자, 1991년 12월, 나진·선봉 경제특구를 지정하였다. 그러나 대외
    환경의 악화 등으로 투자액이 기대치 이하에 머무르면서 실패하였다. 2002년
    에 신의주 행정특구를 지정하였지만, 중국의 비협조로 무산되었다. 북한은 새
    롭게 중국과 공동작업을 통한 경제특구 개발을 추진하였으며, 그 첫 결실이
    '황금평-위화도 경제특구'였다. 현재 북한은 금강산 관광지구와 개성 공업지
    구, 나선, 황금평·위화도까지 4개의 특구를 운영하고 있다.

라선-금강산 시범 국제관광(2011. 8. 29 ～ 9. 2.)

이들 사업은 2012년 8월 북한 장성택 국방위원회 부위원장의 방중 이후 더욱 활기를 띠었다.[358]

중국과 북한 사이의 접경지역인 압록강과 두만강 유역 공동개발 현황은 〈표 3-19〉와 같다.[359]

---

[358] 염규현, 「황금평-라선 동서 양축 기반 동해·서해 경제특구 부상한다」, 『민족 21』, 통권 139호(2012), 34~36쪽.

[359] 유병규 외, 「북·중 접경지역 개발 현황과 파급효과」, 『경제주평』, 442호(2011), 3쪽; 김병송, 「'창지투 선도구'와 나선특구 개발 전망」, 『통일문제연구』, 통권 55호(2011), 4~5쪽; 김일한, 「북한의 대외경제에 대한 인식과 북·중 경협」, 『글로벌정치연구』, 제4권 1호(2011), 20쪽; 염규현, 「황금평-라선 동서 양축 기반 동해·서해 경제특구 부상한다」, 『민족 21』, 통권 139호(2012), 37~39쪽 등을 참고하여 재구성.

〈표 3-19〉북ㆍ중 접경지역 개발 현황

	중국	북한
개발 의도	동북3성 경제 개발	접경지 경제특구 개발, 외자 유치
집중 개발	접경지 인프라 개발	경제특구 활성화
압록강 지역	랴오닝 연해 경제 발전계획(2009. 7)	신의주특별행정구(2002. 9)
	황금평경제지대 -신압록강대교 건설 추진(2010. 12. 31 착공→2014.7 개통 예정) -압록강 유역발전소 건설사업 추진(2010. 3. 31 착공) -황금평ㆍ위화도 경제지대 개발(2011. 6. 8 착공) -북ㆍ중 공동개발 및 공동관리을 위한 황금평경제특구관리위원회 청사 착공식 (2012.9.15) -평양국제공항 건설(대상 규모 1200만 수용량/년; 대상투자 12억 달러) -남포IT산업단지(개발면적 30평방 키로미터) -농업기지 건설(총투자규모 15억 달러) -단둥(丹東)의 전기, 통신, 용수 등 기초시설 연결 계획 -수해방지 대책으로 홍수방어벽 건설 계획 ※북한의 개발 구상 : 황금평을 축으로 서해안 경제벨트(황금평ㆍ위화도→ 신의주→평양→남포→해주)	
두만강 지역	창지투 개발계획(2009. 8)	나선자유경제무역지대(1991. 12)
	나선경제무역지대 -나진항 개보수 및 독점사용권(2009. 10 합의) -나선시를 특별시로 승격(2010. 1. 4) -두만강대교 보수공사(1차 : 훈춘~원정리 2010. 6. 1 완료) -나선경제무역지대 북ㆍ중 공동개발 및 공동관리 착공식(2011.6.9) -「나선자유경제무역지대법」 개정(2010. 1. 27 / 2011. 12) -원정리~나진항 도로 개건(2차 공사 : 2012. 8 준공) -고효율 농업시범구 건설 -5개 통로 구축 : 통로1 훈춘(琿春)~원정리~나진항 연결도로(2012. 9 개통) 　　　　　　　통로2 회령~삼합(三合) 다리 보수(2012. 8 완료) 　　　　　　　통로3 도문(圖們)~청진항 철도 현대화 　　　　　　　통로4 도문~홍성리 연결 철도 복선화 　　　　　　　통로5 도문~나진 철도 현대화 -항만 : 나진항 1호 부두(중국 10년 사용권); 4ㆍ5ㆍ6호 부두(중국 50년 사용 권); 청진항 3ㆍ4호 부두(중국 15년 사용권); 단천항 개발 합의 -청진중공업지구(개발면적 50평방 키로미터, 총 투자규모 180억~200억 달러) -김책광업제련단지(부지면적 50평방 키로미터, 총 투자 80억 달러) -원산ㆍ금강산(관광, 여행) ※북한의 개발구상 : 나선을 축으로 동해안 경제벨트(청진→김책→원산ㆍ 금강산)	

왜 중국과 북한이 북핵문제 등에서 '노골적인 반감'을 상호 드러냈음에도 불구하고, 교역부분에서 급성장을 지속해 왔을까?

그 해답은 〈표 3-19〉에서 보는 바와 같이 북한과 중국의 '유무 상통(有無相通)에 있다.[360] 무엇보다도 북한은 중국의 자본이 필요하고, 중국은 동해 방향으로 교통로와 항구가 필요한 것이다.

중국과 한국의 학계에서는 이 같은 현상에 대하여 "중국이 북한문제와 북핵문제를 분리시켜 접근한다."고 주장하기도 한다. 문흥호는 2004년 4월 19일 후진타오 체제 출범 이후 북·중 관계가 '실리주의' 원칙에 입각하여 발전했다고 평가한다.[361] 이희옥은 중국은 북한문제와 북핵문제를 이원적으로 접근하면서 새로운 북·중 관계의 틀을 구축했던 것으로 본다. 그는 이같은 방침이 2009년 7월 중국공산당 외사영도소조(外事領導小組 ; 助長 후진타오), 재외공관장 회의 등을 거치면서 구체화됐을 것이라고 예측하고 있다. 그 결과 "피로 맺은 (양국)관계"라는 표현이 다시 등장했고, 북·중 경협도 "중국 당·정의 확고부동한 방침"으로 활성화됐다는 입장이다.[362] "피로 맺은(양국)관계"라는 표현의 재등장에 대해 히라이와 슌지는 1950년대 이후 북·중 양국은 반복적으로 '순망 치한 관계'를 확인하지만, 그 시점에서도 양국관계는 미묘한 갈등을 내포하고 있었다고 주장한다.[363]

[360] 滿海峰, 「新時期中朝關係定位與中朝邊境地區經濟合作發展」, 『遼東學院學報(中國)』, 第13卷 第6期(2011), 121쪽.
[361] 문흥호, 「후진타오 집권기 중국의 대 북한 인식과 정책 : 변화와 지속」, 『북한, 어디로 가는가?』(서울 : 플래닛미디어, 2009), 186~187 · 197쪽; 이희옥, 「북·중 관계의 변화와 한국의 대응」, 『중국의 부상에 따른 한국의 국가전략 연구 1』 (서울 : 대외경제정책연구원, 2009), 194 · 211쪽.
[362] 이희옥, 「김정일 방중, 중국 그리고 6자 회담」, 『한반도 포커스』, 제7호(2010).
[363] 平岩俊司, 『朝鮮民主主義人民共和國と中華人民共和國 : 「脣齒の關係」の構造と變容』(橫浜 : 世織書房, 2010), 37~38쪽.

왜 양국관계는 갈등하면서도 이런 양상을 보여줄까?

북한은 2010년 '천안함 사태'에 따른 한국 정부의 '5·24 대북 제재 조치' 이후 경제난 해소를 위해 중국과의 경제협력을 급속히 확대해 나갔다. 이와 관련하여 김석진은 남북관계의 악화 등을 북·중 경협이 확대된 잠재적 원인으로 지목하였다.[364]

중국은 2010년에 일본을 제치고 세계 제2의 경제대국으로 부상하였고, 이에 걸맞게 국제정치무대에서의 영향력도 확대하였다. 이는 글로벌 차원의 실질적인 'G2'와는 거리가 멀다 해도 이를 동북아 지역에 국한하면 'G2'에 비견할 만한 실력을 갖게 되었다고 볼수 있을 것이다. 미국의 2010년 「4개년 국방검토보고서」에서도 중국의 부상으로 인한 영향력 확대를 견제할 목적으로 '미·일 동맹', '한·미동맹' 강화를 통해 주한미군을 전진배치에서 전진주둔으로 전환하려는 내용들을 담고 있다.[365] 현실적으로도 한·미·일 연합군 합동군사훈련은 중국 견제를 겨냥한 것으로 해석되었다.

이제 중·미 양국은 일방적인 우위를 추구하거나, 상대에 절대적인 불이익을 강요하기 어려운 상황으로 바뀌었다. 중·미 관계가 갈등과 협력의 이중성을 안고 있다는 것도 너무나 당연한 일로 받아들여졌다.[366] 때문에 중국 영향력 확대로 미국의 '상대적 쇠락'이라는

---

364) 김석진, 「북·중경협 확대 요인과 북한경제에 대한 영향」, 『KDI 북한경제리뷰』, 1월호(2013), 96~106쪽.

365) 현실적으로는 2009년 6월 16일 한·미 정상회담에서 한·미 동맹을 '21세기 전략동맹관계'로 격상하였다. 이는 한·미 동맹이 양자동맹이 아닌 더욱 포괄적인 지역동맹으로 그리고 글로벌동맹으로 확대해 나가겠다는 새로운 비전을 내포하고 있다.

366) 김흥규, 「새로 쓰는 동북아 안보지도와 한국 : 중국 부상의 안보적 함의」, 이상현 편, 『새로 그리는 동아시아 안보지도 : 중국 부상의 안보적 함의』(서울 : 세종연구소, 2011), 193쪽.

측면에서 '안보 이익'은 〈표 3-15〉와 같이 '약'으로 볼 수 있다.

한편 북한도 2010년 1월 4일 나선시를 특별시로 승격시키고, 「나선경제무역지대법」을 개정·발표하였다.367) 7월에는 이를 추진하기 위한 전문부서인 조선 합영투자위원회를 내각 산하에 설치하는 등 대내외적인 법적·제도적 장치를 정비해나갔다.368) 합영투자위원회가 중국에서 외자 유치를 위해 어떤 내용으로 활동하는지에 대해서는 이 책의 끝 쪽에 실린 부록 1. 〈조선민주주의인민공화국에서의 특수경제지대 개발 실태와 전망〉을 참고할 수 있을 것이다.

중국은 「조·중 나선 경제무역지대와 황금평 경제지대 공동개발 총 계획요강」에 조응해 26억 달러의 투자규모 계획을 세웠다. 2009년 실제 대북 투자액은 4.6억 달러였다.369) 2012년 북·중 교역은

---

367) 이 법은 나선경제무역지대를 경제특구로 명시하고, 투자유치사업에 대한 국가적 역할을 강조했다. 법 제2조 '나선 경제무역지대의 지위'에서 나선지대를 '특수한 경제지대'로 정의했으며, 그 지위에 투자와 관광지역의 역할도 포함시켰다. 또한, "나선 경제무역지대에는 조선민주주의인민공화국의 주권이 행사된다"고 명문화했다. 법 제9조 '나선 경제무역지대 지도기관의 임무와 권한'을 개정하여 나선지대의 관리기관이 투자유치 사업은 물론 중요 투자대상에 대한 심의와 승인의 임무도 담당하도록 규정했다. 나선지대의 관리운영기관도 기존의 '중앙무역지도기관, 해당 중앙기관과 나선시 인민위원회'에서 '나선경제무역지대 지도기관과 나선시 인민위원회'로 변경했다. 외국인 투자와 관련된 조항도 수정·보충했다. 법 제3조 '투자분야와 투자장려 부문'을 신설하여 투자장려 대상 등을 정의하고, 법 제39조 '기업소득세율'에 장려부문에 대한 기업소득세율의 감면(14%→10%) 혜택을 추가했다. 법 제20조 '기업과 특수경제구의 운영'에서는 내각의 승인에 따라 투자가가 나선지대에 지사·대리점 등을 창설·운영하도록 규정한 조항을 폐지함으로써 규제를 완화했고, 공업구·농업구·과학기술구 등의 특수경제구 설립·운영에 대한 내용도 새로 규정했다. 또한 법 제21조 '지대 밖의 기관·기업소·단체와의 경제거래'를 신설하여 나선지대의 투자기업과 나선지대 밖의 북한 기관·기업소·단체 사이의 경제거래를 허용했다.
368) 내각의 합영투자지도국을 합영투자위원회로 확대 개편하였으며, 2014년 6월에 다시 무역성, 국가경제개발위원회 등과 합쳐져 대외경제성으로 바뀌었다.
369) 권영경, 「신북·중 경협시대의 도래와 우리의 대응과제」, 『평화연구』, 제13권

60.3억 달러로 늘어났다.[370] 두 차례 북한의 인공위성 발사가 있었음에도 불구하고 전년 대비 7% 증가하였던 것이다.

북한은 2012년 12월 12일 장거리 로켓('은하 3호')을 발사하였다. 유엔 안전보장이사회는 기존 결의 1718호와 1874호를 확대, 강화한 결의 2087호를 채택했다. 중국도 여기에 찬성하였다.[371]

북한은 「결의 2087호」에 대해 "안보리는 미국 논리에 놀아나는 꼭두각시", "6자 회담을 끝났다", "3차 핵실험을 진행하겠다"고 격하게 반발하였다.[372] 2월 12일 북한은 3차 핵실험에

북한이 공개한 '은하 3호' 발사 모습

1호(2012), 158·163쪽.

[370] 『參考消息(中國)』, 2012년 12월 31일자; 『연합뉴스』, 2013년 2월 5일.

[371] 유엔 안전보장이사회가 채택한 「대북 결의 2087호」는 북한의 핵 및 장거리로켓과 관련된 유엔 차원의 다섯 번째 결의였다. 유엔 안보리는 북한이 「핵무기 확산 금지 조약(NPT)」을 탈퇴하겠다고 선언하자 1993년 5월 11일 「결의 825호」를 채택하였다. 안보리는 2006년 7월 15일 북한의 장거리 로켓인 대포동 2호 발사와 관련해 「결의 1695호」를 두 번째로 채택했다. 안보리는 북한이 1차 핵실험을 감행하자 같은 해 10월 14일 「결의 1718호」를 채택했다. 2009년 6월 12일에는 북한의 2차 핵실험에 대해 「결의 1874호」를 채택했다.

[372] 『YTN 뉴스』, 2013년 1월 23일.

성공한다. 중국 외교부는 "(안보리 논의는) 한반도 비핵화, 핵확산 방지, 한반도 평화안정 수호에 유리해야 하고 관련 당사국들의 냉정한 대응과 소통으로 한반도 사태를 악화할 수 있는 행동을 하지 말기 바라며 중국도 엄격하게 안보리 관련 결의를 실천하고 있다"고 천명하였다.373)

미국은 대북 제재에 대한 합의를 이끌어냈지만, 실제 효과가 없는 것으로 상황을 이해하였다. 미국은 바로 한 · 미 동맹 강화, 연합 합동군 군사훈련 실시로 나아갔다. 이는 한반도의 긴장을 또 다시 고조시킬 수밖에 없었고, 결과적으로 북 · 중 관계를 강화시켜 준다. 북한이 미국에게 '한국의 위성 발사를 두둔하는 이중 잣대'를 들어서 규탄했듯이 현실적으로 중국의 역할을 기대하기는 어려웠을 것이다. 또 다른 이유는 중국의 입장에서 북한에 대한 지나친 압박은 동북3성 개발계획 중단을 포함한 '핵 도미노현상'을 크게 우려했을 것이다. 아울러 중국은 동북아 지역 발전을 강조하는 「제12차 5개년 경제개발 계획(2011~2015년)」에서 처음으로 '지역 개방구조 구상'과 접경지역 경제협력을 관련시킨 만큼,374) 북한과의 경제협력을 지속해 나가야 할 입장이었다.

한편, 한국의 북한경제 전문가들도 북 · 중 경협의 확대 이유들 가운데 경제적 요인을 더 강조한다.

양문수는 북 · 중 경협 확대 원인으로 정치적 요인과 경제적 요인

---

373) 『YTN 뉴스』, 2013년 2월 19일.

374) 「중화인민공화국 제12차 5개년경제계획 요강」, 중화인민공화국 제11차 전국인민대표대회 4차 회의(2011년 3월 14일); 1979년부터 중국의 「정부사업보고」를 검토해 보면 '접경지역 경제협력'을 언급한 적이 없었다(滿海峰, 「新時期中朝關係定位與中朝邊境地區經濟合作發展」, 『遼東學院學報(中國)』, 第13卷 第6期(2011), 123쪽).

이 병존하는데, 2000년대의 중국의 대북무역 및 투자 확대는 경제적 요인이 더 크게 작용한 것으로 평가한다.[375] 김석진도 중국정부가 북·중 경협에 훨씬 호의적인 태도를 보이는 것을 경제난의 돌파구를 찾으려는 북한 측의 요청, 북한과의 협력 필요성 등 전략적 의도를 반영함과 동시에 중국의 경제발전에 따라 중국 기업의 대외 진출 필요성 및 자원 수요의 증대 등에서 찾는다.[376] 임수호·최명해 역시 북·중 간 경제적 밀착현상의 원인으로 경제적 동인에 의해 추진되는 중국의 대북 연계전략을 지적하고 있다. 중국의 대북 영향력 확대라는 정치적 동기가 내재되어 있긴 하지만, 이는 북한의 안정적 관리와 변화 유도에 초점이 맞춰진 것이라고 강조한다.[377]

2013년도 산업연구원에서 펴낸『북한 경제 쟁점 분석』연구보고서를 보면 현재 북·중 경협의 확대 이유와 관련한 설명들을 크게 3가지로 분류하고 있다. 즉, 중국의 수요 증가를 강조하는 견해(배종렬, 홍익표, 안병민·김선철), 북한 측 요구와 필요성의 증가에 주목하는 견해(이상국, 양운철), 국제시장의 여건 변화에 따른 자연스러운 결과(김석진, 이석)이다.

하지만 대부분의 연구들은 어느 한 가지만을 강조하진 않는다. 중국 측 수요와 북한의 필요 더불어 주변 환경의 변화 등이 복합적으로 결합된 결과라고 설명한다. 다만 초기 단계에는 국제적 환경이나

---

375) 양문수,「북·중 경협 확대와 통중 봉남의 미래」,『황해문화』, 가을호(2011), 240~243쪽.
376) 김석진,「중국 제조업체의 북한 진출 가능성과 시사점」,『KIET 산업경제』, 5월호(2012), 35~36쪽; 김석진,「북·중 경협 확대 요인과 북한경제에 대한 영향」,『KDI 북한경제리뷰』, 1월호(2013), 96~106쪽.
377) 임수호·최명해,「북·중 경제밀착의 배경과 시사점」, 삼성연구소 홈페이지 (SERI.org), 2010-10-01(2010).

정치적 결정 등과 같은 비 경제적 요인들이 북·중 경협 확대의 주
요 동력으로 작용했을 가능성이 크지만, 북·중 무역 확대와 중국자
본의 대북투자를 장기화하기 위해서는 수익성 등 경제적 유인이 뒷
받침되어야 한다고 전망하고 있다.[378]

[378] 배종렬, 「중국의 장길도 개발계획과 북·중 경협의 방향」, 평화재단 주최,『제
38차 전문가포럼 자료집』(서울 : 평화재단, 2010년 4월 20일); 윤승현, 「최근
북·중 경제관계의 현황과 전망」, 평화재단 주최,『제38차 전문가포럼 자료집』
(서울 : 평화재단, 2010년 4월 20일); 홍익표, 「북·중 경협과 창지투 개발계획」,
『KDI 북한경제리뷰』, 9월호(2010); 안병민·김선철, 「북·중 경제협력의 확대
와 중국의 창지투개발계획 분석-교통물류체계와 라진항 연계수송을 중심으로」,
『동북아·북한연구센터(nk-koti.re.kr)』, 2012-01(2012); 이상국, 「북·중 경제교
류·협력 동향과 시사점」,『한중 Zine IN ChinaBrief』, 2012-7-23(2012); 양운철,
「북·중 광물자원 교역의 증가에 따른 북한경제의 대중국 종속 가능성에 관한
논의」,『세종정책연구』, 2012-20(2012); 김석진, 「북·중 경협 확대 요인과 북한
경제에 대한 영향」,『KDI 북한경제리뷰』, 1월호(2013); 이석, "북·중 무역실태
와 쟁점 분석", 남북경협국민운동본부 주최,『제7차 남북경협정책포럼 자료집』
(서울 : 평화재단, 2009년 4월).

제4장

동북아 지역 국가들의

이해관계와

북·중 경협 활성화

제1절 동북아 지역구도의 변화과정

1. 한 · 미 · 일 ↔ 북 · 중 · 러 대립구도의 형성과 변형

2차 세계대전 이후 국제질서는 점차 미 · 소 양극체제 즉, 양대 진영의 대립구도를 형성하였다. 그런데 미국과 소련의 사이의 냉전과 봉쇄는 다른 어느 지역보다도 빨리 한반도에서 1945년부터 본격화하였다. 미국의 팽창주의가 미군정을 매개로 한반도라는 구체적 현장에서 진주 즉시 나타났던 것이다.[379] 뒤를 이은 1949년 중 · 소 동맹조약 체결과 6 · 25전쟁에서 한 · 미 · 일과 북 · 중 · 소 사이의 무력 충돌을 통해서 동북아 지역의 첨예한 '남 · 북방 삼각 대립' 구도가 고착화되었다. 이후 1950년대 말까지 동북아 지역에서는 일종의 힘의 균형관계를 이루면서, 양대 진영의 외형상 '평화'를 유지하였다.

그런데 이러한 '평화상태'는 "큰 전쟁이 없었을 뿐 진정한 평화가 아니며, 고도의 위협과 위험 아래 전쟁이 없는 상태"였을 뿐이다.[380] 미국은 동북아시아 개별 국가들과 군사조약을 체결하고, 이를 확대한 '동북아시아 군사 블록' 결성을 추진했다. 「한 · 미 상호 방위조약」

---

379) 이삼성, 『현대 미국외교와 국제정치』(서울 : 한길사, 1993), 144쪽.
380) 周永生, 「동북아의 역사 구조, 외교 및 국제관계 이념과 미래 전망」, 동북아역사재단 엮음, 『동아시아의 역사 서술과 평화』(서울 : 동북아역사재단, 2011), 116쪽.

과「미·일 안보조약」그리고 앤저스(ANZUS, 오스트레일리아·뉴질
랜드·미국 3국의 공동방위체)·동남아조약기구(SEATO)·중앙조약
기구(CENTO) 등을 통해 동북아시아와 태평양을 포괄하는 안보체제
를 구축하였던 것이다.

이와 다르게 북·중·러 사이의 동맹관계는 시간이 흐를수록 약화
돼갔다. 1950년대 중반, 큰 나라의 작은 나라에 대한 '통합과 예속'
시도로 인해 사회주의국가들 사이에 갈등이 빚어지면서 북한과 소
련의 관계를 악화시켰다. 소련은 강대국의 지위를 이용해 강압적으
로 북한 내정에 간섭하고자 했으며, 이에 저항하는 북한 정권을 일
부 동유럽 국가들과 함께 '폐쇄사회', '고립화' 등의 용어를 사용해 공
격했다.[381]

이에 대응하여 북한 정권은 소련의 간섭을 '현대 수정주의'로 비판
하면서 "우리 식대로 살아나가자"는 원칙을 세웠다. 북한과 소련의
관계가 악화되면서 1957년 10월부터 북한에 파견되었던 소련 기술자
들이 귀국했다. 1957년부터 1960년까지 북한 국가기관에 배치되었던
소련 고문관들이 철수하면서 북한에 대한 소련의 영향력은 꾸준히
감소했다.

이 시기 북한에 대한 중국의 영향력도 1958년 중국 인민지원군의
철수 이후 급격히 줄어갔다. 결국 북한은 1950년대 중반을 전환점으
로 동유럽 사회주의국가들과는 다르게 대외 종속과 외세 의존이 아
닌 독특한 성격의 사회주의국가로 나아갔다.[382]

소련과 중국의 관계도 급속하게 어그러졌다. 1958년 7월, 소련은

---

381) 김광운, 「6·25전쟁의 국제적 영향」, 역사문제연구소·포츠담현대사연구센터
    공동기획, 『한국전쟁에 대한 11가지 시선』(서울 : 역사비평사, 2010), 47쪽.
382) 김광운, 위의 논문, 48~49쪽.

군사적으로 중국을 통제하기 위하여 중국정부에 해군연합함대 건립 등을 요구하다가 거절당하자, 두 나라 관계를 파괴하였다. 1959년 6월 에 소련정부는 1957년 10월에 맺은 새로운 국방기술에 관한 협정을 일방적으로 파기하였다. 1960년 7월, 소련정부는 중국정부와 협상 없이 갑자기 짧은 1개월 이내에 중국 주재 전문가 전부를 철수시키 기로 결정하였다. 더불어 343개의 전문가계약과 계약보충서를 파기 하였으며, 257개의 과학기술협조 항목을 철폐하였다. 그 결과 중국 은 진행 중이었던 사업을 중단할 수밖에 없었다. 중국정부는 중국 경제에 막대한 곤란과 손실을 끼친 소련의 행위를 '국가적 배신'으로 받아들였다.[383]

하지만 미국이 동북아 지역구도를 포괄하는 군사블럭을 강화하는 조건 속에서 소련과 중국, 북한도 사회주의 국가 건설이라는 공동의 목표 달성을 위해 정치, 안보, 경제, 정보 등의 분야에서 일정한 협력 관계를 유지하였다. 특히 중국과 북한은 소련과의 관계가 악화된 상 황에서도 소련 타스통신으로부터 뉴스를 공급받아야 하는 처지에 있었다.

2. 중·미 화해와 동북아 지역구도의 재편

1950년대에는 자본주의국가 총생산량의 약 70%를 미국이 차지했 지만, 20년이 지나면서 그 몫은 51%로 떨어졌다. 달러의 가치도 갈 수록 떨어졌으며, 미국의 국제수지 적자도 눈덩이처럼 불어났다.

---

[383] 중공 중앙 문헌연구실, 『건국 이래 당의 약간한 력사문제에 관한 결의(朝文)』 (북경 : 민족출판사, 1984), 380~381쪽.

　　반면 일본은 고도 경제성장을 구가했다. 1950년대 '직물전쟁'에서 시작된 경제적 마찰은 미일관계를 전례 없이 불안정하게 만들어 갔다. 일본은 '대동아공영권'에 이은 '엔블록'을 재창출하고자 기회를 노렸다. 그 과정에서 중국과의 관계를 개선했지만, '화교 경제권'의 영향력을 확산시키려던 중국과 또다시 충돌할 수밖에 없었다. 중국과 일본의 역사적 관계는 1894년 청·일 전쟁 이래 산둥출병, 만주사변, 중·일 전쟁, 6·25전쟁까지 분쟁·대립·충돌의 연속이었다.

　　소련은 1960년 루마니아 당 대회에서 중·소관계가 단절되었다고 공개적으로 인정하였다. 중소·관계가 단절될 무렵, 중국은 첫 핵무기 실험을 눈앞에 두고 있었으며, 소련의 남동쪽 국경을 접한 군사 대국으로 변모해 있었다.

　　1968년 '브레즈네프 독트린' 발표, 1969년 중·소 무력 충돌로 사태가 발전하면서, 중국은 '연미·반소'노선을 굳혀갔다.[384]

　　미국도 이 시기 소련을 견제하고자 중·소 관계 악화의 틈을 타서 중국과의 관계 개선에 적극 나섰다. 1971년, 1972년 미국의 키신저 국무장관과 닉슨 대통령의 연이은 방중과 함께 중·미 관계는 화해 모드로 들어갔다. 중·미의 1979년 수교와 군사협력 강화 등은 양대 진영의 이대올로기적 대립을 약화시켰고, 동북아 지역구도의 재편과 함께 한·미·일 ↔ 북·중·러 대립구도를 사실상 붕괴시켰다.

　　이 같은 상황 반전은 북한당국의 대외 정세 인식과 대응에도 그대로 반영되었다. 북한은 경제 복구와 발전에 필요한 무역의 새로운 활로를 계속 찾아 나서야만 했다.

---

[384] 중·소 기본조약인 「중국·소련 우호동맹 상호원조조약」은 1979년 4월 중국 전국인민대표대회 상무위원회가 연장하지 않기로 결정하면서 1980년 4월에 기한만료로 자동 폐기되었다.

1967년 12월 14일 열린 북한 최고인민회의 제4기 제1차 회의에서 김일성 수상이 발표한 「조선민주주의인민공화국 정부정강」은 "조선민주주의인민공화국 정부는 자력갱생의 기치 밑에 자체의 힘과 내부 원천을 최대한으로 동원하여 자립적 민족경제를 건설하는 노선을 계속 견지하면서 프롤레타리아 국제주의 원칙과 완전한 평등 및 호혜의 원칙에서 다른 나라들과 경제관계를 맺고 대외무역을 발전시켜 나갈 것입니다." 또 "우리는 우리의 자주권을 존중하며 우리나라와 경제적 연계를 맺기를 원하는 각이한 사회제도를 가진 모든 나라들과 무역 및 통상 교류관계를 발전시켜 나갈 것입니다"라고[385] 자신들의 원칙과 입장을 대내외에 밝혔다.

김일성 수상은 1971년 9월 25일과 10월 8일 일본 신문기자들에게 북·일 관계를 설명하면서도 "조선민주주의인민공화국은 창건된 첫날부터 우리나라에 대하여 평등과 호혜의 원칙에서 우호적으로 대하는 모든 나라들과 친선관계를 맺는 정책을 실시하여 왔습니다."라고 하면서 "우리는 비록 사회제도에서 차이는 있지만 일본과 선린관계를 맺을 것을 희망하였습니다"라고[386] 밝혔다. 동시에 대미정책에 대해서도 "미제가 조선에 대하여 어떤 정책을 쓰는가에 달려 있습니다. …… 우리는 중국과 미국이 어떤 관계를 가지는가, 미제가 아세아의 다른 나라들에 대하여 어떤 정책을 실시하는가에 관계없이 우

---

385) 김일성, 「국가활동의 모든 분야에서 자주, 자립, 자위의 혁명정신을 더욱 철저히 구현하자 : 조선민주주의인민공화국 최고인민회의 제4기 제1차 회의에서 발표한 「조선민주주의인민공화국 정부정강」」, 조선로동당출판사 편, 『김일성저작집(제21권)』(평양 : 조선로동당출판사, 1983), 534·536~537쪽.

386) 김일성, 「조선로동당과 공화국정부의 대내외정책의 몇 가지 문제에 대하여」, 조선로동당출판사 편, 『김일성저작집(제26권)』(평양 : 조선로동당출판사, 1984), 297~298쪽.

리나라에 대한 미국의 정책으로부터 출발하여 독자적인 대미정책을 실시할 것입니다. 그러므로 우리는 미제가 우리나라에 대하여 태도를 어떻게 취하는가 하는 것을 주시하고 있습니다. 조선에 대한 미제의 태도에서 중요한 것은 남조선에서 자기의 침략군대를 철거하는 문제입니다"라고[387] 주장하였다.

이를 통해볼 때, 이즈음부터 북한의 대외정책은 진영외교를 넘어서 확실히 그 지평을 전 세계로 확대시키고 있었다고 이해할 수 있을 것이다. 아울러 대미외교가 대외정책의 핵심변수로 전환하고 있던 사실도 확인할 수 있다.

이 같은 북한의 입장 변화는 중·미 화해 직후에 보다 분명해졌다. 1972년 12월 25일 조선민주주의인민공화국 최고인민회의 제5기 제1차 회의에서 김일성 수상은 "대외정책분야에서 조선민주주의인민공화국이 견지하고 있는 일관한 원칙은 우리나라에 대하여 우호적으로 대하는 모든 나라들과 평등과 호혜의 원칙에서 친선과 협조 관계를 발전시켜 나가는 것입니다. 우리는 앞으로도 계속 대외정책분야에서 이 원칙을 확고히 견지할 것입니다"라고 강조하면서, "우리나라와 좋은 관계를 맺으려 하며 조선반도의 남과 북에 대하여 침략적 성격이 없는 균등한 정책을 실시하는 자본주의나라들과도 평화공존의 5개 원칙에서 국가적 및 정치, 경제, 문화적 관계를 맺기 위하여 노력할 것입니다"라고 밝혔다.[388] 향후 '대 서방외교'를 적극 모색하겠다는 입장을 확실하게 밝혔던 것이다.

이 같은 북한의 대외정책에 대한 원칙은 1980년 10월 10일 열린

387) 김일성, 위의 저작, 310~311쪽.
388) 김일성, 「우리나라 사회주의제도를 더욱 강화하자」, 조선로동당출판사 편, 『김일성저작집(제27권)』(평양 : 조선로동당출판사, 1984), 621·622쪽.

조선노동당 제6차 대회를 통해 체계화되었다. 김일성 주석은 당 중앙위원회 사업총화보고에서 "우리 당은 지난날과 마찬가지로 앞으로도 대외활동에서 자주성을 확고히 견지하고 세계 여러 나라들과의 친선 협조관계를 발전시키며 세계의 평화와 안전을 보장하기 위하여 적극 노력할 것이다. 자주, 친선, 평화, 이것이 우리 당 대외정책의 기본이념"이라고[389] 정리하였고, 더불어 외교정책의 기본방향도 제시하였다. 여기서 주목되는 것은 비동맹 제3세계 국가 및 미국을 포함한 자본주의 나라들과의 경제 교류 발전에 선차적인 주의를 돌려야 한다"고[390] 강조한 점이다.

김정일 비서도 북한의 대외경제정책과 관련하여 이 점을 풀어서 설명한 바 있다. 즉, 그는 "자립경제는 다른 나라에 의한 경제적 지배와 예속을 반대하는 것이지 국제적인 경제협조를 부인하는 것이 아닙니다. 특히 사회주의 나라들, 신흥세력 나라들이 서로 경제 기술적으로 긴밀히 협조하는 것은 이 나라들의 경제적 자립을 보장하고 경제적 위력을 강화하는데서 중요한 역할을 합니다."라고 밝혔던 것이다.[391]

1970년대 말부터 중국공산당은 통치의 정당성을 유지하기 위하여 국가와 당 사업의 중점을 계급투쟁에서 경제사업 즉, 인민의 생활수준 향상으로 이동해 나갔다.[392] 1979년 중·미 수교, 1982년 '중·미 공동성명'과[393] 함께 중국은 공식적으로 자본주의 시장체계에 편입

389) 김일성, 「조선로동당 제6차 대회에서 한 중앙위원회 사업총화 보고」, 조선로동당출판사 편, 『김일성저작집(제35권)』(평양 : 조선로동당출판사, 1987), 365쪽.
390) 위의 저작, 366~367쪽.
391) 김정일, 「주체사상에 대하여(1982년 3월 31일)」, 조선로동당출판사 편, 『김정일선집(제7권)』(평양 : 조선로동당출판사, 1996), 181쪽.
392) 1978년 12월 중국공산당 제11기 3차 중앙위원회 전체회의 결정.

되었다. 타이완 문제에 대한 대응도 이전 보다 유연해졌다. 러시아
와도 1979년 이후 관계 '정상'화를 추구하였다.

미·소 양극 구도에서 소련은 경제가 침체되는 반면, 미국은 점차
경제력을 회복하여 '세계 유일 초강국'의 위상이 부각되기 시작하였
다. 1980년대 중후반에 와서 소련 개혁의 실패와 사회주의 블록의
해체에 따라서 미국은 동북아 지역에서 주도적 지위를 확고히 하였
다. 이제 미국에게는 더 이상 소련을 견제하기 위한 방편으로 중국
을 필요로 하지 않게 되었다.

1985년 이래 중국과 소련의 관계도 개선되면서[394] 중·미 사이의
전략적 이해 일치의 범위도 이전보다 축소되었다. 결국 중·미 관계
는 화해에서 모순과 갈등의 관계로 번복되었다.[395] 동북아 지역구도
에서 중·미 사이의 수교는 양국의 절대적인 '화해'라기보다는 전략
적인 성격이 더 강했고, 원래의 갈등요소들도 모두 청산된 것이 아
니기 때문에 갈등·협력의 이중구조로 고착될 수밖에 없었던 것이
다.

---

[393] 중·미 공동성명의 주요 내용은 중화인민공화국은 중국의 유일 합법정부, 타
이완은 중국의 일부, 미국과 타이완 간의 비공식관계 계속 유지, 상호주권 및
영토주권을 존중하고 내정 불간섭, 호혜 평등의 원칙에 입각하여 경제 등 분야
에서 유대 강화 등이다.

[394] 소련은 고르바초프 정권 등장 이후 대 아시아정책 추진의 일환으로 중국과의
관계 개선을 적극 추진하였고, 중국이 요구해온 캄보디아문제에서 베트남 지
원 중지 등의 요구를 일부 수용하였다. 중·소는 1989년 5월 고르바초프의 중
국 방문을 계기로 국가 관계를 정상화할 수 있었다. 1990년 4월 중국 리붕 총
리는 중국 총리로서는 26년 만에 소련을 방문하고, 양국 간 우호 협력 증진을
위한 6개 협정을 체결하였다.

[395] 중·미 사이의 대립 가운데 대표적인 사건은 중국의 파키스탄 미사일 수출 관
련 미국의 제재, 미국의 2000년 중국 올림픽 개최 반대, 미국의 중국 WTO 가입
제동, 3차례에 걸친 중국의 타이완해협 미사일 발사 훈련 등이다.

3. 동북아 각국의 이익 추구에 따른 합종연횡

1989년 6월 중국 톈안먼 사건을 계기로 중·미 관계는 급속히 악화되었다. 1992년 중국은 아시아에서 타이완과 유일하게 수교한 한국과 수교하였다. 양국 관계는 경제, 정치적인 교류 외에도 군사 교류도 제한적이지만 일부 이뤄갔다. 이는 동북아 지역구도에 '신 질서'를 형성하는 돌파구였다. 이 과정에서 1992년부터 시작된 북핵문제와 각국 사이의 영토 분쟁과 같은 갈등요소에 따라서 동북아 각국은 때론 협력, 때론 갈등의 양상을 드러냈다.

냉전 종식 이후 미국은 세계 유일의 초강대국의 지위를 유지하고 있으나, 국내경제 쇠퇴로 동북아 지역을 독자적으로 주도하기보다는 지역 동맹국과의 협력을 통하여 지역구도를 안정적으로 유지해 나갔다. 이데올로기적 대립구도도 약해지면서, 경제 발전이 각국의 핵심 목표로 되었다. 즉 비 정치·안보 영역에 대한 관심이 확대됨과 동시에 비 전통 안보 영역의 도전을 받고 있다.[396]

동북아 지역 국가들은 자국 경제발전과 국민 생활 향상에 주력하고 있으나, 또 비슷한 제반 문제에 직면하고 있다. 이러한 상황에서 경제·정치·문화 등 여러 영역에서 국경을 넘는 협력이 이루어지고 있으며 서로 연계성이나 의존도가 크게 높아지면서 냉전 시대의 대립과 대치는 크게 약해지고 있다.[397]

이는 날로 밀접해지는 각국 간 경제협력이 잘 보여준다. 주지하다

---

[396] 高科, 「東北亞地區的安全形勢與挑戰」, 黃鳳志·劉雪蓮 主編, 『東北亞地區政治與安全報告(2013)』(中國 : 社會科學文獻出版社, 2013), 43쪽.
[397] 周永生, 「동북아의 역사구조, 외교 및 국제관계 이념과 미래전망」, 동북아역사재단 엮음, 『동아시아의 역사 서술과 평화』(서울 : 동북아역사재단, 2011), 118쪽.

시피 중·미, 한·중, 중·일 간 무역액은 거의 매년 최고기록을 갱신할 만큼 크게 증가하고 있다. 중·러, 북·중, 러·일, 한·러 간 경제협력도 확대 추세이다. 양자 간 경제협력뿐만 아니라 한·중·일, 북·중·러 등 3자 간 경제협력도 추진되고 있다. 즉 경제적인 측면에서 동북아 각국 간 협력은 하나의 지역공동체로 발전되는 듯싶다. 때론 정치·안보 영역에까지 확대되어 각국 간의 모순과 갈등을 완화시켜주기도 한다. 남북관계 개선과 북·미 대화 움직임 등을 배경으로 북·일 정상회담이 이뤄지고, '평양선언'에 합의한 것도 동북아 지역구도 변화와 관련하여 주목되는 사건이었다.[398]

이런 변화를 반영하여 자연스럽게 다자간 협의체가 형성되었다. 대표적인 것이 '6자 회담'과 '한·중·일 정상회담'이다. 2003년 8월에 중국의 주도로 시작한 '6자 회담'은 현재까지 진행되면서 많은 우여곡절을 겪었지만 실질적인 진전이 없으나 북핵문제 해결의 최적의 방식이라고 일반적으로 평가받는다. 적어도 6자 회담보다 효과적으로 동북아 지역구도를 안보딜레마에 빠지게 한 북핵문제를 조율하고 해결할 수 있는 체제가 없기 때문이다. 6자 회담의 개최는 중국의 동북아 지역구도에서의 위상이 크게 높였으며, 남북한 역시 동북아 지역에서의 위상을 분명하게 자리잡을 수 있었다.

동북아 지역구도에서 다자간 협의체로 보다 대표적인 것은 한·

[398] 2002년 9월 17일, 고이즈미 준이치로(小泉 純一郎) 총리가 일본 총리로는 최초로 방북하여, 김정일 국방위원장과 '평양선언'에 합의하였다. 선언 내용은 첫째, 국교 정상화의 조속 실현을 위한 수교교섭 재개 둘째, 일본의 식민지 지배 사과와 보상 차원의 경제협력 약속 셋째, 국제법 준수와 상호안전 불위협 합의 및 납치문제 인정 사과 넷째, 동북아 평화와 안정을 위해 상호협력 다섯째, 핵·미사일 등 안전보장 문제에 관한 관련국 대화 추진 등이다(『연합뉴스』, 2002년 9월 17일자).

중·일 정상회담이다. 제5장에서도 다루겠지만 한·중·일 전략적 신뢰관계를 구축하는 것은 동북아 다자 안보체제를 구축하는 핵심이자 기초일 것이다.[399] 이는 3국 사이에 신뢰 구축과 역내 협력을 방해하는 요인으로 영토분쟁과 역사논쟁이 항시적으로 작동하기 때문이다. 특히 "중·일 간 영토분쟁은 북핵문제와 함께 동북아 지역구도의 핵심과제"[400]로 간주되고 있다. 또한 이러한 이유 때문에 한·중·일 정상회담은 현실적으로 난항을 겪고 있다.

한·중·일 3국은 1999년에 'ASEAN+3'이라는 대화채널을 개설하여 비공식 회의로 진행하였으며, 2002년부터 공식회의로 격상시켜 추진되었다. 2008년에는 아세안의 틀과 무관하게 제1차 한·중·일 정상회담을 개최하였다. 2012년까지 진행된 한·중·일 정상회담에서 가장 실질적인 합의는 한국에 협력 사무소를 설치하는 것, '투자보장협정' 체결과 FTA 협상 개시 등이다.[401] FTA를 포함한 경제 공동체 나아가 통합 실현 등의 더욱 긴밀한 경제협력이 이루어질 때, 한·중·일 사이의 구조적 갈등도 긴밀한 교류와 협력 속에서 해소될 가능성이 있기 때문이다.[402]

그럼에도 불구하고 동북아 지역구도에는 이를 질적으로 변화시킬 수 있는 평화체제나 지역공동체를 아직 구축하지 못하고 있다. 그 이유는 동북아 지역구도에 아직도 냉전의 대립구도가 잔재해 각국 간 '분쟁, 불신, 의심, 공포, 편견, 민족주의'가 동북아 국제정치의 주

---

399) 魏志江, "論中韓戰略合作伙伴關係的建立及其影響", 『當代亞太(中國)』, 第4期(2008), 85~87쪽에 근거하여 재구성.

400) 高科, 앞의 논문, 39쪽.

401) 한·중·일 3국 협력사무국 홈페이지(tcs-asia.org).

402) 劉雪蓮·李曉霞, 「中日韓三國合作前景問題研究」, 黃鳳志·劉雪蓮 主編, 『東北亞地區政治與安全報告(2013)』(中國：社會科學文獻出版社, 2013), 65~77쪽.

현상으로 되어 있기 때문이다. 동북아 지역구도에는 새로운 협력구도가 심화되는 한편 냉전의 대립구도가 병존하는 형태를 이루고 있다. 비록 전반적으로 협력이 추세이긴 하지만 냉전의 대립구도가 잠재적인 갈등요인으로 작동하고 있다.

냉전이 종식된 뒤, 미국은 중국을 주 견제 대상으로 삼았다. 미국은 냉전 시기 맺어진 동맹관계를 지속·강화하여 동북아 지역에서 '협력적 지배'를 추구하였다. 그 결과 탈냉전과 관계없이 동북아 지역구도에는 냉전의 '유산'과 냉전적 사고가 고스란히 남아있다. 중·일 간 댜오위다오 분쟁, 동해 분쟁과 역사문제, 러·일 간 쿠릴열도 분쟁, 한·일과 북·일 간 모순, 남·북 분단과 일련의 문제 등은 냉전 시기의 '유산'이라 할 수 있다. 이는 동북아 지역의 평화와 발전을 크게 저해하고 있다.[403) 이와 관련하여 북한학계에서도 동북아 지역구도에 냉전 구조가 그대로 남아 있다고 본다. 즉, "미국의 군사적 침투와 간섭책동, 일본의 군국화·핵무장 야망, 북남관계 대립"를 냉전 잔재로 보면서, 미국이 동북아 안보에 위협을 주는 가장 큰 요인, 일본은 그 추종자라고 지적함과 동시에 한반도와 동북아 지역의 평화와 안전을 실현하자면 남북관계 개선이 결정적 요인이라는 점을 강조하였다.[404)

동북아 대립구도 가운데 한·미·일 3국은 정치·경제·이데올로기·문화 등 여러 영역에서 냉전 당시와 비교할 때 질적인 변화 없이 기존에 다져진 시스템을 기본적으로 지속하고 있다. 북한도 그다지 큰 변화 없이 기본적으로 기존 체제를 유지하고 있는 상황이지

---

403) 高科, 앞의 논문, 39쪽.
404) 리성혁, 「동북아시아의 평화를 실현하는데서 나서는 중요한 요구」, 『김일성종합대학학보(력사·법률)』, 루계 477호 제59권 제3호(2013), 131~134쪽.

만, 중국과 러시아에서는 큰 변화가 일어났다.[405] 이러한 상황에서 서로 다른 체제의 북·중·러는 미국을 핵심으로 하는 미·일, 한·미 동맹에 대처하기 위해 때론 연합하는 경향을 보여주면서 냉전 시기에 비해 동북아 지역구도를 복합적이고 유동적으로 만들어가고 있다.

4. 중국의 부상과 동북아 지역구도의 복잡화

1990년대 중후반부터 중국의 경제는 급속 성장하여, 2010년 세계 제2의 경제대국으로 급부상하였다. 따라서 중국의 국제적 영향력도 급상승하였다. 미국은 'G2' 시대의 도래로, 게다가 경제위기로 큰 타격을 입어 상대적으로 위축된 상태였다. 2009년 '신 북·중 경협시대의 도래'로 중국의 대북 영향력이 더욱 커지면서 한·미·일의 우려를 가중시켰다. 중국의 부상과 북·중 경협 활성화에 대한 부정적 인식과 긍정적 인식이 상호 엇갈리기 시작하였고, 동북아 지역구도에 잔재한 냉전의 대립구도를 작동케 하였다. 그럼에도 불구하고 경제적 측면에서 동북아 각국 간 협력은 더욱 확대·심화되었다.

미국은 앞에서도 언급했듯 동북아 지역구도에서 여전히 협력과 억제의 이중 전략을 펼치고 있다. 2009년 말 미국은 아시아에로의 복귀를 선언하였고, 2012년에는 아태지역에서의 '재균형(rebalance)' 전략을[406] 구사하기 시작하였다. 미국의 새로운 전략의 목표는 군사

405) 周永生, 앞의 논문, 122쪽.
406) 李興·陳旭, 「美國戰略重心東移背景下的中俄地緣安全合作分析」, 黃鳳志·劉雪蓮 主編, 『東北亞地區政治與安全報告(2013)』(中國:社會科學文獻出版社, 2013), 54~55쪽.

적 억제 및 봉쇄 전략과 경제적인 포용(개입, 접촉) 정책을 병행하는 것이다.[407]

미국은 궁극적으로 동북아 지역구도에서 협력을 통한 지배적 지위를 유지하고 있으며, 북핵문제 등에서 중국의 도움을 얻고자 한다. 최근에는 이를 양국 간 대화나 회담에서 주요 사안으로 직접 거론하기도 하였다. 그러면서도 미국은 '협력적 지배'를 동북아 지역 내 동맹관계의 협력 강화를 통해 실현하고자 한다. 즉 중국이 동북아 지역구도에서 자신의 주도권에 위협이 된다고 판단하고 있기 때문이다. 이는 동북아 지역구도의 안보위기를 격화시키고 있다. 특히 북핵문제는 동북아 지역구도에서 가장 불안정한 안보요인으로 작동하고 있다.[408]

이에 대응하여 중국은 북·중, 중·러, 북·중·러 관계를 통해 미국의 아태 재균형 전략에 맞서고 있다. 특히 중·러 양국은 2005년 6월 2일 「동부국경조약 보충협정(中華人民共和國和俄羅斯聯邦關與中俄界東段的補充協定)」 비준서를 교환함[409]으로써 1969년 무력충돌까지 빚었던 국경문제를 동북아 지역에서 제일 먼저 해결하였다.

이와 관련하여 중국 학자들은 미국이 아시아에로의 복귀 선언을 발표한 이후 중·러 관계를 "가장 강력한 전략적 협력 동반자 관계"라고 강조하며, 향후 "준 동맹"으로 나아갈 것으로 관측한다.[410] 그렇게 되면, 중국의 부상에 따른 미국의 '아태 재균형' 전략으로 동북

---

407) 김재관, 「21세기 미국의 재균형 전략과 북·중·러 삼각관계에 대한 영향 고찰」, 『동북아연구』, 제28권 2호(2013), 15~16쪽.
408) 虞少華, 「東北亞安全形勢與中韓戰略合作」, 『國際問題研究(中國)』, 第5期(2010), 31쪽.
409) 『人民日報(中國)』, 2005년 6월 3일자.
410) 李興·陳旭, 「美國戰略重心東移背景下的中俄地緣安全合作分析」, 黃鳳志·劉雪蓮 主編, 『東北亞地區政治與安全報告(2013)』(中國: 社會科學文獻出版社, 2013), 57~61쪽.

아 지역구도에서 또 다시 한·미·일 ↔ 북·중·러 대립구도로 회귀하는 것이다. 앞에서도 분석했듯 2010년의 '천안함 피격'과 '연평도 포격' 사건은 한반도 긴장 고조와 한·미 동맹 강화라는 상황을 만들었고, 북한의 외교적 고립 심화로 이어지면서 북·중 양국 간의 관계를 역설적으로 강화시켜 주었다. 즉, 북핵 위기에서도 드러났듯이 동북아 지역에서 군사적 긴장과 적대관계 지속의 한 원인은 분명 '안보 딜레마'이다.[411]

탈냉전 이후 새로운 한·미·일 ↔ 북·중·러 삼각구도가 무정형의 상호 교차되는 형식으로 관계를 맺어진 점을 감안할 때, 이러한 세력균형은 구조화된 대립관계가 아니라 국가 실리나 상황에 따라 언제든지 변할 수 있는 유동성을 띤 것이다.[412]

---

[411] 김광운, 「6·25전쟁의 국제적 영향」, 역사문제연구소·포츠담현대사연구센터 공동기획, 『한국전쟁에 대한 11가지 시선』(서울 : 역사비평사, 2010), 48쪽.
[412] 김재관, 「21세기 미국의 재균형 전략과 북·중·러 삼각관계에 대한 영향 고찰」, 『동북아연구』, 제28권 2호(2013), 30~31쪽.

1. 북 · 중 경제지정학적 관계와 경협의 상관성

북 · 중 경제관계의 지속과 변화는 양국의 대외정책의 변화와 맥을 같이 해왔다. 이는 상호 자국의 위상을 확인하는 지표이기 때문이다. 아울러 북 · 중 경제관계는 중국의 대북정책 변화에 기인하고 있다는 평가도 있다. 하지만 핵실험, "도발행위" 등으로 표현되는 북한의 '자율성'도 소홀히 할 수 없을 것이다. 게다가 앞에서 지적했듯이 북한의 풍부한 지하자원도 자율성에 힘을 보탤 것이다.

지정학적으로 북 · 중 관계를 살펴보면 1950년대부터 중국의 대북정책은 변함이 없었다고 볼 수 있다. 다만 세계정치의 큰 흐름 속에서 고전지정학적 가치로부터 경제지정학적 가치의 추구로 전환되었을 뿐이다. 이는 향후 동북아 지역구도에 '평화체제'가 구축되지 않는 한 북 · 중 관계는 이 지정학적 관계에 의해 규정될 것이며, 북 · 중 전통적 우호협력관계는 '경제지정학적 가치 + 전략적 협력 관계'라 할 수 있다. 즉 '경제적 관계'는 '강'이라 할 수 있다. 하지만 이 과정에서도 북 · 중 간 고전지정학적 가치는 여전히 사라지지 않았다.

북 · 중 경협은 결코 새롭게 맺어진 관계가 아니라, 무상원조 · 구상무역의 경제적 관계가 발전 심화된 결과였다. 지정학과 경제지정학과의 관계에서 보면 북·중 경제관계는 북·중 관계와 마찬가지로 '정치성'을 띤다. 그리고 북·중 전통적 우호협력관계는 경제지정학적 가치에 의해 지배되고 따라서 북·중 경협의 결정적 요인으로 작용하였다. 이는 냉전·탈냉전의 동북아 지역구도 속에서 전략적 협력이라는 양상으로 협력의 모멘텀을 지속하였다.

북·중 관계는 '전략적 협력관계'라고 하기에는 이념적·혈맹적 흔적이 남아있고, '통상적 국가관계'의 '보편성'을 강조하기에는 '특수성'이 남아있다. 양국의 역사 발전 궤적을 살펴보면 '이념·혈맹·동맹·특수성'은 '전통적인 것'에 포함시킬 수 있다. 때문에 북·중 관계는 1961년 「조·중 우호, 협조 및 호상원조에 관한 조약」의 체결을 기점으로 '혈맹'에서 한 단계 다운된 '전통적 우호협력관계'라고 보아야 할 것이다. 다만 이것이 무엇에 의해 지배되느냐 또는 어디에 기반을 두고 있느냐에 차이가 있을 뿐이다. 이는 양국 관계가 고전지정학적 가치 → 경제지정학적 가치에 의해 지배되고 거기에 기반을 두고 있다는 것을 의미한다. 이를테면 양국의 이중적 구조는 1992년 중국이 개혁·개방을 시작할 때부터 시작된 것도, 1차 북 핵실험 이후 또는 2차 북 핵실험 이후부터 시작된 것도 아니다. 이미 1950년대, 1960년대를 거치며 형성되었다고 봐야 할 것이다. 이는 당시의 국제정세와 어울려 '지정학적 이익이 강한 관계에서 약화된 관계'로 된 것이 아니라, 고전지정학적 가치가 지배적인 데로부터 경제지정학적 가치가 지배적인 데로 전환하였던 것이다.

위에서 분석했듯 경제지정학적 가치가 강화되었지만 정치적 관계인 '안보 이익·이데올로기·전통적 관계'는 약화되었을 뿐, 결코 사라진 것이 아니다. 이는 동북아 지역의 복잡한 외교환경 즉, 냉전 잔재 구조와 얽혀 있기 때문이기도 하다.

북·중 간 전통적 우호협력관계는 동북아 지역구도가 새로운 패러다임으로 바뀌지 않는 한 경제지정학적 즉, 이중적 구조를 계속 유지할 것이며 북·중 경협도 계속하여 새로운 양상으로 활성화될 것이다.

이러한 이중구조 하에서 북·중 경협관계는 양국의 국가 경제 발전계획과 연동되며 발전 심화될 수 있었다. 여기에는 중국의 급부상에 따른 국제적 영향력 향상도 크게 역할을 하였다. 예컨대 1992년부터 제기된 두만강개발계획은 당시 그 엄청난 (유엔)투자에도 불구하고 북핵 위기에 따른 유엔 및 미국의 개입을 우려하여 부진하다가 2000년대에 와서야 추진되기 시작하였다. 여기서 강조하고 싶은 것은 중국의 부상을 '위협론'보다 '기회론'으로 받아들이고 활용하는 것이 더 적절하다는 사실의 확인이다.

아울러 북·중 관계의 이중구조 때문에 중국은 대북정책에서 '구동 존이(求同存異)' 방침을 유지할 수밖에 없다는 점도 주목해야 할 것이다. 이 때문에 중국이 "북핵문제와 북한문제를 분리하여 접근한다"고 평가받는 것이다. 또한 국제사회의 대북제재가 실질적으로 이루어지지 않는다는 입장에서 비판받을 수도 있지만, 지역경제의 발전 나아가 동북아 지역구도에 새로운 질서를 만들어낼 수 있다는 점에서는 유리하다고 봐야 할 것이다. 이와 관련하여 추이즈잉은 중국이 대 한반도정책에서 한반도의 평화와 안정을 그 출발점으로 삼으며, 북핵문제 해결에서도 평화적인 북핵문제 해결을 주장하기 때문에 대북 경제제재와 군사 압력을 반대한다고 정리한 바 있다.[413] 앤

---

[413] 한반도에서 중국의 이익은 '핵심이익(核心利益)', '중요이익(重要利益)', '일반이익(一般利益)'으로 나눌 수 있다. 핵심이익은 ①한반도 비핵화 ②북한정권의 생

쉐퉁은 중국의 대북 정책을 이해하려면 우선 중국의 외교정책을 이해해야 한다고 주장하였다. 즉 중국의 외교는 국내의 경제건설을 위해 복무하여야 하며, 이 목표가 변하지 않으면 중국의 대북정책도 큰 변화가 없을 것이고, 이는 중국의 대북 핵실험에 대한 정책뿐만 아니라 중국의 외교정책의 이론기초라고 주장한다.[414] 다시 말하면 한반도의 평화와 안정을 최우선시하면서 남북한 모두와 '우호적' 관계를 유지하는 가운데 한반도 현상의 점진적 변화를 유도할 때, 중국의 전략적 이해에 가장 부합할 것이라고 보는 것이다.

중국 학계의 주류적 견해는 중국의 대 한반도정책을 "①한반도의 평화와 안정 유지 ②한반도의 비핵화 지지 ③평화적인 외교적 수단을 통한 북핵 위기 해결 도모 ④북한의 합리적인 안전에 깊은 관심"으로 포장하지만,[415] 실제로는 "한반도의 평화와 안정 유지"를 최우선시 하는 것이며, 곧 '북한체제의 존립'을 가장 중시한다고 파악한다. 이 같은 견해에 대해 최명해는 중국의 한반도정책 기조를 한 마디로 골드스타인(Avery Goldstein)이 한반도 미래상에 대하여 분석한 네 가지 시나리오 가운데 '현상 유지 플러스'라고 평가하였다.[416] 또

존·안정(전략적 중심이 점차 경제 발전과 개혁에로 이전되어 가도록 추진하는 것도 포함) ③북·중 국경지역의 불안정적 요인 제어 ④전통적 영향력을 유지하는 것이다. 중요이익은 남북한 모두와 균형적이고 우호적인 관계를 유지하여 한반도에서 적대세력의 확장을 방지하는 것이다. 일반이익은 북한이 미국, 한국, 일본과의 관계가 완화되는 것을 지지하며, 통일과정이 점진적이고 평화적인 중립적 통일 한반도를 받아들이며, 한반도문제 해결에 적극 참여하여 중국의 책임 있는 대국의 이미지를 강화함과 동시에 이를 중·미 관계 강화의 유대로 하는 것이다(崔志鷹,『朝鮮半島—多視角, 全方向的掃描, 剖析』(中國 : 同濟大學出版社, 2009), 202쪽).

[414] 閻學通,「朝核迷局猜想」,『領導文萃(中國)』, 18期(2009), 134쪽.
[415] 蔡建,「中國在朝核問題上的有限作用」,『韓國研究論叢(中國)』, 1期(2012), 93쪽.
[416] 최명해,「북한의 2차 핵실험과 북·중 관계」,『국방정책연구』, 제3호 통권 제85호(2009), 116쪽.

한 중국의 딜레마는 바로 "한반도 비핵화"와 "북한과의 정상적 관계 유지"라는 상호 충돌하는 듯 보이는 두 가지 정책목표 가운데서 우선순위(또는 최소한의 합의)를 정하지 못한다는 데 있다는 점도 지적하였다.

이 점은 북한이 북·미 직접 대화를 선호하는 전략과도 직결된다고 할 수 있다. 북한의 외교전략은 '양축 전략(兩軸戰略)'이다. 북한은 대미 외교를 중심으로 주변 4강 외교를 기본 축, 대 아시아 및 서방 국가와의 외교를 보조 축으로 설정하고 있다.[417] 즉 북한의 대 중국 정책은 북·미 관계 정상화가 핵심이며, 중·미 관계를 적절히 이용하여 외교적·경제적 고립에서 벗어나는 것에 초점이 맞춰져 있다. 이를테면 북한은 중·미 관계의 협력·공조 구조보다 경쟁 구조를, 다자 회담보다 양자 회담을 더욱 원하고 있다. 북한이 핵실험, 미사일 등 돌발행위를 일으키는 시점과 6자 회담 과정을 연결시켜 살펴보면 이 같은 사실이 보다 분명해질 것이다.

아울러 '양축 전략'은 북한의 핵 개발 의도에서도 잘 드러난다. 장랜구이는 1950년대 북한 핵 개발계획의 가동이 주요하게 미국에 대처하기 위해서였다고 본다. 그는 1990년대 후반 이후부터 북한의 핵 개발은 두 가지 목표 즉, '최종 목표'와 '과정 목표'를 염두에 두고 추진된 것이라고 주장한다. '최종 목표'는 대국을 견제하는 전략적 수단 확보, 남북의 전략적 균형 회복 및 남한에 대한 군사적 우세 확립으로 통일 주도권 확보이다. '과정 목표'는 국내정치적 수요 만족, 미국의 무력 도발 저지 및 대화를 통한 국제 제재 대응, 핵계획에서 제한적인 양보를 통해 경제·외교·안전·정치 등에서 실리 확보, 관

417) 陳龍山,「當前朝鮮對外政策的特點及走向分析」,『東北亞論壇(中國)』, 第4期(2003), 9쪽.

련 기술 수출을 통한 외화벌이로 핵으로 핵 개발을 위한 자금 마련 등을 지적하였다.[418]

그런데 북한의 이러한 정책은 한반도에서 '안정·균형'을 핵심으로 하는 중국의 외교정책과 상반되며, 중국의 대북 정책 딜레마를 출현시킨 근본적인 원인이기도 하다. 즉 중국에게 북한은 '전략적 자산'이자 '전략적 부담'인 것이다.

과연 '중국 위협론', '중국 패권론'은 성립될까? 이는 모두 서방 국가 특히 미국에 의해 제기되었다. 또한 미국은 '부유하면서도 가난한' 중국을 'G2'로 '진급'시켜 중국의 '책임 있는 대국'의 역할을 확대·강조하였다. 중국 정부는 이를 '음모론'이라 반박하였다. 게다가 동북아 지역구도는 미국이 세계 유일 초강국일 때도 일방주의가 통하지 않았다. 때문에 현재는 경제지정학적 가치에 초점이 맞춰진 북·중 관계를 발전시키려면 각 국의 협력이 필요하다. 특히 '탈 고전지정학적 질서'의 의미를 갖는 한·중 협력이 절실하다.

2. 북·중 경협 활성화의 양상

최근 북·중 경협은 다음과 같은 다섯 가지 양상을 나타낸다. 첫째, 북·중 교역의 급상승과 수출입 상품의 다양화 둘째, 중국의 대북 투자규모 확대 셋째, 북·중 경협 방식의 업그레이드 넷째, 북·중 접경지역 관광업 활성화 다섯째, 산업경제 관련 인재 양성 및 인력 교류 활성화 등이다.

---

[418] 張璉瑰, 「朝鮮核問題現狀與美國責任」, 『東北亞學刊(中國)』, 總第2期 第2期(2012), 4~5쪽.

1) 북·중 교역의 급상승과 수출입 상품의 다양화

1990년대 후반까지 북·중 교역 규모는 3.7억 달러에 불과했다. 그런데 2000년 4.8억 달러, 2001년에는 7.3억 달러로 늘기 시작하여 2012년에 이르면 59.3억 달러로 급증하였다.[419] 거의 연평균 97%씩 급격하게 성장한 것이다. 2013년에도 북·중 교역은 지속적인 증가세를 보이며 65.4억 달러로, 전년 대비 8.9% 증가하여 사상 최고치를 기록하였다.[420]

남북교역을 제외할 경우 북·중 교역액이 북한의 전체 대외교역에서 차지하는 비중은 2006년 56.7%, 2007년 67.2%, 2008년 73.2%, 2009년 78.5%를 거쳐 2011년 89.1%, 2012년 현재 87.1%이다.[421] 여기서 2012년 북·중 교역액은 전년 대비 5.4% 증가한 반면 북한 전체 대외무역에서의 비중은 89.1%에서 87.1%로 하락하였다. 그러나 2012년 중국의 대외무역의 증가 비율이 2011년 22.5%에서 6.2% 하락하였음을 감안하면,[422] 북·중 교역은 여전히 증가하고 있다.

[419] 북한의 대외무역 신장과 관련하여 북한 사회과학원 주체경제학연구소 소장이며 경제학학회 회장인 김원삼 교수는 인터뷰에서 다음과 같이 말한 바 있다. "김일성 주석의 말 가운데는 '생산이자 수출이고, 수출이자 곧 생산이다'는 말이 있습니다. 우리나라가 대외무역 제일주의를 추진하면서 대외 무역량이 상당히 늘어났습니다. 지금으로부터 10년 전에는 대외 무역액이 65억 달러라고 발표했는데, 지금은 그 보다 훨씬 더 늘어났습니다. 대외 무역량에 대한 공식 발표는 없지만, 그 분야에서 일하고 있는 사람들의 말을 들으면 대략 3~4배가 늘어났다는 이야기도 들립니다."(한호석, 「북(조선) 경제의 이해를 위하여(1995년)」, Center for Korean Affairs, Inc(統一學研究所/onekorea.ong)).

[420] 한국무역협회, 「2013년 남북교역·북중무역 동향 비교」, 『Trade Focus』, Vol.13 No.9(2014).

[421] KOTRA, 「2011년도 북한의 대외무역 동향」, 『코트라(kotra.or.kr)』, 12-018(2012년 6월); KOTRA, 「2012년도 북한의 대외무역 동향」, 『코트라(kotra.or.kr)』, 13-018(2013년 5월); 한국무역협회, 「2012년 남북교역·북중무역 동향 비교」, 『Trade Focus』, Vol.13 No.8(2013).

[422] 중공 18차 전국대표대회 이후 중국은 경제적 구조 조정으로 대외무역구조에도

〈표 4-1〉은 북한무역에서 북·중 교역의 규모 및 중국에의 의존도 변화를 정리한 것이다.[423]

〈표 4-1〉 북·중 교역 규모와 중국 의존도 변화

(단위 : 억 달러)

연도	'99	'00	'01	'02	'03	'04	'05	'06	'07	'08	'09	'10	'11	'12	'13
무역 총액	14.8	19.7	22.7	22.6	23.9	28.6	30.0	30.0	29.4↓	38.2	34.1↓	41.7	63.2	68.1	73.4
북·중 총액	3.7	4.8	7.3	7.3	10.2	13.7	15.8	16.7	19.7↑	27.8	26.8↓	34.6	56.3	59.3	65.4
대중 수출	0.5	0.3	1.6	2.7	4	5.9	5	4.6	5.8	7.5	7.9	11.8	24.5	24.9	32.2
대중 수입	3.2	4.5	5.7	4.6	6.2	7.9	10.8	12.3	13.9	20.3	18.8	22.7	31.6	34.5	41.2
무역 수지	-2.8	-4.2	-4.1	-1.9	-2.2	-2	-5.8	-7.6	-8.1	-13	-11	-11	-7.1	-9.6	-9.8

* 북한 무역총액에서 남북경협 금액은 제외

〈표 4-1〉을 보면 2006년, 2009년 북한의 핵실험, '광명성' 발사 등으로 국제사회의 대북제재에 중국이 동참했음에도 불구하고 북·중 교역이 상승세를 보였다. 2008년~2009년 북·중 교역이 1% 하락한 원인은 북한 무역총액의 감소라는 측면을 고려해야 할 것이다.

상응한 조정이 이루어졌기 때문이라고 한다. 아울러 이러한 하락세는 경제적 구조 조정에 따른 필연적인 현상이며, 중국의 경제발전 추세는 안정적으로 증가하고 있다고 분석한다(『人民日報(中國)』, 2013년 9월 5일자).

[423] KOTRA, 「2011년도 북한의 대외무역 동향」, 『코트라(kotra.or.kr)』, 12-018(2012년 6월); KOTRA, 「2013년도 북한 대외무역 동향」, 『코트라(kotra.or.kr)』, 2014-05-22(2014년 5월); 권영경, 「신 북·중 경협시대의 도래와 우리의 대응과제」, 『평화학연구』, 제13권 1호(2012), 153쪽; 한국무역협회, 「2012년 남북교역·북중무역 동향 비교」, 『Trade Focus』, Vol.13 No.8(2013); 한국무역협회, 「2013년 남북교역·북중무역 동향 비교」, 『Trade Focus』, Vol.13 No.9(2014); 이종규, 「2013년 북한의 대외무역 평가 및 2014년 전망」, 『KDI 북한경제리뷰』, 1월호(2014) 등을 참조하여 재구성.

이 시기 북한의 무역수지는 계속 마이너스였다. 그럼에도 북한이 중국으로부터의 수입을 계속 늘릴 수 있었던 것은 중국과 북한 사이의 '사회주의 우호가격'에 의한 교역 및 구상무역[424] 그리고 '변경 호시 무역(邊境互市貿易)의 존재를 고려해야 할 것이다.[425] 이를 감안하면서, 〈표 4-1〉에서 보면 2011년 대중 수출은 24.5억 달러, 대중 수입은 31.6억 달러이다. 여기에 우호가격제를 적용하여 수입의 20%인 6.32억 달러를 현물로 지불했다면 무역수지는 -0.78억 달러로 된다. 이 수치에 원 가격보다 낮은 원유 수입총액과 파악되지 않는 변경호시무역 총액 등까지 합하면 무역수지는 플러스에 가깝다고 볼 수도 있다.

북한의 중국에 대한 수출상품을 보면 2004년까지만 해도 농수산품이 절반 이상을 차지했었다. 그러나 2005년부터 철광석, 무연탄, 석회석 등 광물자원이 크게 늘어나면서 2007년부터 절반 이상을 차지하고 있다. 여기에 2000년대 초반부터 지속적으로 15~20%를 차지한 비철금속 제품까지 합하면 2007년 이후 북한의 대중 수출 품목은 70% 이상이 천연 광물자원이며, 2013년에는 97.2%에 달하였다.[426]

---

[424] 변경무역에 종사하고 있는 중국 업체들은 대체로 대북 수출대금의 80%는 경화로 지급받지만, 나머지 20%는 현물로 지급받고 있다. 또한 중국의 대북 수출품목 중 매년 25%~30%를 차지하는 원유 가격은 국제시세보다 낮은 가격으로 책정한다(권영경, 앞의 논문, 153쪽; 민족 21 편집부, 「대북 식량·원유 수출 중단 가능성 희박 : 금융제재도 큰 영향 없을 것」, 『민족 21』, 통권 제101호(2009), 170쪽).

[425] 이영훈, 「북·중 무역의 현황과 북한경제에 미치는 영향」, 『금융경제연구』, 제246호(서울 : 한국은행 금융경제연구원, 2006), 23~24쪽.

[426] 권영경, 앞의 논문, 154쪽; 이영훈, 앞의 논문, 2006년, 9쪽; KOTRA, 「2013년도 북한 대외무역 동향」, 『코트라(kotra.or.kr)』, 2014-05-22(2014년 5월). 이 문제와 관련하여 북한 김정일 국방위원장은 "원료를 다른 나라에 그대로 팔지 말고 될수록 가공하여 팔아야 합니다. …… 몇 푼의 외화를 벌겠다고 원료를 가공하지 않고 그대로 팔아먹는 사람은 매국노와 마찬가지입니다. 우리는 수출품 가운데서 가공제품의 비율을 끊임없이 높여야 합니다. 유색금속 같은 것도

북한이 중국으로부터 수입하는 상품은 전통적으로 에너지, 식량, 원자재 등 소위 전략물자였다. 하지만 2008년부터 수입상품에서 기계·전자, 의류, 건설차량, 수송기기, 공장설비, 위탁가공용 섬유, 화학·플라스틱 등 제품이 늘고 있다.[427] 북·중 교역 상품이 다양해지고 있는 것이다.

2) 중국의 대북 투자 규모 확대

중국은 북한의 최대투자국으로 2002년 150만 달러를 시작으로, 2008년 4천 1백만 달러, 2009년 4.6억 달러를 투자하였다.[428] 중국 대북투자의 특징은 ①급속한 성장 속도 ②중국 동북지역 기업의 지리적 우세와 남부지역 기업의 강한 비즈니스 의식이 대북한투자의 주체를 형성 ③자원개발에 대한 투자 집중 ④인프라 구축분야 협력 강화 등이다.[429]

투자 규모의 확대와 함께 투자 주체도 중소기업에서 대기업으로 변하고 있으며, 투자 분야도 식품, 의약, 경공업, 전자, 화학공업, 광산 등 다양해지고 있다.[430]

그대로 팔지 말고 값을 많이 받을 수 있게 가공하여 팔아야 합니다"라고 지시한 바 있다(김정일,「당의 무역제일주의 방침을 관철하는 데서 나서는 몇 가지 문제(1995년 2월 1일)」, 조선로동당출판사 편,『김정일선집(제14권)』(평양 : 조선로동당출판사, 2000), 10쪽). 2013년 처형당한 장성택의 죄목 가운데 하나가 중국에 무연탄 등을 헐값에 팔아 넘겼다는 것이었다.
427) 이재호,「북-중경협이 남북경제관계에 미치는 영향」, 대외정책연구원 주최,『"신북-중 경협시대의 한국의 대북 정책과제"─국제세미나 자료집』(서울 : 대외정책연구원, 2010년 6월 28일), 45~47쪽.
428) 권영경, 앞의 논문, 158쪽; 이영훈, 앞의 논문, 2012년, 158쪽.
429) 이종림(李鍾林),「중국의 대북투자 리스크와 대응방안」,『KDI 북한경제리뷰』, 2월호(2013), 78~80쪽.
430) 中華人民共和国 外交部(http://wcm.fmprc.gov.cn/ce/cekp/kor/zcgx/whjl/t308038.htm)

2010년 12월, 북한 합영투자위원회와 중국 상무부는 황금평과 나선특구 공동개발 양해각서(MOU)를 체결하였는데, 중국은 5년간 35억 달러를 투입하기로 하였다. 이와 관련하여 북한에 투자한 대표적 중국 기업은 통화강철그룹, 오광그룹, 란허그룹, 탕산강철그룹, 중강그룹 등이다. 중국의 대북 투자는 동북3성 개발과 연계된 것이다.[431] 중국은 동북아 지역 발전을 강조하는 「제12차 5개년 경제개발 계획(2011~2015년)」에서 처음으로 '지역개방구조 구상' 및 접경지역 경제협력을 관련시킨 만큼,[432] 향후 대북투자는 더욱 증가할 것이다.

북한도 이에 호응하여 관련 법적, 제도적 인프라를 정비해 나가고 있다. 대표적인 사례가 '라선 경제무역지대'에 대한 외국투자 장려조

---

[431] 중국 연변대 경제관리학원 원장 이종림(李鍾林) 교수는 동북지역 기업의 지리적 우세와 남부지역 기업의 강한 비즈니스 의식이 대북한 투자의 주체를 이루고 있다고 밝히면서 현재 120개 중국 투자기업 중에는 랴오닝성, 지린성, 베이징, 산둥성에 위치하는 것으로 알려지고 있다고 한다. 그는 중국 투자기업 중에서 항저우와하하그룹(杭州娃哈哈集團), 허난이퉈그룹(河南一拖集團), 지린방직찐추커어우회사(吉林紡織進出口公司), 지린앤초유한공사(吉林煙草有限公司), 창춘추잉과학주식유한회사(長春雛鷹科學股份有限公司), 다롄화싱그룹(大連華興集團), 화풍그룹(華豊集團), 창춘완다제약(長春萬達製藥), 연변톈츠공업무역회사(延邊天地工業貿易公司), 산둥조진광업그룹(山東招金鑛業集團), 난진슝모전자그룹(南京熊猫電子集團有限公司) 등은 기업규모와 대북 투자액이 큰 것으로 파악된다고 지적하였다. 그 중 남부지역의 기업들은 중국과 북한 간의 국경지역을 중개로 대북한 투자를 진행하고 있는데, 산둥조진광업그룹은 압록강 상류지역인 지린성 장백현의 기업을 통해 북한에 투자하였으며, 북한 무산철광에 대한 투자는 연변천강공업무역공사를 통한 광동성 주해시의 한 민영기업의 투자라고 분석하였다(이종림(李鍾林), 「중국의 대북투자 리스크와 대응방안」, 『KDI 북한경제리뷰』, 2월호(2013), 79쪽; 이종운, 「북·중 경제관계의 구조적 특성과 함의」, 『KDI 북한경제리뷰』, 1월호(2014), 58쪽).

[432] 「중화인민공화국 제12차 5개년경제계획 요강」, 중화인민공화국 제11차 전국인민대표대회 4차 회의(2011년 3월 14일); 1979년부터 중국의「정부사업보고」를 검토해 보면 '접경지역 경제협력'을 언급한 적이 없었다(中華人民共和國中央人民政府門戶罔 홈페이지(www.gov.cn); 滿海峰, 「新時期中朝關係定位與中朝邊境地區經濟合作發展」, 『遼東學院學報(中國)』, 第13卷 第6期(2011), 123쪽).

치이다. 북한당국은 나선 경제무역지대에서 외국인들에게 유리한
세금 특혜를 보장하였다. 우선 기업소득세, 거래세, 영업세, 개인소
득세, 지방세만을 받고 있으며, 세율도 중국 경제특구 15%, 홍콩 18%
보다 낮은 14% 수준이다.[433]

북한은 경제지대 개발을 위한 튼튼한 법적 담보를 위해 2013년 5
월 29일에 최고인민회의 상임위원회 정령 제3192호 「조선민주주의
인민공화국 경제개발구법」을 채택하였다.

북한에서 외자 유치 관련 업무를 총괄하는 유일한 정부 산하기관
인 합영투자위원회는 각 도들에서 개발에 유리한 지역을 새롭게 설
정해 나가고 있다. 2014년 6월 현재 대표적 개발지역으로는 평안북도
압록강경제개발구, 자강도 만포경제개발구, 자강도 위원공업개발구,
양강도 혜산경제개발구, 황해북도 신평관광개발구, 함경북도 온성섬
관광개발구, 와우도수출가공구, 황해북도 송림수출가공구, 함경남도
흥남공업개발구, 함경남도 북청농업개발구, 함경북도 청진경제개발
구, 함경북도 어렁농업개발구, 강원도 현동공업개발구가 있다.[434]

중국의 대북 투자 확대와 관련하여 투자 리스크 문제도 물론 제기
되고 있다. 즉, "제도적인 장애요인, 북한의 낮은 경제발전 수준, 시
장경제의식의 결핍, 북한 시장의 무기력한 구매력, 낮은 신용 수준,
북한 외자 도입정책의 일부 문제점" 등으로 중국의 대북투자가 실질
적인 진전을 이루지 못할 것이라는 우려이다. 아울러 중국의 대북투
자 규모와 북한 내부 경제 사이의 연계성에 대한 논란도 있다. 그럼
에도 불구하고 대북투자가 확대되는 추세는 미래의 시장에 대한 장

---

433) 김종철, 「라선경제무역지대 외국 투자기업 및 외국인 세금제도의 특징과 그
운영을 개선하는데서 나서는 몇 가지 문제」, 『경제연구』, 제2호(2011), 56쪽.
434) 부록 1. 조선합영투자위원회, 「조선민주주의인민공화국에서의 특수경제지
대 개발 실태와 전망(2014년)」참조.

밋빛 전망 때문일 것이다.[435)

3) 북·중 경협 방식의 업그레이드

북한의 대외무역은 "지방 단위에서 하는 무역도 크게 늘고 있다. 북한에서는 부, 위원회가 독자적으로 하는 무역, 도 자체에서 하는 무역, 군 자체에서 하는 무역 등 단독 무역과 변방 무역이 있다. 산지사방에서 무역을 하고 있다고[436) 표현할 정도로 다양한 주체들이 참여하고 있는 것이다.

북한과 중국 사이의 경제협력 원칙은 '정부 인도, 기업 참여, 시장 원칙'의 12자 방침에서 2010년 8월, 김정일 국방위원장의 방중에 맞춘 양국 정상회담에서 '정부 주도, 기업 위주, 시장 원칙, 호혜 공영'의 16자 방침으로 바뀌었다. 그 결과 협력 주체가 지방 차원에서 중앙 차원으로 업그레이드되었다.

또한 북·중 경협방식도 일반교역을 넘어 산업 협력 및 접경지역 '공동관리, 공동개발' 단계로까지 발전하고 있다. 2011년 6월 8일 황금평-위화도 경제특구 공동개발 착공식에서 제기된 「조·중 라선경제무역지대와 황금평경제지대 공동개발 총 계획 요강」에 따르면

---

435) 김석진, 「북·중 경협 확대 요인과 북한경제에 대한 영향」, 『KDI 북한경제리뷰』, 1월호(2013), 109~115·118~119쪽; 이종림(李鍾林), 「중국의 대북투자 리스크와 대응방안」, 『KDI 북한경제리뷰』, 2월호(2013), 82~84쪽. 이와 관련하여 미국의 손꼽히는 투자 전문가 짐 로저스(Jim Rogers)는 언론과의 인터뷰에서 "허락된다면, 나의 모든 재산을 북한에 투자하겠다."라는 취지의 발언을 했다. 그가 투자자로서 북한에 주목하는 주된 이유도 "선발자의 이점(First Mover Advantage)을 누릴 수 있는 세계에서 몇 남지 않은 개발 예상지"라는 점과 "통일 한국 경제에 대한 장밋빛 전망"이다(『News Peppermint』, 2014년 3월 26일자).

436) 북한 사회과학원 주체경제학연구소 소장 김원삼 교수 인터뷰(한호석, 「북(조선) 경제의 이해를 위하여(1995년)」, 『Center for Korean Affairs, Inc(統一學研究所/onekorea.ong)』)

북·중 양국은 중국에 장기 임대하는 방식으로 황금평에 상업센터와 정보산업, 관광문화산업, 현대시설 농업, 가공업 등 4대 산업단지를 조성한다고 한다.

이 같은 변화는 양국의 경제 발전 의도와 상호이익이 맞아떨어진 결과이기도 하다. 북한은 '2012년 강성대국의 문'을 열기 위해 경제 문제 해결이 시급하며, 중국도 국내 경제 발전의 불균형구조 타개를 위해 북한과의 협력이 긴요하다. 예컨대 중국은 2011년 1월 처음으로 훈춘에서 캐낸 석탄 1만 7천 톤을 북한 나진항에서 상하이로 운송하였다. 원정리-라진항 도로 보수가 2012년 8월 준공하면, 연간 100만 톤의 석탄을 남방으로 운송할 수 있게 돼 기존의 철도 수송에 비해 연간 6천만 위안의 물류비용을 절감할 것으로 예상됐다.[437] 또한 중국은 경제 발전의 불균형구조를 타개하기 위해 1990년대 초반에 제기되었지만 부진했던 '두만강지역 개발계획'을 2009년 '창지투 개발 개방 선도구 개발계획'이라는 중앙정부 프로젝트로 격상시켰다.[438] 이것이 북한에서 1990년대 초부터 구상했던 신의주, 나선지대 경제특구 활성화계획과 맞아 떨어지면서 양국 간의 국경지대 개발 계획으로 자리 잡을 수 있었던 것이다.[439]

---

[437] 『新文化報(中國)』, 2011년 1월 16일자.

[438] 김강일, 「북-중경협이 남북정치·안보관계에 미치는 영향」, 대외정책연구원 주최, 『"신 북-중 경협시대의 한국의 대북 정책과제"—국제세미나 자료집』(서울 : 대외정책연구원, 2010년 6월 28일), 30~31쪽; 유병규 외, 「북·중 접경지역 개발 현황과 파급효과」, 『경제주평』, 442호(2011), 3쪽; 김병송, 「창지투 선도 구'와 나선특구 개발 전망」, 『통일문제연구』, 통권 55호(2011), 4~5쪽; 김일한, 「북한의 대외경제에 대한 인식과 북·중 경협」, 『글로벌정치연구』, 제4권 1호 (2011년), 20쪽.

[439] 중국의 접경지역 협력에 관련한 전문적인 정책은 「중화인민공화국 제12차 5개 년경제계획 요강」에서부터 전면적으로 다루고 있다(滿海峰, 앞의 논문, 123쪽).

이 같은 상황을 반영하여 북·중 경협방식은 국가발전 전략차원으로 한 단계 업그레이드되었다. 즉, 큰 틀의 경제협력문제들은 양국의 중앙정부 기구 간에 협의하고, 이를 지방정부 간 협력, 개별기업의 대북투자 장려라는 방식으로 자리 잡았던 것이다. 더불어 나선, 황금평 경제특구의 공동개발협력체계는 북·중 간 공동지도위원회 → 공동개발관리위원회 → 투자개발공사라는 3단계 제도로 구성할 수 있었다.

4) 북·중 접경지역 관광업의 활성화

연변지역 관광업계에 따르면, "연간 1만여 명의 중국인이 연변을 통해 북한 관광을 떠나고 있다"고 한다. 북·중 접경지역 물류중계 수송업의 발전과 더불어 북·중 접경지역 관광업도 중국 지린성 관광업의 한 개 브랜드로 자리 잡은 것이다.

북한 측이 발행한 『조선관광 안내』라는 홍보책자에서 제안하고 있는 기본적인 관광일정은 감상·인식·교육·휴식·휴양·하이킹을 주로 하고 있으며, 전문관광은 형식에 따라 40일까지 할 수 있다. 전문관광에는 하이킹·탐험·무용 표기법 연수·태권도 관광·골프·감탕 치료·조선어 연수·동의 치료·혼례·백두산 도보·동식물 조사·사찰 관광·수렵·백두산 천지 생물 조사·백두산 화산지대 지질 연구 등이 있다. 특이한 상품으로 '북한 폴리티칼 투어'도 있다.[440]

북한당국은 과거 관광사업을 부정적으로 인식했기 때문에 매우 제한적으로 추진하였다. 북한에서 최초로 창립한 여행사는 1953년 8월 24일에 문을 연 조선국제여행사이다.[441] 조선국제여행사는 1950년대

440) 평화문제연구소, blog.naver.com/ipa1983/195009200
441) 한국관광공사, 『2005 북한관광 백서』(서울 : 한국관광공사, 2005), 40쪽.

중반부터 일부 사회주의 국가를 대상으로 체제 우월성을 선전하기
위한 목적으로 관광사업을 실시하였다. 1960~70년대까지도 사회주
의국가들 간의 친선 유지 차원에서 소규모 휴양 관광단을 유치하였
고, 해외동포를 대상으로 한 조국방문단 사업을 일부 추진하였을 뿐
이었다.442)

북한은 1980년대 중반부터 대외개방정책의 적극 추진과 함께 관광
산업도 외화벌이 차원에서 장려하기 시작하였다. 1986년 5월에 국가
여행국을 국가관광총국으로 확대·개편하였으며443), 그 다음해인
1987년 9월에는 국제연합 세계관광기구(World Tourism Organization)
에도 가입하면서 9개 관광지역의 대외개방을 선포하였다.444) 북한당
국은 관광사업에 대한 인식 전환에 따라 "오늘 관광업은 원유공업,
자동차공업 다음 가는 분야"로 인정하였으며, 새로운 추세에 맞게
"백두산, 금강산, 묘향산을 비롯한 명승지들을 관광지로 전망 있게
꾸려가고 있다"고 밝혔다.445) 북한은 1995년 세계관광기구 태평양·
아시아 관광협회(Pacific Asia Travel Association)에도 가입하였다.446)

북·중 사이의 민간인 대상 관광 교류는 1988년 4월 1일 단둥시(丹
東市) 국제여행사가 조직한 신의주 1일 관광으로부터 시작되었다. 이
즈음 북한은 관광사업 확대를 목적으로 평안북도와 자강도 당위원회
책임비서를 단장으로 하는 대표단을 각각 중국 랴오닝성과 지린성에
파견하기도 하였다.447) 1989년 훈춘지역에서 두만강을 건너 함경북도

442) 한국관광공사, 『2008 북한관광 백서』(2008), 15쪽; 한국관광공사, 『2010 북한관
     광 백서』(2010), 34쪽.
443) 한국관광공사, 『북한의 관광특구 확대 가능성 및 발전방안』(서울 : 한국관광공
     사, 2001), 22쪽.
444) 천리마 편집위원회, 「세계관광의 날」, 『천리마』, 루계 364 제9호(1989), 88~89쪽.
445) 『로동신문』, 1989년 9월 27일자.
446) 한국관광공사, 『2010 북한관광 백서』(2010), 35쪽.

남양까지 여행이 허가되면서, 북한 변경관광의 확대와 함께 내륙관광도 확대되었으며, 1991년부터 연변과의 변경관광도 시작하였다.[448]

　1992년 10월에 발표된「합영법 시행세칙」에서 북한은 관광을 대외경제협력의 한 분야로 지정하였고, 제3차 7개년 계획에서 관광을 국가 주요 사업의 하나로 지정하였다. 북한과 중국은 1992년에 관광노선을 변경지역에서 평양, 묘향산, 금강산, 개성 등 내륙으로 확대하는 데 합의하였고, 상품의 종류도 다양화하였다. 중국인들의 북한관광은 2008년에 중국이 북한을 공식적인 방문지로 지정하고, 2009년 양국 간「중국 관광객의 북한관광에 대한 양해각서」(11월 16일)를 체결하면서 더욱 활발해졌다.[449]

　북한은 2011년 12월 3일 개정한「조선민주주의인민공화국 라선경제무역지대법」제1장 제1조에서 나선특구를 "국제적인 중계수송, 무역 및 투자, 금융, 관광, 봉사지역"으로 규정하였다.[450] 북한은 중국, 동남아 주민 유치를 목적으로 원산지구 종합개발계획인「원산지구 총계획도」를 작성하였으며, 해외투자를 위해「원산지구 개발대상 계획 기초자료」도 만들었다.[451] 북한 김정은 조선노동당 제1비서는

447)『로동신문』, 1989년 9월 27일자.
448) 한국관광공사,『2005 북한관광 백서』(2005), 34쪽.
449) 한국관광공사,『2010 북한관광 백서』(2010), 36쪽. 중국인의 대북관광이 북한 내륙관광으로 확대됨에 따라 북·중 관광은 북·중 접경지역을 방문하는 '변경관광'과 북한 내륙을 방문하는 '일반관광'으로 나뉘어졌다. '변경관광'은 통행증으로 입국이 가능한 나진·선봉, 남양·온성, 신의주 등의 접경도시를 돌아보는 형태로 진행되며, '일반관광'은 비자를 발급받아 평양, 금강산, 묘향산, 백두산, 개성 등 북한의 내륙을 돌아보는 형태로 진행되고 있다(김지연, 「북-중 관광 협력 실태분석과 전망」,『KIEP 지역경제포커스』, Vol.7 No.41(2013), 3~5쪽).
450) 법률출판사,『조선민주주의인민공화국 법규집(대외경제부문)』(평양 : 법률출판사, 2012), 144쪽.
451)「원산지구 총 계획도」에 따르면 원산을 금융·무역지구, 공원·체육·오락시설용지, 관광숙박시설용지·체육촌지구 등으로 나눠 대대적인 개발을 추진 중이

2013년 2월 11일, 당 중앙위원회 정치국회의에서 원산지구를 세계적인 휴양지로 개발한다고 공식 결정하였다. 북한은 남한 주민의 금강산관광이 중단된 후 독자적으로 원산과 금강산일대를 관광특구로 개발할 것을 밝힌 것이다.[452]

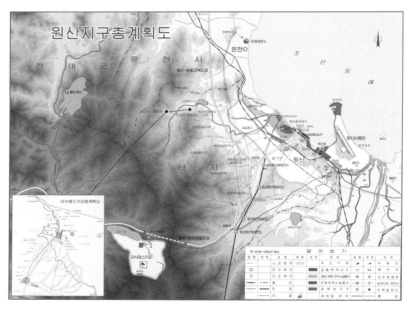

원산지구 총계획도

다(『JTBC 뉴스』, 2013년 6월 26일).

[452] 북한의 조선합영투자위원회가 작성한 계획서에 따르면 경제·관광특구 개발의 성공을 위해 최상위 경제기구인 '국가경제개발총국' 아래 13개 특구 및 220개 시·군·구가 추진하는 특구 등에 경제개발국을 설치할 예정이라고 한다. 실제 2013년 5월 29일, 북한 최고인민회의 상임위원회는 「경제개발구법」을 제정 공표해 이들 지역에 대해 당 책임비서와 인민위원장이 주도권을 갖고 지역별 특성에 맞는 자체 '개발구' 개발이 가능하도록 법제화하였다(편집부, 「북, 원산관광특구 개발에 속도전: 사계절 종합휴양도시로 개발 구상」, 『민족 21』, 통권149호(2013), 34·39쪽).

중국도 2009년 「두만강 개발계획 요강」을 발표한 이후, 지린성에서 「두만강 출해 관광 실시방안」을 제정하고, 기존의 변경관광 코스에 더하여 여덟 갈래의 새로운 관광코스를 개발함으로써 두만강지역 다국 관광개발을 활성화시켰다.[453]

현재 진행 중인 북·중 접경지역 주요 관광코스는 장춘-훈춘-나진 자가용관광, 나진-청진-칠보산 관광, 나진-금강산 관광, 그리고 북·중·러 3국 관광(훈춘-나선-하산) 등[454]이며, 철도·도로·항공·해상 등 다방면으로 이루어지고 있다. 북한은 2011년 4월부터 훈춘을 출발하여, 북한 나선과 러시아 하산을 둘러보는 '3국 무비자 관광'을[455] 허용하는 등 중국 관광객 유치에 적극 나서고 있다. '3국 무비자 관광'에 이어 훈춘시 관광국에서는 중·러·일·한 등 환동해 유람선 관광코스를 개발하기 위해 2011년 5월 3일 현지답사를 진행하였다.[456] 2012년 5월 28일에는 금강산관광지역에서 새롭게 중국인 관광객을 유치하기 위해 '별금강식당' 개업식도 열렸다.[457]

2012년 북한을 방문한 중국 관광객 수는 약 5만 1천~6만 1천 명으로 추산한다. 북한을 방문한 외국인 관광객의 80% 이상이 중국 관광객

---

453) 林今淑, 「장길도(長吉圖) 선도구와 나선특별시 간 경제협력의 새로운 동향」, 『KDI 북한경제리뷰』, 1월호(2013), 144쪽.
454) 『연변일보』, 2012년 5월 4일자.
455) 이 관광은 두 개의 기본 코스로 구성되어 있다고 한다. 첫 번째 코스는 훈춘-슬라브앙카-하산-두만강철교-나선-훈춘, 두 번째 코스는 훈춘-블라디보스토크-슬라브앙카-하산-두만강철교-나선-훈춘이다(『연변일보』, 2011년 4월 28일자).
456) 이 관광 코스는 훈춘-블라디보스토크-동해시-시카미나도시까지 포함한다(『연변일보』, 2011년 5월 17일자). 이 여정이 본격 개통될 경우, 두만강지역의 다국적 관광은 동북아 지역 관광협력으로 이어질 것이다(림금숙(林今淑), 「장길도(長吉圖) 선도구와 나선특별시 간 경제협력의 새로운 동향」, 『KDI 북한경제 리뷰』, 1월호(2013), 146쪽).
457) 『KBS 뉴스』, 2012년 6월 19일.

인 것이다. 여행 코스별로는 선양과 단둥 2만 4천~3만 4천여 명, 연길 1만 5천 700여 명, 훈춘·도문 약 1만여 명, 베이징 2천여 명 등이다.

북한이 중국인 관광객을 통해 벌어들인 수입은 약 1억 3,300만~2억 1,274만 위안(미화로 약 2,169만~3,462만 달러)으로 추산된다. 이는 북한이 개성공단을 통해 벌어들이는 연간 외화수입의 25~40%에 해당하는 규모이다.[458]

따라서 북한은 중국인 관광객 유치에 온 힘을 쏟고 있다. 2014년 5월 13일 지린성 지안(集安)과 평양을 연결하는 열차관광을 2002년 중단한 지 12년 만에 재개했으며, 같은 달 30일에 지린성 도문~칠보산 열차관광도 운행을 재개할 예정이라고 보도하였다. 이를 위해 북한은 이 관광코스의 입국 수속도 간소화하였다.[459]

5) 산업경제 관련 인재 양성 및 인력 교류 활성화

북·중 경협 활성화에 따라 양국은 관련 인재 및 인력 교류를 활발하게 추진 중이다. 북한의 정기 간행지인 『정치법률연구』를 보면, 2010년부터 북한은 사회주의 강성대국 건설을 위해 '인재' 육성의 중요성을 거듭 강조하고 있다. 북한은 인재 양성사업을 "지식경제시대, 정보산업시대의 절박한 요구"라고 주장한다.[460]

---

[458] 김지연, 「북-중 관광 협력 실태분석과 전망」, 『KIEP 지역경제 포커스』, Vol. 7 No. 41(2013), 3·12~13쪽.

[459] 『연합뉴스』, 2014년 4월 18일자.

[460] 김정심, 「실력전을 별려 재능 있는 인재들을 키워내는 것은 강성대국건설을 힘있게 다그쳐나가기 위한 필수적 요구」, 『정치법률연구』, 루계 제29호 제1호(2010), 14쪽; 장옥성, 「자기 땅에 발을 붙이고 눈은 세계를 보는 것으로 강성국가 건설에서 혁명인재가 지녀야 할 중요한 사상정신적 징표」, 『정치법률연구』, 루계 제36호 제4호(2011), 28쪽; 권창복, 「사회주의위업에 충실한 혁명인재를 많이 키워내는 것은 우리 혁명의 절박한 요구」, 『정치법률연구』, 루계 제37호 제1호(2012), 18쪽.

 2010년, 중국의 동북지역에는 북한 유학생이 최소 200명 정도 급증하여 전해에 비해 두 배 이상 늘었다는 보도가 있었다.[461] 이는 2005년 10월 중국 원자바오 총리 방북 이후 경제분야 합의의 후속조치일 것이다. 당시 그 내용에는 "북한의 우수한 인재들의 중국 유학 등을 보장하는" 등이 포함되었다고 한다.[462] 또한 수십 년 이래 북한은 중국정부에서 제공하는 유학생 할당을 제일 많이 확보한 국가이기도 하다.[463]

 앞에서도 살펴봤듯이 북한은 1953년부터 중국에 산업연수생을 파견해 왔다. 2012년 1월 말 이후 북한은 경제무역부문의 중견간부와 기술관료 등 1천 명을 중국의 북동부와 남동부의 도시에 있는 민간 기업과 공장 등을 시찰하도록 파견하였다.[464]

 최근 북한의 대중 인력 송출사업도 크게 늘어나고 있다. 산업연구원에서 발간한 『북한 경제 쟁점 분석』연구보고서에 따르면 북한과 중국은 2012년 4월에 북한 인력 송출사업에 합의함으로써 북한은 외화벌이 목적으로 중국 동북 3성 지역에 매년 10만 명을 송출하기로 합의했다고 한다. 중국도 동북 3성 지역의 인력 부족 현상을 해결하기 위해 북한 인력을 고용할 필요성이 증대했던 것이다.[465]

 2012년 5월 중국 정부는 2만 명의 북한 사람에게 취업 비자를 주기로 했다고 한다. 이에 맞춰 취업비자를 발행한 시점부터 북한으로

---

[461] 『데일리NK』, 2010년 9월 10일자.
[462] 윤지훈, 「북·중 경협의 상징 압록강·두만강 개발프로젝트 황금평과 라진항, 동북아 경제지도 바꾼다」, 『민족 21』, 통권 제104호(2009), 69쪽.
[463] 李俊工·范碩, 「中朝經貿關係發展現狀與前景展望」, 『東北亞論壇(中國)』, 第2期(2012), 19쪽.
[464] 이 사실은 2012년 2월 15일 『도쿄신문』에 의해 보도되었다. 즉, 북한은 파견단을 10명 이내의 소그룹으로 나눠 중국 북동부의 선양과 다롄, 연길 등 주요 도시와 남동부의 상하이에 있는 민간기업과 공장에 파견하여 중국 현지의 경제무역 관계자 등과 적극 접촉하도록 했다고 한다(『연합뉴스』, 2012년 2월 24일).
[465] 이석기·양문수·김석진·이영훈·임강택·조봉현, 『북한 경제 쟁점 분석』(서울: KIET 산업연구원, 2013), 111쪽.

부터 노동력을 처음 공식 수입한 이래 도문과 훈춘시의 7개 지역에
는 모두 3백여 명이 일하고 있다. 그 중에는 북한 고급 IT 인력 29명
도 포함돼 있다고 전해진다.[466] 중국은 동북 3성 지역에 북한 인력
고용 상한선을 확대해 나가고 있다. 즉 총 고용인원의 30%까지 허용
한 것이다. 북한 근로자의 비자 기한도 기존 1개월에서 3개월, 6개월
로 연장 조치했으며, 향후 그 기한을 1년으로 늘릴 계획이라고 알려
졌다.[467] 현재까지 북한 인력 송출 규모는 약 5만 명으로 추산되며,
평균 임금은 약 300달러 정도라고 한다.[468]

　북·중 사이의 문화 부문 고위직의 상호 방문도 활발하다. 2006년
4월 8일 중국 문화부 부장조리 딩웨이(丁衛)가 중국정부 문화대표단
일행을 인솔하고 북한을 방문하였다. 그는 조선대외문화연락위원회
부위원장 전현찬과 「2006년~2008년 중조 두 나라 정부 사이의 문화
교류에 관한 집행계획서」에 서명하였다. 전시회도 상호 추진하였다.
중국이 북한에 가서 진행한 전시회는 '중국 공예미술 전시회', '중국
유화 전시회', '중국 수예 전시회', '중국 수채화 전시회', '중국 청년화
가 작품 전시회' 등이 있다. 북한이 중국에서 진행한 전시회에는 '조
선 공예품 전시회', '김일성 노작 및 혁명활동 사진 전시회', '조선민
주주의인민공화국 창건 기념 사진전시회', '조선노동당 창건 사진 및
그림 전시회' 등이 있다. 그 외 「중·조 문화 교류에 관한 집행계획
서」에 근거하여 북·중 두 나라는 출판, 라디오, 영화, 문물, 박물관

---

466) 『경향신문』, 2012년 5월 27일자.
467) 이석기·양문수·김석진·이영훈·임강택·조봉현, 『북한 경제 쟁점 분석』(서
　　울 : KIET 산업연구원, 2013), 111~112쪽. 일각에서는 2013년 북한의 3차 핵실험
　　이후 2012년까지 지속되던 인력 송출이 다소 주춤하는 추세로 보인다는 관측
　　도 있으며, 북한의 인력 송출 규모와 관련한 논란도 있다(이석기·양문수·김
　　석진·이영훈·임강택·조봉현, 같은 보고서, 112~113쪽).
468) 『국민일보』, 2013년 8월 2일자.

등 부문에서 광범한 대표단 교류와 방문사업을 진행하고 있다. 매년 방문하는 인원은 수백 명에 달한다.[469]

북 · 중 수교 60주년을 기념한 원자바오 총리의 평양 방문(2009. 10. 4.)

북 · 중 우호조약 50돌을 기념한 중국대표단의 우의탑 헌화(2011. 10. 10.)

469) 中华人民共和国 外交部(http://wcm.fmprc.gov.cn/ce/cekp/kor/zcgx/whjl/t308042.htm).

평양을 방문한 푸틴 러시아 대통령을 환영하는 김정일 국방위원장(2000. 7. 19.)

중국을 방문한 김정일 국방위원장을 영접하는 후진타오 국가주석(2004. 4.)

김정일 국방위원장의 중국 비공식 방문 기념우표(2010. 5. 5~5. 6.)

김정은 제1비서와 중국 공산당 대표단(단장: 李建国) 접견(2012. 12. 30.)

제3절 동북아 지역 관련 주요 국가들의
북·중 경협 인식

    한반도문제는 남북 적대관계 외에도 중·미·러·일 등 인접한 강대국들의 이익과 밀접이 관련된다. 이들 국가의 한반도에서의 이익 추구는 서로 다르다.

    중국은 한반도를 포함한 주변 환경의 안정을 가장 중요하게 고려한다. 미국은 한반도를 아시아·태평양 지역 주도권 장악의 중요한 기지로 본다. 러시아는 한반도를 동아시아로 '컴백'할 수 있는 상징으로 파악한다. 일본은 한반도를 자신이 정치·군사대국으로 가는 교두보로 본다.

    각국 이익의 차이는 19세기 이후 한반도 정세를 지속적으로 불안정하게 하였다. 동시에 각국의 기득권 유지는 한반도 '총적인 안정' 또는 현상유지에 기인하며 이는 각국이 공감하는 부분이다. 때문에 각국은 한반도를 둘러싸고 때론 갈등, 때론 협력하는 복잡한 관계를 유지하고 있다. 이는 각국의 대 한반도정책 기조에 반영되어 있다.

1. 미국의 한반도정책 기조와 북·중 경협 인식

미국의 대 한반도정책은 미국의 대아시아 정책 목표에서 비롯된다. 아시아에서 미국의 정책목표는 해로와 항공로의 자유 유지, 시장 진출, 적대국과 그들에 의한 패권 장악 저지 등으로 요약할 수 있다. 주지하다시피 아시아는 역사적으로나 현재나 미국의 국익에 매우 중요한 지역이었다.

하지만 아시아는 막강한 자원을 가진 군사 경쟁국이 나타날 가능성이 있는 지역이었고, 따라서 안정적인 균형을 유지시키기 어려운 지역이라는 인식을 전제로 하고 있다. 2001년 부시 행정부시기 발표했던 「4개년 국방 검토 보고서(Quadrennial Defense Review, 약칭 QDR)」에서도 아시아를 대규모 군사 충돌 발생의 가능성이 높은 지역이라고 평가하고 있다. 첫째, 지역 패권국이 등장할 가능성이 매우 높은 지역이고, 둘째, 급진세력에 의해 정부 전복도 일어날 수 있는 지역이며, 셋째, 이 지역의 많은 국가들은 대규모의 군사력을 보유하고 있으며, 대량 살상무기의 제조능력을 가진 나라들도 다수 포함되어 있는 지역이기 때문이다.[470] 여기서 첫 번째와 세 번째 대목

---

[470] 1997년 미국 국회는 1997년의 「국방수권법」에 의해 국방부로 하여금 매 4년 마다 국방정책에 관한 보고서를 작성해서 의회에 제출하도록 요구하였다. 이 보고서가 바로 'QDR'이다. 이에 따라 미국 국방부는 1997년부터 QDR을 작성하기 시작하여 2001년, 2006년, 2010년까지 총 4번의 QDR을 발표하였다. 사실 QDR은 4년을 주기로 한 국방보고서이지만 반드시 향후 4년 동안만의 국방정책을 기술하는 것은 아니다. 보다 장기적인 목표 또는 2001년 9·11 직후 간행된 QDR 처럼 국방정책의 시급한 고려사항이 포함될 수도 있다. QDR은 「핵태세 검토 보고서(Nuclear Posture Review, NPR)」, 「탄도미사일 방어 검토 보고서(Ballistic Missile Defense Review, BMDR)」, 「우주전략 검토 보고서(Space Payload Review, SPR)」등과 함께 국방부가 주기적으로 발표하는 전략방위태세 검토 중 가장 중요한 문건이다. 기본적으로 미국의 군사안보전략의 방향과 현안에 대

은 모두 중국(과 일본)을 지목하고 있으며, 두 번째와 세 번째 대목
은 북한을 포함하여 지목하고 있는 것으로 보인다.

같은 시기 미국 랜드(RAND)연구소에서 발표한 보고서에 나타난
미국의 대아시아 기본전략은 첫째, 아시아 동맹국과의 기존의 쌍무
협정관계를 강화하고, 둘째, 중국과 러시아 그리고 인도 중 어느 국
가도 지역패권국으로 부상하는 것을 용납하지 않는 선에서 아시아
에서 세력 균형을 유지하며, 셋째, 역내 무력 사용에 대한 반대의사
를 명확히 하며, 넷째, 아시아 모든 나라를 포괄하는 다자 안보 대화
증진을 제시하고 있다.[471] 이러한 인식은 오바마(Barack Obama) 행
정부의 대아시아 전략에도 반영되었을 것이다.

2008년 경제위기를 겪으면서 세계 경제의 37%를 차지하는 아시아
의 전략적 가치는 더욱더 부각되고 있다. 이는 미국의 '아시아 복귀'
전략으로 이어졌다. 2009년 11월 14일 미국의 오바마 대통령은 한·
중·일 순방 중 연설에서 미국이 아시아에로 복귀할 것을 알렸다.
그는 "우리는 태평양 국가이지만 아시아와 미국은 태평양으로 분리
된 것이 아니라 태평양으로 연결되어 있다"고 하면서 "이 지역에서
발생하는 일은 곧바로 미국에서의 우리 생활에 직결되기 때문에 이
지역의 공동의 과제를 대처하기 위해 미국은 과거의 동맹국(일본,
한국, 호주, 태국, 필리핀)과의 유대를 강화하고 또 새로운 동반자 관
계를 구축하고자 하는 것이다"라고 연설했다.[472] 즉 아시아 국가와

해 가장 포괄적인 내용을 담고 있다고 평가받는다(이상현, 「오바마 행정부의
군사전략 : 2010년 QDR과 함의」, 『전략연구』, 통권 제50호(2010), 8~9쪽.).

[471] 이대우, 「미국의 중국정책」, 세종연구소, 『"미국, 중국과 한반도"-제7차 SEJONG-
CICIR 학술회의 보고서』(서울 : 세종연구소, 2001년 10월 15일), 28쪽.

[472] 「오바마 대통령 연설문(2009년 11일 14일)」, 주한 미국대사관 홈페이지(korean.
seoul. usembassy.gov).

의 대화·협력을 강조하는 모멘텀으로 가고 있는 듯 싶지만, 중국을 견제하고자 하는 의도에는 여전히 변함이 없다.

　미국은 1997년 중국을 '잠재적인 패권 도전국'이라 칭했고, 2000년대에 와서는 '경쟁자'라고 지목하였다. 오바마 행정부 2기인 2013년 6월 '중·미 정상회담'에서 양국관계를 "신형 대국관계(新型大國關係)"[473]라고 강조했지만 역시 변화보다는 그 연속성이 더 감지된다고 평가받았다. 중국 런민대(中國人民大學) 국제관계학원 부원장 진찬룽(金燦榮) 교수는 중국 중앙채널(中央電視臺) CCTV 4와의 인터뷰에서 "미국의 '아시아 복귀'전략은 아태지역의 국제관계의 구조가 '중 경제, 경 군사(重經貿, 輕軍事)'에서 '중 군사, 경 경제(重軍事, 輕經貿)'로 전환하게 하고 있다."는[474] 견해를 밝혔다. 천펑쥔은 "한반도는 미국이 동북아 지역에서 러·중·일을 견제하는 중요한 역할을 하고 있다"[475]고 주장한다.

　이런 맥락에서 볼 때 미국이 원하는 한반도의 안정은 '절대적 안정'이 아닌 '상대적 안정'이다. 즉 이 '상대적 안정'은 북한의 핵실험이나 도발, 댜오위다오(釣魚島) 분쟁 같은 불안정 요소를 전제로 한다. 하지만 여기서 '불안정' 또한 전쟁과 같은 '절대적 불안정[476]'이

---

[473]　『人民日報(中國)』, 2013년 6월 4일자, 6월 10일자, 7월 8일자.

[474]　「深度國際」, 『CCTV 4(中國)』, 2012년 10월 19일.

[475]　陳峰君, 『亞太安全析論』(中國 : 國際廣播出版社, 2004), 247쪽.

[476]　미국은 왜 북한을 공격할 수 없을까? 그 이유는 5가지라 할 수 있다. ①북한의 군사력은 아직 미국의 직접적인 위협이 못된다. ②북한이 공격에 반발하여 미사일을 발사할 경우 방어시스템이 완벽하다고 말할 수 없고 방어하기도 어렵다. ③지상전이 될 경우 일본, 한국의 미군기지가 크게 피해를 입게 될 가능성이 있다. ④전쟁비용, 인적 데미지가 심화될 경우 본토에서 멀리 떨어진 아시아전쟁을 진행할 여력이 없다. ⑤한반도에서 전쟁을 원하지 않는 중국의 의향을 무시할 수 없다(五味洋治, 『北朝鮮と中國—打算でつながる同盟國は衝突するか』(日本 : 築摩書房, 2012년), 95쪽).

아닌 '상대적 불안정'을 의미할 것이다. 이 역시 미국이 세계 최강 군사력을 과시하며 한반도 나아가 아시아 현안에 개입할 수 있는 명분을 제공해준다. 이 연장선상에서 미국의 대북, 대 한반도정책을 이해할 수 있다.

최근 미국은 보다 강경해진 비핵화 원칙과 '대화를 위한 대화'는 하지 않겠다는 입장을 보여주고 있지만, 여전히 명확한 대북정책이 없다. 결국 북한의 행동 변화에 따라 수동적으로 반응하겠다는 기조에 변함이 없다. 이는 북한이 미국 외교의 우선순위가 아니었다는 점을 의미한다. 그리고 미국은 단지 핵 없는 북한이 아닌 정상국가로 변화된 북한과 교섭을 한다는 강경한 정책을 고수하고 있다는 것도 알 수 있다.

이와 관련하여 중국 군사과학원 세계군사연구부 아태안전연구실 부주임 왕이썽(王宜勝)은 미국의 대북, 대 한반도정책과 관련하여 "미국은 지속적으로 대북 전쟁 준비를 강화할 것이지만 무력도발은 하지 않을 것이다. 미국의 대 한반도정책은 이중성을 띤다. 미국은 한편으로 한반도의 대체적인 안정을 추구하며 지나치게 연루되려 하지 않는다. 다른 한편으론 남북한 대치국면을 이용해 한반도 나아가 동북아 정세의 주도권을 장악하려 하며 대북·대중 군사 위협을 강화함으로써 동북아 지역에서 미국의 주도권 상실을 막으려 한다."고 평가하였다.[477] 고미 요지(五味洋治)는 "북한 외교의 최우선 순위는 미국과의 직접 대화를 추진하는 것이다. 이를 위해 중국을 중개자로 이용한다. 중국이 움직이지 않을 경우 한국을 위협하고 간접적으로 미국을 대화에 응하게 하고자 한다."고 봤다.

....

477) 王宜勝, 「朝鮮半島的戰略形勢分析」, 『東北亞學刊(中國)』, 第1期(2012), 45쪽.

그럼, 미국은 북한을 어떻게 보고 있을까? 미국은 북한과의 직접 대화에 좀처럼 응하지 않는다. 오바마 정권 이후 이 같은 경향은 보다 두드러져 가고 있다. 그것은 "과거에 북한과의 대화를 진행될 때마다 배반의 트라우마가 동반하기 때문"이라고 한다.[478] 미국의 대북한정책은 ①미국의 세계전략과 그에 따른 아시아 정책(중·미 관계 포함) ②워싱턴의 대북정책 결정 참여자와 메카니즘 변화 ③북한의 행태 ④한국정부의 정책 등에 의해 결정될 것이다.[479]

따라서 위의 어떤 요소가 바뀐다면 미국의 대북 인식과 정책도 변화할 것이다. 2006년 10월 9일 1차 핵실험 이후인 2008년 미국은 '테러 지원 국가 리스트'에서 북한을 제외하였다. 이를 두고 미국의 대북정책이 크게 변화하였다고 보는 관점들이 있다. 과연 그럴까?

미국의 대북정책은 봉쇄와 경제원조로 나눌 수 있지만, 그 어떤 방법도 북한에 의한 핵 개발을 중단시킬 수 없었다. '강경'과 '융합', '접촉'과 '위협 또는 억제'의 이중전략을 펼쳐온 미국의 대북정책은 향후 실질적인 변화가 없을 것이다.[480] 아울러 과거의 교훈으로부터 오바마 정권은 '전략적 인내'를 기본자세로 하고 있다. 예컨대 2012년 11월 오바마 2기 정부의 출범과 함께 새로 구성된 외교안보팀에 협상파들이 전진 배치된 것이 주목을 끌기도 했지만, 지금까지의 상황은 변화보다 연속성의 경향이 훨씬 강하다.[481] 즉 향후도 명확한

---

478) 五味洋治, 『北朝鮮と中國—打算でつながる同盟國は衝突するか』(일본 : 築摩書房, 2012), 95쪽.
479) 김준형, 「미국의 한반도정책 결정 요인과 전망」, 『코리아연구원(KNSI)』, 제43호(2013), 19~21쪽.
480) 陳峰君, 「朝鮮半島 : 第二個科索沃?」, 『國際論壇(中國)』, 第5期(1999), 25쪽.
481) 힐러리 등 1기 외교안보팀이 당시 민주당이 꾸릴 수 있는 가장 보수적인 라인이라는 평을 받았던 것과는 달리, 국방장관과 국무장관에 각각 임명된 척 헤이글과 존 케리는 대표적인 협상파이다. 헤이글은 이라크전쟁을 반대해왔으며,

원칙은 없이 상황에 따른 대응이 지속될 것으로 보인다.

결국 미국은 북·중 경협 활성화에 대해 부정적이지만, 전략적으로 이를 이용하려 할 것으로 보인다. 미국은 중·미 관계의 역사적 맥락과 특히 1990년대 후반부터 경제의 급성장을 앞세운 중국의 부상으로 중국의 한반도에서의 영향력이 커지는 것을 우려하기 때문이다. 현실적으로도 2005년부터 미국은 미·일, 한·미 동맹을 더욱 강화하였다. 오바마 대통령은 2009년 11일 14일 연설에서 이와 관련하여 "미국은 자국의 이익에 초점을 맞추어 중국에 접근할 것이다. 미국은 중국을 억지하려 하지 않을 것이며 중국과의 깊은 관계가 미국의 양자 동맹의 약화를 의미하지 않는다."[482]고 하였다.

2. 일본의 한반도정책 기조와 북·중 경협 인식

일본은 제2차 세계대전 후 '열린 지역주의'를 주장하면서 미국과 종속적 동맹관계를 맺었다. 그 의도는 동아시아에서 영향력을 계속 유지하기 위해 중국을 견제하려는 것이다. 이를 두고 동북아시아 국가들은 일본이 '대동아 공영권(大東亞共榮圈)'의 부활을 노린 패권 장악 의도라고 경계한다.

냉전기 일본은 미·일 관계를 일본외교의 기반으로 삼고 한국을 북방역량에 대처하는 '완충국'으로 여겼다. 탈냉전기 일본에게 한반

케리도 북한을 포함한 적대국가들과도 대화에 나서야 한다고 주장해왔다고 한다(김준형, 「미국의 한반도정책 결정 요인과 전망」, 『코리아연구원(KNSI)』, 제43호(2013), 18~19쪽).

482) 「오바마 대통령 연설문(2009년 11월 14일)」, 주한 미국대사관 홈페이지(korean.seoul. usembassy.gov).

도는 단순한 '완충국'이 아니라, 새로운 의미가 부여되었다. 한반도
를 이용해 미국과 동북아 주도권 쟁탈에 나서려 했으며, '세계의 마
지막 시장'인 북한을 선점하려 했다. 일본은 한반도 안정이 일본의
경제대국 지위를 공고화 하고, 일본의 정치 · 군사 대국화 실현과
중 · 러 견제에 유리하다고 생각한다.[483] 또한 미국의 대중 봉쇄, 억
압정책에 부응하여 자발적으로 미국의 '말 앞의 졸개(마전졸, 馬前
卒)' 역할을 하면서 중국을 억압하고 있다.[484]

이와 관련하여 미국도 "아시아의 전쟁은 아시아인이 맡아야만 한
다"고 주장하며, 일본의 재군비를 부추겼다. 과거 '미국이 도와줘야
하는 나라' 일본을 미국과 함께 전쟁에 '구체적인 전력을 보탤 수 있
는 나라'로 만들고자 했기 때문이다. 그래야만 아시아 주둔 미군의
지출 비용을 줄이면서, 자국의 비싼 무기를 팔수도 있기 때문이다.

일본은 2010년에 경제가 세계 제3위로 떨어졌지만, 그 이전까지
줄곧 세계 제2의 경제대국으로, 아시아에서 경제 주도권을 잡고 있
었다. 일본은 경제력을 바탕으로 1990년대 중 · 후반부터 '중국 위협
론', 북핵 위기를 내세우며 자위대(自衛隊)의 국제적 역할 확대와 미
국과의 동맹 강화를 지속해 왔다. 현재 일본의 군사력은 더욱 증강
되고 있다.[485]

2010년 12월 발표된 일본 「신 방위 대강(新防衛大綱)」의 주요 내용

---

[483] 陳峰君, 『亞太安全析論』(中國 : 國際廣播出版社, 2004), 252~254쪽.
[484] 黃鳳志, 「東北亞地區均勢安全格局探討」, 『現代國際關係(中國)』, 제10기(2006), 9쪽.
[485] 일본의 우경화에 한 몫 해줄 또 다른 요인으로서 빈번한 자연재해를 지적하기
도 한다. 중국의 일부 학자들은 "일본은 역사상 4차례의 대지진을 겪음과 동시
에 사회 · 정치면에서 큰 변혁이 있었다"고 주장한다. 특히 1891년 10월 28일
노비(濃尾) 대지진과 1923년 9월 1일 간토(關東) 대지진 이후 일본 군국주의와
파쇼화가 본격 시작했다고 본다(「深度國際」, 『CCTV 4(中國)』, 2011년 4월 8일).

은 ①국가 방위의 초점을 구 소련(러시아)에서 중국으로 전환하면서 홋카이도에 배치했던 자위대 군사력을 남부 오키나와 등으로 이동하여 재편. 잠수함과 전투기 등에 대한 투자 확대 ②자위대의 편성, 배치 개념을 전국에 균등하게 분할하는 '냉전형(冷戰形)'에서 기동성을 중시하여 취약한 지역에 자위대를 집중 배치할 수 있는 '동적 방위형(動的防圍形)'으로 전환. 해상 감시, 미사일 방어능력 강화 ③미·일 동맹을 강화하는 동시에 한국, 호주, 인도 및 아세안(ASEAN)과의 협력 강화 ④안보 관심을 세계 전역에서 아태지역으로 축소·조정 ⑤일본 열도의 남서쪽 섬들의 방어에 중점 ⑥역동적 억지(dynamic deterrence) 개념, 즉 증강된 억지력 행사를 위한 작전 준비를 강조하는 개념 포함 등이다.[486]

여기서 특징적인 것은 일본은 중국의 군비 확장, 북한의 핵·미사일 개발 등으로 자국을 둘러싼 안보환경이 한층 악화됐다고 평가하고 실효적인 방어력 구축을 위해 '집단적 자위권'을 강화하겠다는 것이다. 일본은 중국으로 방위 초점을 옮기면서 중국의 군사적 활동이 예상되는 지역 즉 댜오위다오를 명시하기도 했다. 또한 북한의 핵과 미사일에 대하여 관련 국가 가운데 가장 예민하게 반응하였다. 실제, 아베정권은 자위대 내 해병대 설치와 무인항공기 도입을 추진해 나가고 있다. 그들은 장기적으로 「평화헌법」 개정을 추진하면서 당장은 자위대 강화에 박차를 가하고 있는 셈이다.

아베(安倍晋三) 정권의 개헌 논의에서 가장 관건이 되는 조항은 제9조이다. 조문의 주요 내용은 "일본 헌법 제9조 1항 일본국민은 정의와 질서를 기초로 하는 국제평화를 성실히 희구(希求)하고 국권(國權)

---

486) 『연합뉴스』, 2010년 12월 20일.

의 발동인 전쟁과 무력에 의한 위협, 무력의 행사는 국제분쟁을 해결하는 수단으로서는 영구히 방기(放棄)한다. 2항 전항의 목적을 실현하기 위해 육해공군 기타의 전력은 보지(保持)하지 않는다. 나라의 교전권(交戰權)은 인정치 않는다.”이다.[487] 이와 관련하여 일본 내부에서도 많은 논쟁을 빚고 있으며, 한국, 중국에서도 우려가 높다.[488]

아베정권은 인접 국가들과 갈등하면서도 ‘군사 대국화’를 계속 추진하고 있다. 아베 총리와 아소 다로(麻生太郎) 부총리는 군사력 강화 의지를 잇달아 밝히면서 자위대의 군대화에 속도를 내고 있다. 특히 아소 부총리는 일본의 군사력 강화에 우호적인 미국의 입장을 거론하면서 ‘분담’ 차원에서 군사력 강화 및 집단적 자위권 확보가 필요하다는 논리까지 펴고 있다.[489]

2013년 12월 17일, 일본 각의가 결정한 「국가안전보장전략」과 「신방위 대강」, 「중기 방위력 정비계획(중기방위계획)」은 ‘전쟁국가’로 부활하려는 아베 총리의 야심을 반영한 것이었다. 「국가안전보장전략」은 동중국해 방공식별구역 설정 등 중국의 최근 군사동향을 “국제사회의 우려 사항”이라고 못 박았고, 북한 위협에도 강한 우려를 표명하며 이에 대응하기 위해 육·해·공 자위대의 통합 능력을 강화할 계획임을 명기했다.[490]

487) 『서울신문』, 2011년 5월 31일자.

488) 양기호, 「아베정권의 전략외교 : 이념과 실체」, 『코리아연구원(KNSI)』, 제43호 (2013), 14쪽; 중국 관영지 『人民日報(中國)』는 “일본의 ‘군사 대국화’는 역사적인 후퇴”라고 비판하면서 아베의 진정한 의도는 정치적으로 군사 대국화를 추진하고 미·일 군사동맹을 강화하는 것이라고 하였다(『人民日報(中國)』, 2013년 6월 18일자).

489) 아소 부총리는 2013년 8월 27일 자민당 연수회 강연에서 “일본도 부담을 질 수밖에 없다”고 주장하면서 미국의 국력이 약해졌다는 이유를 들었다(『문화일보』, 2013년 8월 28일자).

2014년 7월 1일, 일본 각의는 '집단적 자위권'을 행사하기로 최종 의결함으로써 군대 보유 금지를 규정한 〈평화헌법〉의 굴레를 벗고, 국제 분쟁에서 무력행사의 정당성을 확보함과 동시에 군비 확장에 본격적으로 나갈 수 있는 길을 열었다. 이로써 동북아 지역의 긴장은 더욱 커질 것이며, 각국의 군사력 증강 경쟁도 확대될 것이다. 일본 집단적 자위권에 대한 동북아 지역 각국의 입장과 이해관계는 〈그림 4-1〉과 같다.[491]

〈그림 4-1〉 일본 집단적 자위권에 대한 각국 이해관계 인과지도

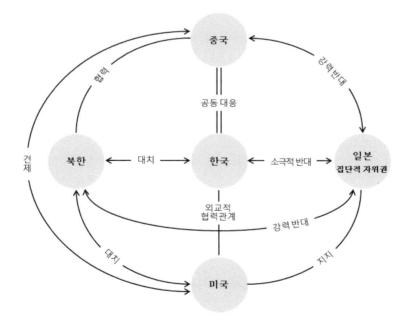

490) 『서울신문』, 2013년 12월 18일자.
491) 『경향신문』, 2014년 7월 3일자.

결국 아베정권 외교정책의 기조는 "북한 때리기"를 매개로 중국 견제를 위해 만들어졌다.[492] 하지만 일본의 '꿈'을 실현하는 데는 여러 문제점이 있다. 일본은 정치·군사적인 면에서 아직 미국의 종속적 파트너에 불과하다. 그들은 전혀 자주적이지 못하며, 헌법 개정 추진 등에서 다른 국가들이 수용할 수 있는 보편적 이념을 제시하지 못할 것이고, 따라서 주변국의 인정을 받기 어려울 것이다.[493] 결과적으로 갈등과 충돌만을 만들어낼 것이다.

하지만 일본의 이러한 행위에도 불구하고 미·일 동맹이 강화된다는 사실은 미국이 묵인하고 있다는 점을 의미한다. 미국과 일본은 중국 견제에서 의견을 공유하고 있는 것이다. 결국, 동북아 지역에서 미국 패권이 존재하는 한, 미·일 동맹은 지속될 것이며 그 목표를 실현하기 위해 한반도에서 자신의 군사력을 증강시킬 수 있는 '불안정적 요인'을 필요로 할 것이다. 여기서 일본의 대북정책 기조가 무엇인지를 확인할 수 있을 것이며, 마찬가지로 일본의 북·중 경협에 대한 인식도 미국과 같은 입장일 것이라고 추측할 수 있을 것이다.

한편, 한국은 일본의 전쟁 국가화 움직임에 대하여 현재까지 소극적 반대 입장을 보이고 있다. 한·미·일 동맹의 유지 또는 이로부터의 느슨한 이탈 가능성이 점쳐진다. 하지만 한국은 이 문제를 지렛대 삼아 동북아 안정을 위한 협력 체제 구축에 적극 나설 수도 있다. 박근혜 정부가 동북아 평화협력 구상을 밝힌 바도 있기 때문이다. 한국은 동북아 지역에서 평화만들기를 주도할 수 있다. 이 대목은

[492] 양기호, 「아베정권의 전략외교 : 이념과 실체」, 『코리아연구원(KNSI)』, 제43호 (2013), 17쪽.
[493] 동북아 지역에서 "평화에 이르는 길은 단 한 가지, 무력을 버리는 것"이다(미토 나리히코, 강동완 역, 『일본 헌법 제9조를 통해 본 또 하나의 일본』(서울 : 행복한 책읽기, 2005년).

뒤에서 살펴볼 북·중 경협에서 한국의 역할과 관련하여 주목해야
할 점이다.

3. 러시아의 한반도정책 기조와 북·중 경협 인식

러시아는 소련 붕괴로 크게 추락한 자국의 위상과 역할을 높여나
가면서, 지속적인 경제발전에 유리한 대외환경을 조성하기 위한 정
책을 추진하고 있다. 이를 위해 러시아는 '다극적 국제질서' 구축을
통해 미국과 대등한 관계에서 국제적 역할을 수행하고자 노력하고
있다. 러시아는 미국이 주도하는 북대서양조약기구(NATO)의 개편을
위해 유럽·독립국가연합 등이 모두 참여하는 「유럽 신 안보조약
(European Security Treaty)」을 제안하였으며, 중국·인도 등과 전략적
협력관계를 강화하고 아시아에서도 영향력을 확대하기 위한 정책을
모색하고 있다.

이 과정에서 러시아는 미국과 대량 살상무기(WMD, Weapon of
Mass Destruction) 비확산 등에서는 협력하고 있지만, 미사일 방어체
제(MD, Missile Defense) 배치 등의 분야에서는 갈등을 보이고 있다.

러시아는 중국에 대하여 실리주의에 따라서 정치·경제 등 모든
분야에서 협력을 강화시키고 있다. 정치적으로 북한·이란 핵문제
등 주요 국제문제에서 양국은 긴밀히 협력해 왔다.[494] 중국은 2006
년과 2009년을 '러시아의 해'로 정하고 다양한 행사를 전략적으로 추
진하였으며, 러시아도 2007년과 2010년을 '중국의 해'로 선정하며 양

---

494) 이수훈, 『세계체제, 동북아, 한반도』(서울 : 아르케, 2004년), 168쪽.

국의 관계를 발전시켰다. 2010년 9월 메드베데프 대통령은 중국을
방문하여 「전략적 협력 동반자 관계를 전면적으로 심화시키는 러시
아·중국 공동성명」을 채택하였다.[495]

　러시아는 동북아시아의 주도권 확보를 위해 중국과 경쟁하지 않
고 다극주의 노선에 따라 중국과 협력하며 주변 국가들과도 관계 안
정화를 도모하고 있는 것이다. 미국과 일본의 동아시아 전략 및 한
반도 전략이 중국을 '가상의 적'으로 설정하고 견제하려는데 초점이
맞춰졌다면, 중국과 러시아는 미국을 견제하는데 초점이 맞춰졌다고
할 수 있다. 이 점 역시 동북아 지역구도에 아직도 냉전 잔재가 남아
있기 때문일 것이다.

　러시아는 동북아 지역의 안정은 물론 역내 국가 간 충돌, 군비 경
쟁 등의 억제를 원하므로,[496] 한반도의 안정과 평화 유지도 바랄 것이
다. 아울러 러시아는 한반도 문제의 해결 과정에서 주변 3국과 세
력 균형을 유지하며, 러시아의 전통적 역할을 최소한 유지하거나 또
는 좀 더 확대하고자 기대할 것이다.

　2012년 새롭게 출범한 푸틴(Влади́мир Пу́тин) 정권은 '아시아 재
건'을 슬로건으로 과거 소련의 국제적 지위를 회복하기 위해, 한·러

---

495) 백준기, 김재관, 이남주, 박상남, 『러시아 중국 인도 삼각협력체제의 전략적 함
의와 시사점』(서울 : 대외경제정책연구원, 2012년).

496) 이와 같은 과정은 러시아가 전혀 무력을 사용하지 않겠다는 것을 의미하지는
않는다. 러시아 국방부는 2003년 10월 2일 푸틴 대통령과 국방부 및 군 수뇌부
와 군 개혁 방안 협의를 위한 연석회의에 앞서 언론에 발표한 「군 현대화 계획
보고서」에서 "국익에 필요한 경우 특정 국가나 지역을 먼저 공격할 수도 있다"
면서 "러시아와 우방에 대한 군사적 압박이나 위협을 방지하기 위한 전술적
억제력으로서 소형 핵무기의 제한적 사용을 검토할 것"이라며 핵무기 사용 가
능성도 열어 놓았다(세종연구소, 「동북아 다자안보협력에 대한 러시아의 입장」,
『정책보고서』, 통권 제69호(2006), 4쪽).

국교 정상화로 소외되었던 북·러 관계를 회복하기 위해 노력하였다. 중국과 함께 미국의 일방주의에 대해서 적극 반대하면서, 한반도에서는 '남북 간 균형 외교'를 펼쳐 나갔다.

러시아의 한반도 균형정책은 2000년도에 확정되었다고 알려져 있다. 이는 1993년도, 2000년도, 2008년도 "러시아 대외정책 구상"이라는 문건에 잘 반영되어 있다.

러시아의 한반도정책에 대한 연구자들의 관점을 정리한 것이 〈표 4-1〉이다.[497]

〈표 4-2〉 러시아 학계의 한반도정책 관련 관점

연구자	소속	관점
콘스탄틴 브누코프	주한 러시아 대사	아시아·태평양에 대한 러시아의 접근은 '전술이 아니라 전략'이다.
알렉산드르 제빈	러시아아카데미 극동문제연구소 한반도센터 소장	2000년대 이후 러시아의 한반도정책은 '이념적 요소가 완전히 사라지고 실용주의가 대두된' 것으로 요약할 수 있다.
유리 아키모프	상트페테르부르크 대학 미국학과 교수	「러시아 대외정책 구상」 비밀문건에 반영된 러시아의 대 한반도정책 : ① 1993년의 기본 구상에서는 "한반도는 아태지역 정책에서 특별한 의미를 갖는다. 우리나라 주변에 직접 인접해 있는 불안 진원지를 제거해야 한다. 그리고 한반도의 통일이 평화적인 방법에 의해 이뤄져야 한다. 이러한 자연스러운 과정에 간섭해서는 안 된다" 등의 내용이 언급돼 있다. 그러면서 러시아가 북한과 불가피하게 소원한 관계를 맺고 있지만, "북한을 러

497) 柳丰華, 「評新版「俄羅斯聯邦對外政策構想」」, 『國際論談(中國)』, 第3期(2009); 許志新, 「普京時期俄羅斯對外戰略解析」, 『俄羅斯中亞東歐研究(中國)』, 第3期(2004); 譚繼軍, 「俄羅斯對外政策演進的階段性總結─『當代俄羅斯對外政策和安全(1991~2002)』介評」, 『現代國際關係(中國)』, 第7期(2005); 高科, 「俄羅斯對外政策中的朝鮮與韓國」, 『東北亞論壇(中國)』, 第3期(1998); 王樹春, 「俄羅斯的地緣政治理念與對外政策」, 『俄羅斯學刊(中國)』, 第2期(2011) 등과 『네이버 뉴스(news.naver.com)』, 2011년 11월 7일.

		시아 영향력의 거점으로 활용하기 위해서라도 관계를 정상화해야 한다"고 지적하고 있다. 한·러 관계에 대해서는 "전면적인 관계, 다방면적인 측면, 특히 경제관계 측면에서 발전시켜야 한다"고 되어 있다. ② 2000년의 대외 정책 구상에서는 "한반도 정세는 아주 심각한 우려를 불러일으킨다. 러시아는 한반도 문제 해결에 동등한 주도자로서 참가하기 위해 노력을 경주할 것이다"라고 기술했다. 그러면서 러시아는 "남과 북 양국에 대해 균형적 관계를 유지해야 한다"라고 언급해 이 문건을 계기로 정책의 전환이 이뤄졌음을 알리고 있다. ③ 메드베데프 대통령이 2008년 서명한 대외정책 구상에는 "러시아는 핵문제의 정치적 해결을 위해 노력을 기울일 것이며, 한국과 건설적인 대화를 하고, 남북대화를 위해서도 노력할 것이다"라고 기록되어 있다.

러시아는 2000년 7월 북·러 정상회담을 통해, 북한과 「러·조 선린 우호 협조조약」을 체결하고 「러·조 공동선언」을 발표하였다. 여기서 주목할 것은 제2항의 "조선과 러시아는 조선 또는 러시아에 대한 침략 위험이 조성되거나 평화와 안전에 위협을 주는 정황이 조성되어 협의와 호상 협력을 할 필요가 있는 경우 지체 없이 서로 접촉할 용의가 있다"는 내용이다.[498] 이는 러시아가 북한에 대한 영향력을 확보하고자 이미 폐기했던 과거의 군사동맹[499] 조항을 대신하여 북

---

498) 『연합뉴스』, 200년 7월 20일.

499) 북한과 소련은 1961년 7월 6일 모스크바에서 「조·소 우호 협력 및 호상 원조조약」을 체결한 바 있었다. 이 조약은 전쟁상태에 놓일 때 자동개입 성격을 띠는 것이었다. 북한은 이 조약을 통해서 소련으로부터 노후화된 군사장비의 현대화를 이룩하면서 군사력을 증강시켰다. 동 조약은 1995년 9월 7일 러시아 측에서 조약을 연장하지 않는다는 입장을 북한에 통보하면서 1996년 9월 10일 이후 효력을 상실하였다. 이후 양국은 1998~1999년 협상을 통하여 1999년 3월 17일 군사개입 조항이 삭제된 「조·러 우호 선린 협조조약」에 가서명하였으며, 2002년 2월 정식 서명을 통해 발효되었다.

한을 감싸려는 차원에서 약속한 것으로 보인다.

푸틴 정권은 동북아 지역에서 6자 회담을 활용한 다자간 안보협력을 요구하고 있으며,[500] 중국과 마찬가지로 북한 제재를 통한 문제 해결에 부정적이다. 러시아는 국가적 과제인 극동 개발과 아시아에서의 영향력 유지를 위해 지역 평화와 안정을 중시한다. 더불어 북한 핵문제로 미국의 개입이 증가하고 한국과 일본이 공동으로 미사일 방어체제 구축에 참여하는 사태를 우려한다.

하지만 러시아는 대북정책에서 중국에 비하여 보다 '중립적인' 자세를 보이고 있다. 러시아의 중립적인 자세는 국내경제의 낙후성 때문일 것이다. 러시아는 미국의 개입이 더 이상 증가하지 않으면 정치적으로 한반도에서 영향력 확대가 아닌 영향력 유지에 그칠 것이다. 향후 경제적인 측면에서, 특히 대북 협력(나진항 사용 등)에서 중국과 경쟁이 발생할 수도 있지만, 현재의 동북아 지역구도가 근본적으로 변하지 않는 한 러시아는 중국과의 협력을 더욱 강조할 수밖에 없을 것이다.

2010년 이후 러시아는 에너지 전략의 중심축을 동쪽으로 이동하고 있다. 현재 유럽연합은 80% 이상의 천연가스 수입을 러시아에 의존하고 있다. 하지만 최근 유럽시장에서 러시아 천연가스의 경쟁력은 날로 떨어지고 있으며, 유럽연합도 천연가스 수입시장의 다원화를 내세우며 러시아에 대한 의존을 줄여나가고 있다. 그런데 동북아 지역의 중·일·한 3국은 모두 에너지 소비대국이다. 2009년 중국은 미국을 뛰어넘어 세계 최대의 에너지 소비국이 되었다.[501] 국제에너지

500) 윤성학, 「러사아의 한반도정책 결정요인과 9월 한러 정상회담」, 『코리아연구원(KNSI)』, 제43호(2013), 1쪽.
501) 劉勃然, 「新普京時代俄羅斯能源戰略的困境與走向」, 『西伯利亞研究(中國)』, 第3期

기구(International Energy Agency, IEA)의 통계와 중국 공업정보화부
에서 발표한 "2011年 中國石油和化學工業經濟運行報告"의 통계에 따
르면 2011년 중국의 원유 수입의 대외 의존도는 이미 사상 최대치인
55.2%에 달했다.[502] 현재 동북아 에너지시장은 러시아를 경제적 곤
경에서 벗어날 수 있게해줄 최적지이다. 실제로 푸틴 대통령 등장
이후 러시아는 '강대국 재건'을 실현하기 위해 '아세아 최대의 천연가
스 공급국'을 슬로건으로 동북아, 한반도에 커다란 관심을 보이고 있
다. 이러한 측면에서 러시아는 중국과의 동맹관계를 돈독히 하고자
하며, 나아가 한반도의 평화와 안정, 일본과의 관계 개선도 원한
다.[503] 결국 러시아는 한반도를 자국 경제이익 추구의 일환으로만
활용할 것이다. 따라서 러시아의 한반도정책 기조는 지속될 것이며,
북·중 경협 활성화에 대해서도 '긍정적'이라고 볼 수 있다.

4. 한국의 대북정책 기조와 북·중 경협 인식

한국의 대북정책 기조는 바로 통일정책의 기조에 따른다. 한국 역
대 정권의 대북정책 즉, 통일정책은 대미 의존적 대북정책(「북진통
일정책」) → 부국 강병에 의한 승공통일론('6.23 선언') → 평화체제
구축 시도(「민족화합 민주통일방안」) → 북방정책(「한민족공동체 통

(2012), 28쪽.
[502] 『中國化工報』, 2012년 2월 7일자.
[503] 러시아 국가안보의 중심은 유럽에 있으며 러시아의 동북아 정책의 중점은 "자
국의 후방인 동부지역의 안정성을 확보하는 것으로써 '복(腹)과 등(背)'에 대한
적의 공격을 피하려는 것"이다(黃鳳志,「東北亞地區均勢安全格局探討」,『現代國
際關係(中國)』, 제10기(2006), 9쪽).

일방안」) → 4자 회담을 통한 평화체제 구축 논의(「민족공동체 통일
방안 : 한민족공동체 건설을 위한 3단계 통일방안」) → 대북 포용정
책('햇볕정책'과 「평화번영 정책」→ 상생·공영의 대북정책(「상생
공영 정책」과 「비핵·개방·3000」)을 걸쳐 박근혜 정부의 「한반도
신뢰 프로세스 정책」으로 변화해 왔다.

이 과정에서 한반도 평화체제 구축 논의가 시작되면서부터 대북
정책에는 강경노선과 교류·협력노선 사이에 균열이 발생하였다. 대
표적으로 김대중정부의 '햇볕정책'과 그 이후의 대북정책을 비교해
보면 '햇볕정책'은 접촉을 통해 북한의 변화를 추구하는 반면 「상생
공영 정책」과 「비핵·개방·3000」은 북한이 변해야만 접촉한다는 논
리이다. 후자는 미국의 대북 강경정책과 일맥상통한 것이다.

그런데 한국의 두 가지 정책은 모두 핵심적이고 공통적인 점에서
똑같은 전략 목표를 갖고 있다. 첫째, 경제적으로 북한을 도와 군사
적인 위협을 줄이고 한반도의 평화를 정착시킨다는 점과 둘째, 비
군사분야에서는 대북 지원과 교류 협력을 추구하면서, 군사 분야에
서는 강력한 국방력 건설과 한·미 동맹을 통해 압도적인 군사적 우위
를 달성하고 이를 전제로 북한의 위협을 억제, 분쇄하겠다는 것이다.

여기서 제일 큰 문제점은 바로 한·미 동맹과 직결된 일련의 파장
이다. 북한의 군사적 도발, 군사적 위협만 강조하면서 북한이 느낄
한·미 동맹에 대한 위협은 고려하지 않고 있는 것이다. 2006년 평양
에서 출판한『조선반도 평화 보장문제』를 보면, "조선반도 평화 보장
의 원칙적 요구는 4가지 즉, 첫째로는 조선반도의 평화를 조국통일
에 복종시키는 것이며, 둘째로는 대화와 협상의 방법으로 평화를 실
현하는 것이며, 셋째로는 조선반도에서 미국을 종국적으로 철수시키
는 것이며, 넷째로는 남조선에서의 군비 확장과 무력 증강을 철저히

배격하는 것"이라고,[504] 북한의 대남정책 입장을 밝힌바 있다.

또한 미국과 한국의 군사적 강경책은 동북아 지역구도에서 중국과 러시아의 경계심도 불러일으키는 효과가 있다. 한·미 동맹에 근거한 군비 확장과 무력 증강이 한국의 안보와 직결된 문제라 한국에게는 당연한 것일지라도 이로 인해 한국이 어떠한 적극적인 자세를 보여주어도 북한과 중국, 러시아에게는 신뢰를 줄 수 없을 것이다.

예컨대 한·미 동맹을 바탕으로 '튼튼한 안보'를 전제로 한 김대중 정부의 '햇볕정책'이나, 대규모의 전력 증강과 한·미 동맹 재편을 통한 '협력적 자주 국방'을 전제로 한 노무현 정부의 「평화번영 정책」, 이명박 정부와 박근혜 정부는[505] 더 말할 것도 없이 서로 다른 정책을 표방하면서도 모두 '한·미 동맹의 강화'를 강조하고 있다. 즉 한국의 대북정책에는 태생적으로 '한·미 동맹'이라는 유전자를 갖고 있기 때문에 북한과 주변 관련국에게 이 점을 어떻게 불식시키느냐가 관건이자 딜레마이다.

물론 노무현 정부 시기부터 한·미 동맹 재편에 대한 논의가 있었고, '전시 작전 통제권'의 회수를 중요하게 생각하기 시작하였다. 게다가 1994년 한국은 44년 만에 미국으로부터 '평시 작전권'을 환수 받고 2004년 이후 판문점의 공동경비구역(Joint Security Area, JSA)의 경비 임무를 한국군이 단독으로 수행해 오고 있다. 그러나 여전히 지휘통제권은 유엔사령부가 장악하고 있다. 2009년 이명박 정부는 '전시 작전권 환수 재검토'를 공식 건의하기도 하였다.

한편, '9·11 테러' 이후 미국에게는 미군의 전략적 유연성이 보다 절실해졌다. 2002년 6월 1일 부시 대통령은 웨스트포인트 사관학교 졸업식 연설을 통해 "최근까지 미국의 전략은 냉전시대의 억지와 봉쇄에 의존하는 것이었지만, 이러한 전략은 테러조직에 대해서는 무용지물이다. 테러에 대처하기 위해서는 적극적인 선제공격, 예방적 개입, 핵무기 사용 불사, 그리고 불량국가들을 대상으로 적극적인 정권 교체까지 도모하는 공격적이고 전향적인 외교정책이 요망된다." 라고 밝혔다. 이른바 '부시 독트린'의 핵심이다. 이를 위해 21세기 미군사력이 지향할 목표 가운데 하나가 "불확실성에 대처하기 위해 유연성을 강화해야 한다"는 것이었다.506)

이에 2006년 1월 19일 한국과 미국은 워싱턴에서 첫 번째 '동맹 파트너십을 위한 전략대화' 회의를 갖고, 주한미군의 전략적 유연성(strategic flexibility)에 대해 개괄적인 합의에 도달했다. 이 회의에서 주한미군을 동북아 등의 분쟁지역으로 이동, 배치할 수 있도록 하는 미군의 전략적 유연성을 필요에 따라 활용하기로 합의했다.507) 이어서 2006년 2월 발표한 「4개년 국방정책 보고서(Quadrennial Defense Review, QDR)」에서는 전략적 유연성에 대한 내용들이 더욱 상세하게 드러나기 시작한다.508)

---

506) 이상현, 「한미동맹과 전략적 유연성 : 쟁점과 전망」, 『國際政治論叢』, 제46집 4호 (2006), 162쪽.

507) 『연합뉴스』, 2006년 1월 20일.

508) 보고서에서는 미국의 안보 이익을 침해할 수 있는 안보 도전 요소로 전통적(Traditional) 도전, 비 정규적(Irregular) 도전, 재앙적(Catastrophic) 도전, 와해적(Disruptive) 도전의 4가지를 강조하고, 과거의 '위협기반(Threat-Based) 전략'에서 '능력기반(Capability-Based) 전략'으로의 전환 가속화를 제시하였다. 이를 바탕으로 4가지의 국방전략 목표를 설정하였는데, 첫째, 테러 네트워크 격멸. 둘째, 광범위한 미국 본토방위. 셋째, 중국 등 전략적 기로에 선 국가들과의 협

이제 미국은 더 이상 이라크, 아프가니스탄 전쟁 등을 수행하면서 자국 군대를 한국에만 둘 수 없으며, 단순한 '북한 억제' 수단으로서만 주한미군을 배치하지는 않겠다고 밝힌 것이다. 주한미군은 전략적 유연성을 통하여 한 지역의 한 임무만을 위한 목적의 군대가 아닌, 여러 임무에 '교대 배치'가 가능하다고 계획한 것이다. 따라서 주한미군을 방어용 뿐만 아니라 미국의 중국 전략이 반영된 기지로서도 활용할 수 있다는 우려가 생겨났다. 이는 2010년 「QDR」에서도 살펴볼 수 있다. 그 내용은 주요 국가들과 관계 개선인데, "무엇보다도 미국 혼자 힘으로 안정화된 국제체제를 지속적으로 유지할 수 없기 때문에 기존의 동맹을 유지하고 새로운 동반자 관계를 구축하는 것이 중요하다"는 점과 "아시아 동맹이 중요한 이유는 중국의 존재와 영향력의 증대 때문이다"라고 밝혔다. 그리고 미국은 한반도에서 보다 적응력과 유연성이 개선된 연합태세를 발전시켜 한 · 미 동맹의 억제 및 방어능력은 물론 지역 및 범 세계적 방위 협력을 위한 장기적 능력을 강화할 것이라는 예측도 있다.[509]

미국의 주한미군 '전략적 유연성'의 제기와 한국 정부의 '전시 작전권 환수' 논의는 기존 동맹관계의 역학에 비추어 새로운 변화를 포함하고 있다. 첫째, 과거에는 한 · 미 동맹에서 한국 측의 미국으로부터의 방기가 주된 우려였다면, 주한미군의 전략적 유연성 제기는 역으로 한국 측의 연루 우려를 반영한다. 둘째, 노무현 정부가 추구했

력여건 조성. 넷째, 적대국가나 비 국가단체의 대량 살상무기 획득 및 사용 저지였다. 「4개년 국방정책 보고서」는 테러와의 전쟁을 '장기전(long war)'으로 규정하였다. 그리고 장기전을 대비해 국방부와 기타 정부부처와의 협력은 물론 동맹국들과의 협력 필요성을 강조하였다.

[509] 이상현, 「오바마 행정부의 군사전략 : 2010년 QDR과 함의」, 『전략연구』, 통권 제50호(2010), 15~16쪽.

던 대미 자주성 추구는 강대국과 약소국이 동맹을 맺는 비대칭 동맹
의 경우 약소국의 입장에서 안보를 얻는 대가로 자율성을 양보하는
것이 통례였던 점에 비추어 상당히 새로운 현상이다. 이제 한국은
대미 안보 의존을 줄이는 대신 좀 더 많은 자율성을 요구하는 전혀
새로운 상황이 도래한 것이라고 평가할 수 있을 것이다.[510] 이를 이
종석은 '비대칭적 내정 불간섭 동맹관계'이라고 정리하였다.

　그러나 부정적인 면도 있다. 전략적 유연성은 동맹 강화와 미국
측의 방위공약 강화라는 면에서 한국의 안보에 이익이 될 수 있는
반면, 중국과 타이완 분쟁 연루의 위험과[511] 미국의 중국 견제전략
인 만큼 한·중 관계 발전을 가로막을 수 있다는 점이다. 현재의 동
북아 지역구도 속에서 어렵겠지만, 향후 한국이 이 문제를 얼마만큼
능동적으로 자국에 유리한 방향으로 끌고 갈지는 정부 및 정책 결정
자들이 어떠한 인식을 갖고 미래지향적인 차원에서 사고하느냐에
달려있다. 주지하다시피 주한미군 주둔 경비 부담의 증가 문제는 모
두 한국의 몫으로 또한 앞으로 주한미군 주둔 비용의 75%(현재는 약
40%까지)를 한국에게 부담시킬 계획이라는 점에서 동맹 유지비용도
한국에게는 만만치 않기 때문이다.[512]

---

510) 국제정치에서 일반적인 형태라 할 수 있는 균형동맹론적 시각에서 보면 동맹
　　관계는 일정한 역학관계가 존재한다고 한다. 즉 첫째는 연루(entrapment)와 방
　　기(abandonment)의 균형이다. 여기서 방기는 포기라고도 번역된다. 둘째는 안
　　보와 자율성의 교환 관계이다(이상현, 「한미동맹과 전략적 유연성 : 쟁점과 전
　　망」, 『國際政治論叢』, 제46집 4호(2006), 165~166쪽).
511) 이상현, 「한미동맹과 전략적 유연성 : 쟁점과 전망」, 위의 책, 169~173쪽.
512) 『연합뉴스』, 2013년 3월 21일. 한국 정부는 1991년부터 미국 정부와 방위비 분
　　담 특별협정을 체결하여 주둔 경비 일부를 분담하고 있다. 분담의 대상이 되
　　는 주둔비용은 인건비(주한미군 한국인 고용원 보수지원), 군사건설비, 연합방
　　위력 증강 사업비(CDIP, Combined Defense Improvement Project), 군수지원비의
　　항목으로 나누어 지급한다. 2009년에 열린 제8차 방위비 분담 특별협정에서는

여기서 '미래 지향적 차원' 즉, 한·미 동맹의 이상적 모델은 주한 미군의 철수가 될 수도 있다. 외국 군대가 없는 한반도를 최종목표로 다단계·점진적 방식의 접근을 고려할 수도 있을 것이다.

이처럼 한국의 대북정책 기조에 깔린 이면성(裏面性), 즉 한·미 동맹 해소 여부에 대한 딜레마로 인해 북·중 경협 활성화에 따른 양국 관계의 강화에 대한 한국의 인식은 이른바 '보수진영'과 '진보진영'으로 상반되는 입장 차이를 드러내고 있다.

보수진영은 북·중 관계의 강화가 북한의 핵무장과 군사도발을 촉진시키고 인권탄압과 테러행위를 방조할 가능성이 크다고 보며, 대북제재의 강도를 약화시키고 수포로 가게 할 수 있다고 우려한다.

반면 진보진영은 북·중 관계가 안정적으로 유지되는 것이 북한 체제의 유지 및 개방화에 유리하고 동북아 주변 환경의 안정과 평화에도 기여한다고 본다. 북·중 교류 증대를 통해 북한을 정상국가로 유도한 것이 장기적으로 더 바람직하다는 것이다.[513]

현재 북·중 경협은 양국 국가발전 전략계획과 맞아 떨어지면서 커다란 경제적 추동력을 확보하였다. 따라서 북·중 경협은 향후 더욱 활성화할 것이다. 이와 다르게, 남북 사이의 경협은 크게 위축되고 있다. 이와 관련하여 한국 학자들은 2010년 '5·24 조치'에 따른 대북 경제제재가 초래한 결과라는 데서 공감을 이루고 있다. 북·중

연합방위력 증강 사업비를 군사건설 항목에 통합시켰다. 이에 따라 2009년 방위비 분담금 총액은 7,600억 원이었다(「미국 개황(2009년 6월)」, 대한민국 외교부 홈페이지(mofa.go.kr)).

513) 신상진, 「중국 외교안보전략의 자산, 북한과 북핵을 읽는 중국의 독법」, 『중국을 고민하다』(서울 : 삼성경제연구소), 176~177쪽; 김재관, 「G-2시대 한중관계의 주요 딜레마와 쟁점에 대한 시론적 검토」, 『한국사연구(160)』, 3월호(2013), 309쪽.

교역 급증, 특히 2010년 전년 대비 무려 46.9%나 증가한 북한의 대중 수출은 남북경협에서 압도적 비중을 차지했던 의류 위탁가공 분야에서 거의 완벽하게 북·중 교역으로 대체된 결과이기 때문이다. 이로 인해 한국의 가공업체들의 어려움은 가중되었다.[514]

현재와 같은 북·중 경협의 활성화가 궁극적으로 남북경협의 위축을 가져올 것인가의 문제를 둘러싸고도 한국 사회에는 두 가지 인식이 엇갈리고 있다.

먼저 부정적 견해는 북·중 경협의 활성화가 중·장기적으로부터 볼 때 경제적 측면뿐만 아니라 정치적 측면에도 나쁠 것으로 인식한다. 즉 북·중 경협 활성화는 한반도 통일과정에서 한국의 주도력을 약화시킬 가능성이 높다고 본다. 게다가 자원 개발과 인프라 건설에 집중되고 있는 북·중 경협의 활성화는 중국으로 하여금 북한 자원을 선점케 하여 통일 후 한국이 통일 경제를 구축하는데 불리할 것이라고 주장한다. 또 현재 북·중 접경지역 공동개발 형태로 가는 북·중 경협은 중국과의 연계를 강화시킴으로써 향후 남북경제의 상호 보완성을 살리는 데도 장애라고 주장한다.[515] 이러한 우려는 주로 '종속론'에 기초한 '위성국가론' 즉, '동북 4성론', '신 식민지론' 으로 확대 해석되기도 하며,[516] '중국 위협론', '중국 패권론'으로까지

514) 양문수, 「북·중 경협 확대와 통중 봉남의 미래」, 『황해문화』, 가을호(2011), 240쪽.
515) 양문수, 앞의 논문, 246~247쪽; 권영경, 앞의 논문, 168쪽.
516) 최명해는 최근 한국 내에는 북·중 관계 밀착과정에서 형성된 '중국 경계론'이 전반적으로 확산되는 경향을 보이고 있다고 지적하였다. 즉 '동북공정'으로 대표되는 중국의 역사 '왜곡'이 북한경제의 대중국 '예속화'라는 경제적 접근으로 이어지고, 이는 장기적으로 중국의 한반도 지배로 연결될 것이라는 논리라는 점이다. 또 '중국 경계론'은 남북관계 개선이나 남·북 경협 가속화 및 한·미 관계 강화의 불가피성을 사후적으로 설명하는 근거로 활용되어 온 측면도 있

확대 재생산되기도 한다.

이영훈은 중국 상품의 가격 경쟁력, 지리적 요인, 변경무역의 관세 혜택 등을 고려할 때 중국경제의 고 성장세가 지속되는 한 북한경제의 중국 경제권으로 편입 경향은 지속될 것이며, 향후 북한정부의 적극적인 개혁과 무역 경쟁력 개선이 없다면 북한경제의 대중 종속 가능성이 크다고 예측한다.[517]

김재관은 '위성국가론'의 논리적 근거들을 다음의 다섯 가지로 정리한 바 있다.[518] 첫째, 중국 자본의 대북 진출과 교역 확대는 중국정부의 일관된 정치적 의도와 목표, 즉 대북 영향력 확대를 노린 것이다. 둘째, 경제적 실리가 크지 않은 북한에 중국이 대북무역과 투자를 확대하는 것은 북한시장에 대한 선점전략이다. 셋째, 북한이 내수시장을 구축하기 전에 중국제품의 소비지로 전락할 가능성이 농후, 즉 북한자체가 자본축적을 통한 생산 증가 → 소비 증가 → 투자 증가 → 자본 축적의 실패 → 재투자 중단의 악순환 구조에 빠져 중국경제에 종속될 것으로 전망하고 있다. 넷째, 중국의 고구려사 왜곡 작업인 '동북 공정(東北工程)'의 경제적 버전이다. 다섯째, 갑작스런 북한 붕괴에 대한 사전 대비책으로서 북한에 대한 자본 진출을 본격화하여 친미정권 수립을 방지하고 친 중국적 한반도로 재편하려는 전략의 일환이다.[519]

다고 강조하였다(최명해,「북한의 대중'의존'과 중국의 대북 영향력 평가」,『주요 국제문제분석』, No. 2010-15(2010), 1~2쪽).

517) 이영훈,「북·중 무역의 현황과 북한경제에 미치는 영향」,『금융경제연구』, 제246호(2006), 44쪽; 이영훈,「중국의 대북 경제적 영향력 분석」,『통일경제』, 제24권 제1호(2011), 59쪽.

518) 김재관,「제2차 북핵 위기 이후 북·중 관계의 근본적 변화 여부에 관한 연구: 경제/군사안보 영역의 최근 변화를 중심으로」,『東亞研究』, 第52輯(2007), 304~305쪽.

　북·중 경협의 확대가 북한경제뿐만 아니라 남북경협에도 부정적 영향을 미칠 것이란 주장도 있다. 윤승현은 남북경협의 협상력 및 주도력 약화 가능성, 남북경협을 통한 한반도 종합개발계획 추진에 걸림돌로 작용할 가능성, 통일한국 실현이 지연될 가능성 등을 제시한다.[520] 안병민·김선철도 '창지투 개발계획'과 관련하여 북·중 경협 확대는 장기적으로 남북관계 및 통일과정에서 상당한 걸림돌로 작용할 것을 우려한다.[521]

　긍정적 견해는 북·중 교역과 중국의 대북 투자로 인해 북한 주민의 물자 부족 해소, 소득 증대, 북한경제의 성장에 좋은 영향을 미친다고 인식한다. 더불어 북·중 교역이 확대되면 북한 시장도 활성화되므로 남북경협이 확대될 수 있는 공간을 마련해 줄 것이라고 본다. 나아가 중국의 대북 투자, 특히 접경지역 인프라 건설 등은 남북 경제 통합과정에서 재원이 제일 많이 소요될 인프라 개발을 사전에 시행하는 것이므로, 한반도 통일비용의 절감효과를 줄 수 있다고까지 주장한다.[522] 이러한 견해는 '중국 기회론' 즉, '동반 성장론', '북한 개방 촉진론', '남북경협과 북·중 경협의 상호 보완론' 등과 맥을 같이 한다.

　북·중 경협 활성화에 대한 긍정적 시각은 '위성 국가론', '동북 4 성론' 등에 대한 비판 위에서 이루어진 관점이다. 첫째, '동북 4성론'

519) 김재관, 「G-2시대 한·중관계의 주요 딜레마와 쟁점에 대한 시론적 검토」, 『한국사연구(160)』, 3월호(2013), 308쪽.
520) 윤승현, 「최근 북·중 경제관계의 현황과 전망」, 평화재단 주최, 『제38차 전문가포럼 자료집』(서울 : 평화재단, 2010년 4월 20일), 39~41쪽.
521) 안병민·김선철, 「북·중 경제협력의 확대와 중국의 창지투개발계획 분석-교통물류체계와 라진항 연계수송을 중심으로」, 『동북아·북한연구센터(nk-koti.re.kr)』, 2012-01(2012), 35쪽.
522) 양문수, 앞의 논문, 246·248쪽; 권영경, 앞의 논문, 167~168쪽.

은 이웃 국가에 대한 공세적 성격을 반영하므로 후진타오 정부의 외교정책인 '싼허(三和 즉, 和平崛起, 和平發展, 和諧世界)' 외교노선과 위배된다. 둘째, 북·중 간의 교역 확대는 낙후된 동북 3성 경제 활성과 지역 균형 발전을 추진하고자 했던 중국의 동북 3성 진흥개발 계획의 차원에서 제기되었다. 셋째, 북·중 교역 확대는 북한만의 독특한 현상이 아니라 중국의 해외 진출전략인 '저우추취(走出去, 바깥으로 나가는)' 전략의 일환이다. 넷째, 대 북한 경제협력을 통해 북한체제의 안정을 확보하여 대미 지렛대의 역할을 높이는 한편 탈북자들의 대량유입을 사전에 방지하기 위한 방어전략의 일환으로 제기된 것이다. 다섯째, 중국은 자국의 사활적 국가 이익인 지속적인 경제 발전을 위해 동북아 지역의 안정과 평화가 필수적인 전제이므로 특히 북한체제의 안정과 연착륙은 중국에 유리하다는 판단 하에서 경제적 실익이 크지 않음에도 불구하고 대북투자를 늘려왔다. 여섯째, 북한은 중국에 대해 상대적 독자성을 계속 견지하고 있다. 즉 북한은 동북지역에 이해관계를 가지고 있는 국가들의 지정학적 역학 관계를 활용하여 국익 극대화 전략을 구사해왔다.[523]

　　북·중 경협 활성화가 지속 가능할 것인가에 대한 전망과 관련하

----

523) 김재관, 「제2차 북핵 위기 이후 북·중 관계의 근본적 변화 여부에 관한 연구: 경제/군사안보 영역의 최근 변화를 중심으로」, 『東亞研究』, 第52輯(2007), 305~306 쪽. 최명해는 중국과 북한의 교류 심화는 '북한문제' 해결에 긍정적으로 작용할 수 있다는 견해도 제기되고 있다고 강조하였다. 북한경제의 대중국 의존도 심화는 중국의 대북 영향력 확대로 이어지고, 이는 '북한문제'를 중국을 통해 '관리'할 수 있다는 논리, 이른바 '이이제이론(以夷制夷論)'이 제기되고 있다고 한다. 한편, 중국자본의 대북 진출과 이를 통한 북한의 시장 관행 학습은 장기적으로 북한의 변화를 유도할 수 있다는 주장, 이른바 '개혁·개방론'도 제기되고 있다고 한다(최명해, 「북한의 대중'의존과 중국의 대북 영향력 평가」, 『주요 국제문제분석』, No. 2010-15(2010), 1~2쪽).

여 확대 가능성을 높게 전망하는 연구자들은 북·중 경협이 양적·
질적 발전으로 심화되고 있다는 점을 강조한다. 대체로 학계에서는
장기적으로 북·중 경협이 다소 등락을 거칠 가능성은 있지만 증가
하는 추세를 보일 것으로 판단하고 있다.[524]

북·중 경협 활성화에 대한 한국의 인식은 다른 무엇보다도 매우
중요하다. 하지만, 기존 연구를 보면 동북아 지역구도의 '복합성'에
기인해 한국의 인식을 한·미 동맹 강화 여부에만 주로 연결시켰다.
현실적으로 한국은 특히 이명박 정부가 들어서면서부터 대북 강경
정책을 펼치면서 한미동맹 강화에 주력하였다.[525] 그 결과 최종적으
로 중·미 사이의 대결구도로 귀결시킴으로써 동북아 각국과 상호작
용 하는 한국의 '미세한 변화'가 '놀라운 변화'를 일으킬 가능성에 대
한 검토까지를 처음부터 차단하였다.

이 책에서는 '미세한 변화'의 주체가 한국이 될 수 있을까? 이 '미
세한 변화'는 동북아 지역구도에 어떤 파급효과를 미칠까? 아울러
중국의 동북아 지역에서의 영향력 확대, 특히 대 북한문제에서 소위
국제사회가 기대하는 역할 수행에 또 어떻게 작용할까 등의 의문을
'복잡계 이론'에 입각하여 다음의 제5장에서 분석해보고자 한다.

---

524) 이석기·양문수·김석진·이영훈·임강택·조봉현, 앞의 보고서, 104~106쪽.
525) 이희옥, 「중국의 부상과 미·중 관계의 새로운 변화: 중첩의 확대와 갈등의 일
    상화」, 『외교안보연구』, 제6권 제2호(2010), 63쪽. '신 진보주의'를 자처한 노무
    현 정권도 한·미 동맹의 중요성을 여러 차례 강조하였고, 그것을 더욱 강화하
    기 위해 한·미 FTA까지 추진하였다(박후건, 『중립화노선과 한반도의 미래』
    (서울: 선인, 2007), 212쪽).

제5장

북·중 경협 활성화가
동북아 지역구도에
미치는 영향

제1절 복잡계로서의 동북아 지역구도

　20세기 국제질서는 미국과 소련의 '양극체제'였으나, 구 소련 및 사회주의권의 붕괴로 '새로운 질서'인 미국 일방주의체제-'단극체제'를 거쳐, 21세기에 들어서면서 중국의 부상으로 힘의 분포가 분산되면서 '새로운 질서'인 '다극체제'로 수렴 중이다. 이 과정에서 국가는 지역, 국제조직, 비국제조직 등 여러 행위자들로부터 복합적 도전을 받고 있다. 2010년 미국의 「4개년 국방검토보고서」에서는 이 같은 복합성을 고려하여 21세기 안보 위협을 '하이브리드 위협(hybrid threats)'[526]이라고 하였다.

　하지만 '복합적 위협'에도 불구하고 국가 간 관계는 대립뿐만 아니라 상호 협력하면서 주어진 환경에 적응해 가고 있다. 전형적인 예가 중·미 관계이다. 두 나라는 때로는 협력, 때로는 대립으로 이어지는 '기 싸움'을 지속하고 있다. 두 국가 간 관계는 완전한 대립, 완전한 협력이 아닌 대립 속에도 협력, 협력 속에도 대립이 얽혀있는, 경계가 불투명한 혼돈의 양상에 빠져 있다. 현 국제질서는 다극체제

---

[526] 이상현, 「오바마 행정부의 군사전략 : 2010년 QDR과 함의」, 『전략연구』, 통권 제50호(2010); 전종순, 「QDR 2010으로 본 미 국방정책 변화와 함의 : 하이브리드 위협과 대응」, 『군사세계』, 통권 173호(2010).

속에 양극체제가 있는 듯, 양극체제 속에 다극체제가 있는 듯한 혼
합형527)이라고 할 수 있다.

최근 중국은 'G2'로 불릴 만큼 미국과 함께 새로운 국제질서의 중
심축으로 빠르게 떠오르고 있다. 반면에 미국은 2008년 금융위기를
겪으며 국가 위상이 크게 떨어졌다. 새로 형성된 국제질서 속에서
미국의 일방주의는 더 이상 의미가 없다. 이 같은 구조 변화에 따라
서 동북아 지역구도에서도 새로운 질서의 창발을 보여준다. 이제 중
국의 군사력 강화는 동아시아 안보질서를 변화시키는 핵심변수라고
할 수 있다. 동북아 지역은 지정학적으로 중국이 자국의 영향력을
과시할 수 있는 공간인 것이다.

이와 관련하여 동북아 지역에서 중국의 역할이 커지는 사실을 과
대평가하여 '중국 패권론', '중국 위협론'이라는 문제 제기가 있었다.
심지어 중국의 부상이 미국 일방주의를 대신하는 것이 아니냐는 논
쟁도 있다. 미국의 '현실적 쇠퇴'와 중국의 '상대적 강화'는 분명한 경
향이지만, 학계의 주류 견해는 그렇다고 빠른 시일 내에 중국이 미
국을 능가하진 못할 것이라고 본다.528)

2010년 중국 사회과학원에서 펴낸 『國際形勢黃皮書 : 全球政治與安全
報告』를 보면, 미국은 아래 〈표 5-1〉에서 열거한 3가지 항목(사회발전,
지속발전 가능성, 안전 및 국내정치)만 제외하고, 서방 7국과 브릭스

527) 혼합형과 관련한 상세한 내용은 김흥규, 「새로 쓰는 동북아 안보지도와 한국 : 중
국 부상의 안보적 함의」, 이상현 편, 『새로 그리는 동아시아 안보지도 : 중국
부상의 안보적 함의』(서울 : 세종연구소, 2011), 177쪽 참조.
528) 조지프 나이(Joseph S. Nye, Jr), "The Future df American Power", Foreign Affairs,
Vol.89(이상현 편, 앞의 책, 12쪽에서 재인용). 미국은 압도적인 경제력, 군사
력, 연구개발 등의 질에서 여전히 '기준권력'을 유지하고 있다(이희옥, 「중국의
부상과 미·중관계의 새로운 변화 : 중첩의 확대와 갈등의 일상화」, 『외교안보
연구』, 제6권 제2호(2010), 45쪽).

(BRICS) 4국[529]) 총 11국에서 경제·군사·과학기술·국제공헌 네 가지
항목 모두에서 제1위를 차지하였다. 반면, 중국은 일본을 제치고 세계
경제 항목에서 제2위가 되었지만, 종합 국력은 제7위일 뿐이다.[530])

〈표 5-1〉 2009~2010년 중·미 종합 국력 분석 및 평가

종합국력 평가지표		연 도 중 국 (순위)	미 국 (순위)
구성 요소	영토 및 자연자원 (석유와 천연가스)	4	2
	인구	1(13.7억 명)	3
	경제 (GDP/일인당GDP)	2 / 8	1 / 1
	군사/무기장비/잠수함 수량	2 / 3 / 2	1 / 2 / 1
	과학기술	8	1
영향 요소	사회발전	9	7
	지속발전 가능성	4	10
	안전 및 국내정치	8	6
	국제공헌	8	1

* '지속발전 가능성'이란 생태 파괴율, 녹화(綠化)율, 에너지 효율성에 대한 평가
 이며, '사회 발전'은 주로 지니계수에 대한 순위, '국제 공헌'은 주로 유엔에 대
 한 기부, 경제는 일인당 GDP '서방 7국' 앞자리, '브릭스 4 국'이 뒷자리이고,
 '안전 및 국내정치'는 '서방 7국' 앞자리, '브릭스 4 국'이 뒷자리임.

529) '브릭스'란 브라질(Brazil)·러시아(Russia)·인도(India)·중국(China) 등 네 나라
 의 영문 머리글자를 딴 것이다.
530) 李愼明·王逸舟 編,『國際形勢黃皮書: 全球政治與安全報告(2010)』(中國: 社會科學
 文獻出版社, 2009), 257~275쪽에 근거하여 작성. 여기서 서방 7국은 미국·일
 본·독일·캐나다·프랑스·영국·이탈리아를, 브릭스 4국은 중국·러시아·
 인도·브라질을 가리킨다. 그런데 그 뒤에 발간된 동 보고서에서는 '종합 국력'
 에 대해 직접 다룬 내용이 없었다. 李愼明·張宇燕 編,『國際形勢黃皮書: 全球政
 治與安全報告(2011)』(中國: 社會科學文獻出版社, 2011); 李愼明·張宇燕 編,『國際
 形勢黃皮書: 全球政治與安全報告(2012)』(中國: 社會科學文獻出版社, 2012); 李愼
 明·張宇燕 編,『國際形勢黃皮書: 全球政治與安全報告(2013)』(中國: 社會科學文獻
 出版社, 2013); 李愼明·張宇燕 編,『國際形勢黃皮書: 全球政治與安全報告(2014)』
 (中國: 社會科學文獻出版社, 2014).

동북아 지역에는 냉전시대의 안보구도가 여전히 남아 있는 점도 고려해야 할 것이다. '남·북방 삼각구도'로 양분된 상황에서 중국의 부상으로 동북아 지역의 세력 균형에 중대한 변화가 생긴 것도 사실이다. 그러나 미국의 압도적 우위, 냉전의 잔재 그리고 전통적인 동맹관계 등이 앞으로도 계속 유지될 것이라는 관측이 지배적이다.

그 결과, 중·미 관계가 동북아 지역구도에서 핵심적 역할을 하고 있다는 것이 주류적 관점이다. 때문에 지금까지 대부분의 동북아 지역구도와 관련한 연구들은 중·미 관계를 핵심변수로 설정하고, 이 거시적 패턴 아래에서 서술해 왔다.

하지만, 이 책에서는 동북아 지역구도를 이루고 있는 중·미·일·러 동북아 네 국가와 거기에 한반도 남북한을 포함하는 여섯 국가를 고찰 대상으로 할 것이다. 이들 6개 국을 동북아 지역구도 시스템을 형성하는 중요 구성요소로 취급하겠다는 것이다. 아울러 앞에서 분석한 동북아 각국의 대 한반정책 및 북한정책 기조와 결합시켜, 동북아 지역구도에서 '협력이 우위인 경우'와 '갈등이 우위인 경우'로 나눠 동북아 지역구도 시스템의 복잡성[531]을 설명하고자 한다.

1. 협력이 우위인 경우

협력이 우위인 경우는 주로 비 정치, 안보 영역을 가리키며 이 책에서는 주로 경제적인 측면을 고려한다. 동북아 지역에는 세계 경제 제2위인 중국, 제3위인 일본이 있으며, 한·중·일 3국의 경제규모

---

531) '복잡성'이란 시스템의 복잡한 성질을 의미하며, 때로는 그 양적인 정도를 의미하기도 한다(윤영수·채승병, 앞의 책, 20·535쪽).

총합은 세계 경제규모의 20%, 아세아 경제규모의 70%를 차지하다. 2011년 중·일 무역액은 3,400억 달러였고, 한·중 무역액은 2,200억 달러로 역사상 최고기록을 갱신하였다. 2012년 5월 13일 제5차 한·중·일 정상회담이 베이징에서 개최되었다. 이는 한·중·일 자유무역지대의 형성으로 세계 경제영역에서 미국과 길항할 수 있는 새로운 경제대국의 탄생을 의미하기도 한다. 2011년 한·중·일 3국의 GDP 총합은 약 16만억 달러에 근접하며 이는 미국의 GDP 15.3만억 달러와 맞먹는 숫자이다. 532) 즉 한·중·일 협력은 세계 제조업 영역에서 무시할 수 없는 비중인 것이다.

이런 이유로 동북아 지역구도는 경제적인 측면에서 협력이 우위인 양상을 보여주며 〈그림 5-1〉과 같은 네트워크를 형성하고 있다.

〈그림 5-1〉 협력이 우위인 경우 동북아 지역구도 네트워크

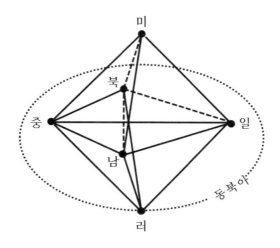

532) 위 통계는 『CCTV 4(中國)』, 2012년 10월 19일 보도내용을 참조하여 정리하였음.

〈그림 5-1〉을 보면 '실선(──)'은 협력관계나 협력적 추세로 가는 관계를, '점선(---)'은 경제적으로 관계가 원활하지 않거나, 약화되었거나, 맺어지지 않은 것을 의미한다. 남북, 북·일, 북·미 관계는 '점선(---)'으로 맺어져 있다. 〈그림 5-1〉은 점선들이 주로 북한을 위주로 이루어지고 있음을 직관적으로 보여주고 있다. 그래도 전체 시스템은 협력의 양상을 보여주고 있다는 점도 확인할 수 있다. 좀 더 구체적으로 각국의 대 한반도정책 기조에 초점을 맞춰 살펴보자.

먼저 중국부터 살펴보자. 중국은 개혁·개방 이후 급속한 경제성장과 함께 국제 정치·경제면에서 급부상하였다. 하지만 앞에서 언급했듯 중국의 국내 총생산(GDP) 총량과 1인당 수치는 현격한 차이가 있다. 2011년, 중국의 GDP 총량은 세계 제2위이지만, 1인당 GDP는 세계 제95, 96위였다. 이 때문에 "중국은 강하면서 약하고, 부자면서 가난하다"고[533] 평가 받는다. 중국에게는 현재 국내발전이 더욱 시급한 시기이며, 어느 때보다도 안정적이고 평화로운 주변 환경을 필요로 한다. 진찬룽(金燦榮)은 "현재 중국의 문제는 내부문제가 외부문제보다 더 크며, 그 접근에 있어서 내부문제 해결을 우선시해야 한다"고[534] 지적하였다.

2010년 당시 세계 제2의 경제대국으로 부상한 중국이 직면한 국내·국제 상황을 〈표 5-2〉로 정리하였다.[535]

---

533) 김홍규, 앞의 논문, 193쪽.
534) 「深度國際」, 『CCTV 4(中國)』, 2012년 10월 19일.
535) 「2010年 (中國)政府工作報告」, 『新華罔』, 2010년 3월 5일; 「2011年 (中國)政府工作報告」, 『新華罔』, 2011년 3월 15일 등 중국의 주요 보도매체를 이용하여 정리.

〈표 5-2〉 2010년 중국 국내·국제 상황

	2010년 중국 국내 핫 이슈	
1	서남지역 가뭄 피해(西南旱災)	파급범위 : 云南省, 貴州省, 廣西省, 四川省, 重慶 자금 투입 : 41.1억 위안 노동력 투입 : 2526만명 캉한(抗旱)대응 기동장비 투입 : 114만 대 운수차량 : 38만 대
2	전국적인 재해(강풍, 우박, 홍수, 지진 등)	피해자 수 : 약 2억여 명 농작물 피해 : 1.64억 무(畝) 경제 손실 약 3000억 위안
3	무기판매 반대	타이완에 대한 무기판매 금액 64억 달러, 미국이 판매한 무기 가운데 요격미사일 패트리엇(PAC)-3 포함. 타이완 해협에 배치된 중국의 중·단거리 미사일 요격 뿐만 아니라, 미국의 미사일방어(MD) 체제가 타이완에 구축될 수 있는 점을 우려
4	대구원강 (对口援疆) 사업	신장(新疆) 사업회의 : 19개 성, 시에서 신장에 대한 지원을 책임짐. 중점은 新疆維吾爾族自治區의 안정 도모, 민생 개선
5	위수(玉樹) 대지진	피해자 수 : 2,220명 실종인 수 : 70명
6	충칭(重慶) 범죄집단 소멸	혐의범 1,544명 체포, 도망자 469명 추포령 하달 충칭시 원 상무부국장 원창(文强) 등 탐관 극형 판결
7	아파트 가격 조절	4월의 최고수준인 17.8%로부터 12월의 최저수준인 6.4%로 하강. 2011년 조치 : 「限购令(구매제한 법령)」(하지만 항구적인 해결책이 못됨)
8	야채 등 농작물 가격인상	마늘, 파, 고추, 약재, 녹두 가격 3~10배 인상. 통화팽창 우려(2011년 4월까지 야채가격 8%~20%인하, 도매가격 5.2% 인하)
9	제41회 세계박람회 개막	투입자금 : 180억 위안(실제 투입 220억 위안)
10	위안화 절상	일부 중국 경제학자들은 중국이 위안화 절상에 있어 3%~5% 안팎이 최대 수용력이라고 지적. 2010년 실제 절상율 4.72%
11	한·미 군사훈련	중국 근해에서 미국 최첨담 함대의 군사훈련은 중국에 대한 위협이라고 인정. 중국국방대학 朱成虎 교수는 한·미 군사훈련의 목적은 북한을 위협하려는 것과 천안함사건 때 한국이 중국의 지지를 얻지 못한데 대해 중국을 겨눈 요인도 있다고 지적
12	중·일 댜오위다오 '선박충돌사건'	중국은 영토문제와 관련한 일본의 '음모'라고 봄

중국이 직면한 안보 위협		
경제 안보	1) 에너지	원유수입 비중 : 2000년 34%로부터 2010년 53.7%로 높아짐. 2020년에는 62%로 추정
	2) 국제분업과 산업구조	불합리한 〈1+6〉모델 즉, 제일 말단인 가공제조업만 국내에 있고, 상품 디자인, 원자재 구매, 물자운송, 주문처리, 도매경영, 판매가 모두 국외에 있음. 이 현상이 고착되면 중국은 국제분업체계의 말단 확정
	3) 부동산	기형적인 발전으로 '거품경제'를 초래 할 수 있음
정치/ 문화 안보	서화, 분화	서방문화의 침투로 전통문화를 대체. 특히 이는 청소년들로 하여금 전통문화에 대한 호감을 상실하게 함
비 전통 안보	1) 东突(신장위구르독립세력), 藏独(서장독립세력)파괴활동	국내외 동투(东突)세력은 이미 테러조직을 결성하기 시작하고 테러활동 꾸미고 있음. 짱두(藏独), 타이독(台独), 쟝독(疆独), 홍콩 '민주파', '파룬공(法輪功)' 등 조직들의 혼란행위
	2) 사스(SARS), 식품안전 등	자연재해로 환경, 인적 피해 상당 식품안전 사고 빈번 등으로 인한 경제손실 막대
	3) 식량, 금융, 정보, 인구 등 문제	식량 : 물가 폭등으로 인민의 일상생활에 큰 영향 정보 : 현재 중국이 사용하고 있는 컴퓨터 칩은 거의 전부가 미국산. 이는 중국의 경제, 군사지휘시스템의 잠재적 위협. 또한 핸드폰 신호도 미국 위성을 통해 접수 발송되기 때문에 정보유출 가능성 큼 인구 : 인구 기수(基數)가 크고 성장속도가 빠르기 때문에 자원, 취업압력 큼
중국 주변환경에 대한 분석 및 기본판단		
기본 특징 (복잡)	1)중국은 세계적으로도 인접한 국가가 제일 많은 국가. 대륙 국경선 22,000여 km, 해안선 18,000여 km, 주변국가 29개 국, 그 중 직접 인접한 국가 15개 국	
	2)중국은 역사가 유구한 문명고국. 일본, 한국, 베트남 등과 역사적인 '친분'관계가 있음	
	3)중국 주변국은 사회제도, 발전수준, 문화, 민족, 종교 등 다양함	
	4)중국 주변환경은 세계 주요 대국 이익이 엇갈린 집결지	
주요 도전	1)타이완 문제	'미국의 대중 포위'전략으로 인식
	2)중·일 관계	역사 문제, 동해 문제, 댜오위다오 문제
	3)영유권 분쟁	南沙群島에 대한 분쟁, 이른바 '6국 7방'의 분쟁
	4)한반도문제	실질은 북·미 관계
	5)중·인 국경	티베트 문제
	6)미국 '反華包圍圈' 형성 시도	미·일 동맹 강화. '중국 위협론'을 강조하면서 동남아연맹을 끌어들여 동남아 진출. 인도, 타이완에 대한 지지

중국의 외교정책 및 전략	
기본 원칙	헌법상 첫째, 평화공존 5원칙(주권과 영토보전의 상호존중·상호불가 침·상호내정 불간섭·평등호혜·평화공존)에 입각하여 각국과의 관계 를 발전시키며 둘째, 영원히 패권을 추구하지 않는다는 '반 패권주의'이 며, 셋째, 프롤레타리아 국제주의 견지
근본 임무	'중요한 전략적 기회의 시기(一個戰略機遇期)' 유지 : 중국에게 '중요한 전략적 기회의 시기'를 최대한 유지하는 것 '4가지 환경(四個環境)' 확보 : 평화적이고 안정한 국제환경, 우호적인 주 변환경, 평등·호혜적 협력환경과 선린우호적인 여론환경 확보 '한 가지 목표(一個目標)' 실현을 위해 주력 : 전면적인 샤오캉(小康)사회 건설을 위해 복무
기본 구도	대국은 관건, 주변은 우선, 발전도상의 국가는 기초, 다극화는 중요한 플 랫폼
특징	평화, 발전, 협력의 외교방침
기본 전략	도광양회, 화평굴기, 유소작위 '4불(四不)' : 주동적이지 않고, 우두머리가 되지 않으며, 충돌하지 않고, 적을 만들지 않는다(不擧旗, 不當頭, 不對抗, 不樹敵). '양초(兩超)' : 이데올로기를 초월하고 적아 구분을 초월하여 협력 도모
중국의 외교 전략	중국의 '신 아시아관'의 기본내용은 '평화·발전·공동번영·협력'. 중국위협론 타개, 주변국과 미국에게 '진정제' 역할)

〈표 5-2〉에서 보여주고 있는 중국 국내 이슈는 과연 4년이 지난 2014년 현재 얼마나 해결이 되었을까? 이는 별도로 검증하고 확인할 문제이지만, 단적으로 중국 국내문제가 산적해 있다는 사실과 중국은 이를 중심문제로 삼을 수밖에 없다는 사실은 분명해진다.

그 결과, 중국은 한반도의 안정을 극력 원하고 있으며, 이미 위에서 살펴봤듯이 북핵문제와 북한문제를 분리하여 접근하는 이중적인 방식을 취하고 있다. 북한과의 관계는 물론 한국과의 관계도 '전략적 협력 동반자' 관계로 격상시켜 강화하였을 뿐만 아니라 '한·중 FTA'도 추진하고 있다. 일본과도 영토분쟁이 있지만 양국관계를 '전략적 호혜관계'로 발전시켰다. 또 2013년 3월 22일 러시아와 정상회담을 통해 양국관계를 발전시킬 데 대한 성명 즉, 「전략적 협력 동반자관

계를 전면적으로 심화시킬 데 관한 연합성명(全面深化戰略協作伙伴
關係的聯合聲明)」을 발표하였다. 당시 푸틴 대통령은 시진핑 주석과
의 정상회담에서 "러·중 관계는 세계적인 의의를 가진다"고[536] 강
조하였다. 중국은 2013년 6월 7~8일 시진핑-오바마 정상회담을 통해
미국과의 관계를 '신형 대국관계'로 재정립하였다. 동시에 중국은 책
임 있는 '대국'의 역할을 위해 북핵문제 해결에서 주도적 역할을 자
임하고 있으며, 미국과 협조하며 문제의 평화적 해결을 위해 노력하
고 있다.

　이처럼 중국은 주변국들과 '평화적 공존 5항 원칙'에 기초한 선
린·우호 원칙 아래 평화와 안정을 유지하고자 하고 있으며, 그 연장
선상에서 대 한반도 전략, 대북정책을 펼치고 있다고 볼 수 있다.

　미국은 현재의 압도적 군사 우위와 경제력에도 불구하고, 2008년
발생한 자국의 경제위기 수습과정에서 중국의 협력에 크게 의존할
수밖에 없었고, 양국의 경제협력은 갈수록 밀접해지고 있다. 이제
중·미 양국은 상대를 적으로 상정하면서 일방적인 우위를 추구하거
나, 상대에 절대적인 불이익을 강요하기 어려운 상황에 처했다. 2011
년 현재 중국은 미국의 제3의 수출시장과 제1의 수입국, 미국은 중
국의 제2의 수출시장과 제6의 수입국이다. 즉 중국과 미국은 서로에
게 가장 중요한 무역 상대이다.[537]

　중국과 미국은 서로 견제하는 측면이 분명 있지만, 미국이 중국과
의 협조 속에서 더 많은 것을 얻을 수 있다는 인식이 더 우세하다.
양국의 협력 없이는 국제금융 안정, 기후 변화, 사이버 테러 방지 등
과 같은 세계적 차원의 문제도 해결되지 않는다. 그래서 조지프 나

이(Joseph S. Nye, Jr)는 때로 상대방을 굴복시키기 보다는 협력할 때 힘은 더 커진다고 지적한다. 그것이 바로 21세기 미국에 필요한 '스마트 파워' 전략이라는 것이다.[538]

여기서 주목할 것은 중국『人民日報』에 "제5차 중·미 전략적 대화에서 취득한 구체적 성과 리스트(第五次中美戰略與經濟對話框架下的戰略對話具體成果目录)"라는 제목의 기사이다. 총 8개 부분, 91개 조로 나눠 합의된 내용들을 서술하였다. 특히 제2 부분 즉 "지역·지구성문제의 대응"에 속하는 제24조는 "평화적 방식으로 한반도 비핵화문제 해결에 동의하는 것은 매우 중요하다. 이는 6자 회담의 목표 및 2005년 '9·19 공동성명' 합의 내용 및 '유엔 안보리 2094호 결의' 등을 공동으로 추진하고 집행함에 있어서도 매우 중요하다"고[539] 밝혔다. 이는 처음으로 양국 간 보다 공식적이고 본격적으로 한반도문제를 거론하고 있다는 점을 확인시켜 준다. 미국 역시 동북아 지역에서 패권 경쟁보다는 총체적으로 '안정적인 모드'를 계속 유지할 것으로 보인다.

일본은 동아시아 경제 주도권 장악을 위한 '동아시아 공동체론'을 주장하며, 미국을 포함한 한국, 인도, 동남아시아국가연합(ASEAN) 및 호주 등과 협력하여 중국을 견제하고자 한다. 이는 자위대의 국제역할을 확대하는 군사력 강화로 이어졌다. 아울러 2005년 2월 미·일 간 '2+2 안보협의회'에서 타이완사태를 공동 안보전략 목표로 상정하고 미·일 동맹을 더욱 강화하였다.

중·일 관계는 댜오위다오[540] 영유권 분쟁, 미사일 방어, '미·일

---

538) 조지프 나이(Joseph S. Nye, Jr),「미국의 중국 다루기」,『중앙일보』, 2011년 7월 11일자.
539) 『人民日報(中國)』, 2013년 7월 13일자.
540) 중국에서는 댜오위다오(釣魚島), 타이완에서는 댜오위타이(釣魚臺), 일본에서는 센카쿠열도(せかくしょとう, 尖閣諸島)라 부른다.

신 안보지침', 역사 교과서문제, 야스쿠니신사 참배문제 등을 둘러싸
고 갈등을 보였지만, 2008년에 중국과 '전략적 호혜관계'로 전환하였
다. 경제면에서 중국과 일본은 서로 최대 교역 상대국이기 때문이
다. 이러한 양국 간 갈등을 수반한 협력 관계는 2010년 중국과 GDP
규모의 역전, 2011년 쓰나미 타격 등으로 더욱 강화될 것으로 보인다.

일본은 2013년 5월 15일 북한에 이지마 이사오(飯島勳) 특사를 보
내서 대화를 시도하였다. 북한과의 관계 개선에 노력하고 있다는 점
을 계속 보여주고 있는 것이다.[541]

러시아는 푸틴 등장 이후, '강대국 재건', '아시아 최대의 천연가스
공급국' 등을 슬로건으로 동북아 및 한반도에 커다란 관심을 보이며,
전략 중심을 동북아로 조금씩 이전하고 있다. 현재 러시아는 중국과
'전략적 동반자 관계'를 맺고, 미국의 일방주의, 일본의 군사대국화를
견제하고자 한다.[542] 하지만 2008년 4월 미국과 양국 간 부문별 협력
로드맵이라 볼 수 있는 「미·러 공동 전략틀 선언(US-Russia Strategic
Framewok Declaration)」을 채택했다. 푸틴 대통령은 부쉬 대통령과의
공동선언에서 북한 핵문제를 해결하기 위한 6자 회담에 대해 전폭적
인 지지를 보낸다면서 한반도 문제를 양국의 현안에 포함시키기도

---

[541] 이러한 상황은 최근에도 계속되고 있다. 2014년 5월 29일, 북한과 일본은 중요한
합의를 했다. 일본일 납치문제 재조사와 대북 제재 일부 해제를 핵심으로 하는
이 합의는 북·일 관계 개선뿐만 아니라 경색된 한반도 정세를 바꿀 전기가 될
수 있다는 점에서 의미가 있다. 이를 계기로 6자 회담 재개 및 남북관계 진전 노
력이 강화되길 기대한다고도 밝혔다. 또한 북·일 합의는 「평양선언」의 첫 이행
의 첫걸음이라고 평가하기도 한다. 그럼에도 불구하고 순조롭게 이행될지는 의
문이다(『한겨레신문』, 2014년 5월 31일자; 『조선신보』, 2014년 5월 30일자).

[542] 朴英愛, 「중러 대 한반도정책의 비교분석」, 동국대 북한학연구소·리츠메이칸
대 코리아연구원·지린대 동북아연구원 주최, 『"김정은 체제 공식출범과 북한
의 대외관계"—2012년 한중일국제학술회의 자료집』(서울 : 동국대 북한학연구
소, 2012년 4월 25일), 56~57쪽.

하였다. 이들은 양국이 더 이상 서로를 '적(敵)' 또는 '전략적 위협'으로 간주하지 않기로도 합의했다.543) 러시아는 일본과 쿠릴열도 4개 섬 영토분쟁에 있지만, 일본을 '극동·바이칼 경제·사회 발전 연방 특별프로그램'에544) 동참시켰다. 한반도전략에서도 남북한과 균형외교를 펼치고 있다. 2011년 8월, 북한 김정일 국방위원장의 방문에 맞춰 러·남·북 천연가스 연결사업, 양국 해군연합훈련 등의 문제에 합의하였다. 러시아는 북한에 대해 '전통적 유대'라는 관점에서 경제를 우위에 둔 실용적 관계를 강조하고 있다. 이와 함께 러시아는 2008년 한국과의 관계를 '전면적 협력 동반자 관계'로 격상시키고, 북한을 지나는 가스배관을 통한 PNG(Pipe Natural Gas) 도입 외에 우라늄과 석유개발 사업에서 협력하기로 합의했다.545)

한국은 미국과 2009년 한·미 동맹을 '21세기 전략동맹관계'로 격상시켰다. 이는 안보영역에 제한된 한·미 동맹이 전방위적 협력을 위한 동맹으로 발전시켰으며 한반도를 넘어서 아시아 태평양 또는

543) 『경향신문』, 2008년 4월 7일자. 이후 푸틴을 계승한 메드베데프 대통령도 「미·러 전략틀 선언」에 나타난 아젠다들, 즉 안보 증진, 대량 파괴무기 비 확산, 테러와의 전쟁, 전략적 경제협력 등을 위해 제시된 구체적인 사업들을 추진해 나갈 것을 분명히 밝혔다.
544) 러시아 정부는 '2008년~2013년간 극동·바이칼 동부지역 경제·사회 개발 연방 특별프로그램'을 2007년 12월 승인했다. 이 프로그램의 추진 방향은 극동시베리아지역을 아시아·태평양과 경제 통합을 이루는 것이다. 분야별 주요사업은 ①2012 블라디보스토크 아시아·태평양 경제협력체 정상회의 유치를 위한 인프라 건설 ②한반도종단철도(TKR)와 시베리아횡단철도(TSR)를 연결하는 사업과 바이칼·아무르철도(BAM)의 연결망 건설. 주요 항만의 개보수 등 운송 인프라 구축 ③동시베리아 송유관 건설과 가스관 건설 및 산업복합단지 건설 등 에너지 개발 및 석유·화학 산업복합단지 건설 ④석탄·우라늄·철광·금광 등의 광산 개발과 철광석 처리단지 개발, 하바롭스크에 펄프공장 건설 ⑤종합병원 및 학교 건립, 상하수도 정비 및 폐기물 처리공장 등 의료, 교육, 환경 인프라 건설이다.
545) 『人民日報(中國)』, 2013년 5월 5일자.

글로벌 동맹으로 확대되었음을 의미한다.[546] 2008년 중국과 한·중 관계를 '전략적 협력 동반자관계'로 격상하였을 뿐만 아니라 군사 핫라인을 설치하기에 이르렀다. 경제면에서도 2008년 당시 중국은 한국의 제1위 무역상대국이 되었고 한국은 중국의 3대 무역상대국이 되었다. 러시아와도 위에서 언급한 북한을 지나는 가스배관을 통한 PNG 도입에 적극적이다.

북한은 위에서도 언급했듯이 〈그림 5-1〉에서처럼 미·일과는 여전히 정상적 국가관계를 이루지 못하고 있고, 한국과는 2008년 '금강산 관광사업' 중단에 이어 2013년 4월 남북교역의 90% 이상을 차지하는 '개성공단 사업'이 일시 중단되는 경색국면이 조성되기도 했다. 이로써 남북교역은 거의 '제로'로 되었다.[547] 2013년 남북교역액은 12억 달러로, 전년 대비 42% 감소되었다.[548] 2014년 들어 남북 사이에 교류 협력의 가능성이 타진되고 있지만, 아직은 지켜봐야 할 것이다.

이처럼 경제적으로 동북아 지역구도는 직·간접적으로 〈그림 5-1〉에서처럼 점선보다는 실선으로 연결되어 하나의 공동체를 이루어 가는 양상을 보여주고 있다. 즉 안보 부문에서 '아세안 지역포럼'(Asean Regional Forum, ARF), '아태 안보협력이사회'(Councilfor Security Cooperation Asia Pacific, CSCAP), '동북아 협력대화'(Northeast Asia Cooperation Dialogue, NEACD) 등이 있고, 경제 부문에서 '아태 경제협력회의'(Asia Pacific Economic Coopration, APEC) 등 협력기구와 6자회담이 있다. 이 협력기구들은 구속력 있는 기능을 못하지만, 동북

546) 이태환, 「한·중 전략적 협력 동반자 관계 : 평가와 전망」, 『세종정책연구』, 제6권 2호(2010), 140쪽.
547) 『人民日報(中國)』, 2013년 5월 22일자.
548) 한국무역협회, 「2013년 남북교역·북중무역 동향 비교」, 『Trade Focus』, Vol.13 No.9(2014).

아 지역구도에 그 자체 존재만으로도 큰 의미가 있다. 특히 ARF는 상설기구가 없지만 아태지역의 안보분야를 협의주제로 한다는 점과 2000년도 북한의 가입으로 북한과도 직접 대화할 수 있는 유일한 공간이라 점에서 큰 의미가 있다.

2. 갈등이 우위인 경우

동북아 지역구도에서 갈등이 우위인 경우는 주로 정치·안보 영역을 가리킨다. 아래의 〈그림 5-2〉는 이 갈등관계를 그려낸 것이다.

〈그림 5-2〉 갈등이 우위인 경우 동북아 지역구도 네트워크

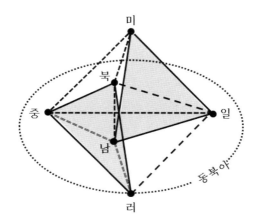

〈그림 5-2〉를 보면 '점선(---)'으로 맺어진 것은 중·미, 중·일, 러·미, 남북 사이의 갈등관계를, '쌍점선(===)'으로 맺어진 것은 갈등관계보다는 성향이 뚜렷하지 않은 관계를 의미한다. 즉 한·중,

한·러 관계이다. 이는 한국이 대외적으로 과거나 현재에 패권의 이미지를 갖고 있지 않으며, 미국과 동맹관계를 맺고 있지만 미·일 동맹의 하위단위로 인식되어 일본처럼 공세적인 이미지를 갖지 않기 때문이다. 뿐만 아니라 강대국의 핵보호를 받으면서도 '자주성', '자율성'을 유지해왔다. 게다가 1970년부터 '네 마리 용'이라 불릴 만큼 경제를 급 성장시켜 중진국으로 되었다. 또한 한국은 동북아 지역에서의 지리적 위치로 양 대국 즉, 중국과 러시아에 매우 큰 경제적 가치가 있다. 아울러 중국과는 반일정서를 공유하고 있다.

이것들은 한국이 활용할 수 있는 장점이기도 한다. 최근 아베정권의 지나친 우경화는 이를 더욱 강화시키고 있다. 예컨대 한국의 정권교체 이후 한·일 정상회담이 먼저 이루어져야 하는 것이 순례지만, 한·중 정상회담이 먼저 이루어졌다. 이러한 점에서 동북아 지역구도에서 갈등이 우위인 경우일지라도 한국의 태도에 의해 중국과 러시아는 한국의 협력에 긍정적일 것이다.

이 같은 변화양상은 냉전체제의 종결과도 관련된다. 동북아 지역구도에는 '미국을 견제하려는 세력'과 '중국을 견제하려는 세력' 간의 '기 싸움'이 있다. 이 '기 싸움'에서, 게다가 여러 복합적인 요인을 고려할 때 현 시점에서 한국의 반응은 매우 중요하다고 보여 진다.

이에 따라 한국은 〈그림 5-2〉에서 '쌍점선(===)'을 '점선(---)'으로 더 나아가 '실선(──)'으로도 바꿀 수 있다. 이는 미국의 대 한반도정책 결정요인에 '한국의 행보'까지를 포함하여 있다는 점을 감안하면 한국에게 기회인 것이다.

보다시피 〈그림 5-2〉는 〈그림 5-1〉과 달리 대부분이 점선으로 이루어졌다. 자세히 그림을 관찰해보면 어렴풋이 냉전의 삼각구도가 비칠 것이다. 즉 동북아 지역구도는 탈냉전기에도 여러 특수 상황 때문에 냉전체제의 잔재가 남아 있다는 것을 직관적으로 보여주고 있다. 다만 탈 냉전·다극화 추세로 인해 한·중·러 삼각관계에서 변화가 생겼을 뿐이다. 여기에는 크게 두 가지 이유가 있다. 하나는 영토분쟁이고, 다른 하나는 한반도 비핵화문제이다. 또한 이로 인해 동북아 지역의 군비 경쟁은 갈수록 심화되고 있는 상황이기도 하다.

아울러 이는 협력의 양상을 보여주고 있는 동북아 지역구도에서 각국의 상호 경계, 외교정책의 이중성을 띨 수밖에 없도록 한다. 때론 경제협력의 발전·심화를 제한하기도 한다. 예컨대 최근 제일 전형적인 사례가 한·중 관계이다. 2008년 한·중 관계가 밀접해져 가고 있는 시점에서 2009년 10월 북한 2차 핵실험이 있었고, 이어 2010년 5월 천안함 사건이 발생하였다. 천안함 사건에 관련해 중국은 "북한은 천안함 사건과 무관하다는 것을 증명하거나 아니면 잘못을 마땅히 인정해야 한다"면서도 어느 편도 들지 않겠다는 입장을 보였다.[549]

반면 2009년부터 북·중 경협은 더욱 활성화되었다. 이 같은 중국의 입장을 보면서 한국의 대중외교가 시험대에 올랐다고 보는 견해, 나아가 한국은 큰 배신감과 불신감을 느꼈고, 결국 한국은 중국이 북한을 두둔하는 것으로 받아들였다. 즉 한·중 협력의 한계를 드러냈다고 평가하였다.

중·미 관계도 마찬가지이다. 미국은 동북아 지역에서 중국의 영향력 확대를 막고자 미·일, 한·미 동맹체제 유지·강화로 견제하였다. 미국은 1997년에 '중·미 건설적 협력동반자'관계를 맺음과 동시에 같은 해 발표한 「4개년 국방검토보고서」에서 중국을 '잠재적 패권 도전국'으로 지목하고 미·일 동맹을 강화하였다. 2005년부터, 2009년에 걸쳐 미·일, 한·미 동맹을 지역적 차원이 아닌 글로벌 동

---

549) 『環球時報(中國)』, 2010년 5월 26일자.

맹으로 확대하고자 노력하고 있다. 2005년 2월 미·일 간 '2+2 안보협의회'에서 타이완사태를 공동 안보전략 목표로 상정하고 타이완의 '한광(漢光)' 군사훈련에 미·일 군 장성들이 참가하는 등 미국은 타이완해협 군사충돌 시 개입 의지를 드러내기도 하였다.

미국과 한국은 2009년 6월 워싱턴 한·미 정상회담 이후 한·미 동맹을 포괄적 동맹으로 즉, "공동의 가치와 상호 신뢰에 기반 한 양자·지역·범세계적 범주의 포괄적인 전략동맹을 구축해 나갈 것"이라 재정의하였다.550) 또 2010년 「4개년 국방검토보고서」를 통해 중국 견제 등을 염두에 두고 주한미군을 전진 배치에서 전진 주둔으로 전환하였다.551)

2012년 6월, 한·미·일 3국은 합동해상훈련을 제주 남방 국제수역에서 실시하기도 하였다. 훈련에는 세계 최강을 자랑하는 미국 원자력 항공모함 조지워싱턴호도 출동하였다. 이는 모두 중국을 견제하기 위한 조치였다.

결국 중·미 관계는 갈등과 협력의 이중성을552) 띤다. 중국의 입장에서 볼 때 미국의 이러한 행태는 중국에 대한 포위·봉쇄로 받아들이고 있다. 역사적으로 보면 이는 미국의 공산권국가에 대한 봉쇄정책의 연장선상에 있는 것이다.

〈그림 5-3〉과 〈그림 5-4〉는 미국과 군사협력을 맺고 있는 중국 주변국들과 미국의 중국에 대한 도련식(島鏈式) 봉쇄 즉 제1도련, 제2도련을 보여준다.553)

---

550) 이태환, 「한·중 전략적 협력 동반자 관계 : 평가와 전망」, 『세종정책연구』, 제6권 2호(2010), 140쪽.

551) 2009년 6월 16일, 한·미 정상회담에서 한·미 동맹을 '21세기 전략동맹관계'로 격상하였다. 이는 한·미 동맹을 양자동맹이 아닌 더욱 포괄적인 지역동맹으로 그리고 글로벌동맹으로 확대해 나가겠다는 새로운 비전을 내포한다.

552) 김흥규, 앞의 논문, 이상현 편, 앞의 책, 2011년, 193쪽.

〈그림 5-3〉 미국과 군사협력을 맺고 있는 중국 주변국들

키르키즈스탄 공군기지 운영	**몽골** 2005년 11월 부시 대통령 방문 합동군사훈련 실시
아프가니스탄 미군 주둔	**일본** 미사일방어체제 구축
파키스탄 테러와의 전쟁 동행 구축	**한국** 주한 미군 평택 재배치
인도 핵협력 협정 합동군사훈련	**대만** 첨단무기 지원
타이 상호방위조약 **베트남** 군사협력 협정	**필리핀** 상호방위조약

중국

〈그림 5-4〉 미국 봉쇄정책의 제1도련과 제2도련

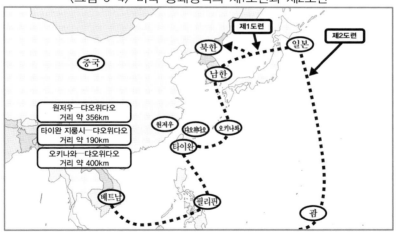

제1도련 / 제2도련

북한 / 일본 / 남한 / 중국

원저우―댜오위다오
거리 약 356km

타이완 지룽시―댜오위다오
거리 약 190km

오키나와―댜오위다오
거리 약 400km

원저우 / 댜오위다오 / 오키나와 / 타이완 / 베트남 / 필리핀 / 괌

553) 王羽綸,「沖破太平洋三大島鏈」,『百科探索(中國)』, 第6期(2007); 史春林·李秀英,
「美國島鏈封鎖及其我國海上安全的影響」,『世界地理研究(中國)』, 제22권 第2期(2013);
『人民日報(中國)』, 2012년 4월 23일자 등과 인터넷 자료 참조하여 구상.

〈그림 5-3〉과 〈그림 5-4〉에서와 같이 미국은 1950년대부터 공산권 국가(당시 주로 구 소련)를 봉쇄하기 위한 2대 도련(島鏈)554)을 구축하기 시작하였다. 소련이 해체되고 중국이 부상함에 따라 제1도련과 제2도련은 중국을 방어하기 위한 방어선이 되었다. 즉 동아시아에서 돌발사태가 발생할 경우 미국이 전력을 투사하기 위해서는 미국 본토로부터 병력을 수송하거나, 하와이, 괌을 중심으로 전진배치 된 전력을 활용해야 한다. 미국은 제1 도련을 구축하는데 타이완의 전략적 가치가 매우 중요했기 때문에 중국과 오늘까지 갈등을 빚고 있다. 또한 제1도련과 제2도련은 3대 미군기지를 포함하고 있다. 즉 ①동북아기지군(일본 요코쓰카/橫須賀)를 중심으로 일본 본토, 오키나와제도(沖繩諸島)와 한국을 포함한 30여 개 기지로 구성) ②동남아기지군(필리핀, 인도네시아, 싱가포르와 타이 등 동남아 국가의 10여 개 기지로 구성) ③ 괌기지군(아프라만의 해군기지, 앤더슨 공군기지 등으로 구성)이다. 이 3대 기지군은 중국의 해상 교통로에서 핵심적 중요성을 가진다.555) 이런 이유로 중국 군사 현대화의 초점은

554) '도련'은 섬들로 이어진 사슬이라는 의미로, 미국의 해양전략을 상징한다. 1951년 미국 국무장관 덜레스가 창안한 공산권 봉쇄 해양 라인인 'island chain'을 중국어로 번역한 것이다. 1982년 중국은 해양방위를 위한 경계선으로 도련전략을 수립하였고, 2000년대 중반을 넘어서면서 이에 대한 실행을 본격화하였다. 중국 인근 해역에서의 제해권을 확보하고, 태평양·인도양에서의 미군의 영향력을 억제하며 더 나아가 이에 대항하기 위한 해양전략 및 작전능력 확보계획을 단계적으로 추진하고 있다. 중국은 적용되는 지역에 따라 제1도련, 제2도련으로 나눠 작전계획을 수립하고 있다. 제1도련으로 인근 해양영토 및 해양항로 확보를 위해 분쟁 중인 지역을 중심으로 연결한 오키나와-타이완-남중국해를, 제2도련으로 미국을 비롯한 서방 측의 군사활동 감시 등을 목적으로 연결한 미국령 사이판-괌-인도네시아를 각 경계선으로 구분해 대양 해군 건설의 가이드라인으로 수립하여 추진 중이다.
555) 史春林·李秀英,「美國島鏈封鎖及其我國海上安全的影響」,『世界地理研究(中國)』, 제22권 第2期(2013), 2쪽.

접근 차단·지역거부 전력을 확충하는데 초점이 맞춰졌을 뿐만 아니라 이를 위해 항공모함 공격용 미사일 개발을 적극 추진하고 있다.[556]

일각에서는 독도, 댜오위다오 분쟁문제를 미국에 의한 한·중·일 협력에의 견제라고도 주장한다. 댜오위다오의 지리적 위치는 〈그림 5-4〉와 같이 중국 원저우, 타이완 지룽시(基隆市)와 각각 약 356km, 190km 밖에 안 되며, 오키나와 미군기지와는 약 400km 정도이다.[557] 즉 일본이 댜오위다오를 장악하게 되면 제1도련이 앞으로 400km 이동하게 된다는 것을 의미한다. 여기에 타이완까지 완전히 미국의 세력범위로 들어가면 중국에게는 치명적이 아닐 수 없다. 이러한 측면에서 타이완 문제, 댜오위다오 문제는 중국이 양보할 수 없는 '핵심 국가이익'이다.

만약 북한도 미국의 제1도련에 포함될 경우 즉, 미국에게 군사기지를 제공할 경우 어떤 상황이 벌어질까? 이는 미국의 봉쇄가 대륙에 발을 내디딘 상황으로 중국에겐 타이완보다 더욱 치명적인 타격이 될 것이다.

6·25전쟁을 한번 돌이켜 보자. 6·25전쟁 시 마오쩌둥은 타이완 해방을 접을 만큼 6·25전쟁 참전을 우선시하였다. 그 이유는 당시 마오쩌둥이 한반도를 "중국의 머리부분(半島是中國的頭部)"이라고 강조하면서 "만약 우리가 출병하지 않으면 적들이 압록강변까지 진입할 수 있으며 이는 국내·국제 반동세력들의 기세를 북돋아 각 방에

556) Erickson, Andrew S. 2010. "〈China Watch〉 Ballistic trajectory : China develops new anti-ship missile." *Jane's Intelligence Review*. February (이상현, 「중국의 부상과 미국의 대응」, 『새로 그리는 동아시아 안보지도와 한국 : 중국 부상의 안보적 함의』(서울 : 세종연구소, 2011), 84쪽에서 재인용).

557) 『百度(baidu.com)』, 2012년 10월 19일(검색일).

모두 불리하다. 우선 동북에 불리하고 동북변방군 전체가 말려들며, 남만의 전력이 적들에 의해 통제될 것이다"[558]고 인식하였기 때문이다.

즉, 이 부분이 적대국에게 점령당하면 중국의 국가안보에 결정적인 영향을 미치는 것이다. 이 점은 근대의 세 차례 전쟁 즉, 청·일 전쟁, 러·일 전쟁, 중·일 전쟁이 잘 설명해주고 있다. 중국의 대북정책을 볼 때 중국은 이 점을 의식하고 있는 듯싶다. 또 중국의 학자들은 한반도를 중국의 '숨통(咽喉)' 부분이라고까지 표현한다. 따라서 한국은 어떻게 될까? 주지하다시피 미국에게 북한은 한국보다 더욱 큰 전략적 가치가 있다. 이 점은 한국에게 북한의 핵 보유만큼 중요한 문제일 것이다. 그렇다고 해서 당장 이러한 상황이 벌어지지는 않겠지만, 그 개연성은 없지 않다고 본다.

2012년 7월 7일 일본이 댜오위다오 국유화선언을 발표하자, 중국과 타이완은 강력하게 반발하였다. 이어 한·일 독도분쟁으로 한·중·일 FTA가 중단되었다. 2개월 이후인 2012년 10월 9일 일본 재무성과 한국 기획재정부는 2011년에 체결한 「한·일 통화스와프 협정」을 연장하지 않는다고 발표하였다.[559] 중국은 2012년 10월 일본 도쿄에서 열린 '국제 화폐조직과 세계은행 연석회의'에 불참하였다.

한·일, 중·일 통화스와프 협정의 중단은 외견상 독도문제, 댜오위다오 문제로부터 야기된 것으로 보이지만 사실상 중국 내에서는 미국이 한·중·일 협력을 견제하고자 조작한 '음모'로 보는 관점도 적지 않다.[560] 한·일, 중·일의 통화스와프는 양국 간 화폐의 직접

---

558) 中華人民共和國外交部·中共中央文獻硏究室 編, 『毛澤東外交文選』(中國 : 中央文獻出版社·世界知識出版社, 1994), 144쪽.
559) 『朝日新聞』, 2012년 10월 9일자; 『人民日報(中國)』, 2013년 6월 25일자.

교환으로써 미국의 달러를 배제한 것이기 때문이다. 이는 '달러의 세계적 패권'에 대한 도전이다. 미국의 입장에서는 전쟁의 수단마저 동원하여 지켜온 이 패권을 고수하려 할 것이며, 한·중·일 간 양자관계 또는 삼자관계의 협력 강화를 탐탁하지 않게 여겼을 것이다. 이를 저해하기 위해 미국은 독도, 댜오위다오 문제를 활용했을 수도 있을 것이다.

이 역시 한·중·일 협력이 매우 큰 시너지 효과를 발생할 수 있음에도 불구하고 부진하게 되는 이유이기도 하다. 이러한 측면에서 중국 중산대학(中國中山大學) 아태연구소 웨이쯔쟝(魏志江)은 한·중·일 전략적 신뢰관계를 구축하는 것이 동북아 다자 안보체제를 구축하는 핵심이자 기초라고 주장한 바 있다.

한·중, 중·일, 한·일, 한·중·일 양자로부터 3자로의 신뢰 구축 가능성을 분석하면, 〈그림 5-5〉와 같다.[561]

<hr>

560) 미국은 댜오위다오 문제에 1951년 「미·일 안보조약」의 적용 여부를 1971년부터 번복하여 왔다. 오바마 정부는 2012년 7월 9일, 7월 11일 댜오위다오 문제에 「미·일 안보조약」이 적용된다고 발표하였다. 2012년 8월 28일, 미 국무부 대변인 눌런드(Victoria Nuland)는 기자브리핑에서 미국은 댜오위다오 문제에서 특정 입장이 없다고 하면서도, 그 공식명칭은 일본의 명칭을 따른다고 발표하였다. 중국은 이에 외교부 성명을 통해 강력한 불만을 표하였다. 여기서 중국에게 문제가 되는 점은 이 조약의 제5조이다. 그 내용을 요약하면 중·일 댜오위다오 분쟁시 미국은 동맹국인 일본에 협조할 의무가 있고 공동으로 위험을 대처하겠다는 것이다. 이를 2009년부터 시작된 미국의 '아시아 복귀'전략의 연장선에서 보면 일본의 우익세력에 강력한 힘을 실어주는 셈이다(「深度國際」, 『CCTV 4(中國)』, 2012년 5월 11일, 7월 27일, 9월 14일, 9월 21일). 중·일 관계는 미국이 제일 필요한 시점에서 악화되곤 하였던 것이다. 또 최근 일본 보도매체에서 "미국은 일·중 댜오위다오 분쟁에서 일본을 지지한다"는 보도에 대응하여 중국은 미국에 경고 메시지를 전하기도 했다(『人民日報(中國)』, 2013년 9월 19일자).

561) 魏志江, "論中韓戰略合作伙伴關係的建立及其影響", 『當代亞太(中國)』, 第4期(2008), 85~87쪽에 근거하여 재구성.

〈그림 5-5〉 한 · 중 · 일 상호 간, 삼국 간 전략적 신뢰도

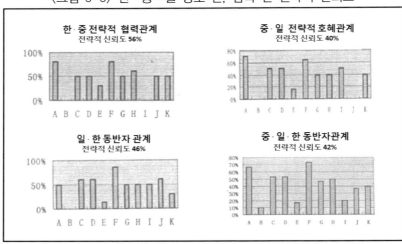

* A~K는 한 · 중 · 일 양자, 삼자 간에 영향을 미치는 요인임. A는 전통적인 역사교류와 동아시아인으로서 동일한 정서에 대한 인정, B는 근대 일본의 중국 침략의 역사, C는 정치제도, D는 이데올로기 및 가치관, E는 영토 및 해양권과 영유권 분쟁, F는 경제무역관계와 시장경제, G는 국가정책의 투명도, H는 3국의 국제규칙에 대한 준수와 인지도, I는 미 · 일 동맹, J는 한 · 일 동맹, K는 중국의 부상을 가리킴.

〈그림 5-5〉에서 한 · 중 · 일 삼국 중 한 · 중 전략적 신뢰도는 57%로써 제일 높다. 이는 주요하게 양국의 밀접한 경제무역관계 때문이다. 동시에 공동의 역사문화 전통과 동아시아인으로서의 동일한 정서에 대한 인정 즉 공동의 역사적 인식을 갖고 있다는 것이다. 하지만 한 · 중 전략적 신뢰도 구축에서 한 · 미 동맹은 제일 큰 걸림돌이다. 아울러 한 · 일 전략적 신뢰도는 46%, 중 · 일 전략적 신뢰도는 40%로써 양자 관계 중 신뢰도가 제일 낮다. 한 · 중 · 일 전략적 신뢰도는 42%로써 이는 삼국이 초보적으로 전략적 신뢰도를 구축하였음을 의미하지만 아직도 매우 부족한 상황이다. 이는 이들의 역사, 영

유권 분쟁, 미국 요인, 삼국의 정치제도, 가치관, 정책 투명도 등의 차이가 존재하기 때문이다. 특히 전통적인 안보영역에서의 삼국 간 불신은 제일 뚜렷하게 나타나고 있다.

여기서 중국이 미·일·러·중 4강국 사이에서 균형자와 견제자의 역할을 하여야 한다는 주장이 제기되기도 한다. 총체적인 전략은 중·러 전략적 동반자관계의 강화를 통해 미·일 동맹을 견제함으로써 미국 패권과의 균형을 이루는 것이다. 구체적인 전략은 동북아 국가들과의 관계를 개선하고 강화하는 것이다. 북쪽으로는 러시아·몽골과의 관계를 강화하고, 동쪽으로는 한국·북한과의 관계를 강화하며, 남쪽으로는 일본을 방어하는 것이다. 동시에 중·미 협력관계를 발전시켜 미국의 중국에 대한 우려와 적대감을 배제하여 동북아에서의 역량 균형을 추구하는 것이다.

여기서 관건은 중·러 전략적 협력 동반자관계를 강화하는 것이다.[562] 현실적으로도 양국은 상하이 협력기구[563]를 통해 밀접한 관계를 유지하고 있으며, 최근 양국 관계를 위주로 브릭스 국가 간 협력 강화를 추진하여 왔다.

〈그림 5-6〉은 중국과 러시아를 위주로 맺고 있는 브릭스(BRICS) 국가 간 협력을 보여준다.

---

[562] 張小明, 『中國周邊安全環境分析』(中國: 國際廣播出版社, 2003), 92쪽.
[563] 2013년 상하이 협력기구 제13차 정상회담에서 각 국 전문가들은 "상하이 협력기구(발전도상 국가, 제3세계 국가)는 세계적 차원에서 더 큰 역할을 할 것"이라고 강조하였다(『人民日報(中國)』, 2013년 9월 12일자). 북한도 상하이 협력기구 창설과 관련하여 발전도상 나라들의 지역적 협력 강화에 중요한 역할을 하고 있다고 평가한다. 더욱이 "미제는 이것을 세계지배전략 실현의 장애로 간주하면서 그에 따른 내정 불간섭과 와해 책동에 피눈이 되어 날뛰고 있다"고 덧붙였다(허철민, 「상하이 협조기구를 분렬 와해시키기 위한 미제국주의자들의 책동」, 『경제연구』, 루계 제35호 제3호(2011), 53쪽).

〈그림 5-6〉 브릭스 국가 간 협력

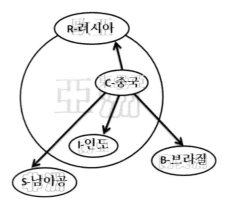

　〈그림 5-3〉, 〈그림 5-4〉과 〈그림 5-6〉을 비교해 보면 직관적으로
미국의 '포위전략'에 대응한 중·러의 '반 포위 전략'을 연상케 하는
듯싶다. 브릭스 국가의 총 영토면적은 전 세계영토면적의 30%, 인구
는 전 세계의 42%, 2010년 5국 국내총생산액은 전 세계총량의 18%,
무역액은 전 세계 15%를 차지한다. 5개국 중 러시아와 중국은 유엔
안보리이사회 상임이사국이고 브라질, 인도, 남아공은 비상임이사국
이다. 존 오닐의 분석에 따르면 2018년 5개국의 국내 총생산액은 미
국을 초과할 것이고, 2050년 중국, 러시아, 인도, 브라질은 세계에서
제일 큰 경제대국으로 성장할 것이며, 아울러 4개국은 점차 정치면
에서의 협력도 강화하여 유엔의 결의에도 영향을 미칠 것이라고 한
다.[564] 중국은 시진핑(習近平) 집권 이후 중앙아시아와의 관계도 강

564) 『財經時報(中國)』, 2006년 5월 29일자; 『21世紀經濟報(中國)』, 2011년 5월 26일자;
　　『中國社會科學報(中國)』, 2013년 9월 11일자; 북한도 브릭스의 영향력이 강화됨
　　에 따라 미국과 서방의 지위가 심히 약화되고 현대 국제 경제관계를 크게 변
　　화시키고 있다고 높이 평가하면서 "그에 맞게 대외경제전략과 전술을 바로 세

화하였다.565)

이 같은 상황에서 미국은 중국만이 아닌, 러시아와도 좋은 관계를 유지하지 못하고 있다. 특히 2013년 6월 스노든(Edward Snowden)사건으로 미국과 러시아는 정상회담을 취소하기도 하였다.566) 한국 내에서도 미국과 관련하여 여러 문제점들이 제기되고 있다.567) 그 외 러·일 간에도 쿠릴열도 영유권 문제로 갈등을 빚고 있다.568)

우는 것은 북한의 대외경제를 확대 발전시키고 강성국가 건설의 요구와 주체적 입장에서 브릭스 나라들과의 대외경제관계를 발전시키기 위해 적극 노력해야 한다"고 주장한다(계문해, 「'브릭스'의 출현으로 인한 국제경제관계에서의 주요 변화」, 『경제연구』, 루계 제157호 제4호(2012), 58~60쪽).

565) 2013년 9월, 시진핑은 투르크메니스탄, 카자흐스탄, 우즈베키스탄, 키르기스스탄 공식 방문을 통해서 투르크메니스탄과는 기존의 우호협력관계를 전략적 동반자관계로 격상, 카자흐스탄과는 기존의 전면적인 전략적 동반자관계 강화, 우즈베키스탄과는 '순치 상의'적 관계의 전략적 동반자관계 강화, 키르기스스탄과는 전략적 동반자관계로 격상 등을 선언하였다(『人民日報(中國)』, 2013년 9월 4일자, 8일자). 중국-우즈베키스탄 정상회담에서는 양국 무역액이 2017년 50억 달러에 달할 것이라 언급하였다(『人民日報(中國)』, 2013년 9월 10일자, 12일자).

566) 『경향신문』, 2013년 6월 12일자; 『문화일보』, 2014년 7월 9일자.

567) 한국무역협회, 「한·미 FTA 1주년 평가 ― FTA혜택별 수출효과와 경쟁국과의 비교를 중심으로 ―」, 『Trade Focus』, Vol.12 No.15(2013); 한·미 FTA 공식 발효 시 긍정적인 영향과 부정적인 영향이 공존할 것이라고 전망한 바 있다. 특히 농수축산업의 경우에는 저가의 미국산 농수산물 등의 수입이 늘어날 경우 농가 소득이 감소, 지역재래시장의 매출감소 등으로 이어질 가능성이 있다고 지적하였다(김진홍·김진호, 「한·미 FTA 발효가 지역경제에 미치는 영향과 대응전략」, 『한국은행 포항본부』, 2012-3(2012)). 이어 발효 후 2년차 한국농촌경제연구원에서 발표한 보고서에 따르면 한·미 FTA 1~2년차에는 농축산물 관세 인하폭이 크지 않으면서 각 부분에 대한 영향도 제한적이라고 밝혔다. 예컨대 과수도 미국산 과일수입이 증가했지만 국내 수요도 함께 증가해 과수농가의 직접적인 피해로 나타나지 않았던 것이다. 문제는 향후 국내 과일수요 증가가 둔화될 경우 과수농가의 직간접적인 피해가 예산된다는 점이다. 즉 한·미 FTA 등 다수의 FTA가 동시 진행되면서 농축산물 시장개방 폭이 확대되는 상황에서 농가의 경영안정을 위한 종합적인 소득안정망 구축이 요구된다고 지적하였다(정민국 외, 「한·미 FTA 발효 2년, 농업부문 영향과 과제」, 『한국농촌경제연구원』, 2014-3-14(2014)).

한반도를 둘러싼 강대국 간 갈등관계는 남북 대치국면을 더욱 악화시키고, 북한의 핵개발, 미사일, 천안함·연평도 사건과 같은 돌발행동의 여건을 조성해준다. 아울러 중국 뿐만 아니라 미국, 러시아, 일본도 북핵문제와 북한문제를 분리하여 접근하는 방식을 취하고 있다. 이로 인하여 6자 회담의 다자간 협의체가 형성되었음에도 불구하고 각국의 입장 차이로 부진한 상태이다.

중국은 2013년 8월 26일 북한을 방문했던 우다웨이(武大偉) 외교부 한반도사무특별대표가 "북한의 대화의지를 확인했다며 관련국들을 향해 6자 회담을 재개하자는 의지를 거듭 밝힘과 동시에 오는 18일 (9월 18일) 6자 회담 참가국의 수석대표들이 회동하자는 방안까지 내놓았다"고 밝혔다. 반면, 미국은 같은 날, 벤 로즈 미국 백악관 국가안보회의 부보좌관이 러시아에서 가진 브리핑에서 "우리는 단순히 회담을 재개하기 위한 회담은 지지하지 않는다"고 선을 그었다. 미국은 "북한이 비핵화에 진정성을 보여야 한다는 것"이라고 강조한 뒤, "북한의 태도 변화가 확인될 때까지는 회담 재개에 관심이 없다." 고 말했다.569)

----

568) 『한겨레신문』, 2014년 6월 6일자.

569) 『연합뉴스』, 2013년 9월 9일자; 『한국일보』, 2013년 9월 10일자; 중국과 북한의 관영 보도매체에서는 우다웨이 8월 26일 방북 의도, 행방에 대해 말을 아꼈다 (『로동신문』, 2013년 8월 27일자; 『國際在線(cri.cn)』, 2013년 8월 27일). 그 이유를 장랜구이는 "우다웨이 방북은 매우 단일한 목적과 임무를 수행하러 간 것이다. 즉 6자 회담의 재개를 위해 북한을 설득하고 협상하러 간 것이지만 서로의 입장 차이로 인해 합의를 도출하지 못할까봐 양국의 관영 보도매체에서 말을 아끼고 있다"고 지적하였다. "게다가 국제사회에서는 현재 6자 회담의 재개가 부적절하다고 여긴다. 지난 8월 19일 워싱턴에서 열린 창완취안(常萬全)-헤이글(Charles Hagel) 중·미 국방장관 회담에서 6자 회담 재개 여부와 관련하여 한·미·일은 조건부 있는 회담을, 반면 북·중·러는 조속한 6자 회담의 재개를 원하는 상반된 입장을 취하였다고 밝힌 바 있다.(『鳳凰网(ifeng.com)』, 2013년 8월 21일; 『深圳衛視』, 2013년 8월 28일).

이와 관련하여 코미 요지(五味洋治)는 북한문제 해결에서 중국은 '안정', 미국은 '비핵화'라는 서로 다른 우선순위를 보여주고 있다고 주장한 바 있다. 중국은 북한과의 경제협력을 통한 단기적 안정과 장기적이고 잠재적인 변화를 촉구하는 수단으로 보고 있으며 비핵화를 향한 미국과의 협력을 뒤로 하고 북한의 안정을 더욱 중시한다는 것이다. 대조적으로 미국은 북한과의 비핵화를 최우선 과제로 하고 그를 위한 필요한 체제 전환책을 취할 경우도 마다하지 않는 자세다.[570]

추이즈잉(崔志鷹)도 한반도에서 중국과 미국의 공동이익은 비핵화이지만 그 우선순위와 해결방식은 큰 차이를 보이고 있다고 주장한다. 중국은 한반도의 평화와 안정에 우선순위를 두고 있는 반면, 미국은 한반도의 안정을 원하지만 적절한 긴장상태가 유지되길 원하며 비핵화에 우선순위를 둔다. 따라서 해결방식에서도 중국은 평화적인 해결방식을 주장하며 대북 제재를 반대한다는 것이다.[571]

전병곤은 북한의 평화와 안정을 최상위 목표로 설정하고 6자 회담을 통한 북핵문제의 평화적 해결을 고수하면서 대북 압박보다는 포용기조 하에서 경제지원을 전략적으로 지속하고 있다고 본다. 특히 천안함 사건 이후 북·중 관계가 경제협력에서 정치·외교를 넘어 군사안보 분야까지 포괄적으로 강화되고 있다는 점에 주목하였다. 이 과정에서 천안함과 6자 회담의 선후문제를 놓고 국제사회와 대립해온 중국은 북한의 3대 세습을 지지·수용하고 혈맹을 강조하는 모습을 보였다고 지적하였다.[572]

570) 五味洋治, 『北朝鮮と中國—打算でつながる同盟國は衝突するか』(일본 : 築摩書房, 2012), 100쪽.
571) 崔志鷹, 「朝鮮半島問題與中美關係」, 『韓國研究論叢(中國)』, 第24期(2012), 124·127쪽.

앤쉐퉁(閻學通)은 지난 6년 동안 6자 회담이 큰 성과를 거두지 못한 것은 바로 6자 회담의 다른 5개국이 북한의 핵개발 목적을 경제와 외교상의 이익을 취득하는 것이라고 인식하면서 북한 핵무기 개발이 자국의 안전보장을 위함임을 부인하였기 때문이라고 주장하였다. 그는 6자 회담 중 그 누구도 북한이 믿을 만한 효과적인 안전보장의 제안을 제시하지 못했다는 것이다. 6자 회담이 주는 교훈은 국제안전관계와 경제관계의 성격을 구분하지 못한 것이라면서, "국가 경제관계와 국가안전관계를 파악함에 있어서 동질적이라 여기고 안전관계를 경제의 윈-윈 관계라 이해한다. 국가 간의 안전관계는 대부분의 경우 '제로관계(零和關係)'이지 윈-윈적 해석은 실제상황에 적합하지 않다"고 지적하였다.[573]

주펑(朱峰)은 북핵 위기 발발 이후 6자 회담은 북핵문제 해결을 위한 최적의 방식임에도 불구하고 실질적인 진전이 없었던 원인을 바로 6자 회담 참가국들이 '북핵문제 해결'과 '북한문제 해결'에서 지속적인 의견 차이를 보였기 때문이라고 본다. 즉, 6자 회담에서 미·일은 '선 북한문제 해결, 후 북핵문제 해결'을 주장하였고 중·러·한은 북한문제와 북핵문제를 분리하여 접근하고 북한의 합리적인 안전과 생존이익 보장에 관심을 기울였다고 지적하였다. 그는 미·일의 소극적이고 극단적인 입장에 비해 중·러·한 3국의 입장은 건설적이었다고 평가하였다.[574]

---

[572] 전병곤, 「천안함 이후 북·중 관계의 변화와 영향」, 『韓中社會科學硏究』, 제9권 제1호 통권 19호(2011), 16쪽.

[573] 閻學通, 「朝核迷局猜想」, 『領導文萃(中國)』, 18期(2009), 113~136쪽.

[574] '북한문제'란 결과적으로 탈냉전 이후 동아시아 안보체계가 재편되는 과정에 북한이 동참하지 못함으로써 이 지역에서 변화된 새로운 안보구조에 부응하지 못하는 문제이다. 북한은 이런 새로운 지역안보 환경에서 시기적절하게 개혁

이상과 같은 혼돈 속에서 북한은 핵문제 해결을 위한 6자 회담의 재개 여부에 대해 번복, 핵 포기의 '유훈설'과 핵 보유의 '자주설'을 교체 · 병용, 회담 의사표시와 군사행동 사이에서 왔다 갔다 하였다. 북한은 북 · 미 양자회담과 6자 회담 사이에서 흔들리지만 북 · 미 양자회담을 선호해 왔다. 이 같은 상황을 북핵 회담 배후의 '법칙'이라고 부르기도 한다.[575]

북한문제를 둘러싼 혼돈은 한반도 정세를 더욱 불안정하게 만들며 때론 전쟁 발발 가능성까지 제기된다. 이 과정에서 남북관계는 더욱 악화되었고, 이 또한 한반도 긴장을 고양시키는 효과로 작용하였다.

한국은 북핵문제 등의 해결에서 다자간 대화방식을 선호하지만, 북한은 북 · 미 직접대화를 원한다. 그 결과 북 · 미 대화가 진전되면,[576] 남북관계는 악화되곤 하였다. 한국은 북핵문제 해결 등에서 한 · 중 관계 발전에 기대어 중국의 협조를 기대하였다. 하지만 이명박 정부가 한 · 미 동맹 강화에 근거한 대북 강경태도를 펼치자, 중국은 상황을 우려했다. 그 결과, 천안함과 연평도 사건에서 양국의 인식 차이를 공개적으로 드러냈다. 한국은 이에 아랑곳 하지 않고 '5 · 24조치', 한 · 미 연합군훈련, 한 · 미 동맹 강화로 대응하면서 남

과 개방을 못하고 있다. 이는 북한 자체에 원인도 있겠지만 미국의 패권주의와 대북 강경정책의 결과라 할 수 있다(朱峰, 「六方會談 : '朝核問題還是'朝鮮問題?」, 『國際政治硏究(中國)』, 第3期(2005), 31 · 36~37쪽; 朱峰, 「二次核試後的朝核危機 : 六方會談與'强制政治」, 『現代國際關係(中國)』, 第7期(2009), 47 · 50쪽).

[575] 朱峰, 「朝核定律」, 『南方週末(中國)』, 2009년 10월 15일자.

[576] 이명박 정부 출범 이후 굴곡이 있었지만, 기본적으로 북 · 미 관계는 진전 양상을 보였다. 싱가포르 '남북 합의' 이후 미국 실무자가 북한을 방문하고, 북한은 18,000쪽에 이르는 핵활동 일지를 미국에게 제공하였다. 미국은 북한에게 식량 50만 톤 제공을 약속하기도 하였다.

북관계를 더욱 경색시켰다.

북한은 2012년 4월, 미사일을 발사하여 또 다시 외교적 고립을 자초하였다. 북한은 겹쌓인 봉쇄를 무력화시키고자 중국과 관계 유지·강화에 적극 나섰다. 이는 앞에서 언급했듯 김정일 위원장의 1년 사이 세 차례 방중으로 이어졌다. 그 결과 북·중 관계는 강화되었고, 북·중 교역도 더욱 활성화 되었다. 반면에 남북교역은 위축되었고, 한국 사회에서는 이른바 '통중 봉남(通中封南)'문제까지 나왔다. 이 같은 상황 악화는 미국의 우려를 자아냈고, 미국은 식량조사단 파견을 통해 북·미 직접대화를 타진하였다.

이러한 동북아 지역의 갈등구조는 〈그림 5-2〉와 같이 냉전구조로 되돌아간 듯싶다. 지정학 이론에서 보면 이 지역에서 고전지정학적 가치가 부각될 경우 갈등·충돌을 동반하게 된다는 논리를 다시 한 번 확인할 수 있다.

이상에서 살펴보았듯이 동북아 지역은 영토 분쟁, 역사 갈등, 냉전 잔재 등 갈등요인이 상존하면서도, 각국의 세력관계가 유동적이고 상호 교차·협력한다. 〈그림 5-1〉과 〈그림 5-2〉는 동북아 지역구도에서 '기준권력'을 갖고 있는 중·미 양국의 협력과 갈등 속에서도 각 국이 맺고 있는 상호관계를 그린 것이었다. 그림에서 볼 수 있었듯이 동북아 지역에서 역내 강대국 간 역학관계는 한반도 정세에 커다란 영향을 미친다. 그 결과, 동북아 지역에서는 역내 강대국 간의 역학관계에서 파생되는 문제 외에도 한반도의 불안정 요인이 가해져 동북아 지역구도를 더욱 복잡하게 얽히도록 했다. 또한 〈그림 5-1〉과 〈그림 5-2〉는 동북아 지역구도가 각국 간 많은 상호 연관관계를 가지고 있다는 점을 보여준다.

동북아 지역구도 시스템은 협력일 때는 시스템에 경계가 없는 듯

통합된 새로운 질서를 창발하고, 대립일 때는 양안문제, 북한문제, 영토문제 등 다양한 경계로 분열되는 구 질서로 되돌아가는 듯싶다. 현실적으로 이러한 협력과 대립은 서로 융합되며 대립 속에 협력, 협력 속에 대립이 얽힌 채, 경계가 불투명한 혼돈에 빠져 있다. 동북아 지역구도는 복잡계로서 갖춰야 할 특징을 잘 구비하고 있으며, 각 구성요소의 행위가 다른 요소들의 행위에 좌우되는 복잡계를 이루고 있다.

제2절 '북·중 경협 활성화'의 섭동과 동북아 지역구도의 요동

'북·중 경협 활성화'는 양국의 국가 발전 전략차원에서 이루어지고 있는 만큼 장기성을 지니며, 앞으로도 지속 가능할 것이다. 그런데 국제정치 무대에서 '유소 작위(有所作爲)'하려는 중국과 국제 봉쇄에 막혀 있는 북한이라는 두 나라의 협력이기 때문에 동북아 지역 시스템에 변화를 일으킬 수 있다. 양국의 경제협력은 일반적 현상이지만, 동북아 지역구도와 갈등하기 때문이다.

이 같은 현상은 앞에서 분석했듯이 북·중 관계의 '정치성'에 의해 결정된다. 다시 말하면 북·중 경협 활성화는 '경제성'과 '정치성', 이 두 속성을 동시에 지니고 있는 것이다.

이상과 같은 이유로 북·중 경협 활성화는 협력과 갈등의 혼돈 양상을 이루는 동북아 지역구도에서 때론 비 정치·안보 영역의 협력과, 때론 정치·안보 영역의 갈등과 얽히고 맞물리며 시스템의 요동을 일으킨다. 특히 갈등과 얽히고 맞물릴 경우 시스템은 더욱 민감한 반응을 보여준다. 이런 점에서 비활성화로부터 활성화로 가는 '북·중 경협' 활성화를, 시스템에 가해지는 '섭동요인'으로 설정할 수 있다.

섭동요인이 가해지면 시스템의 구성요소들은 각기 다른 반응을

보여준다. 동북아 지역구도 시스템은 각 국 지도부 즉, 각 국의 한반
도정책을 기조로, 그들의 '북·중 경협 활성화'에 대한 대응으로 인과
관계를 구성하며 상호작용한다.

앞에서 분석했듯 '북·중 경협 활성화'에 대해 미국은 북·중 경협
활성화와 중국의 부상에 따른 중국의 영향력 확대를 우려하여 중국
을 견제하고자 한다.

이를 인과지도(causal map)로 표현하면 〈그림 5-7〉과 같다.[577]

〈그림 5-7〉 미국의 북·중 경협 활성화에 대한 반응 인과지도

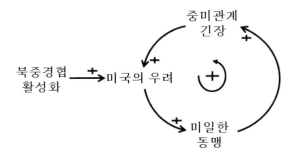

〈그림 5-7〉에서 볼 수 있듯이, 미국은 중국을 견제하고자 미·일,
한·미 동맹을 강화함으로써 중·미 관계가 긴장해지고, 이것이
북·중 경협 활성화에 되먹임 되어 북·중 경협은 더욱 강화되는 고

---

[577] 시스템사고는 사고를 시각화한다. 인과관계는 화살표로 표시되고 피드백 구조
는 원형으로 표현된다. 이 과정에서 시스템의 인과적 구조는 하나의 지도로
표시된다. 이를 '인과지도'라고 부른다. 인과지도는 머릿속의 사고를 구체적인
지도로 표현해준다. 결국 시스템사고는 사고를 공간화시키는 작업인 셈이다.
인과지도와 되먹임 고리 작성법, 표기법에 관련해서는 김동환,『시스템 사고 : 시
스템으로 생각하기』(서울 : 선학사, 2004), 75~77·85~87·145~185·313~318쪽;
김상욱,『시스템 사고와 시나리오 플래닝』(서울 : 충북대학교 출판부, 2010),
154~194쪽 참조.

리를 만든다. 말하자면 중·미 관계를 흔히 '총체적인 안정', '큰 틀에서의 협력'관계라고 표현하는데, 그 안정 또는 협력의 실질은 '경쟁 속의 협력'이지 '협력 속의 경쟁'이 아니라는 것이다. 전자와 후자는 질적으로 구별된다.

중·일 관계도 같은 맥락이다. 북·중 경협 활성화에 대해 일본도 미국과 마찬가지로 중국을 견제하고자 한다.

결국 중·일 관계가 긴장해져 북·중 경협이 더욱 강화되는 고리를 형성한다. 〈그림 5-8〉과 같다.

〈그림 5-8〉 일본의 북·중 경협 활성화에 대한 반응 인과지도

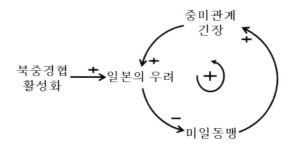

북·중 경협 활성화에 대해 러시아는 동참하고자 하며 북·러, 중·러 협력을 강화함과 동시에 북·중·러 협력도 강화하고자 한다. 또한 한국과의 협력도 강화하고자 한다. 미국과 일본을 견제하고자 하는데서 중국과 공감을 이루고 있기 때문에 북·중 경협 활성화에 대해 긍정적이며 중국, 북한과의 관계를 강화하려 할 것이다. 이는 다시 북·중 경협 활성화에 되먹임 되어 중·미 관계를 긴장시키는 되먹임 고리를 형성한다. 〈그림 5-9〉와 같다.

〈그림 5-9〉 러시아의 북·중 경협 활성화에 대한 반응 인과지도

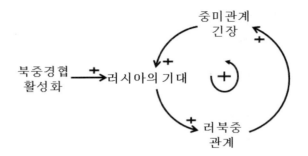

러시아의 이 같은 대외정책 방향은 동북아 4강국 간 관계에서 중국에게 매우 중요한 전략적 이익이다. 실제로 중국과 러시아는 양국관계를 중심으로 상하이 협력기구와 브릭스 국가 간 협력을 강화하고 있다. 뿐만 아니라 2014년 6월 6일 북한과 러시아는 블라디보스토크에서 열린 '정부 간 통상경제·과학기술협력위원회' 제6차 회의에서 러시아 은행에 북한 계좌를 개설해 양국 간 무역대금을 러시아 루블화로 결제하기로 합의했으며, 북한 지하자원 개발에 러시아가 참여해 양국 간 무역대금을 지하자원으로 결제하는 방안도 논의했다.[578] 여기서 중·러 협력은 앞에서도 지적했듯 향후 북한, 나아가 한반도와의 협력과 경쟁요인이 존재할 수 있기에 '협력 속의 경쟁'이라 할 수 있다. 이 또한 북한과 한국이 활용할 수 있는 전략이기도 하다.

북·중 경협 활성화에 대해 한국은 두 가지 반응을 보여준다. 하나는 부정적 인식으로 이어지는 한·미 동맹의 강화이고, 다른 하나는 긍정적 인식으로 이어지는 한·미 동맹의 적절한 수준의 현상 유지 또는 재편이다. 이 역시 한국의 딜레마이다. 한국은 안보 측면에

---

[578] 『경향신문』, 2014년 6월 8일자.

서 강력한 군사력을 갖고 있지 못하며, 경제 측면에서는 더욱이 중국을 놓칠 수 없기 때문이다. 사실 중국도 안정 기조가 유지되고 있는 현 시점에서 한·미 동맹의 강화에는 민감하지만, 그렇다고 한·미 동맹의 파열도 원하지 않으며 다만 적절한 현상 유지를 묵인하고 있는 상황이다.[579)]

한국이나 중국 모두 한·미 동맹에 대한 태도는 기본적으로 중·미 관계의 영향을 받을 수밖에 없을 것이다. 다만 중국은 타이완 문제와 연계되는 것을 원하지 않을 것이다. 이는 중국의 주한미군에 대한 입장을 살펴보면 알 수 있다.

1990년대 중국은 주일미군과는 달리 주한미군에 대하여 북한을 자극하고 남북관계를 긴장시키는 요인이라고 지속적으로 비판적 태도를 보여왔다. 그런데 2000년대에 들어오면서 중국은 주한미군이 한반도와 동북아 지역의 안정 유지 기능도 한다고 태도를 바꿔나갔으며, 공개적으로 반대하지 않는다는 입장으로 선회하였다.

이에 이태환은 ①주한미군은 한반도 안정 유지에 필요 ②중국은 주한미군 철수를 주장함으로써 한반도에서 평화보다는 현상 유지를 타파하려는 공격적인 국가로 보이는 것을 원치 않음 ③중국이 주한미군 철수를 주장해도 그 가능성이 희박하므로 한국과의 관계만 악화될 수 있음 ④주한미군에 대해 수용 자세를 보임으로써 중국이 미국의 패권 지위에 도전하지 않는다는 점을 미국에게 각인시키려는 의도 등을 그 이유로 들었다.[580)]

---

579) 이와 관련하여 "중국은 한·중 관계의 비약적 발전에도 불구하고 한·미 동맹 관계를 가까운 장래에 능가할 수 없다는 현실을 직시하고 있을 뿐만 아니라, 한·중 관계가 한·미 관계를 능가하는 정책목표를 설정하고 있다고 보기 어렵다"는 지적이 있다(이동률, 「한중 정치관계의 쟁점과 과제」, 전성흥·이종화 편, 『중국의 부상 : 동아시아 및 한중관계에의 함의』(서울 : 오름, 2008), 261쪽).

하지만 중국이 주한미군을 용인, 묵인한다고 해서 결코 한반도에 주둔하고 있는 주한미군의 존재 자체를 긍정적으로 보는 것은 아닐 것이다. 중국의 이 같은 태도 변화는 단기적으로 인접 국가들의 부상하는 중국에 대한 불안 심리를 완화시켜주거나, 일본의 지나친 우경화를 견제하는데 도움이 될 것으로 판단한 결과일 것이다. 중국은 다만 주한미군이 한반도에 계속 주둔하는 문제를 중국이 아닌 당사국 한국이 제기하는 것이 효과적이라고 인식하고 있지 않을까 생각한다.581)

아울러 짚어봐야 할 문제는 한 · 미 관계의 위상이다. 1945년 한반도가 일본제국주의 강점으로부터 벗어난 직후부터 한반도문제는 미국에 의해 일방적이며, 의존적이고, 수직적 관계에서 처리돼 왔다. 미국은 한민족의 의사와 관계없이 일본군 무장 해제를 명분으로 군사점령을 했지만, 나중에 오히려 상황은 역전되었다.

즉, 미국은 지속적으로 한반도에서 발을 빼려고 하였고, 한국이 미국을 항상 붙잡는 형국을 만들었다. 클린턴 행정부의 국무차관보였던 조지프 나이는 만약 한국인과 한국 정부가 미군이 필요 없고 떠나라고 한다면 미국은 주한미군을 지체 없이 한국에서 철수 시킬 것이라고 하였다.582) 한 · 미관계에 대한 이런 인식은 의외로 넓게 퍼져 있다.

580) 중국 현대국제관계연구원, 인터뷰, 1998년, 2002년(이태환, 「한 · 중 전략적 협력 동반자 관계 : 평가와 전망」, 『세종정책연구』, 제6권 2호(2010), 141쪽에서 재인용); 이동률, 「한중 정치관계의 쟁점과 과제」, 전성흥 · 이종화 편, 『중국의 부상 : 동아시아 및 한중관계에의 함의』(서울 : 오름, 2008), 261쪽.
581) 張璉瑰, 「朝鮮半島的統一與中國」, 『當代亞太(中國)』, 第5期(2004), 35~36쪽.
582) 조지프 나이, "Diplomacy Key to Sonlving NK Nuclear Issue", The Korea Times, 2013년 1월 2일자(반후건, 『중립화노선과 한반도의 미래』(서울 : 선인, 2007), 213쪽에서 재인용).

비록 최근 제기된 '전략적 유연성' 논리와 상반되는 듯싶지만, 여기서 단적으로 알 수 있는 사실은 바로 미국에게 한·미 동맹이 동북아시아에서 전략적으로 최우선순위에 있지 않다는 점이다. 실제 미국은 미·일 동맹의 하위단위로 한·미동맹을 취급해 왔다. 다시 말하면 미국에게 한·미 동맹은 북한을 대처하는 데는 유용하겠지만, 중국을 견제하려면 일본의 역할이 더 크다고 할 수 있다.

현재 미국은 한국이 중국과 외교적으로 친밀한 관계인 것을 용인하고 있다. 그것은 중국의 외교정책 기조가 '친미 정책'을 핵심으로 하기 때문이며, 당분간 중국이 미국의 '적성국가'가 될 가능성이 별로 없다고 보기 때문일 것이다.583) 이와 같은 상황은 한국에게 기회이자 도전이라고 할 수 있다. 지금은 한국이 한·미 동맹 유지를 어느 정도 수준으로 할 것인가 하는 전략적 사고를 새롭게 해야 할 시점이다. 지난 2001년 9·11사건 이후 미국은 '군사변환전략'을 동북아에 적용하면서 한국과 일본에게도 동맹국으로서 이 전략에 참여하기를 요구한 바 있다. 그런데 일본의 적극 참여와 달리 한국의 김대중 정부와 노무현 정부는 선택적으로만 참여한 바 있다.584)

한국의 '북·중 경협 활성화'에 대한 반응은 한·미 동맹 강화로 이어지는 중·미 관계의 긴장과 한·중 관계 악화라는 되먹임 고리를 형성할 수 있다. 동시에 한·미 동맹의 현상 유지, 재편으로 이어지는 중·미 관계의 긴장 완화와 한·중 관계 강화라는 되먹임 고리를 형성할 수도 있다.

이를 시각적으로 만들면 〈그림 5-10〉과 같다.

---

583) 박후건, 위의 책, 214쪽.
584) 김순태 외, 「한국과 일본의 대미동맹 정책 비교 연구」, 『국제정치논총』, 제 49집 4호(2009), 69쪽.

〈그림 5-10〉 한국의 북 · 중 경협 활성화에 대한 반응 인과지도

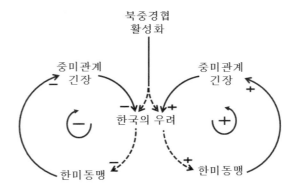

또한 한국이 남북경협 위축으로 직접 피해를 받는 점을 고려하면, 동북아 지역에서 북 · 중 경협 활성화에 제일 '민감'하게 반응할 국가는 한국일 것이다. 현실에서 직접적으로 남북경협이 위축되었을 뿐만 아니라, 한반도 통일과정에서 한국의 영향력 약화로 이어질 것이라는 우려도 있기 때문이다. 이런 우려를 중시하면, 한국은 당연히 한 · 미 동맹의 강화를 추진할 것이고, 결과적으로 중 · 미 대결구조 즉, '남 · 북방 삼각구도'로 귀결할 것이다.

이와 관련하여 역대 한국정부는 동북아 지역구도의 핵심변수를 중 · 미 관계 변화로 설정하고, 대체로 그 틀 속에서 움직여 왔다. 한국정부는 북한에서 돌발사태가 발생할 때마다 미국과의 동맹관계를 강화하면서, 중국의 책임 있는 역할을 요구하였다. 그 때마다, 중국은 6자 회담 재개를 위한 노력, 유엔의 대북 제재 결의에서 기권하거나 동참하면서 북한에 대한 강경태도 표명 등을 보여주었다.

하지만 문제는 전혀 해결되지 않았다. 중국이 대북 제재에 동의하였음에도 불구하고, 북 · 중 경협은 오히려 활성화되었다. 한 · 미 동

맹을 강화하는 한 중국은 자기와 혈맹관계였던 북한을 버릴 수 없기 때문이다.

요컨대 지금까지는 중·미 관계의 큰 틀에서 문제를 보다 보니, 한국마저도 냉전 잔재의 인식틀에 빠진 채, 자국의 인식이 어떤 상반되는 효과를 가져 오는지를 간과하고 있었던 것이다. 〈그림 5-7〉부터 〈그림 5-10〉까지를 종합하면 '북·중 경협 활성화'에 대한 미국의 한·미·일 동맹 강화로 중·미 관계 긴장이 고양되며, 동북아 지역구도는 〈그림 5-11〉로 귀결할 것이다.

〈그림 5-11〉 동북아 지역구도에서 냉전적 사고의 효과

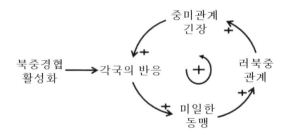

〈그림 5-11〉에서 보다시피 동북아 지역구도에는 한·미·일 대북·중·러 즉, '남·북방 삼각구도'의 되먹임 고리를 형성하여 냉전적 사고에서 탈피할 수 없게 된다. 오히려 해결해야 할 문제는 딜레마로 남아서 시스템의 엔트로피(entropy)를 증가시키기만 한다.

이미 우리는 동북아 지역에 이해를 갖고 있는 국가들이 모두 새로운 변화를 추구하고 있다는 사실도 확인한 바 있다. 중·미 대결구조가 고착된 동북아 지역구도에서 문제를 해결하려면, 〈그림 5-11〉에서 봤던 동북아 지역구도 시스템의 엔트로피를 감소시켜야 한다.

복잡계 이론에서는 위와 같이 큰 축척에서의 문제를 바라볼 때, 문제가 해결되지 않으면 축척을 작게 하여 미세한 부분까지 관찰함으로써 문제의 해결점을 찾는다. 이때 원래의 변수였던 큰 축척은 상수로 된다. 보다 작은 축척에서 보면, 동북아 지역구도에서 '남·북방 삼각구도'의 형성은 사실 〈그림 5-1〉과 〈그림 5-2〉에서와 같이 상호 연관된 각 행위자들이 상호작용한 결과임을 추론해 볼 수 있다. 또한 축척을 작게 하면 변수였던 중·미 관계는 상수로 변한다.

복잡계 이론에서는 시스템 상에서 현재의 소위 '미세한 변화'가 역으로 시스템을 '혼돈의 가장자리' — 임계점으로 가게 할 수 있다고 본다. 즉 '미세한 변화'가 '놀라운 변화'를 초래할 수 있다는 것이다. 지금까지 간과한 바로 이 점이 문제 해결의 '전략적 지렛대'로 될 수도 있을 것이다.

'북·중 경협 활성화'-섭동요인이 가해짐으로 동북아 지역구도 시스템은 요동을 한다는 것은 분명하다. 왜냐 하면, 시스템의 요동이 없으면 시스템 다이내믹스에 뿌리를 둔 시스템 사고방식이 가능하지 않으며, 따라서 '되먹임 시스템 원리'를 도입할 수 없게 되기 때문이다.

'북·중 경협 활성화'는 이 시스템의 '섭동요인'으로 '자격'이 충분하다. 그렇다면 대체 간과했던, 앞에서 언급했던 즉 소위 '미세한 변화'는 어떤 '놀라운 변화'를 일으킬까? 이 '미세한 변화'를 일으키는 변수는 '누구'일까? 중국은 왜 국제사회가 기대하는 북한문제 해결과정에서 역할을 수행할 수 없을까? 왜 북한문제에서 중국은 영향력을 행사하는 동시에 영향력을 상실하는 딜레마에 빠진다고 하였을까?

이런 의문들을 '되먹임 시스템 원리'를 응용하여 분석해 보자.

제3절 '되먹임 시스템 원리'를 통해 본 북·중 경협 활성화의 파급효과

　앞에서 분석했듯 '북·중 경협 활성화'라는 섭동요인이 가해졌을 때 시스템 상에서 우려를 표명할 국가는 한국과 미국, 일본일 것이다. 그 가운데서도 한국은 분단체제 하의 적대감 때문에 더욱 걱정할 것이고, 곧바로 한·미 동맹 강화를 선택할 수 있다. 이는 냉전적 대결방식의 재생산이며, 시스템 상에서 중·미 관계 변화만이 핵심 변수라고 생각하도록 할 수 있다. 더불어 시스템 상의 각 구성요소 사이의 상호작용은 쉽게 무시될 것이다.

　그런데 오바마 대통령이 글로벌 차원에서 중국을 'G2'라고 지목한 시점부터 중·미 관계 변화는 동북아 지역 시스템에서 더 이상 변수가 아니라 상수가 됐고, 시스템에서 각 국 사이의 상호작용이 부각되었다. 이제 "하나의 원인이 하나의 결과를 낳는다."는 식의 단선적 사고방식으로는 복합적이고 혼돈된 동북아 지역구도를 전략적으로 파악하기 어렵다.

　이 책에서는 복잡계 이론의 분석도구이자 시스템 사고방식의 핵심인 '되먹임 시스템 원리'를 적용하여 '미세한 변화'를 일으킬 수 있는 변수를 찾고자 한다. 우선 이 원리의 두 가지 효과에 근거해 각

구성요소 사이의 인과관계를 '되먹임 고리'로 모델링하면서 분석을 시도할 것이다. 이어서 모델링을 통해 '지배적 되먹임 고리'가 전환하는 '임계점'을 발견하고자 한다.

1. '양 되먹임' 효과

앞에서도 지적했듯이 현실적으로 양과 음의 되먹임 고리는 동시에 존재한다. 따라서 여기서 말하고자 하는 '양 되먹임' 효과란 시스템에서 '양 되먹임 고리'가 지배적일 경우를 상정한 것이며, '양 되먹임'의 두 가지 특성인 증폭·폭락의 대상은 '한국의 우려'를 말한다. 즉 '양 되먹임'의 효과는 우려가 증폭되는 부정적인 효과도 있지만, 반면에 우려가 감소(폭락)되는 긍정적인 효과도 있다. 하지만 '양 되먹임'의 긍정적 효과는 '음 되먹임 고리'가 지배적일 경우에만 가능하다.

우선 '양 되먹임'의 효과는 북·중 경협 활성화에 대한 한국의 우려를 불러일으킨다. '북·중 경협 활성화'(=섭동요인)를 동북아 지역 시스템에 더했을 때, 한국의 부정적 견해(='초기 조건에의 민감성')에 따라 '한국의 우려'는 증폭되며, 한·미 동맹 강화로 대처하고자 한다. 또 다른 하나의 경우는 역으로 미국이 크게 우려하여 한·미·일 동맹을 강화함과 동시에 북·미 직접대화를 선호하는 것이다. 현실적으로 이 경우가 성립되기는 어렵지만 역시 '한국의 우려'는 증폭된다. 이를 두 가지 시나리오로 가정할 수 있을 것이다.

시나리오 1) 한·미 동맹 강화

한국과 미국의 동맹이 강화되는 경우를 가정하면, 〈그림 5-12〉와 같은 '양 되먹임 인과지도'를 그려볼 수 있다.

〈그림 5-12〉 동북아 지역구도의 양 되먹임 인과지도 Ⅰ

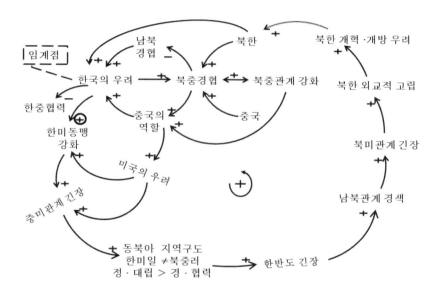

〈그림 5-12〉에서 '북·중 경협 활성화'라는 섭동요인이 가해졌을 때, 한국의 우려로 인한 부정적 인식은 한·미 동맹 강화로 이어진다. 여기에 중국의 영향력 증대에 대한 미국의 우려도 작용한다. 두 국가는 이 시점에서 한·미 동맹 뿐만 아니라 미·일 동맹 강화도 추진할 것이다. 따라서 한·미·일 삼각 군사동맹체제의 공고화를 우려하는 중국에 의해 한·중 협력이 영향을 받게 된다.

앞에서 지적한 바 2008년 4월 한·미 정상회담 후, 한·미 관계의

'21세기 전략동맹관계'로의 격상은 안보영역에 제한됐던 동맹관계를 정치·경제·사회·문화를 포함하는 '포괄동맹'의 성격으로 발전시킨 것이었다. 2009년 6월 열린 '한·미 정상회담'에서는 "양자·지역·범세계적 범주의 포괄적 전략 동맹 구축"을 통해 범세계적 문제에 협력하는 내용까지 포괄했다. 한반도에서의 안보동맹 차원을 뛰어넘어 동맹을 아시아·태평양으로까지 확대한 것이었다. 미국이 동북아 지역구도에서 부상하고 있는 중국을 견제하기 위하여 한·미 안보협력을 강화함으로써 중국의 지역 패권적 대국의식을 차단하기 위한 동맹 네트워크 형성이었던 것이다.[585]

이것을 중국의 입장에서 보면, 한국이 중국 영향력의 확대를 억제하는 세력으로 되는 것이기 때문에 우려할 수밖에 없을 것이다.[586] 이는 중·미 관계를 더욱 긴장시킬 것이며, 동북아 지역구도는 각국 간 경제적 측면에서의 밀접한 협력관계에도 불구하고 정치·안보영역에서의 대립에 크게 규정 당하며 냉전적 구 질서로 회귀할 것이다.

그 결과 한반도 정세는 더욱 악화될 것이고, 북·미 사이에도 갈등이 커질 것이다. 이에 따른 외교적 고립의 심화로 북한은 북·중 '특수관계'를 강화하려 할 것이다. 이는 '북·중 경협 활성화'에 양 되먹임 되어, 남북경협을 완전 대체하는 상황을 만들 것이다. 한국 사회에서 말하는 '통중 봉남(通中封南)' 상황인 것이다.

---

585) 최종철, 「이명박-오바마 정상회담 : 비대칭동맹의 종언」, 『U-안보리뷰』, 제41호(2009), 2쪽.

586) 실제로 한국의 일부 신문에서는 미·일과의 압착을 통해 "중국을 압박해야 한다"는 전략적 제안을 내놓기도 하였다(『조선일보』, 2008년 5월 28일자 사설). 이와 반대로 '21세기 전략동맹'에 대한 신중론도 대두하였다. 송민순 전 외교부 장관은 중국이 보이고 있는 거부 반응의 배경은 무엇인지 등을 종합적으로 고려해야 한다고 주장하였던 것이다(『통일뉴스』, 2008년 7월 31일자).

시나리오 2) 북·미 직접 대화 성립

북한과 미국 사이에 직접 대화가 성립되는 경우를 상정할 때, 〈그림 5-13〉과 같은 '양 되먹임 인과지도'를 그려볼 수 있다.

〈그림 5-13〉 동북아 지역구도의 양 되먹임 인과지도 Ⅱ

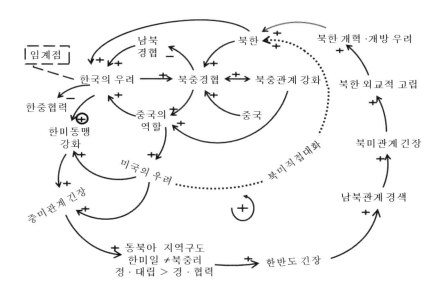

양 되먹임 효과에서 확인할 수 있는 또 하나의 경우는 북·미 직접대화이다. 북한 지도부는 1970년대 이후 미국과의 관계 개선을 대외 생존을 위한 주요 핵심 고리 중 하나로 보고, 북·미 관계가 북한의 생존과 발전을 저해하지 않도록 고민해 왔다.[587]

---

[587] 북한당국은 1974년 3월에 개최한 최고인민회의 제5기 제3차 회의에서 허담 외교부장이 나서서 미국과의 평화협정 체결을 제의했다. 이와 관련하여 북한 매체들은 "미국은 평화협정을 체결할 데 대한 조선민주주의인민공화국 최고인민

북한은 소련 해체 이후부터 북·미 관계가 북한의 생존과 발전에 도움이 되는 방향으로 자리 잡도록 적극적으로 관계 개선을 위해 노력했다.[588] 1992년에 들어오면, 『로동신문』에서 '반미공동투쟁월간' 행사 소개가 없어졌다. 대신 "미제와 남조선집권자들이 전쟁 책동으로 조선반도의 긴장상태를 격화시키고 있다"는 조국평화통일위원회 서기국 보도가 그 자리를 채웠다.[589] 북한은 1992년 1월 10일에 IAEA 협정에도 서명했다. 교과서 서술에서도 변화가 나타났다. 1983년판 『고등중학교 역사』의 머리말에서는 "지금으로부터 100여 년 전에는 미제와 일제놈들의 침입을 물리치고 나라와 민족의 존엄을 지켜냈다" 등의 서술이 있었지만, 같은 책의 1995년판에서는 미국에 대한 부정적 언급 없이 "높은 민족적 긍지와 자부심을 안겨주고 애국의 넋을 키워주는 자랑스런 우리나라 역사를 배우는데 정열을 다 바쳐야 한다."고 서술했다.[590]

북·미 간 접촉이 성과를 보이면서, 1992년 1월 21일에 북한과 미국 사이에 최초의 차관급회담이 열렸다. 이즈음 정무원 총리 연형묵은 "만약 미국이 부당한 전제조건을 내세우지 않고 자주성을 지향하

회의의 새로운 제안을 무조건 받아들여야 한다"(『로동신문』, 1974년 4월 18일자). "우리의 평화협정 체결 제의에 대하여 미국 측은 어찌하여 대답이 없는가"(『로동신문』, 1974년 5월 4일자) 등 북·미 관계의 새 틀을 짜보고자 노력했다. 북한당국이 미국과 직접 대화를 원했던 이유는 미국이 1970년대 초부터 한반도 분열을 고정화시키는 '두 개의 조선정책'으로 정책 전환했으며, 그것을 파탄시키기 위한 때문이었다(김일성, 「조선노동당 창건 30돌에 즈음하여(1975년 10월 9일)」, 조선로동당출판사 편, 『김일성저작선집(제30권)』(평양 : 조선로동당출판사, 1985), 548쪽).

[588] 세종연구소 북한연구센터 엮음, 『북한의 대외관계』(서울 : 한울아카데미, 2007), 23쪽.
[589] 『로동신문』, 1992년 6월 25일자.
[590] 『고등중학교 조선역사』, 교육도서출판사, 1983년판 3쪽, 1995년판, 3쪽.

는 길로 나온다면 우리도 과거를 돌아다보지 않고 앞을 내다보며 나
갈 것이며 지난날과 마찬가지로 조·미 관계의 개선을 위하여 노력
할 것"이라고 말했다.591)

북한은 1993년 북핵문제 고조시 북·미 고위급회담 진행과정에서
남북대화를 거절하고 북·미 직접대화만 고집하였다.592) 또 김정일
은 "조선문제는 세계 최강 군사국가인 미국과의 군사문제"로, "미국
을 백년 숙적으로 보려 하지 않으며 조·미 관계가 정상화되기를 바
라고 있다."고593) 천명하였다. 이와 관련하여 북한의 연구자들은 "조
선반도의 평화보장문제는 엄중한 단계에 이루고 있으며 조선반도
정세는 전쟁국면으로 치닫고 있으며 조선반도의 평화를 보장하는
문제는 단순히 북과 남에 한한 문제가 아니라 동북아시아의 평화와
안전, 나아가서 전 세계의 평화와 안전과 관련되는 중대한 문제"라
고 주장한다. "미제는 우리를 적대시하는 가장 주되는 세력이며, 조
선반도에 조성된 이러한 엄중한 사태로부터 평화와 안정을 보장하
기 위한 근본방도는 무엇보다 먼저 미국이 대조선 적대시정책을 포
기하고 반공화국책동을 그만두며 조·미 관계 개선의 길로 나오는
것"이라고 주장한다.594) 더불어 한반도에서 핵전쟁의 위험을 제거하
자면 하루 빨리 한반도의 핵문제가 평화적으로 해결되어야 하며, 이
를 원만히 해결하려면 "조·미 사이에 대화와 협상을 진행"하여야 한

591) 『로동신문』, 1992년 9월 9일자.
592) 신욱희·조동준, 『고위관료들, '북핵위기'를 말하다』(서울 : 국사국편위원회, 2009),
    227·229·232쪽.
593) 장석, 『김정일 장군 조국통일론 연구』(평양 : 평양출판사, 2002), 188·206쪽.
594) 김정국, 「조선반도 평화보장문제 해결의 근본방도」, 『정치법률연구』, 루계 제
    14호 제2호(2006), 23쪽; 최광철, 「미제는 조선분렬의 원흉」, 『정치법률연구』,
    루계 제18호 제2호(2007), 24쪽.

다고 주장한다.[595] 이와 관련하여 김일성은 "조선반도의 현 위기를 타개하기 위한 최선의 방도는 우리와 미국이 대화와 협상을 통하여 핵문제를 평화적으로 해결하는 것입니다"[596]고 주장한 바 있다.

북한은 미국이라는 '걸림돌'을 해소하기 위해 미국과 '전략적 관계' 즉, "조·미 관계 정상화"를 설정하려 했다. 북한의 드러내지 않았던 숨은 의도는 동북아(한반도)에 국한된 '제한된 핵 억지력'을 미국으로부터 인정받고, 대신 미국의 우려 사항(중·장거리 미사일, 핵 이전)을 최대한 해소해 주며, 더 나아가 미래 동북아 전략구도에서 미국이 여전히 우위에 있을 수 있도록 주한미군을 용인하고, 대중 견제에도 협조할 수 있다는 것일 수 있다.[597]

한편, 중국 영향력의 증대는 중국 견제를 항상 염두에 두고 있는 미국을 우려케 할 것이다. 미국은 동북아에서 영향력 유지를 위해 북·미 관계를 빠르게 개선할 수 있다. 이 또한 북한의 '조·미관계 정상화'의 진정한 의도와 맞물린다. 예컨대 2011년 미국이 북한에 식량조사단을 파견하고, 2012년 '2·29 북·미 합의'를 추진했던 경우이다. 물론 2012년 북한의 미사일 발사로 북·미 직접 대화는 더 이상 진척을 보이지 않았다. 즉, 현실적으로 북·미 직접대화가 성공하기는 쉽지 않기 때문에 〈그림 5-13〉에서 볼 수 있듯이 결국 기본방향은 큰 변화가 없다. 하지만 미국이 북·중 관계 강화를 지켜만 보지는 않을 수도 있다.

[595] 최현철, 「조선반도 핵문제의 평화적 해결과 관련한 미국의 국제법적 의무」, 『정치법률연구』, 루계 제18호 제2호(2007), 39쪽.
[596] 김일성, 「미국 씨엔엔텔레비죤방송회사 기자단이 제기한 질문에 대한 대답(1994년 4월 17일)」, 조선로동당출판사 편, 『김일성저작집(제44권)』(평양: 조선로동당출판사, 1996), 384쪽.
[597] 최명해, 「북한의 2차 핵실험과 북·중 관계」, 『국방정책연구』, 第25券 제3호(2009), 122~123쪽.

만약 북·미 관계의 갑작스런 개선이 이뤄지면, 역시 한국도 혼란에 빠질 수 있고, 중국도 북한과의 협력에 더 적극적일 가능성이 있다. 이는 또 다시 양 되먹임 되어 한국의 우려를 증폭시킨다. 한국 사회에서 말하는 '통미 봉남(通美封南)' 상황이다.

하지만, 보다 현실적인 사태 진전은 김정일 국방위원장의 3차례 방중 후인 2011년 5월 말~6월 중순 한국에서의 뉴스보도 등을 통해 엿볼 수 있다. 〈표 5-3〉은 현실적인 '양 되먹임 효과'를 반영하고 있다.

〈표 5-3〉 2011년 5월 말~6월 중순 북·중 경협 관련 기사

```
━━ 북·중 경협 실질적인 진전 → 북·중 관계 강화 ━━
            (북 일년 내 3차례 방중 이어…)
 ► 북 노동당, "북·중 관계 대 이어 강화"          (6월 6일 보도)
 ► "북 정치국 확대회의 30년 만에 개최"           (6월 7일 보도)
 ► 북-중 황금평 등 경제특구 개발 착공식           (6월10일 보도)
 ► 北·中 평양서 전략대화                         (6월10일 보도)
 ► 마크 토너 미 국무부 부대변인은 남북한의 관계 개선을 위한
   중국의 역할을 요청했음                          (6월11일 보도)
 ► 북-중 관광교류까지…'자가용 여행' 첫 허용        (6월15일 보도)

━━━━━━━━━ 남북관계 경색 ━━━━━━━━━
 ► 南 '김정일 3부자' 사격표적지 사건               (6월 1일 보도)
 ► 北 '남북 비밀접촉' 폭로                         (6월 1일 보도)

━━━━━━━━━ 한미동맹 강화로 ━━━━━━━━━
 ► 로버트 킹 "미국, 북에 식량 줘도 쌀은 안 준다"  (6월 4일 보도)
 ► "북한 영변 일대 건물 신축공사 활발" - 미국 밝힘(6월11일 보도)
 ► 6월 24일 김성환 외교통상부 장관 미국방문       (6월11일 보도)
```

〈표 5-3〉을 보면, 한 변수의 변화는 양 되먹임 효과로 인하여 그 변화하는 방향으로 영향이 되돌아오기 때문에 더욱 강화되는 것을 알 수 있다. 균형점으로부터 벗어나는 변화가 일단 발생되면 그 변화를 더욱더 강화시키는 성질이 있기 때문이다.[598] 즉 시스템이 양

되먹임 고리가 지배적일 경우, '정상적인 우려'를 벗어난 부정적 인식하의 '확대된 우려'는 '정상적인 우려'를 더욱 증폭시켜 결국 '확대된 우려'도 더욱 증폭시킨다. 이것이 바로 시스템이 나타내는 '양 되먹임 효과'이고 일상생활에서는 '악순환'이라고 한다. 때문에 정책 결정자는 자신의 의사결정이 어떤 되먹임 고리를 형성하고 있는지 정확히 간파해 내지 못하면 작은 실수로 큰 실패를 초래할 수 있다.

여기서 "왜 중국은 한반도 현상유지 또는 조건부 있는 통일된 한반도를 원할까?", "왜 중국은 한반도 문제의 실질은 북·미 관계 개선이라고 주장하면서도 6자 회담 틀 외에서 진행되는 북·미 직접 대화를 원하지 않을까?"라는[599] 물음에 답할 수 있을 것이다.

2. '음 되먹임' 효과

여기서 말하고자 하는 '음 되먹임' 효과란 시스템에서 '음 되먹임 고리'가 지배적일 경우를 상정한 것이다. 시스템에서 음 되먹임 고리

---

[598] 김동환, 『시스템 사고 : 시스템으로 생각하기』(서울 : 선학사, 2004), 150쪽.

[599] 한반도의 현상 유지와 관련해서는 최명해, 「북한의 2차 핵실험과 북·중 관계」, 『국방정책연구』, 제3호 통권 제85호(2009), 116쪽; 蔡建, 「中國在朝核問題上的有限作用」, 『韓國研究論叢(中國)』, 1期(2012), 93·99쪽; 五味洋治, 『北朝鮮と中國—打算でつながる同盟國は衝突するか』(일본 : 築摩書房, 2012), 85쪽 등. 중국에게 조건부 있는 통일한반도 관련해서는 崔志鷹, 『朝鮮半島—多視角, 全方向的掃描, 剖析』(中國 : 同濟大學出版社, 2009), 202쪽; 徐文吉, 『朝鮮半島時局與對策研究』(中國 : 山東大學出版社, 2007), 286~287쪽; 蔡建, 「中國在朝核問題上的有限作用」, 『韓國研究論叢(中國)』, 1기(2012), 102쪽; 이희옥, 「북·중 관계의 변화와 한국의 대응」, 『중국의 부상에 따른 한국의 국가전략 연구 I』(서울 : 대외경제정책연구원, 2009), 182·203~204쪽 등. 북·미 직접대화와 관련해서는 沈驥如, 「朝核危機趨緩背後」, 『時事報告(中國)』, 10기(2007), 54~55쪽.

가 지배적일 경우, 시스템은 음 되먹임 시스템 원리에 의해 균형 또는 억제·완화되는 현상이 나타난다. 즉 음 되먹임은 무한 증폭·폭락의 결과로 시스템에 가져다주는 양 되먹임의 부정적인 요소를 완화·변화(조절)시켜 긍정적으로 만들어주는 역할을 한다.

'북·중 경협 활성화'라는 섭동요인이 시스템에 가해 졌을 때, 한국의 '초기 조건에의 민감성' 즉, 한국의 우려가 감소된 긍정적 견해(균형적인 시각)에 근거하면, 〈그림 5-14〉와 같은 '음 되먹임 인과지도'를 그려볼 수 있다.

〈그림 5-14〉 동북아 지역구도의 음 되먹임 인과지도

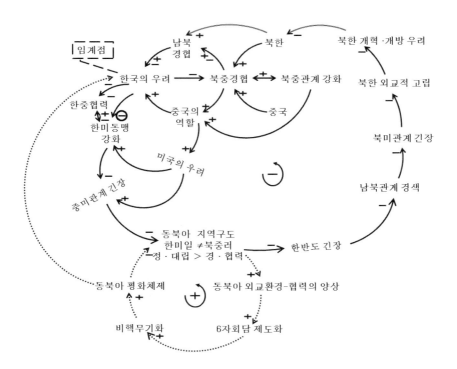

〈그림 5-14〉는 한국의 '정상적인 우려'에 대한 긍정적 태도로 인하여, 한·미 동맹이 강화되는 것이 아니라, 현상 유지 또는 재편으로 이어지는 경우이다. 현실에서도 주한미군 축소와 전시작전권 환수 등이 추진된 사실이 있다.[600]

미국과 일본이 중국 부상을 견제하기 위해 한·미 동맹, 미·일 동맹 강화를 추진하고자 할 때, 만약 한국이 한·미 동맹의 현상 유지 또는 재편을 주장한다면 어떤 상황이 벌어질까?

무엇보다 중국의 우려가 사라질 것이다. 앞에서도 살펴봤듯이, 중국은 중·미 관계의 안정기조가 유지되는 현 시점에서는 한·미 동맹관계의 파열도 강화도 아닌 현상 유지가 중국의 이해관계에 맞아 떨어지는 것으로 판단하고 있다. 이와 관련하여 이희옥은 한국은 미국과 동맹을 유지하면서도, 한국 외교정책이 미국 프레임에 갇혀 있다는 중국의 우려를 불식시킬 필요가 있다고 강조한 바 있다.[601] 이같은 사태 전환은 한·중 경협의 활성화를 가져올 것이고, 따라서 양국의 전략적 협력 동반자관계도 심화될 것이다. 2010년 5월, 한·중 회담에서 원자바오 총리가 양국의 "전략적 협력 동반자 관계"의 발전을 계속 추진하겠다고 말한 것은 중국도 한·중 협력을 중요하게 생각하고 있다는 사실에 대한 확인이었다.

----

600) 한·미 양국은 2004년에 주한미군을 2008년 말까지 3만 7,500명에서 2만 5,000 명으로 감축하기로 합의하였으나, 2008년 4월 한·미 정상회담에서 2만 8,500 명 수준으로 유지하기로 수정 합의하였다. 과거에도 주한미군 철수는 추진되었다. 1971년 닉슨 독트린에 의한 전략적 감축을 시작으로, 1977년 카터 행정부는 철수계획을 발표하였으며, 1990년 미 행정부의 동아시아 전략구상(EASI)에 따라서 '주한미군의 3단계 감축계획'이 수립되었고, 1992년에 주한미군 7,000명이 철수하였다. 2004년에는 미 2사단 2여단을 이라크로 이동시키기도 하였다.

601) 이희옥,「새로운 한·중 관계의 발전을 위한 도전과 과제」,『동아시아브리프』, 통권 22호(2011), 101쪽.

〈그림 5-14〉에 따르면, 한·중 협력의 활용은 한·미·일 동맹관계에서 한국 위상을 크게 높여줄 뿐만 아니라, 미국과의 관계에서도 한국에 득이 되는 것으로 나타난다. 여기서 앞에서 언급한 미국의 2011년 '식량조사단 파견'과 2012년 '2·29 북·미 합의'는 이중적인 해석을 할 수 있다.

북·미 직접 대화가 이루어지지 않는 상황에서 한국이 미국 및 중국과의 관계를 재편하고자 하면, 미국의 우려를 증폭시켜 미국을 한국, 중국과 더욱 협조적으로 만들 수 있다는 것이다. 중·미 관계가 긴장보다 협력이 우위에 놓이게 되면, 경제영역의 협력이 정치·안보 영역의 대립보다 우위에 놓이게 되며, 동북아 정세는 평화, 공영의 양상을 보여줄 것이다. 따라서 경색된 남북관계도 풀릴 것이며, 북·중 경협 활성화에 한국도 동참할 수 있을 것이다. 이렇게 되면 북한의 외교적 고립상태도 완화되어 북한의 개혁·개방 유도에 유리한 환경을 만들 수 있을 것이다. 또한 음 되먹임 고리를 타고 한국의 북·중 경협에 대한 우려는 더욱 감소될 것이다. 즉 동북아의 대결과 긴장이 한국에 의해 완화되는 효과가 나타나는 것이다. 게다가 북·중 경협 활성화와 남북경협은 꼭 대치되는 것도 아니다. 앞에서도 지적했듯 오히려 통일비용을 절감해줄 수도 있다. 여기서 시스템은 '음 되먹임 고리'의 '조절'로 증폭되는 우려를 감소시켜 시스템 전체가 협력이 증폭되는 새로운 '양 되먹임 고리'를 형성하였다. 이때 시스템에 나타나는 '양 되먹임' 효과는 긍정적인 것으로 바뀐다.

동시에 이는 점진적으로 '진화'하여 새로운 동북아 질서를 만들어줄 것이다. 즉, 복잡계의 특징인 "복잡계의 구성요소는 또 다른 복잡계"를 만들어 가며 "종종 끊임없이 적응해나간다"는 명제의 반영이다. 그 결과, 한반도 비핵무기화, 동북아 평화체제 구축에도 유리하게 작용할 것이다. 더불어 중국도 국제사회에서 기대하는 역할을 수 행할 수 있을 것이다. 북한도 "미국과 관계가 개선되면 핵문제가 해 결된다"고 주장한다.[602] 이런 측면에서 중국의 역할 수행에는 한국 의 협력이 필수적이라고 말할 수 있다.

　이상에서 살펴봤듯이, 음 되먹임 고리는 증가하는 변수 값을 감소 시키는 작용을 한다. 때문에 음 되먹임 고리를 '자기 균형' 또는 '일 탈 억제' 고리라고 하며, 일상생활에서는 '선 순환'이라고도 한다. 나 아가 '음 되먹임' 효과를 통해 '지배적 되먹임 고리의 전환점' 곧, 임 계점을 발견할 수 있다. '지배적 되먹임 고리의 전환점'은 시스템에 언제 개입할 것인가에 관한 타이밍을 결정하는데 중요한 의미를 지 닌다. 즉 시스템 다이내믹스에서는 '전략적 지렛대'라고 하는데, 의 사 결정자에게는 문제의 해결점이다.

　〈그림 5-14〉는 '북·중 경협 활성화'의 임계점을 보여준다. 아울러 중·미 관계가 '상수'라면 한국이 '변수'로 된다는 것도 확인할 수 있 다. 간과했던 한국에서의 '미세한 변화'가 되먹임 고리를 타고 궁극 적으로 '놀라운 변화' 즉, 동북아 지역구도까지 변화시킬 수 있는 것 이다. 선행 연구에서도 한국의 정책적 선택에 따라 상황이 질적으로 달라질 수 있다는 점을 주목하고 있다.[603] 양문수는 북·중 경협의 확대는 긍정적인 측면과 부정적 측면이 공존한다는 점을 지적하면 서 한국의 대응 여부에 따라 상황이 달라질 수 있다는 사실을 강조 하였다.[604] 이남주 역시 북·중 경협은 한국에게 위협이자 기회라는

---

[602] 2012년 3월 미국 시라큐스대학에서 열린 세미나에서 북한의 리용호 외무성 부 상의 발언임.

[603] 이석기·양문수·김석진·이영훈·임강택·조봉현,『북한 경제 쟁점 분석』(서 울 : KIET 산업연구원, 2013), 98~101쪽.

[604] 양문수,「북·중 경협 확대와 통중 봉남의 미래」,『황해문화』, 가을호(2011),

요소를 동시에 갖고 있으므로 부정적으로만 볼 필요가 없다고 주장한다.[605]

음 되먹임 고리에서는 '시간 지연(time delay)'이 발생할 수도 있다. 이는 두 가지 현상으로 나타난다. 하나는 '음의 피드백 루프 + 시간 지연 = 과잉행동(overaction)' 즉, 음의 피드백 루프(음 되먹임 고리)에 시간 지연이 내재된 인과관계가 존재할 때, 균형점에서 벗어나게 하는 과도한 행동이 발생한다. 이를 '과잉 행동'이라 한다. 다른 하나는 '음의 피드백 루프 + 시간 지연 = 요동(fluctuation)' 즉, 음의 피드백 루프에 시간 지연이 개입되는 경우, 시스템은 불안해진다. 시간 지연이 있는 음의 피드백 루프는 시스템에 요동 또는 파동(wave)을 가져온다. 시간 지연으로 인하여 과잉 행동이 유발되고, 과잉 행동으로 인하여 시스템 전체에 파동 즉, 요동이 발생된다. 예상치 못했던 요동과 파동은 종종 의사 결정자에게 균형을 유지하려는 행위를 포기하도록 만들곤 한다.[606]

예컨대 한국은 한·미 동맹의 변화를 추구하지 않는 것이 아니다. 다만 변화가 더디고 작아서 한·미 동맹 강화라는 베일에 가려졌을 뿐이다. 우리가 간과한 점, 즉 앞에서 언급했던 문제 해결 과정에서 '블랙박스' 속에 갇혀진 부분은 아래의 〈그림 5-15〉로 확인할 수 있다.

246~247쪽.

[605] 이남주, 「북·중 경제협력과 한반도경제」, 『창비 주간 논평(weekly.changbi.com)』, 2010-09-29(2010).

[606] 상세한 내용은 김동환, 『시스템 사고 : 시스템으로 생각하기』(서울 : 선학사, 2004), 187~194쪽을 참조 바람. 조금 쉽게 설명하면, 사람은 배가 고플 때 밥을 먹는다. 배가 부르다는 신호가 뇌에 전달되는 시간은 약 15분~30분 정도 소요된다고 한다. 밥을 빨리 먹는 사람은 몸에서 요구하는 것보다 과식하게 되어 위장 질환이 생기는 경우가 있다. 여기서 15분~30분은 '시간지연', 과식은 '과잉행동', 이로 인해 몸에 생기는 위장질환은 '요동 또는 파동'이라 생각할 수 있다.

〈그림 5-15〉 블랙박스 속에 갇힌 한·미 동맹

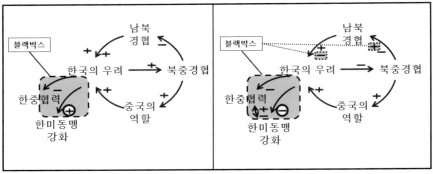

〈그림 5-15〉에서 확인할 수 있듯이 '한국의 우려'의 강·약 여부에 따라 두 개의 고리가 형성될 수 있다. 즉 '한국의 우려'는 현실적으로 '한·미 동맹 강화'로 연결될 것이다. 하지만 앞에서도 지적했듯이 '한·미 동맹 강화'도 분명 강·약의 차이가 있다. 현실에서 우리는 이를 무시하곤 했다.[607] 한국은 북·중 경협 활성화가 곧바로 남북

---

[607] 예컨대 중국 푸단대학 주졘펑(朱劍峰)은 ANT이론으로 2008년 9월 발생했던 '문제우유(問題奶粉)' 사건을 분석한 바 있다. 그는 사건과 관련하여 '킬달 분석법(Kjeldahl method)'을 의심하였다. 이 분석법은 최초 요한 킬달(Johan Kjeldahl)이 맥주의 양조과정에서 맥아당(Malt)의 단백질 조절·측정을 위해 개발된 분석방법으로, 현재는 주로 식품공업에서 단백질의 측정방법으로 활용된다고 한다. 문제는 이 측정법을 갖고 우유의 단백질 함량을 측정한 점이다. 맥주 양조에서 단백질의 함량이 적을수록 맥주가 많이 제조된다면, 반대로 우유 제조에서는 단백질의 함량이 높을수록 질이 좋다. 킬달이 이 분석법을 개발할 때 단백질을 영양성분으로서가 아니라 맥주 양조과정에서 저애요인으로 설정하였던 것이다(朱劍峰, 「從'行動者網絡理論'談技術與社會的關係—'問題奶粉'事件辨析」, 『自然辨證法研究(中國)』, 第1期(2009), 37~41쪽). 즉, 연구자의 최초 연구의 목적과 과정 등은 '블랙박스' 속에 갇혀진 채 '단백질의 측정법'이라는 점에만 주목한 사례이다. 덧붙이면 흔히 '블랙박스' 속에 갇힌 부분은 현실 속에서 감지하기 힘든 '미세한 변화'거나 변화가 더디기 때문에 단순 시스템에서는 고찰하기 힘들 것이다. 반면 시스템이 복잡할수록 즉, 기술이나 정보, 시대가 진보할수록 사람들은 '블랙박스' 속에 갇힌 부분에 대해 더 큰 관심을 갖게 되기 마련이다.

경협을 대체한다고 이해하는 경향이 있지만, 좀 더 전략적으로 접근할 필요가 있을 것이다.

한국의 입장에서는 자국의 안보와 직결된 문제이기에 당장 중국의 우려를 불식시키기에는 시간과 노력이 필요하다. 동시에 이는 중국의 변화와 인내심도 요구한다. 즉 서로의 인내와 양보를 요구한다. 의사 결정자는 서로 인내심을 가지고 작은 변화도 무시하지 않고 서서히 시스템이 균형점으로 돌아올 때까지 기다리거나 유도하여야 한다. 때문에 의사 결정자는 때론 근시안적 시각에 얽매여 눈앞의 이익만 생각하지 말고 장기적, 전략적 사고를 해야만 핵심적인 문제를 해결할 수 있을 것이다.

제6장

결 론

이 책은 이론적 배경으로 '지정학 이론'과 '복잡계 이론'을 적용하였다. 분석도구로는 '경제지정학적 접근법'과 '되먹임 시스템 원리'를 활용하여 북·중 경협 활성화가 동북아 지역구도에서 일으키는 파급효과를 분석하였다. 따라서 복잡계 이론과 그 분석도구인 되먹임 시스템 원리를 적용했을 때 '섭동요인'에 대한 분석이 필요했으며, 그 솔루션으로 지정학적 이론과 경제지정학적 접근법을 도입했던 것이다. 즉, '북·중 경협 활성화'를 섭동요인으로 설정했을 때 그 성격과 특징을 파악하기 위해서였다.

우선 연구 주제와 관련한 선행 연구에 대한 검토가 필요했다. 사회주의국가들은 정치와 경제 영역을 분리하기 어렵고, 게다가 북한과 중국은 지리적으로 인접하고 있기 때문에, 필자는 북·중 경협 활성화에 경제적 요인이 크게 작동하겠지만 동시에 정치적 요인도 함께 작동할 것으로 판단하였다. 이 책에서 북·중 경제관계의 성격 파악을 북·중 관계로부터 분석한 이유이기도 하다. 실제로 중국의 관련 학자들도 북·중 관계의 틀 속에서 그 경제관계를 분석하는 경향이 많다.

이는 결코 경제학적인 시각이 필요하지 않다는 것은 아니다. 중국은 1992년에 초보적으로 마련한 사회주의 시장경제를 1997년에 와서 체계화하면서, '두만강지역 개발계획'을 재가동하였다. 아울러 그 연장선상에서 주변국가와의 협력 파트너가 북한이었다. 2000년대에 와서 '동북 진흥전략', '창지투 개발계획'의 발표와 함께 양국 간 경제관계는 더욱 밀착되었다. 더불어 북한도 자신에게 불리한 대외환경 속에서 자국의 경제발전전략을 중국의 국가전략과 연계시킬 수밖에 없었다. 즉 두 나라의 관계에 경제적 요인이 강하게 작용한다는 것

이다. 그런데 중국의 대북정책과 관련하여 "북한문제와 북핵문제를
분리하여 접근한다", "중국의 대북 영향력은 한계가 있다"고 일반적
으로 평가한다. 이는 북·중 경협 활성화에도 불구하고 그 경제적
관계가 정치적 요인의 제약 또는 추진력을 받기 때문이다.

이 책에서는 북·중 관계와 관련한 기존 연구 등을 국가별로 살펴
보았다. 그 중 북한에서의 연구는 직접적으로 관련 주제를 다룬 연
구 성과물이 없기에, 간접적인 방식으로 김일성·김정일의 저작집,
현재 발행되고 있는 학술간행물, 신문 등을 통해 정리하였다.

그 결과 북한은 1950년대 중반부터 자주성을 강조해왔으며, 이를
대외관계에 투영하여 일본과 미국을 포함한 자본주의국가들과의 관
계 개선에도 적극적이었음을 알 수 있었다. 2014년 6월~7월 이루어
진 북·일 합의는 '「평양선언」 이행의 첫 걸음'이라고 평가받고 있으
며, 러시아와도 북·러 간 무역대금을 러시아 루블화로 결제하기로
합의했다. 북한의 학자들은 대외무역의 "주공 방향을 러시아 극동지
역과의 협력으로, 그 다음으로 중국과의 협력"이라고 순위를 주장하
기도 한다. 이는 북한이 중국과의 경제적 밀착관계에 따른 '종속'을
원하지 않으며, 또 북·미 제네바 협상에서 보여주었듯이 전략적인
차원에서 중국과의 협력을 고민하고 있음을 알 수 있다.

게다가 북한에게는 자신들이 주장하는 전쟁 억지력으로서 미·
일·한을 향한 '핵카드'만 있는 것이 아닐 것이다. 중국 등을 압박할
수 있는 '마지막 카드'가 있을 것이다. 낮은 단계에서는 중국 동북지
방의 균형적 발전을 위해 꼭 필요한 한반도 북단의 태평양 방향 항
구들을 제공하지 않는 것이다. 가장 높은 레벨에서는 자기들의 체제
유지를 담보로 미국에게 군사기지를 제공해 줄 수도 있을 것이다.
한반도에서는 1903년에 러시아가 압록강 하구에 위치한 용암포를 점

령하고 대한제국 정부에 조차를 요구한 적이 있었다. 미국 등은 러시아의 세력 팽창을 견제하기 위해 즉각 사건에 개입하였다. 미국은 동북아 지역에서 자국의 헤게모니를 가장 값싼 방식으로 유지하고자 원할 것이다. 만약 가능하여 제2의 용암포를 얻게 된다면, 한·미 동맹은 실질적인 의미를 상실하게 될 것이며, 중국에게도 제일 큰 현실적 위협이 될 것이다. 때문에 현재 북·중 관계는 지정학적 관계를 떠나서 논할 수 없을 것이다.

다음으로 이 책에서는 북·중 관계의 성격을 지정학 이론과 경제지정학적 접근법으로 재규명하고자 시도하였다. 먼저 기존에 사용하고 있는 지정학의 개념을 재정리하였다. 필자의 견해로는 지정학 개념의 사용에서 고전지정학과 지정학의 개념을 구분하지 않고 혼용하고 있으며, 따라서 경제지정학 즉 지경학의 개념도 명확치 않았다. 이러한 점들을 고려하여 이 책에서는 지정학의 한 갈래로서의 지경학을 '경제지정학'이란 표현으로 분명히 하고자 하였다.

두 번째로 새로운 지정학 개념의 정의에 따라 '지정학적 코드'를 설정하였다. 이 책은 선행 연구 성과 검토를 통해 북·중 관계에 영향을 미치는 요인들을 재정리하여 4가지 요인을 지정학적 코드로 하였다. 즉, 기존 연구에서 지정학적 요인이 북·중 특수관계를 규정하는 요인 중의 하나였다면, 이 책에서는 지정학 개념에 타 요인들을 포함시켰다. 사실 북·중 관계에 영향을 미치는 제 요인 즉, 역사적 요인, 전통적 관계, 안보 이익은 그 지리적 접근성에서 기인한 것이라고 판단하였다.

세 번째, 지정학의 변화 발전의 시기에 따라 고전지정학과 경제지정학 시기로 구분하여 북·중 지정학적 관계를 설명하였다. 경제지정학은 고전지정학의 계승·발전이지 결코 대체한 것이 아니며, 더욱이 고전지정학의 소실을 의미하지 않는다고 생각한다. 따라서 경제관계가 날로 강화되고 있는 북·중 관계는 다름 아닌 경제지정학적 관계라는 결론을 얻었다. 양국 간 경제적 관계가 밀착되긴 하였지만, 여전히 그것은 '정치성'을 띠고 있다. 즉 양국 간 고전지정학적 가치는 약화되긴 하였지만, 여전히 존재하기에 갈등과 협력이 반복되고 있는 것이다. 이는 기존의 북·중 관계에 대한 규명 즉, 특수관계라고 하기에는 보편성이 빠진 듯, 보통 관계라 하기에는 특수성이 빠진 듯, 마찬가지로 전략적·실리적 관계라고 하기에는 전통성이 빠진 듯, 전통적 관계라 하기에는 전략성·실리성이 빠진 듯, 또 북·중 경협의 활성화로 순 경제적인 측면에서 분석하기에는 정치적인 것이 빠진 듯한 여러 고민들을 해결할 수 있다고 봤다.

간단히 말하면 북·중 간에는 '지리적 요인+경제적 요인+정치적 요인'이 동시에 작동하기 때문에 이를 분리시켜 설명할 수 없다는 것이다.

때문에 북·중 관계의 한 갈래로서의 경제적 관계도 '정치성'을 띠고 있으며, 따라서 경협의 활성화에도 정치적인 요인들이 항시적으로 작동하고 있다고 볼 수 있다. 즉 '북·중 경협 활성화'는 '정치성'과 '경제성'이라는 이중 구조를 형성하고 있으며 이는 동북아 지역구도 속에서 때론 정치·안보 영역의 갈등과 결합되어 냉전 구조 즉 고전지정학적 가치를 부각시키기도 하며, 때론 비 정치·안보 영역의 협력과 결합되어 냉전 구조를 사라지게 만들기도 한다. 환언하면 '북·중 경협 활성화'는 동북아 지역구도의 섭동요인으로 자격이 충분하다는 것이다.

마지막으로 복잡계 이론을 적용하여 동북아 지역구도를 복잡계로 바라볼 수 있는지 살펴보았다. 결국 동북아 지역구도는 복잡계의 특징을 갖추고 있으며 대립과 협력이 번복되는, '구 질서'와 '신 질서'가 혼재한 혼돈양상으로 복잡계를 이루고 있다.

동북아 지역 내 문제 논의·해결 구도는 양자회담→3자회담→4자회담→6자 회담-다자 협력체로 발전하였지만, 그 어느 것도 제도화하지 못했다. 안보영역에서도 아세안지역포럼(ARF), 아태안보협력이사회(CSCAP), 동북아협력대화(NEACD) 등의 조직이 있지만, 구속력이 없다.

현재 북·중 경협 활성화는 동북아 지역시스템의 섭동요인으로 작동하고 있다. '되먹임 시스템 원리'는 동태적·복합적인 국가, 지역, 사회 등의 시스템을 바라볼 때 매우 유용하다. 그의 두 가지 효과인 '양 되먹임 효과'와 '음 되먹임 효과'로, '북·중 경협 활성화' ─ 섭동요인으로 '동북아 지역구도'에 가했을 때 동북아 지역구도 내부의 상호작용하는 각 국 사이의 인과관계를 살펴본 결과, 동북아 지역구도에 '구 질서'가 지배적일 경우 북·중 경협 활성화는 정치·안보 측면의 대립을 부각시킨다. 반면에 '신 질서'가 지배적일 경우 북·중 경협 활성화는 경제 측면의 협력을 부각시킨다.

결론적으로 본 연구는 의사 결정자들이 전략적 사고의 판단근거로 활용할 수 있는 다음의 두 가지 시사점을 찾았다.

시사점 1) 동북아 지역구도에서 '상수'와 '변수'

동북아 지역구도에서 '상수'[608]와 '변수'의 새로운 설정이다. 이제

---

[608] 여기서 '상수'란 표현에 혼돈이 생길 수도 있을 것이다. 즉 중·미 관계를 '상수'로 봐야 한다고 해서 냉전 구조를 연상할 수 있다. 이 책에서 사용하는 '상수'는 상대적 개념을 가리키며, 예컨대 조건에 따라 취하는 값을 달리하는 상수 즉, '부정 상수'라 하면 더 적절할 수도 있다. 더불어 우리가 상대속도를 관찰

더 이상 동북아 지역구도에서 중·미 관계를 더 이상 핵심변수로 이해하지 말아야 한다. 미국이 중국을 글로벌 차원에서 자신의 경쟁자로, 'G2'로 '지목'한 만큼 동북아 지역에서 두 국가는 '다극체제 속의 양극체제로 혼재'해 있다. 지금까지는 중·미 관계를 핵심변수로 동북아 지역구도를 바라봤다. 그 결과 각국 간 상호작용으로 되먹임 고리가 형성되는 동북아 지역구도 — 복잡계를 전략적으로 파악하지 못했다. 핵심변수만으로 동북아 지역구도가 움직인다고 가정하면, 다른 변수가 구도에 주는 영향은 무시되기 때문에, 중·미 양국 간 관계의 대립요인만 확대시킨다. 이렇게 되면, 21세기 국제관계에서 국력의 새로운 척도인 '연결성'을 무시하게 된다.[609] '연결성' 논리에 따르면 다른 행위자들과 가장 많은 연결을 갖는 국가가 중심적 행위자가 되고, 글로벌 어젠다 설정에서 주도권을 갖게 된다고 한다. 이를테면 중·미 관계를 상수로 설정했을 경우 변수는 북·중 경협 활성화로 우려를 느끼는 국가 중의 하나이다.

앞에서 언급했듯 한국이 그 주목해야 할 변수일 것이다. 〈그림 5-1〉과 〈그림 5-2〉처럼 한국은 한·미·일, 한·중·일, 한·미·중의 삼자 관계에서 중요한 역할을 할 수 있을 것이다. 특히 이 시스템의 임계점으로서 한국은 '남·북방 삼각구도' — 구 질서를 근본적으로 변화시킬 능력을 갖고 있다. 이것이 바로 중·미 관계를 상수로 보았을 때 간과했던 '미세한 변화' 즉, 한국의 전략적 대응일 것이다.

할 때처럼 기준물체가 바뀌었다고 생각해도 무방하다.

[609] 즉 국가를 포함한 국제관계의 다른 행위자들과 얼마나 연결되어 있는지, 또는 얼마나 좋은 네트워크를 유지하고 활용하는지가 국력의 바탕이다. Slaughter, Anne-Marie, 2009, "Amerrica's Edge : Power in the Networked Century", *Foreign Affairs*, January-February(이상현, 「중국의 부상과 미국의 대응」, 이상현 편, 앞의 책, 110쪽에서 재인용).

시사점 2) 한·중 협력의 중요성

한·중 협력의 중요성이다. 한국에게 북·중 경협 활성화는 동전의 양면과 같이 위협이자 기회일 것이다. '지배적 되먹임 고리의 전환'이 이루어지는 임계점으로 역할을 할 수 있는 한국이 북·중 경협 활성화를 기회라고 생각하면 더욱 자신에게 유리하게 활용할 수 있을 것이다. 이 때, 되먹임 고리에 의해 한·중 협력은 '1+1=2'가 아닌 '1+1>2'인 '시너지 효과'를 일으킨다.

현실적으로 중국은 북한과 '특수관계'이다. 그럼에도 불구하고 한국과 중국은 고위급 방문외교를 통해 서로 군사교류를 포함한 협력을 논의한 바 있다. 2008년 양국의 관계도 '전략적 협력 동반자 관계'로 격상하였고, 양자뿐만 아니라 다자적인 전략적 차원에서 한·중, 한·중·일 회담과 FTA를 추진하고 있다. 게다가 2014년 7월 3일~4일 중국 국가주석 시진핑은 한국 정부의 요청으로 북한보다 먼저 한국을 방문하기도 하였다. 비록 정치적인 측면에서 실질적인 진전이 이루어진 것은 없지만, 경제적 측면에서의 협력은 한층 더 강화되었다.

때문에 한국이 북·중 경협 활성화를 기회라고 생각하고 현재 한·중 협력을 더욱 확대하여 중국의 동북3성 개발프로그램에 동참한다면, 간접적으로 남북경협과 연결시킬 수 있는 고리를 형성할 수 있을 것이다. 여기서 동북아 평화·번영을 위해 북한을 배려하면서, 한국과 중국의 전략적 협력을 강화해 나가는 것이 절실하다고 결론지을 수 있다.

부 록

■ 부록 1. 「조선민주주의인민공화국에서의 특수경제지대 개발 실태와 전망」

*출처 : 북한의 조선합영투자위원회가 중국에서의 투자자금 유치를 위해 2014년에 만든 PPT 자료. 북한에서 외자 유치 관련 업무를 총괄하던 유일한 정부 산하기관이었던 합영투자위원회는 2014년 6월에 무역성, 국가경제개발위원회 등과 합쳐져 현재 내각 대외경제성으로 바뀌었다.

우리 나라에서의 *4개의* 특수경제개발지대
我国的4个特殊经济开发地区

- 라선경제무역지대
  罗先经济贸易地区
- 황금평,위화도경제무역지대
  黄金坪，威化岛经济贸易地区
- 금강산국제관광특구
  金刚山国际观光特区
- 개성공업지구
  开成工业地区

《황금의 삼각지대》 라선경제무역지대

ㅇ 라진항으로부터 중국내륙까지 륙
로수송통로, 로씨야와의 철도수송통
로가 완비되였으며 동북아시아전화
통신회사의 설립으로 국제통신,
위성TV,인터네트를 비롯한 각종
통신봉사가 훌륭하게 보장되고있다.
ㅇ 라선지대안의 수산물가공기지들
에서 생산된 수산물가공식품들은 국
제, 국내시장에서 매우 높은 구매력
을 가지고 있으며 해수욕을 즐기는
관광객들에게서 특별히 호평을 받고
있는 바다가 관광명소들의 오염되지
않은 맑고 깨끗한 물은 라선시의 또
하나의 자랑으로 되고 있다.
ㅇ 현재 국가적인 개발총계획이 완
성되고 하부구조완비를 위한 개발사
업이 본격적으로 추진

《황금의 삼각지대》 라선경제무역지대
Rason ETZ - "Golden Delta"

○ 这里完善了从罗津港到中国内陆的陆路运输通道和到俄罗斯的铁路运输通道。东北亚电话通信公司将提供国际通信，卫星TV，因特网等各种通信服务。

○ 在罗先地区水产加工基地生产的水产加工食品在国际和国内市场有极大地购买力。尤其海滨观光名胜古迹没有任何污染，清澈而干净，受到喜欢游泳的游客的极大好评，它由此成为罗先的又一个骄傲。

○ 目前，国家开发总规划已经得到落实，大力推进完善基础设施的工作。

- 1991년 12월 28일 내각결정 제74호로 라선경제무역지대 창설선포

  1991年12月28日，通过内阁决议第74号，宣布成立罗先经济贸易地区。

- 조중 두나라 최고령도자들의 2010년 력사적인 합의에 의해 라선경제무역지대사업에서 일대 전환

  2010年朝中两国最高领导人达成了历史性的协议后，罗先经济贸易地区的进展工作有了巨大的转变。

- 조중 두나라정부의 합의에 따라 공업구, 현대농업시범구를 비롯한 여러 개발대상착공식 진행

  经过朝中两国政府的协议，工业区和现代农业示范区等各项开发项目举行了开工典礼。

- 중국과 련결된 라진-원정도로개통

  开通与中国连接的罗津-远征公路

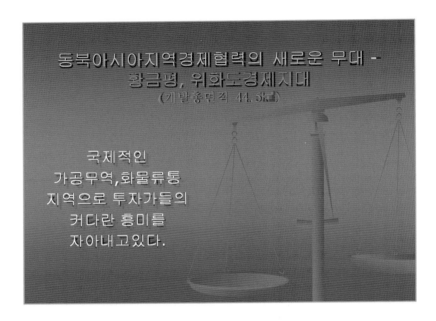

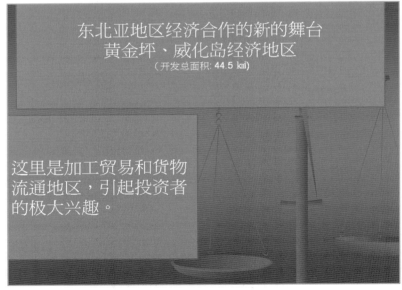

조중 두 나라 정부의 적극적인 지지밑에
2010년 12월 라선경제무역지대와 황금평, 위화도경제지대 공동
개발총계획요강이 작성

在朝中两国政府的积极地支持下，2010年12月制定罗先经济贸易地区和黄金坪、
威化岛的经济地区共同开发总规划纲要。

2011년 6월 현지에서 공동개발대상착공식 진행

2011年6月在现场举行共同开发项目开工典礼

2012년 9월 이후 지대관리위원회 사무청사 착공선포 등 개발사
업이 본격적으로 진행

2012年9月以后，大力推进宣布地区管理委员会办公楼开工典礼和开发工作。

금강산국제관광특구와 개성공업지구

金刚山国际观光特区和开成工业地区

- 금강산국제관광특구는 2011년 4월 29일 최고인민회의 상임
위원회 정령 제1618호로 창설되였으며 2011년 5월 31일 《조선
민주주의인민공화국 금강산국제관광특구법》 제정
于2011年4月29日，金刚山国际观光特区以最高人民会议常任委
员会政令第1618号宣布成立，2011年5月31日制定《朝鲜民主主
义人民共和国金刚山国际观光特区法》。
- 개성공업지구는 2002년 11월 13일 최고인민회의 상임위원회 정
령   제3419호로 창설되였으며 2002년 11월 20일에 《조선민
주주의인민공화국 개성공업지구법》 제정
开成工业地区以2002年11月13日最高人民会议常任委员会政令
第3419号宣布成立，于2002年11月20日制定《朝鲜民主主义人
民共和国开成工业地区法》。

우리 나라 특수경제지대개발구형태

我国特殊经济地区开发区的形式

- 공업개발구, 농업개발구, 관광개발구, 수출가공구, 첨단기술개발구와 같은 경제 및 과학기술분야의 개발구들
  工业开发区、农业开发区和观光开发区，以及出口加工区、尖端技术开发区等经济和科学技术领域的开发区

- 관리소속에 따라 지방급경제개발구와 중앙급경제개발구로 구분
  Divided into central and local economic development zones according to management jurisdiction
  按照管理所属部门，将分为地方级经济开发区和中央级经济开发区

특수경제개발지대에서의 특혜

在特殊经济开发地区的优惠措施

- 하부구조건설부문과 첨단과학기술부문, 국제시장에서 경쟁력이 높은 상품을 생산하는 부문의 투자를 특별히 장려
  将积极鼓励生产在基础设施建设、尖端科技领域和在国际市场中竞争力极高产品的部门的投资。
- 하부구조시설과 공공시설, 장려부문에 투자하는 기업에 대하여서는 토지위치의 선택에서 우선권을 부여
  投资于基础设施、公共设施和鼓励项目的企业，在选择土地位置时享有优先权。
- 정해진 기간에 해당한 토지사용료 면제
  在规定期限内免除有关土地费。
- 특혜관세제도 실시
  实施优惠关税制度。

- 경제개발구에서 기업소득세률 결산리윤의 14%

  在经济开发区将企业所得税率将为结算利润的14%
- 장려하는 부문의 기업소득세률 결산리윤의 10%

  鼓励部门的企业所得税率为结算利润的10%
- 개발구내에서 10년이상 운영하는 기업에 대하여서는 기업소득세를 덜어 주거나 면제

  针对在开发区境内经营10年以上的企业，减免企业所得税。
- 투자가가 리윤을 재투자하여 등록자본을 늘이거나 새로운 기업을 창설하여 5년이상 운영할 경우에는 재투자분에 해당한 기업소득세액의 50%를 반환

   当投资人对利润进行再投资，增加注册资本或成立新的企业，将经营5年以上时，偿还有关再投资份额的企业所得税额的50%。
- 하부구조건설부문에 재투자할 경우에는 납부한 재투자분에 해당한 기업소득세액의 전부를 돌려주며 개발기업의 재산과 하부구조시설, 공공시설 운영에는 세금을 부과하지 않음
- 如对基础建设部门进行再投资时，将偿还有关再投资份额的企业所得税额的全部，并经营开发企业的财产、基础设施和公共设施时一律不课税。

- 개발기업의 관광업, 호텔업 같은 대상의 경영 취득권에 서 우선권 보장

  开发企业在获得观光和饭店行业的经营权时将提供优先权。

- 경제개발구에서 개발기업이 토지를 해당 국토관리기관과 의 토지임대차 계약을 맺고 최고 50년까지로 임대할수 있으며 토지임대기간이 끝나는 기업은 필요에 따라 계약 을 다시 맺고 임대받았던 토지를 계속 리용할수 있습니 다.

  开发企业在经济开发区与有关国土管理机构签订土地租借合同，其租借期限为最多50年。当一个企业结束了土地租借期限，将根据需要方可重新签订合同并继续利用租借地。

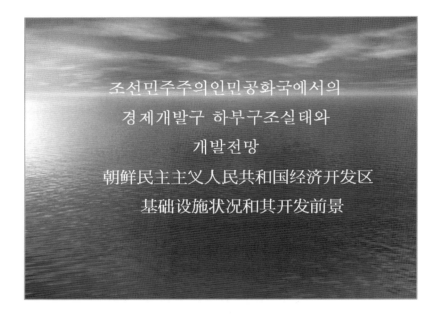

특수경제지대개발을 더욱 활성화하기 위하여 각
도들의 유리한 지역에 수많은 개발지역 설정
在各道有利地区建设多个开发区，以活跃特殊经济
地区开发

- 평안북도 압록강경제개발구
  鸭绿江经济开发区
- 자강도 만포경제개발구
  满浦经济开发区
- 자강도 위원공업개발구
  渭原工业开发区
- 량강도 혜산경제개발구
  惠山经济开发区
- 황해북도 신평관광개발구
  新坪观光开发区
- 함경북도 온성섬관광개발구
  稳城岛观光开发区남포 시
  와우도수출가공구
  卧牛岛出口加工区

- 황해북도 송림수출가공구
  松林出口加工区
- 함경남도 흥남공업개발구
  兴南工业开发区
- 함경남도 북청농업개발구
  北青农业开发区
- 함경북도 청진경제개발구
  清津经济开发区
- 함경북도 어랑농업개발구
  渔郎农业开发区
- 강원도 현동공업개발구
  峴洞工业开发区

평안북도 압록강경제개발구
鸭绿江经济开发区

조선민주주의인민공화국의
서북지역 압록강대안에
위치， 중국 료녕성 단동
시의 유명한 관광지 호산과
마주하고 있다.

位于朝鲜民主主义人民共和
国西北地区鸭绿江对岸，面
对中国辽宁省丹东市有名
的观光地区虎山

자강도 만포경제개발구
满浦经济开发区

국제적인 관광 및 무역
봉사와 현대록색농업기지
로서의 개발가치를 가지
고 있는 만포경제 개발구
作为国际旅游、贸易服务、
现代绿色农业基地、有开
发价值的经济开发区

자강도 위원공업개발구
渭原工业开发区

현대적인 광물자원가공,
목재가공,기계설비제작업
,농토산물가공업을 기본
으로 하면서 잠업 및
담수양어과학연구기지를
결합한 공업개발구
现代化矿物资源加工、木
材加工、机械设备制造业、
农土产物加工业为主，结
合养蚕业及淡水养鱼科学
研究基地的工业开发区

량강도 혜산경제개발구
惠山经济开发区

수많은 관광객들의 선망의 대상, 대자연밀림의 바다 – 백두산 지구의 국경도시 혜산경제개발구

这里成为许多游客羡慕的对象。大自然密林的大海-白头山地区的边境城市惠山经济开发区。

황해북도 신평관광개발구
新坪观光开发区

험준하고 기묘한 산악미와 깨끗하고 상쾌한 물경치가 어울려 독특한 풍치를 이루는 황해북도 신평관광개발구

险峻而奇妙的山岳之美和给人一种清澈而清爽的水景相对称，形成一个独特风景的黄海北道新坪观光开发区。

황해북도 송림수출가공구
松林出口加工区

수출가공업, 창고보관업,
화물운송업을 기본으로
하는 집약형 수출가공구를
건설하는것을 목적으로 하
는 개발구

出口加工业、仓库保管业、
货物运输业为主的集约型
出口加工区

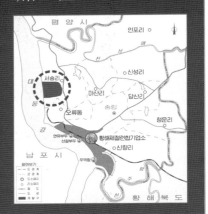

함경남도 흥남공업개발구
兴南工业开发区

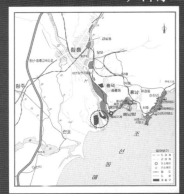

흥남항을 통한 수출가공,
화학제품,건재,기계설비제작
위주의 함경남도 흥남공업개발구

通过兴南港主要进行出口加工、
化学产品和建筑
材料，以及机械设备制作的咸
境南道兴南工业开发区。

함경남도 북청농업개발구
北青农业开发区

과수업과 과일종합가공업,
축산업을 기본으로 하는
고리형 순환생산체계가
확립된 현대적인
농업개발구.

果树业、水果综合加工业、
畜牧业为主，树立循环生产
体系的现代农业开发区

함경북도 청진경제개발구
清津经济开发区

철광석을 비롯한 풍부한 광
자원과 수산자원, 대규모흑색
야금공업기지를 자랑하는
함경북도 청진경제개발구

这里以铁矿石等丰富的矿资源
和水产资源，以及大规模黑色
也进工业地区而有名的咸境北
道青津经济开发区

함경북도 어랑농업개발구
渔郎农业开发区

고리형순환생산체계를
도입한 농축산기지와 채종,
육종을 포함한
농업과학연구개발기지를
기본으로 하는 현대적이며
집약화된 농업개발구

采用循环生产体系的农、畜
产基地、包括采种、育种的
农业科学研究开发基地为主,
现代化而集约化的农业开发
区

함경북도 온성섬관광개발구
稳城岛观光开发区

골프장, 수영장, 경마장,
민족음식점을 비롯한
봉사시설을 갖추어놓고
외국인들에 대한 전문적인
휴식관광봉사를 기본으로
하는 관광개발구

建设具备高尔夫球长、游泳
场、竞马赛场、民族餐厅等
服务设施,外国人专用休息
观光服务为主的观光开发区

강원도 현동공업개발구
岅洞工業开发区

독특한 민속공예품과 민족적이면서도 현대적인 관광기념품, 가공품생산으로
원산관광지구의 발전을 안받침하게 될 강원도 현동공업개발구

这里盛产独特的民俗工艺品、具有民族色彩的现代化的观光纪念品和加工品将
协助元山观光地区的发展的江原道县东工业开发区

남포시 와우도수출가공구
卧牛岛出口加工区

나라의 가장 큰 무역항을 가지고 있는 오랜 항구도시
남포시에 위치한 와우도수출가공구

位于国内最大贸易港的古老的港口城市南浦市卧牛岛
出口加工区。

조선민주주의인민공화국의
관광지구개발전망
朝鮮民主主義人民共和国观光地
区开发前景

관광지들을 세계적인 수준에서 훌륭히 꾸리고
관광활동을 벌릴것을 희망
希望建设成世界水平观光地区进行观光活动

- 우리 나라에서 관광지구개발준비사업이 적극 추진되고있으며 대상개발에 투자의향을 표시하는 세계 여러 나라 기업들의 수가 증가
  在我国观光地区的开发筹备工作不断在得到促进，对项目开发表示投资意向的世界各国企业也日益增多。
- 강원도 원산지구에 현대적인 국제비행장건설과 관리운영
  江原道元山地区的现代化的国际机场建设及其管理经营
- 세계적수준의 마식령스키장건설과 관리운영
  世界级水平的马息岭滑雪场建设和其管理经营
- 울림폭포지구 관광개발과 관리운영
  林瀑布地区的观光开发和管理经营
- 관광지들마다 필요한 각종 봉사시설들과 관리운영
  在观光地区安排必要的各种服务设施与其管理经营
- 관광호텔건설과 관리운영
  建设观光宾馆和管理经营
- 관광지들에로의 고속도로건설과 관리운영
  通往观光地区的高速公路建设和管理经营
- 관광봉사용 륜전기재 및 수리봉사시설투자와 관리운영 등
  提供观光服务时所需的运输器材和维修服务设施的投资和管理经营等。

관광지구개발에서의 특혜
开发观光地区的优惠待遇

- 관광지구개발에 투자하는 기업에게는 기업형식과 운영방식에서 자유로운 선택

  对观光地区开发投资的企业，可自由选择企业形式和经营方式。

- 기업설립으로부터 시작하여 경영활동에 이르는 전과정 조선민주주의인민공화국의 법적보호

  从企业设立到经营活动的整个过程将受到朝鲜民主主义人民共和国的法律保护。

조선민주주의인민공화국 국가관광총국은 우리 나라의 전반적인 관광사업에 대한 정책을 수립하고 집행하며 통일적인 정책적지도를 맡아하는 정부기관으로서 우리 나라의 관광지들을 개발, 운영하는데 관심을 가지는 세계 여러 나라 투자가들의 투자의 향을 언제나 지지, 환영하며 끊임없는 협력과 교류를 통하여 대상개발을 추진해나

朝鲜民主主义人民共和国国家观光总局是一家政府机构，它将
制订和执行有关我国观光行业的全盘工作的政策，负责统一的政策指导。
朝鲜观光总局一向支持和欢迎对开发和经营朝鲜观光地区给予关注的世界各国投资者的
投资意向，通过不断合作和交流，将大力推进项目开发。

and to pushing forward their development through consistent cooperation and

■ 부록 2. 「조선민주주의인민공화국과 중화인민공화국 간의 경제 및 문화합작에 관한 협정」

조선민주주의인민공화국 정부와 중화인민공화국 중앙인민정부는 조·중 량국 인민의 굳은 단결은 제국주의 침략전쟁을 반대하고 극동의 평화를 수호하는 공동 투쟁에서 위대한 승리를 보장하였다고 인정한다.

이러한 단결을 공고히 하며 량국 인민 간의 전통적인 튼튼한 우의를 계속 발전시키기 위하여 량국 정부는 조선민주주의인민공화국과 중화인민공화국 간의 경제 및 문화합작 관계를 더욱 강화할 것을 일치하게 요구한다.

량국 정부는 량국 간의 이러한 합작관계의 강화 발전은 량국 인민의 절실한 리익에 부합되며 극동의 평화수호 사업에 중대한 의의가 있다고 확신한다.

상술한 목적을 위하여 본 협정을 체결하기로 결정하고 각기 전권 대표를 아래와 같이 파견한다.

조선민주주의인민공화국 최고인민회의 상임위원회는 조선민주주의인민공화국 내각 수상 김일성을 파견하며 중화인민공화국 중앙인민정부는 중국 정무원 총리 겸 외교부 부장 주은래를 파견한다.

쌍방의 전권대표는 신임장을 교환한 후 이를 타당하다고 인정하고 하기에 각 조항에 대하여 합의에 도달했다.

제1조 체약 쌍방은 우호 협조와 평등 호혜의 기초 위에서 량국 간의 경제 및 문화관계를 강화 발전시키며 피차 간 각종 가능한 경제적 및 기술적 원조를 호상 제공하며 필요한 경제적 및 기술적 합작을 진행하고 량국 간의 문화교류 사업을 촉진시킴에 노력할 것을 보장한다.

제2조 본 협정을 실시하기 위하여 체약 쌍방은 량국의 경제, 무역, 교통, 문화, 교육, 유관 기관들로부터 본 협정에 근거하여 각각 구체적 협

정을 체결한다.

　제3조 본 협정은 신속히 비준되여야 하며 비준된 날로부터 효력을 발
생하며 그 유효기간은 10년으로 한다.

　비준서는 평양에서 교환하며 만기 된지 1년 전에 체약 일방이 페지하
자는 통지를 하지 않을 때에 본 협정은 자연적으로 10년간 연장된다.

1953년 11월 23일

　북경에서 조선문 및 중국문으로 각각 2부씩 작성하였으며 상기 량 원
문은 동등한 효력을 가진다.

조선민주주의인민공화국 최고인민회의 상임위원회
전권대표 김일성

중화인민공화국 중앙인민정부
전권대표 주은래

북경

*출처 : 조선중앙통신사, 『조선중앙년감(1954～1955년판 上)』(평양 : 조선
　　중앙통신사, 1955), 78～79쪽.

■ 부록 3. 「조선민주주의인민공화국과 중화인민공화국 간의 우호, 협조 및 호상원조에 관한 조약」

조선민주주의인민공화국 최고인민회의 상임위원회와 중화인민공화국 주석은 맑스-레닌주의와 프롤레타리아 국제주의의 원칙에 립각하여 또한 국가 주권과 령토 완정에 대한 호상 존중, 호상 불가침, 내정에 대한 호상 불간섭, 평등과 호혜, 호상 원조 및 지지의 기초 우에서 조선민주주의인민공화국과 중화인민공화국 간의 형제적 우호·협조 및 호상원조 관계를 가일층 강화 발전시키며 량국 인민의 안전을 공동으로 보장하며 아세아와 세계 평화를 유지 공고화하기 위하여 모든 노력을 다할 것을 결의한다. 또한 량국 간의 우호·협조 및 호상 원조 관계의 강화 발전은 량국 인민의 근본 리익에 부합된다고 확신한다.

이 목적을 위하여 본 조약을 체결하기로 결정하고 조선민주주의인민공화국 최고인민회의 상임위원회는 조선민주주의인민공화국 내각수상 김일성을; 중화인민공화국 주석은 중화인민공화국 국무원 총리 주은래를 각각 자기의 전권대표로 임명하였다.

쌍방 전권대표는 전권 위임장이 정확하다는 것을 호상 확인하고 다음과 같은 조항들에 대하여 합의하였다.

제1조

체약 쌍방은 아세아 및 세계의 평화와 각국 인민의 안전을 수호하기 위하여 계속 모든 노력을 다할 것이다.

제2조

체약 쌍방은 체약 쌍방 중 어느 일방에 대한 어떠한 국가로부터의 침략이라도 이를 방지하기 위하여 모든 조치를 공동으로 취할 의무를 지닌다.

체약 일방이 어떠한 한 개의 국가 또는 몇 개 국가들의 련합으로부터 무력 침공을 당함으로써 전쟁상태에 처하게 되는 경우에 체약 상대방은 모든 힘을 다하여 지체 없이 군사적 및 기타 원조를 제공한다.

제3조

체약 쌍방은 체약 상대방을 반대하는 어떠한 동맹도 체결하지 않으며 체약 상대방을 반대하는 어떠한 집단과 어떠한 행동 또는 조직에도 참가하지 않는다.

제4조

체약 쌍방은 양국의 공동 리익과 관련되는 일체 중요한 국제 문제들에 대하여 계속 협의한다.

제5조

체약 쌍방은 주권에 대한 호상 존중, 내정에 대한 호상 불간섭, 평등과 호혜의 원칙 및 친선 협조의 정신에 계속 립각하여 량국의 사회주의 건설 사업에서 호상 가능한 모든 경제적 및 기술적 원조를 제공하며 량국의 경제, 문화 및 과학기술적 협조를 계속 공고히 하며 발전시킨다.

제6조

체약 쌍방은 조선의 통일이 반드시 평화적이며 민주주의적인 기초 우에서 실현되어야 하며 그리고 이와 같은 해결이 곧 조선인민의 민족적 리익과 극동에서의 평화 유지에 부합된다고 인정한다.

제7조

본 조약은 비준을 받아야 하며 비준서를 교환한 날로부터 효력을 발생한다. 비준서는 평양에서 교환한다.

본 조약은 수정 또는 페기할 데 대한 쌍방 간의 합의가 없는 이상 계속 효력을 가진다.

본 조약은 1961년 7월 11일 북경에서 조인되었으며 조선문과 중국문으로 각각 2통씩 작성된 이후 이 두 원문은 동등한 효력을 가진다.

조선민주주의인민공화국   중화인민공화국
전권대표 김일성   전권대표 주은래
                      북경

*출처 : 조선중앙통신사, 『조선중앙년감(1962년판)』(평양 : 조선중앙통신
    사, 1962), 161~162쪽.

■ 부록 4. 「대일관계에 관한 조선민주주의인민공화국 외무상의 성명」

　조선민주주의인민공화국 인민은 반피점령국의 처지에 머물러 있는 일본의 인민에 대하여 심심한 동정을 표하는 동시에 외국의 종속으로부터 벗어나 자기의 평화적 경제와 민족적 문화를 발전시키며 독립적 대외정책을 수립하며 쏘베트사회주의공화국련맹, 중화인민공화국 및 기타 아세아 린접 국가들과의 정상적 관계를 회복 발전시키기 위하여 노력하고 있는 일본 인민에게 열렬한 지지와 성원을 보내고 있다.

　조선 인민은 과거에 조선을 강점하고 그를 발판으로 하여 아세아를 제패하려던 일본 제국주의자들의 침략적 행동을 반대하여 투쟁하였으며 현재에도 일본을 재무장하며 일본에 군국주의를 재생시킴으로써 일본을 아세아 침략의 책원지로 전변시키며 일본 인민을 새로운 군사적 모험에 리용하려는 미국 정부의 전쟁정책을 반대하고 있다.

　그러나 이러한 침략적 행동과 전쟁정책을 반대하여 아세아의 공고한 평화와 인민들 간의 친선관계 유지를 념원하는 조선 인민과 일본 인민은 언제나 우호적 관계를 가지고 있었다.

　조선민주주의인민공화국 정부는 각이한 사회제도를 가진 모든 국가들이 평화적으로 공존할 수 있다는 원칙으로부터 출발하여 우리 나라와 우호적 관계를 가지려고 하는 일체 국가들과 정상적 관계를 수립할 용의를 가지고 있었으며 우선 호상 리익에 부합되는 무역관계와 문화적 련계를 설정할 것을 희망하여 왔다.

　일본이 조선민주주의인민공화국과 상술한바 제반 관계를 수립하는 것은 조·일 량국 인민의 절실한 리해관계에 부합될 뿐만 아니라 극동의 평화유지와 국제 긴장상태의 완화에 크게 기여할 것이다.

　조선민주주의인민공화국 정부는 일본 정부 수상 하또야마씨의 우리

공화국과 경제적 관계를 개선하며 회담할 용의를 표명한 최근 발언을 긍정적으로 대하며 따라서 일본 정부와 무역, 문화관계 및 기타 조·일 관계 수립 발전에 관한 문제들을 구체적으로 토의할 용의를 가지고 있다.

조선민주주의인민공화국

외무상 남일

1955년 2월 25일

평양시

*출처 : 국제생활사, 『조선중앙년감(1956년판)』(평양 : 국제생활사, 1956), 16쪽.

■ 부록 5. 「대일관계에 관한 쏘베트사회주의공화국련맹 정부와 중화인민공화국 정부의 공동선언」

제2차 세계대전 종결 후 포츠담선언에서 예견된 바와 같이 일본은 완전한 민족적 독립을 향유하여야 하며 자기 자신의 민주주의적 헌법을 제정하고 자기 자신의 독자적이며 평화적인 경제와 민족문화를 발전시켜야 한다.

그러나 미국은 포츠담 결정들의 리행에 대하여 주요한 책임을 담당하고 있는 일본에서의 주요 점령국으로서 자기 결정들을 횡포하게 위반하고 일본 인민의 리익을 유린하였으며 상술한 주요 렬강 간의 협정에 배치되는 쌘프랜씨스코 「강화조약」 및 기타 협정들을 일본에 강요하였다.

전쟁 종결 9년 후에도 일본은 여전히 독립을 향유하지 못하고 있으며 반피점령국의 지위에 머물러 있다. 일본 령토는 수많은 미군기지들로 덮여 있는바 이 기지들은 평화를 유지 할 그리고 일본의 평화적 및 독자의 발전을 확보할 과업과는 하등의 공동점도 없는 목적을 위하여 설치되어 있는 것이다. 일본의 산업 및 재정은 미국의 군수 계약에 의존하고 있으며 일본은 자기의 대외무역에서 제한을 받고 있다. 이 모든 사실들은 일본 경제 특히 일본 공업의 평화적 부문들에 파멸적인 영향을 주고 있다.

이 모든 사실들은 일본 인민의 민족적 자존심을 손상시키고 일본인들 속에서 불안한 분위기를 조성하며 일본 인민들의 각종 능력들을 구속하지 않을 수 없다.

일본의 현 정세는 아세아 제국 특히 극동 제국 인민들 사이에서 일본이 일본 인민의 리익과 극동에서의 평화를 유지할 데 대한 과업에 배치하는 침략적 음모를 수행하는 데 리용될른지도 모른다는 정당한 위구를 일으켰다.

쏘련과 중화인민공화국 인민들은 일본에 대하여서와 그리고 외국 리익에 복무하는 상술한 「조약」과 협정들이 체결된 결과로 곤난한 처지에 놓여 있는 일본 인민에 대하여 심심한 동정을 표명하고 있다.

그들은 일본 인민이 외국 렬강에의 종속으로부터 벗어나는 길을 취하며 자기 조국의 재생을 달성하고 다른 나라들 우선 무엇보다도 먼저 자기 련맹들과 정상적 관계와 경제적 협조 및 문화적 유대를 광범한 규모로 설정하는 길을 취할 수 있는 충분한 력량을 자체내에서 발견하리라고 확신한다.

대일관계에 있어서의 쏘련 정부와 중화인민공화국 정부의 정책은 각이한 사회제도를 가진 국가들의 평화적 공존의 원칙에 기초하고 있으며 이 정책이 모든 인민들의 절실한 리익에 부합된다는 확신에 기초하고 있다.

량국 정부는 호혜적인 조건에 립각한 일본과의 광범한 통상관계의 발전 및 긴밀한 문화적 뉴대의 설정을 지지한다.

량국 정부는 또한 일본과의 자기들의 관계를 정상화하기 위한 조치들을 취하려는 용의를 표명하는 동시에 일본이 쏘련 및 중화인민공화국과의 정치 및 경제관계를 수립하기 위하여 노력하며 그리고 자기의 평화적이며 독자적인 발전을 위한 조건을 확보하기 위하여 온갖 조치들을 취함에 있어서 쏘련과 중화인민공화국의 전폭적인 지지를 받을 것이라는 것을 선언한다.

1954년 10월 12일

*출처 : 국제생활사, 『조선중앙년감(1956년판)』(평양 : 국제생활사, 1956), 48~49쪽.

■ 부록 6. 「조선민주주의인민공화국 정부와 중화인민공화국 정부 간의 공동콤뮤니케」

조선민주주의인민공화국 내각 수상이신 김일성 동지의 초청에 의하여 중화인민공화국 국무원 총리인 주은래 동지가 1970년 4월 5일부터 4월 7일까지 조선민주주의인민공화국을 공식적으로 친선 방문하였다.

조선민주주의인민공화국에 머무르는 동안 주은래 총리와 그 일행은 조선 인민의 열렬한 환영을 받았다. 이것은 형제적 중국 인민에 대한 조선 인민의 두터운 친선의 정의 표시이다.

방문기간 조선민주주의인민공화국 내각 수상이신 김일성 동지와 중화인민공화국 국무원 총리인 주은래 동지 사이에 형제적 친선의 분위기 속에서 회담이 진행되었다.

회담 석상에는 조선 측으로부터 최용건 동지, 김일 동지, 박성철 동지, 외무성 제1부상 허담 동지, 조선로동당 중앙위원회 부부장 김영남 동지, 중국주재 조선대사 현준극 동지가 참가하였다.

중국 측으로부터는 외교부 부부장 희붕비 동지, 중국공산당 중앙위원회 판공청 책임일군 양덕중 동지, 외교부 아세아국 부국장 조극강 동지, 외교부 의례국 부국장 한서 동지, 조선주재 중국대사 리운천 동지가 참가하였다.

회담에서 쌍방은 조선 인민과 중국 인민 사이의 전통적인 친선 협조 관계를 더욱 강화 발전시킬데 대하여서와 기타 공동의 관심사로 되는 일련의 문제들에 대하여 의견을 나누었다.

중국 측은 김일성 동지를 수반으로 하는 조선로동당의 령도 밑에 조선 인민이 자력갱생의 혁명정신을 높이 발양하고 천리마운동을 힘있게 벌려 짧은 기간에 자기 나라를 자립적 민족경제의 튼튼한 토대와 위력한 전인민적 방위체계와 찬란한 민족문화를 가진 발전된 사회주의 나라로 전변시킨데 대하여 축하하였다.

중국 측은 날로 격화되는 미제의 새 전쟁 도발책동에 대처하여 경제 건설과 국방건설을 병진시켜나가고 있으며 남조선에서 미제 침략군을 철거시키고 조국의 자주적 통일을 이룩하기 위하여 투쟁하고 있는 조선 인민에게 앞으로 더욱 큰 성과가 있기를 축원하였다.

조선 측은 모택동 동지를 통수로 하고 림표 동지를 부통수로 하는 중국공산당의 령도 밑에 중국 인민이 자본주의를 복귀시키려는 제국주의와 현대수정주의의 음모를 분쇄하고 프로레탈리아 문화대혁명을 성과적으로 수행하였으며 모든 힘을 다하여 더 많이 더 빨리 더 좋게 절약하면서 사회주의를 건설하고 국방력을 강화하기 위한 투쟁을 벌려 자기나라를 날로 장성하는 사회주의국가로 전변시킨데 대하여 축하하였다.

조선 측은 미제와 그 앞잡이들의 침략책동을 반대하고 공업과 농업, 과학과 기술을 발전시키고 나라의 방위력을 더욱 강화하며 대만을 해방하기 위한 중국 인민의 투쟁에서 앞으로 더욱 큰 성과가 있을 것을 축원하였다.

쌍방은 피로써 맺어진 조·중 두 나라 인민들 사이의 전투적 우위와 친선 단결을 더욱 공고히 하는 것이 공동위업의 리익에 전적으로 부합된다고 인정하면서 제국주의자들의 침략과 전쟁 책동을 반대하는 공동투쟁을 강화하며 여러 분야에 걸쳐 호상 협조관계를 일층 발전시켜나가려는 두 나라 인민들의 확고한 결의와 념원을 표시하였다.

쌍방은 현 국제정세가 세계 인민들의 혁명투쟁에 계속 유리하게 발전하고 있으며 제국주의와 현대수정주의와 각국 반동들에 불리하다고 인정한다.

쌍방은 미제국주의자들이 멸망하여 가는 처지로부터의 출로를 침략과 전쟁에서 찾으려고 발악하면서 더욱 교활하고 더욱 음흉하게 책동하고 있는데 대하여 응당한 경각성을 높여야 한다고 특별히 지적한다.

　현시기 미제국주의자들은 로골적인 무장간섭과 파괴전복활동을 강화하면서 아세아, 아프라카, 라틴아메리카 인민들의 민족해방운동을 야수적으로 탄압하며 평화를 악랄하게 교란하고 있다.

　특히 미제국주의자들은 아세아에 침략의 예봉을 돌리면서 일본 군국주의세력을 비롯한 추종국가들과 괴뢰들을 동원하여 아세아인끼리 싸우게 하는 방법으로 아세아 사회주의나라들과 이 지역 인민들을 반대하는 침략행위를 확대하려고 책동하고 있다.

　미제국주의자들은 웰남 인민을 반대하는 범죄적 침략전쟁을 '웰남화'한다는 구호 밑에 더욱 강화하고 있으며 조선에서 긴장상태를 격화시키면서 새 전쟁 도발책동에 미쳐 날뛰고 있으며 중국 인민을 반대하는 침략과 도발행위를 계속 감행하고 있다.

　이 모든 것은 미제국주의가 침략과 전쟁의 주되는 세력이며 세계 각국 인민의 가장 흉악한 공동의 원수라는 것을 보여주고 있다. 미제가 '평화'의 간판 뒤에 숨어서 저들의 침략적 본성을 가려 보려고 교활하게 책동하여도 결코 세계 인민들을 기만할 수 없다. 미제와는 추호의 타협도 없이 끝까지 견결히 싸워야 한다.

　미제의 격화되는 침략과 전쟁책동은 그들의 '강대성'을 보여주는 것이 아니라 반대로 그의 취약성을 실증하여 주는 것이다.

　쌍방은 미제의 공격의 예봉을 돌리며 모든 혁명적 인민들이 힘을 합쳐 세계 도처에서 미제국주의를 반대하는 투쟁을 강력히 벌린다면 미제는 결국 멸망하고야 말 것이며 인민들의 혁명위업은 반드시 승리할 것이라는 확신을 표명하였다.

　쌍방은 미제의 적극적인 비호 밑에 아세아에서 또다시 위험한 침략세력으로 되살아난 일본 군국주의가 미제를 등에 업고 그와 공모 결탁하여 파산된 '대동아공영권'의 옛꿈을 실현해보려고 망상하면서 아세아 인민들을 반대하는 공공연한 침략의 길에 나서고 있는데 대하여 강력히 규탄한다.

오늘 일본 반동들은 미제의 「새로운 아세아정책」에 따라 나라의 파쑈화와 군국화를 더욱 다그치면서 침략적 군사력을 급속히 증강하고 군사기지를 대대적으로 늘이며 해외팽창을 위한 전쟁준비를 강화하고 있다.

일본은 이미 아세아에서 새로운 침략전쟁의 전초기지로 거점으로 전변되였다.

일본 군국주의자들은 미제의 웰남 침략전쟁에 직접 복무하고 있으며 조선에서 미제의 새 전쟁 도발책동에 적극 가담하고 있으며 중국 인민의 신성한 령토인 대만을 저들의 세력권에 넣으려고 악랄하게 책동하고 있다.

일본 군국주의자들의 분별 없는 책동을 묵과한다면 그들은 또다시 아세아와 세계 인민들에게 커다란 참화를 끼치게 될 것이다.

일본 군국주의에 대하여 환상을 가지지 말아야 하며 그들에게 아무러한 기대도 걸지 말아야 한다.

일본 군국주의의 위험성을 보지 않고 사또 정부와 가까이 하는 것은 일본 군국주의자들의 해외팽창을 고무하여 주며 아세아에서 미제의 지위를 강화하여 주는 것으로 된다.

세계의 모든 혁명적 인민들은 일치한 행동으로 일본 군국주의의 침략적 야망을 저지 파탄시켜야 한다.

쌍방은 현 시기 일본 군국주의를 반대하는 투쟁은 미제를 반대하는 투쟁의 한 고리로 되며 아세아의 세계 평화를 수호하기 위한 투쟁으로 된다고 인정하면서 미제를 반대하는 투쟁과 함께 일본 군국주의를 반대하는 공동투쟁을 더욱 강화할 데 대한 굳은 결의를 표명하였다.

중국 측은 미제와 그 앞잡이 박정희 괴뢰도당이 조선민주주의인민공화국을 반대하는 새 전쟁 도발책동을 미친 듯이 벌리고 있으며 남조선의 혁명가들과 애국적 인민들에 대한 야수적 학살만행을 감행하면서 파쑈적 폭압을 전례 없이 강화하고 있는데 대하여 견결히 규탄한다.

중국 측은 미제의 남조선 강점과 그 침략정책이 조선의 통일을 가로막는 기본장애이며 조선에서 전쟁이 일어날 수 있는 항시적 근원이라고 인정하면서 남조선으로부터 미제 침략군을 철거시키고 어떠한 외세의 간섭도 없이 조선 사람들 자신의 손에 의하여 자주적으로 나라의 통일을 이룩할 데 대한 조선민주주의인민공화국 정부의 정당한 조국통일방침을 전적으로 지지한다.

조선 측은 미제국주의자들이 중국 인민의 신성한 령토인 대만을 강점하고 저들의 앞잡이들을 부추겨 중화인민공화국을 반대하는 침략과 도발책동을 끊임없이 감행하고 있는데 대하여 강력히 규탄하면서 미제의 강점으로부터 대만을 해방하며 령토 완정을 이룩하기 위한 중국 인민의 정당한 투쟁을 전적으로 지지한다.

국제무대에서 중화인민공화국의 합법적 지위 회복을 반대하고 그 영향력을 가로 막으로 ‘두개 중국’을 조작하려는 미제의 책동은 반드시 수치스러운 파산을 면치 못할 것이다.

쌍방은 웰남 인민의 영웅적 반미구국 투쟁에 전적인 지지와 련대성을 표시한다.

미제국주의자들은 남부 웰남에 대한 침략전쟁과 웰남민주공화국의 자주권과 안전을 침해하는 모든 침략행위를 당장 그만두고 남부 웰남에서 자기의 침략군과 추종국가와 남조선 괴뢰들의 군대를 무조건 완전히 철거시켜야 하며 웰남 문제는 웰남 인민 자신의 념원에 부합되게 해결되여야 한다.

웰남 인민은 미제침략자들을 때려부시고 자기의 정의의 위업을 위한 투쟁에서 최후의 승리를 이룩하고야 말 것이다.

쌍방은 라오스에 대한 미제의 침략과 무장간섭을 단호히 규탄하며 라오스 애국전선의 령도 밑에 라오스 인민이 미제와 그 앞잡이들이 반대하여 벌리고 있는 정의의 투쟁에 굳은 련대성을 표시한다.

쌍방은 최근 미제국주의자들이 캄보쟈에서 조작한 반동적 정변이 캄보쟈 인민의 진정한 리익과 인도지나 3개국의 안전에 엄중한 위협으로 된다고 인정하면서 캄보쟈 인민을 반대하는 미제의 범죄적 파괴책동을 강력히 규탄하며 나라의 독립과 자주권을 수호하기 위한 캄보쟈 인민들의 투쟁과 캄보쟈국가 원수 노로들 시하누크친왕의 3월 23일부 5개 항목의 선언을 지지한다.

쌍방은 미·일「안보조약」을 페기하고 미제의 군사기지를 철폐하며 일본 군국주의 재생 재무장을 반대하고 나라의 완전한 독립과 민주주의적 발전을 보장하기 위한 일본 인민의 투쟁을 지지하며 그에 련대성을 표시한다.

쌍방은 미제의 직접적인 지원과 사촉 밑에 아랍 령토를 계속 비법적으로 강점하고 있으며 아랍나라들을 반대하는 침략을 확대하고 있는 이스라엘 침략자들의 범죄행위를 견결히 규탄하며 민족적 독립과 존엄을 수호하고 강점당한 아랍 땅을 되찾으며 팔레스티나 인민의 해방위업을 성취하기 위한 아랍 인민들의 정의의 투쟁을 전적으로 지지한다.

쌍방은 오늘 아세아, 아프리카, 라틴아메리카 대륙에서 거세차게 일어나고 있는 민족해방운동이 현시대의 가장 위력한 혁명력량의 하나로 된다고 간주하면서 미제를 우두머리로 하는 제국주의와 식민주의를 반대하며 자유와 해방과 민족적 독립을 위하여 싸우고 있는 이 지역의 모든 인민들에게 굳은 련대성을 표시한다.

쌍방은 독점자본의 착취와 억압을 반대하며 생존의 권리와 계급적 해방을 위하여 혁명투쟁을 하는 자본주의나라 로동계급과 근로인민들에게 전투적 련대성을 표시한다.

쌍방은 미·일 반동들의 침략과 새 전쟁 도발책동이 날로 격화되고 있는 오늘의 정세는 조·중 두 나라 인민들이 힘을 합쳐 공동으로 그에 대처할 것을 요구하고 있으며 이것은 미제의 침략책동을 저지 파탄시키고 아세아와 세계 평화를 수호하며 두 나라 인민들의 혁명과 건설을 힘 있게 추진시킴에 있어서 커다란 의의를 가진다고 인정한다.

쌍방은 중화인민공화국 국무원 총리인 주은래 동지의 조선민주주의 인민공화국 방문이 맑스-레닌주의와 프로레타리아국제주의 원칙에 기초한 조·중 두 나라 인민들사이의 전통적인 친선과 협조관계를 더욱 강화 발전시킴에 있어서 새로운 기여로 된다고 만족스럽게 지적한다.

1970년 4월 7일
평양

*출처 : 조선중앙통신사, 『조선중앙년감(1971년판)』(평양 : 조선중앙통신사, 1971), 551~553쪽.

참고문헌

1. 한국

1) 단행본

존 브리그스 · 데이비드 피트 저(김광태 · 조혁 옮김), 『혼돈의 과학』(서울 : 범양
　　사, 1990).

鄭慶謨 · 崔達坤 편, 『北韓法令集(第1卷)』(서울 : 大陸出版社, 1990).

이삼성, 『현대 미국외교와 국제정치』(서울 : 한길사, 1993).

미첼 월드롭(김기식 · 박형규 옮김), 『카오스와 인공생명으로』(서울 : 범양사,
　　1995).

임덕순, 『政治地理學原理 : 理論과 實際(第2版)』(서울 : 법문사, 1997).

임덕순, 『地政學 : 理論과 實踐』(서울 : 법문사, 1999).

이종석, 『북한-중국 관계 1945~2000』(서울 : 도서출판 중심, 2000).

이종석, 『새로 쓴 현대북한의 이해』(서울 : 역사비평사, 2000).

장항석, 『미국패권의 이해』(서울 : 평민사, 2001).

김연철 · 박순성 편, 『북한 경제개혁 연구』(서울 : 후마니타스, 2002).

김계동, 『북한의 외교정책 : 벼랑에 선 줄타기외교의 선택』(서울 : 백산서당,
　　2002).

김광운, 『북한정치사연구 I』(서울 : 선인, 2003).

김태현 · 신욱희 편, 『동아시아 국제관계와 한국』(서울 : 을유문화사, 2003).

첸지천(錢其琛), 『열 가지 외교 이야기(外交十記)』(서울 : 랜덤하우스중앙, 2004).

이희옥, 『중국의 새로운 사회주의 탐색』(서울 : 창비, 2004).

정영철, 『북한의 개혁 · 개방 : 이중전략과 실리사회주의』(서울 : 선인, 2004).

김동환,『시스템 사고 : 시스템으로 사고하기』(서울 : 선학사, 2004).

윤영수 · 채승병,『복잡계 개론』(서울 : 삼성경제연구소, 2005).

서동만,『북조선 사회주의체제 성립사 1945~1961』(서울 : 선인, 2005).

정창현,『변화하는 북한, 변하지 않는 북한』(서울 : 선인, 2005).

문흥호,『중국의 대외전략과 한반도』(서울 : 율력, 2006).

伊藤成彦 지음(강동완 옮김),『일본은 왜 평화헌법을 폐기하려 하는가』(서울 : 행복한 책읽기, 2006년).

고유환 엮음,『로동신문을 통해 본 북한 변화』(서울 : 선인, 2006).

콜린 플린트 지음(한국지정학연구회 옮김),『지정학이란 무엇인가』(서울 : 길, 2007).

세종연구소 북한연구센터 엮음,『북한의 대외관계』(서울 : 한울, 2007).

양영조,『한국전쟁과 동북아 국가정책』(서울 : 선인, 2007).

조현일,『1000』(서울 : 접힘/펼침, 2008).

송승엽,『중국 개혁 개방 30년』(서울, 휴먼비전, 2008년).

최명해,『중국 · 북한 동맹관계 : 불편한 동거의 역사』(서울 : 오름, 2009).

이교덕 · 김국신 · 조정아 · 박영자,『북한체제의 행위자와 상호작용』(서울 : 통일연구원, 2009).

민병원 · 조동준 · 김치운,『탈냉전 이후 국제관계와 북한의 변화』(서울 : 통일연구원, 2009).

조정아 · 김영윤 · 박영자,『북한 시장 진화에 관한 복잡계 시뮬레이션』(서울 : 통일연구원, 2009).

강성윤 편저,『북한의 학문세계』상, 하(서울 : 선인, 2009).

이태섭,『북한의 경제 위기와 체제 변화』(서울 : 선인, 2009).

박순성 · 홍민,『북한의 일상생활세계』(서울 : 한울, 2010).

서동만 저작집 간행위원회 엮음,『북조선 연구 : 서동만 저작집』(서울 : 창비, 2010).

브루노 라투르 외 저(홍성욱 엮음),『인간 · 사물 · 동맹 : 행위자네트워크 이론과 테크노사이언스』(서울 : 이음, 2010).

김진환,『북한위기론』(서울 : 선인, 2010).

장명봉,『2011 최신 북한법령집』(서울 : 북한법연구회, 2011).

2) 논문

안병준, 「북한 외교정책 : 지속과 변화」, 박재규 편, 『북한의 대외정책』(서울 : 경
　　　남대출판부, 1986).

고유환, 「김정일의 主體思想과 社會主義論」, 『안보연구』, 23집(1993).

고유환, 「사회주의 위기와 북한의 '우리식 사회주의'」, 『통일문제연구』, 제7권 1호
　　　(1995).

고유환, 「북한식 사회주의 체제의 지속과 변화」, 『통일문제연구』, 제9권 2호
　　　(1997).

이종철, 「동북아 지역협력을 위한 경제지정학적 접근」, 『지리학논총』, 제29호
　　　(1997).

김용현, 「북한의 군사국가화에 관한 연구 : 1950~60년대를 중심으로」(동국대학교
　　　정치학과 박사학위논문, 2001).

선즈화(沈志華/중국), 「중국의 한국전쟁 참전 결정에 대한 평가」, 『한국전쟁과
　　　중국』(서울 : 백산서당, 2001).

김연철, 「북한 신경제 전략의 성공 조건 : 시장제도 형성과 탈냉전 국제환경」,
　　　『국가전략』, 제8권 제4호(2002).

양문수, 「북한경제 연구방법론 : 시각, 자료, 분석틀을 중심으로」, 『경남대학교
　　　북한대학원 엮음, 『북한연구방법론』(서울 : 한울, 2003).

홍익표, 「북한의 대외경제와 무역」, 『현대 북한경제론』(서울 : 오름, 2005).

정영철, 「혁명2세대와 혁명4세대의 만남 : 북중관계 새 장을 열다」, 『민족 21』,
　　　통권 제57호(2005).

정영철, 「실리주의에 기초한 경제협력 국제무대에서 공동의 이익 수호 합의」,
　　　『민족 21』, 통권 제57호(2005).

박순성, 「김정일 시대(1994~2004) 북한 경제정책의 변화와 전망」, 북한연구학회
　　　편, 『북한의 경제 3』(서울 : 경인문화사, 2006).

이종석, 「중·소의 북한 내정간섭 사례연구 : 8월 종파사건」, 『세종정책연구』, 제
　　　6권 2호(2006).

이남주, 「북중관계의 진전을 어떻게 볼 것인가?」, 『황해문화』, 가을호(2006년).

박광희, 「한반도의 지정학적 의미에 대한 중국 정치엘리트의 전통적 인식」, 『新
　　　亞細亞』, 제13권 제3호(2006).

이영훈, 「북중무역의 현황과 북한경제에 미치는 영향」, 『금융경제연구』, 제246

호(서울 : 한국은행 금융경제연구원, 2006).

이상현, 「한미동맹과 전략적 유연성 : 쟁점과 전망」, 『國際政治論叢』, 제46집 4호 (2006).

홍익표, 「북한의 대외경제정책 및 경제협력 현황」, 북한연구학회 편, 『북한의 경제 3』(서울 : 경인문화사, 2006).

유광진, 「북한의 대중국외교정책」, 북한연구학회 편, 『북한의 통일외교 10』(서울 : 경인문화사, 2006).

정규섭, 「북한 외교정책의 역사적 전개」, 북한연구학회 편, 『북한의 통일외교 10』 (서울 : 경인문화사, 2006).

김재관, 「제2차 북핵 위기 이후 북중관계의 근본적 변화 여부에 관한 연구 : 경제/군사안보 영역의 최근 변화를 중심으로」, 『東亞研究』, 第52輯(2007).

박창희, 「지정학적 이익 변화와 북중동맹관계 : 기원, 발전, 그리고 전망」, 『중소연구』, 통권 113호(2007).

이동률, 「한중 정치관계의 쟁점과 과제」, 『중국의 부상 : 동아시아 및 한중관계에의 함의』(서울 : 오름, 2008).

전병곤, 「북한의 2차 핵실험 이후 북중관계의 변화」, 『프레시안』, 6.5(2009).

문흥호, 「후진타오 집권기 중국의 대 북한 인식과 정책 : 변화와 지속」, 김연철 외, 『북한은 어디로 가는가?』(서울 : 도서출판 플래닛미디어, 2009).

이희옥, 「북·중 관계의 변화와 한국의 대응」, 『중국의 부상에 따른 한국의 국가전략 연구 I』(서울 : 대외경제정책연구원, 2009년).

지상현·콜린 플린트, 「지정학의 재발견과 비판적 재구성」, 『공간과 사회』, 통권 제31호(2009).

윤지훈, 「발걸음 빨라진 중국의 대북 투자 '동방의 엘도라도'를 잡아라」, 『민족 21』, 통권 제95호(2009).

최명해, 「북한의 2차 핵실험과 북·중 관계」, 『국방정책연구』, 第25券 제3호(2009).

윤지훈, 「북·중 경협의 상징 압록강-두만강 개발프로젝트 : 황금평과 라진항, 동북아 경제지도 바꾼다」, 『민족 21』, 통권 제104호(2009).

김광운, 「6·25전쟁의 국제적 영향」, 역사문제연구소·포츠담현대사연구센터 공동기획, 『한국전쟁에 대한 11가지 시선』(서울 : 역사비평사, 2010).

최명해, 「북한의 대중'의존'과 중국의 대북 영향력 평가」, 『주요 국제문제분석』, No. 2010-15(2010).

이희옥, 「중국의 부상과 미·중 관계의 새로운 변화 : 중첩의 확대와 갈등의 일
　　　상화」, 『외교안보연구』, 제6권 제2호(2010).

박종철, 「북중관계 연구현황에 관한 분석」, 『社會科學研究』, 제34집 1호(2010).

이태환, 「한·중 전략적 협력 동반자 관계 : 평가와 전망」, 『세종정책연구』, 제6
　　　권 2호(2010).

이상현, 「오바마 행정부의 군사전략 : 2010년 QDR과 함의」, 『전략연구』, 통권 제
　　　50호(2010).

이남주, 「북중 경제협력과 한반도경제」, 『창비 주간논평(weekly.changbi.com)』,
　　　2010-09-29(2010).

홍익표, 「북중 경협과 창지투 개발계획」, 『KDI 북한경제리뷰』, 9월호(2010).

진징이(金景一/중국), 「지경학적으로 한반도 문제를 풀어야 한다」, 『통일뉴스』,
　　　2011년 10월 5일자.

이영훈, 「중국의 대북 경제적 영향력 분석」, 『통일경제』, 제24권 제1호(2011).

김흥규, 「새로 쓰는 동북아 안보지도와 한국 : 중국 부상의 안보적 함의」, 이상
　　　현 편, 『새로 그리는 동아시아 안보지도 : 중국 부상의 안보적 함의』(서울 :
　　　세종연구소, 2011).

원동욱, 「북·중 경협의 빛과 그림자 : '창지투 개발계획'과 북중 간 초국경연계
　　　개발을 중심으로」, 『현대중국연구』, 제13집 1호(2011).

김일한, 「북한의 대외경제에 대한 인식과 북·중 경협」, 『글로벌경제연구』, 제4
　　　권 1호(2011).

이동률, 「중국의 대북전략과 북중관계 : 2010년 이후 김정일의 중국 방문 결과를
　　　중심으로」, 『세계지역연구논총』, 29집 3호(2011).

이종석, 「북-중 경제협력의 심화 : 특징과 함의」, 『정세와 정책』, 7월호(2011).

전병곤, 「천안함 이후 북중관계의 변화와 영향」, 『한중사회과학연구』, 제9권 제
　　　1호(2011).

김광운, 「북한 민족주의 역사학의 궤적과 환경」, 『한국사연구』, 제152호(2011).

백영서, 「연동하는 동아시아, 문제로서의 한반도」, 『창작과 비평』, 제151호(2011).

박순성, 「한반도 분단현실에 대한 두 개의 접근 : 분단체제론과 분단/탈분단의
　　　행위자-네트워크이론」, 『경제와 사회』, 통권 제94호(2012).

김석진, 「중국 제조업체의 북한 진출 가능성과 시사점」, 『KIET 산업경제』, 5월
　　　호(2012).

이종석, 「2차 핵실험 이후 북한-중국 관계의 변화 : 특징과 배경」, 『세종정책연구』, 제21호(2012).

권영경, 「신북·중 경협시대의 도래와 우리의 대응과제」, 『평화연구』, 제13권 1호(2012).

동지에(董潔/중국), 「1950~1960년대 북한 산업연수생의 북경 연수활동」, 『현대북한연구』, 제15권 1호(2012).

박종철, 「중국의 대북 경제정책과 경제협력에 관한 연구」, 『한국동북아논총』, 제62호(2012).

안병민·김선철, 「북중 경제협력의 확대와 중국의 창지투개발계획 분석-교통물류체계와 라진항 연계수송을 중심으로」, 동북아·북한연구센터(nk-koti.re.kr), 2012-01(2012).

림금숙(林今淑/중국), 「장길도(長吉圖) 선도구와 나선특별시 간 경제협력의 새로운 동향」, 『KDI 북한경제리뷰』, 1월호(2013).

이종림(李鍾林/중국), 「중국의 대북투자 리스크와 대응방안」, 『KDI 북한경제 리뷰』, 2월호(2013).

김석진, 「북중경협 확대 요인과 북한경제에 대한 영향」, 『KDI 북한경제리뷰』, 1월호(2013).

김재관, 「G-2시대 한중관계의 주요딜레마와 쟁점에 대한 시론적 검토」, 『한국사연구(160)』, 3월호(2013).

김준형, 「미국의 한반도정책 결정 요인과 전망」, 『코리아연구원(KNSI)』, 제43호(2013).

김지연, 「북-중 관광 협력 실태분석과 전망」, 『KIEP 지역경제포커스』, Vo1.7 No.41(2013).

임강택, 「최근 5년간 북한 대외무역의 주요 특징 및 전망」, 『KDI 북한경제리뷰』, 1월호(2014).

이종규, 「2013년 북한의 대외무역 평가 및 2014년 전망」, 『KDI 북한경제리뷰』, 1월호(2014).

이종운, 「북중 경제관계의 구조적 특성과 함의」, 『KDI 북한경제리뷰』, 1월호(2014).

3) 정기 간행물

『경향신문』

『동아일보』

『민족 21』

『서울신문』

『연합뉴스』

『조선신보』

『조선일보』

『중앙일보』

『통일부 보도자료』

『한겨레신문』

『JTBC 뉴스』

『KBS 뉴스』

『TV 조선 뉴스』

『YTN 뉴스』

4) 학술회의 자료집 · 보고서

세종연구소 주최, 『"미국, 중국과 한반도"─제7차 SEJONG-CICIR 학술회의 보고
　　　서』(서울 : 세종연구소, 2001년 10월 15일).

한국관광공사, 『북한의 관광특구 확대가능성 및 발전방안』(서울 : 한국관광공사,
　　　2001).

한국관광공사, 『2005 북한관광백서』(서울 : 한국관광공사, 2005).

KOTRA, 「2005년도 북한의 대외무역 동향」, 『코트라(kotra.or.kr)』, 2006-12-04
　　　(2006년 12월).

세종연구소, 「동북아 다자안보협력에 대한 러시아의 입장」, 『정책보고서』, 통권
　　　제69호(2006).

한국관광공사, 『2008 북한관광백서』(서울 : 한국관광공사, 2008).

이석, 「북중 무역실태와 쟁점 분석」, 남북경협국민운동본부 주최, 『제7차 남북
　　　경협정책포럼 자료집』(서울 : 평화재단, 2009년 4월).

배종렬, 「중국의 장길도 개발계획과 북중경협의 방향」, 평화재단 주최, 『제38차
　　　전문가포럼 자료집』(서울 : 평화재단, 2010년 4월 20일).

한국관광공사, 『2010 북한관광백서』(서울 : 한국관광공사, 2010).

임수호 · 최명해, 「북 · 중 경제밀착의 배경과 시사점」, 삼성연구소 홈페이지(SERI. org), 2010-10-01(2010).

대외정책연구원 주최, 『"신 북-중 경협시대의 한국의 대북 정책과제"―국제세미나 자료집』(서울 : 대외정책연구원, 2010년 6월 28일).

윤승현, 「최근 북중경제관계의 현황과 전망」, 평화재단 주최, 『제38차 전문가포럼 자료집』(서울 : 평화재단, 2010년 4월 20일).

매일경제신문사 · 한국정책금융공사 주최, 『"북-중 경제협력 강화에 어떻게 대응할 것인가?"―북한정책포럼 제18차 국제세미나 자료집』(서울 : 매일경제사, 2011년 4월 12일).

동국대 SSK 분단/탈분단 행위자-네트워트 연구팀 주최, 『"행위자-네트워크 이론(ANT)과 분단 연구"―제1회 분단/탈분단 행위자-네트워트 콜리키움 자료집』(서울 : 동국대 SSK 분단/탈분단 행위자-네트워트 연구팀, 2011년 6월 28일).

김진홍 · 김진호, 「한 · 미 FTA 발효가 지역경제에 미치는 영향과 대응전략」, 『한국은행 포항본부』, 2012-3(2012).

동국대 북한학연구소 · 리즈메이칸대 코리아연구원 · 지린대 동북아연구원 주최, 『"김정은 체제 공식출범과 북한의 대외관계"-2012년 한중일국제학술회의 자료집』(서울 : 동국대 북한학연구소, 2012년 4월 25일).

북한연구학회 · 통일연구원 주최, 『"김정은 체제와 한반도 정세"―2012년 춘계학술회의 자료집』(서울 : 북한연구학회, 2012년 4월 27일).

KOTRA, 「2011년도 북한의 대외무역 동향」, 『코트라(kotra.or.kr)』, 12-018(2012년 6월).

한국 국사편찬위원회 · 중국 연변대 조선한국연구중심 주최, 『"한중관계의 과거, 현재와 미래―한중수교 20주년 기념 국제학술회의 자료집』(중국 : 연변대학 조선 한국 역사연구소, 2012년 7월 5일).

KOTRA, 「2012년도 북한의 대외무역 동향」, 『코트라(kotra.or.kr)』, 13-018(2013년 5월).

KOTRA, 「2013년도 북한 대외무역 동향」, 『코트라(kotra.or.kr)』, 2014-05-22(2014년 5월).

한국무역협회, 「2012년 남북교역 · 북중무역 동향 비교」, 『Trade Focus』, Vol. 13

No.8(2013).

한국무역협회, 「2013년 남북교역·북중무역 동향 비교」, 『Trade Focus』, Vol.13 No.9(2014).

이석기·양문수·김석진·이영훈·임강택·조봉현, 『북한 경제 쟁점 분석』(서울 : KIET 산업연구원, 2013).

정민국 외, 「한·미 FTA 발효 2년, 농업부문 영향과 과제」, 『한국농촌경제연구원』, 2014-3-14(2014).

2. 북한

1) 단행본

조선로동당출판사, 『자주성을 옹호하자』(평양 : 조선로동당출판사, 1966).

박태호, 『조선민주주의인민공화국 대외관계사 1』(평양 : 사회과학출판사, 1985).

박동진, 『승냥이 미제의 죄악』(평양 : 금성청년출판사, 1988).

김정일, 『주체사상에 대하여』(평양 : 조선로동당출판사, 1991).

조선로동당출판사, 『조선민주주의인민공화국 사회주의헌법(1992년)』(평양 : 조선로동당출판사, 1992).

조선로동당출판사, 『조선민주주의인민공화국 사회주의헌법(1998년)』(평양 : 조선로동당출판사, 1998).

철학연구소, 『사회주의 강성대국 건설사상』(평양 : 사회과학출판사, 2000).

장석, 『김정일 장군 조국통일론 연구』(평양 : 평양출판사, 2002).

엄국현·윤금철, 『조선반도 평화보장 문제』(조선 : 평양출판사, 2006).

조선로동당 중앙위원화 당력사연구소, 『조선로동당력사』(평양 : 조선로동당출판사, 2006).

길재준·리상전, 『중국 동북해방전쟁을 도와』(평양 : 과학백과사전출판사, 2008).

법률출판사, 『조선민주주의인민공화국 법전』(평양 : 법률출판사, 2012).

법률출판사, 『조선민주주의인민공화국 법규집(대외경제부문)』(평양 : 법률출판사, 2012).

2) 김일성 저작

김일성, 「현 정세와 당면과업(1950년 12월 21일)」, 조선로동당출판사 편, 『김일
　　　성선집(제3권)』(평양 : 조선로동당출판사, 1953).
김일성, 「사회주의 건설에서 인민정권의 당면과업에 대하여(1957년 9월 20일)」,
　　　조선로동당출판사 편, 『김일성선집(제5권)』(평양 : 학우서방, 1963).
김일성, 「인민 소비품 생산을 확대하며 상품류통사업을 개선할데 대하여(1958
　　　년 6월 5일)」, 조선로동당출판사 편, 『김일성선집(제5권)』(평양 : 학우서
　　　방, 1963).
김일성, 「국가활동의 모든 분야에서 자주, 자립, 자위의 혁명정신을 더욱 철저
　　　히 구현하자 : 조선민주주의인민공화국 최고인민회의 제4기 제1차 회의
　　　에서 발표한 「조선민주주의인민공화국 정부정강」」, 『경제연구』, 제4호
　　　(1967).
김일성, 「모든 힘을 조국의 통일독립과 공화국북반부에서의 사회주의건설을 위
　　　하여」, 조선로동당출판사 편, 『김일성저작집(제9권)』(평양 : 조선로동당출
　　　판사, 1980).
김일성, 「사상사업에서 교조주의와 형식주의를 퇴치하고 주체를 확립할 데 대
　　　하여」, 조선로동당출판사 편, 『김일성저작집(제9권)』(평양 : 조선로동당출
　　　판사, 1980).
김일성, 「조선로동당 제3차 대회에서 한 중앙위원회사업총화보고」, 조선로동당
　　　출판사 편, 『김일성저작집(제10권)』(평양 : 조선로동당출판사, 1980).
김일성, 「조선로동당 제4차 대회에서 한 중앙위원회사업총화보고」, 조선로동당
　　　출판사 편, 『김일성저작집(제15권)』(평양 : 조선로동당출판사, 1981).
김일성, 「조선민주주의인민공화국에 있어서의 사회주의건설과 남조선혁명에
　　　대하여」, 조선로동당출판사 편, 『김일성저작집(제19권)』(평양 : 조선로동
　　　당출판사, 1982).
김일성, 「현실을 반영한 문학예술작품을 많이 창작하자(1956년 12월 25일)」, 조선
　　　로동당출판사 편, 『김일성저작집(제21권)』(평양 : 조선로동당출판사, 1983).
김일성, 「국가활동의 모든 분야에서 자주, 자립, 자위의 혁명정신을 더욱 철저
　　　히 구현하자 : 조선민주주의인민공화국 최고인민회의 제4기 제1차 회의
　　　에서 발표한 「조선민주주의인민공화국 정부정강」」, 조선로동당출판사
　　　편, 『김일성저작집(제21권)』(평양 : 조선로동당출판사, 1983).

김일성, 「미제를 반대하는 아세아 혁명적 인민들의 공동투쟁은 반드시 승리할
    것이다」, 조선로동당출판사 편, 『김일성저작집(제26권)』(평양 : 조선로동
    당출판사, 1984).

김일성, 「조선로동당과 공화국정부의 대내외정책의 몇가지 문제에 대하여」, 조선
    로동당출판사 편, 『김일성저작집(제26권)』(평양 : 조선로동당출판사, 1984).

김일성, 「우리나라 사회주의제도를 더욱 강화하자」, 조선로동당출판사 편, 『김
    일성저작집(제27권)』(평양 : 조선로동당출판사, 1984).

김일성, 「당, 정권기관, 인민군대를 더욱 강화하여 사회주의 대건설을 더 잘하
    여 혁명적 대사변을 승리적으로 맞이하자(1975년 2월 17일)」, 조선로동당
    출판사 편, 『김일성저작집(제30권)』(평양 : 조선로동당출판사, 1985).

김일성, 「3대혁명을 힘있게 벌려 사회주의건설을 더욱 다그치자(1975년 3월 3
    일)」, 조선로동당출판사 편, 『김일성저작집(제30권)』(평양 : 조선로동당출
    판사, 1985).

김일성, 「쁠럭블가담운동의 강화 발전을 위하여(1986년 6월 20일)」, 조선로동당
    출판사 편, 『김일성저작선집(제9권)』(평양 : 조선로동당출판사, 1987).

김일성, 「조선로동당 제6차 대회에서 한 폐회사」, 조선로동당출판사 편, 『김일
    성저작집(제35권)』(평양 : 조선로동당출판사, 1987).

김일성, 「조선로동당 제6차 대회에서 한 중앙위원회 사업총화보고」, 조선로동
    당출판사 편, 『김일성저작집(제35권)』(평양 : 조선로동당출판사, 1987).

김일성, 「주체사상을 구현하기 위한 조선인민의 투쟁에 대하여」, 조선로동당출
    판사 편, 『김일성저작집(제38권)』(평양 : 조선로동당출판사, 1992).

김일성, 「단마르크 사회민주당 위원장과 한 담화」, 조선로동당출판사 편, 『김일
    성저작집(제38권)』(평양 : 조선로동당출판사, 1992).

김일성, 「사회주의건설과 조국통일을 위한 우리 인민의 투쟁에 대하여」, 조선로
    동당출판사 편, 『김일성저작집(제41권)』(평양 : 조선로동당출판사, 1995).

김일성, 「당, 국가, 경제 지도일군협의회에서 한 연설 : 변화된 환경에 맞게 대외
    무역을 발전시킬데 대하여(1991년 11월 23일, 26일)」, 조선로동당출판사
    편, 『김일성저작집(제43권)』(평양 : 조선로동당출판사, 1996).

김일성, 「미국 '워싱톤타임스' 기자단이 제기한 질문에 대한 대답(1994년 4월 16
    일)」, 조선로동당출판사 편, 『김일성저작집(제44권)』(평양 : 조선로동당출
    판사, 1996).

김일성, 「미국 씨엔엔텔레비죤방송회사 기자단이 제기한 질문에 대한 대답(1994년 4월 17일)」, 조선로동당출판사 편, 『김일성저작집(제44권)』(평양 : 조선로동당출판사, 1996).

김일성, 「라진-선봉자유경제무역지대 개발과 수력발전소 건설을 다그칠데 대하여(1994년 6월 14일)」, 조선로동당출판사 편, 『김일성저작집(제44권)』(평양 : 조선로동당출판사, 1996).

김일성, 「국제반제력량과 련합하여」, 조선로동당출판사 편, 『김일성동지회고록 : 세기와 더불어(계승본/제8권)』(평양 : 조선로동당출판사, 1998).

김일성, 「조선인민군 창건 스무돌을 맞이하여(1968년 2월 8일)」, 조선로동당출판사 편, 『김일성전집(제40권)』(평양 : 조선로동당출판사, 2001).

김일성, 「남남협조와 대외경제사업을 강화하며 무역사업을 더욱 발전시킬데 대하여(1984년 1월 26일)」, 조선로동당출판사 편, 『김일성전집(제79권)』(평양 : 조선로동당출판사, 2008).

3) 김정일 저작

김정일, 「과학기술을 더욱 발전시킬데 대하여(1985년 8월 3일)」, 조선로동당출판사 편, 『김정일선집(제8권)』(평양 : 조선로동당출판사, 1998).

김정일, 「우리나라 청년운동을 새로운 높은 단계로 발전시키자(1993년 1월 5일)」, 조선로동당출판사 편, 『김정일선집(제13권)』(평양 : 조선로동당출판사, 1998).

김정일, 「자강도의 모범을 따라 경제사업과 인민생활에서 새로운 전환을 일으키자(1998년 1월 16~21일, 6월 1일, 10월 20일, 22일)」, 조선로동당출판사 편, 『김정일선집(제14권)』(평양 : 조선로동당출판사, 2000).

김정일, 「대외사업부문일군들 앞에 나서는 몇가지 과업에 대하여(1980년 1월 6일)」, 조선로동당출판사 편, 『김정일선집(제6권)』(평양 : 조선로동당출판사, 1995).

김정일, 「주체사상에 대하여(1982년 3월 31일)」, 조선로동당출판사 편, 『김정일선집(제7권)』(평양 : 조선로동당출판사, 1996).

김정일, 「혁명대오를 튼튼히 꾸리며 사회주의 건설을 더욱 힘있게 다그칠데 대하여(1984년 3월 10일」, 조선로동당출판사 편, 『김정일선집(제8권)』(평양 : 조선로동당출판사, 1998).

김정일, 「당과 혁명대오의 강화 발전과 사회주의경제 건설의 새로운 양양을 위하여(1986년 1월 3일)」, 조선로동당출판사 편, 『김정일선집(제8권)』(평양 : 조선로동당출판사, 1998).

김정일, 「당을 강화하고 그 영도적 역할을 더욱 높이자(1989년 6월 9일, 12일)」, 조선로동당출판사 편, 『김정일선집(제9권)』(평양 : 조선로동당출판사, 1997).

김정일, 「재정은행사업을 개선 강화할데 대하여(1990년 9월 18일)」, 조선로동당출판사 편, 『김정일선집(제10권)』(평양 : 조선로동당출판사, 1997).

김정일, 「사회주의건설의 력사적 교훈과 우리 당의 총로선(1992년 1월 3일)」, 조선로동당출판사 편, 『김정일선집(제12권)』(평양 : 조선로동당출판사, 1997).

김정일, 「주체문학론(1992년 1월 20일)」, 조선로동당출판사 편, 『김정일선집(제12권)』(평양 : 조선로동당출판사, 1997).

김정일, 「당의 무역제일주의방침을 관철하는데서 나서는 몇가지 문제(1995년 2월 1일)」, 조선로동당출판사 편, 『김정일선집(제14권)』(평양 : 조선로동당출판사, 2000).

김정일, 「사상사업을 앞세우는 것은 사회주의위업 수행의 필수적 요구이다(1995년 6월 19일)」, 조선로동당출판사 편, 『김정일선집(제14권)』(평양 : 조선로동당출판사, 2000).

김정일, 「경제사업을 개선하는데서 나서는 몇가지 문제에 대하여(1996년 4월 22일)」, 조선로동당출판사 편, 『김정일선집(제14권)』(평양 : 조선로동당출판사, 2000).

김정일, 「혁명과 건설에서 주체성과 민족성을 고수할데 대하여(1997년 6월 19일)」, 조선로동당출판사 편, 『김정일선집(제14권)』(평양 : 조선로동당출판사, 2000).

김정일, 「청년동맹 초급조직들의 역할을 더욱 높이자(1999년 9월 29일)」, 조선로동당출판사 편, 『김정일선집(제14권)』(평양 : 조선로동당출판사, 2000).

김정일, 「사회주의강성대국 건설에서 결정적 전진을 이룩할데 대하여(2000년 1월 1일)」, 조선로동당출판사 편, 『김정일선집(제15권)』(평양 : 조선로동당출판사, 2005).

김정일, 「올해를 새 세기의 진격로로 열어나가는데서 전환의 해로 되게 하자(2001년 1월 3일)」, 조선로동당출판사 편, 『김정일선집(제15권)』(평양 : 조선로동당출판사, 2005).

김정일,「선군혁명로선은 우리 시대의 위대한 혁명로선이며 우리 혁명의 백전
　　　백승의 기치이다(2003년 1월 29일)」, 조선로동당출판사 편,『김정일선집
　　　(제15권)』(평양 : 조선로동당출판사, 2005).

4) 논문
김광순,「우리나라의 인민민주주의 제도의 확대 공고화를 위한 조선로동당의
　　　경제정책」,『경제연구』, 제2호(1956).
문정택,「공화국 대외무역의 가일층의 발전과 제1차 5개년 계획 기간의 외화 문
　　　제」,『경제연구』, 제2호(1957).
리석심,「전후 경제건설에서의 우리 당 기본로선의 창조성과 그 위대한 생활력」,
　　　『경제연구』, 제2호(1962).
리명서,「자립 경제건설에 대하여」,『경제연구』, 제3호(1962).
신재호,「자립적 민족경제건설을 위한 우리 당의 정책」,『경제연구』, 제6호(1962).
전정희,「자립적 민족경제 건설과 경제건설의 기본로선」,『경제연구』, 제3호(1965).
문정택,「자립적 민족경제 건설과 대외무역」,『경제연구』, 제4호(1965).
문정택,「자립적 민족경제 건설과 외화문제」,『경제연구』, 제3호(1966).
─────,「남조선경제는 대외시장에 종속된 '수출주도형'의 식민지예속경제」,『경
　　　제연구』, 루계 제53호 제2호(1986).
류정렬,「자립적 민족경제발전과 나라들사이의 경제적 교류」,『경제연구』, 루계
　　　제56호 제3호(1987).
황경오,「현시기 급속히 추진되고 있는 일본경제의 군사화」,『경제연구』, 루계
　　　제58호 제1호(1988).
황경오,「가일층 군사화되는 미국경제」,『경제연구』, 루계 제62호 제1호(1989).
김원선,「자본의 국제화와 자본주의 나라들의 호상관계에서의 새로운 변화」,
　　　『경제연구』, 루계 제65호 제4호(1989).
최영도,「경제분야에서 제국주의자들의 반사회주의적 책동의 반동성」,『경제연
　　　구』, 루계 제72호 제3호(1991).
장상영,「대외무역에서의 신용」,『경제연구』, 루계 제72호 제3호(1991).
리신효,「새로운 무역체계의 본질적 특징과 그 우월성」,『경제연구』, 루계 제77
　　　호 제4호(1992).
오기철,「국제결제의 형식과 방법을 개선하는 것은 대외신용을 높이기 위한 중

요한 방도」, 『경제연구』, 루계 제77호 제4호(1992).

백창식, 「합영의 본질과 특징」, 『경제연구』, 루계 제75호 제2호(1992).

최원철, 「합영, 합작을 잘하는 것은 대외경제관계 발전의 중요 요구」, 『경제연구』, 루계 제81호 제4호(1993).

조강일, 「무역제일주의방침은 사회주의 경제건설에서 일대 앙양을 일으키게 하는 혁명적 방침」, 『경제연구』, 루계 제83호 제2호(1994).

리신효, 「수출품생산기지를 튼튼히 꾸리고 제품의 질을 높이는 것은 무역제일주의방침을 관철하는데서 나서는 중요 요구」, 『경제연구』, 루계 제84호 제3호(1994).

최경희, 「현시기 대외시장을 개척하기 위한 방도」, 『경제연구』, 루계 제87호 제2호(1995).

서성준, 「자립적 민족경제건설로선은 자주적인 대외무역관계발전을 위한 물질적 담보」, 『경제연구』, 루계 제90호 제1호(1996).

채재득, 「관광업과 그 경제적 특성」, 『경제연구』, 루계 제91호 제2호(1996).

리성희, 「합작기업의 본질적 특징과 그역할」, 『경제연구』, 루계 제95호 제2호(1997).

최영옥, 「현시기 우리 당이 제시한 무역정책과 그 정당성」, 『경제연구』, 루계 제95호 제2호(1997).

리춘원, 「위대한 수령 김일성동지께서 밝히신 지방무역의 본질적 특징」, 『경제연구』, 루계 제96호 제3호(1997).

김남순, 「대외무역에 따른는 국제결제를 잘하기 위한 방도」, 『경제연구』, 루계 제97호 제4호(1997).

최영철, 「라진-선봉지구를 국제금융거래의 중심지로 꾸리는 것은 자유경제무역지대개발의 중요고리」, 『경제연구』, 루계 제98호 제1호(1998).

리정용, 「변화된 환경에 맞게 대외무역을 적극 벌려나가는데서 나서는 몇 가지 문제」, 『경제연구』, 루계 제99호 제2호(1998).

오철진, 「대외무역에서 발생하는 저촉문제와 그 해결방도」, 『경제연구』, 루계 제101호 제4호(1998).

채일출, 「보세가공무역의 본질과 특징」, 『경제연구』, 루계 제103호 제2호(1999).

리경숙, 「대외상품시장정보의 체계적 수집」, 『경제연구』, 루계 제103호 제2호(1999).

김일섭, 「현시기 다국적 기업활동의 주요 특징」, 『경제연구』, 루계 제103호 제2
　　호(1999).

황철진, 「다국적 기업과 직접투자」, 『경제연구』, 루계 제104호 제3호(1999).

최영옥, 「위대한 령도자 김정일동지께서 밝히신 대외상품교류의 조건에 관한
　　사상」, 『경제연구』, 루계 제98호 제1호(1999).

리상우, 「상업의 최량성 규준과 그 리용」, 『경제연구』, 루계 제105호 제4호
　　(1999).

김혜옥, 「대외무역을 확대 발전시키는데서 기술무역이 가지는 의의」, 『경제연
　　구』, 루계 제107호 제2호(2000).

황경오, 「다국적 기업체의 략탈적, 침략적 정체」, 『경제연구』, 루계 제107호 제2
　　호(2000).

박삼룡, 「사회적 생산의 효과성을 높이는 것은 경제사업에서 실리를 보장하기
　　위한 중요한 문제」, 『경제연구』, 루계 제108호 제3호(2000).

한철, 「경제적 효과성 타산은 경제사업에서 실리를 보장하기 위한 중요 방도」,
　　『경제연구』, 루계 제110호 제1호(2001).

김동남, 「위대한 령도자 김정일동지의 선군정치는 사회주의경제강국 건설의 결
　　정적 담보」, 『경제연구』, 루계 제111호 제2호(2001).

리기준, 「건설의 실리를 보장하는데서 지하 랭동 저장고 건설의 경제적 효과성」,
　　『경제연구』, 루계 제115호 제2호(2002).

렴일욱, 「합영, 합작기업의 생산경영활동에 대한 실리평가에서 나서는 원칙적
　　요구」, 『경제연구』, 루계 제117호 제4호(2002).

김정길, 「사회주의 원칙을 확고히 지키면서 가장 큰 실리를 얻게 하는 것은 사회
　　주의 경제관리 완성의 기본방향」, 『경제연구』, 루계 제118호 제1호(2003).

김광철, 「선군은 사회주의 경제제도의 확립과 공고 발전을 위한 확고한 담보」,
　　『경제연구』, 루계 제118호 제1호(2003).

김영흥, 「계획화의 4대 요소를 합리적으로 분배 리용하는 것은 경제적 실리를
　　보장하기 위한 중요 요구」, 『경제연구』, 루계 제118호 제1호(2003).

황성철, 「건설에서 실리를 보장하는 것은 기본건설 발전을 위한 중요 과업」,
　　『경제연구』, 루계 제119호 제2호(2003).

오선희, 「실리를 나타내는 지표의 합리적 리용」, 『경제연구』, 루계 제120호 제3
　　호(2003).

최영옥, 「대외무역에서 실리를 보장하기 위한 방도」, 『경제연구』, 루계 제119호 제2호(2003).

김철용, 「무역거래에서 실리의 원칙」, 『경제연구』, 루계 제121호 제4호(2003).

리광일, 「상업에서 사회주의원칙을 확고히 지키면서 가장 큰 실리를 얻기 위한 몇가지 방도」, 『경제연구』, 루계 제122호 제1호(2004).

김재서, 「선군원칙을 구현한 사회주의 경제관리」, 『경제연구』, 루계 제122호 제1호(2004).

김원국, 「국방공업을 우선적으로 발전시키는 것은 선군시대 경제건설의 합법칙적 요구」, 『경제연구』, 루계 제123호 제2호(2004).

최영옥, 「사회주의 대외무역에서 수입구조의 개선」, 『경제연구』, 루계 제123호 제2호(2004).

정승혁, 「동북아시아 나라들과 무역을 확대 발전시키는데서 나서는 중요 요구」, 『경제연구』, 루계 제123호 제2호(2004).

주현, 「실리보장의 원칙에서 편의봉사활동을 진행하기 위한 방도」, 『경제연구』, 루계 제124호 제3호(2004).

김승철, 「대외상품 시장체계와 그 구조」, 『경제연구』, 루계 제125호 제4호(2004).

김승철, 「대외상품 시장체계의 안정성과 그 보장방도」, 『경제연구』, 루계 제129호 제4호(2005).

류운출, 「당의 령도와 국가적 지도는 경제건설에서 사회주의 원칙을 고수하기 위한 결정적 담보」, 『경제연구』, 루계 제130호 제1호(2006).

리영남, 「사회주의 원칙을 고수하는 것은 경제관리 개선의 중요 원칙」, 『경제연구』, 루계 제133호 제4호(2006).

리윤국, 「생산의 전문화는 실리보장의 중요 방도」, 『경제연구』, 루계 제133호 제4호(2006).

정영범, 「경제실리를 정확히 타산하는 것은 계획사업개선의 중요 요구」, 『경제연구』, 루계 제135호 제2호(2007).

리경영, 「현대제국주의하에서 다국적 기업체는 자본의 국제화추진의 기본형태」, 『경제연구』, 루계 제136호 제3호(2007).

류운출, 「경제건설에서 군사선행의 원칙을 구현하기 위한 중요 문제」, 『경제연구』, 루계 제137호 제4호(2007).

조영남, 「경제전선은 현시기 사회주의 건설의 주공전선」, 『경제연구』, 루계 제

138호 제1호(2008).

오주철, 「선군시대 경제건설로선은 사회주의 경제건설의 본성적 요구를 변함없이 견지하고 높은 수준에서 실현할 수 있게 하는 로선」, 『경제연구』, 루계 제139호 제2호(2008).

심은심, 「경제관리에서 사회주의 원칙을 고수하고 집단주의적 방법을 옳게 구현하기 위하여 나서는 몇가지 문제」, 『경제연구』, 루계 제145호 제4호(2009).

김영일, 「현시기 수출무역지표의 합리적 설정은 나라의 대외지출능력 제고의 중요 담보」, 『경제연구』, 루계 제146호 제1호(2010).

오승일, 「현시기 대외무역에서 가치법칙의 옳은 리용은 대외경제관계 발전의 중요 담보」, 『경제연구』, 루계 제147호 제2호(2010).

최용남, 「선군시대 경제건설로선의 철저한 관철은 사회주의경제강국 건설에서 혁명적 전환을 일으키기 위한 확고한 담보」, 『경제연구』, 루계 제147호 제2호(2010).

오승일, 「현시기 대외무역에서 가치법칙 리용의 몇가지 문제」, 『경제연구』, 루계 제148호 제3호(2010).

김청일, 「사회주의 경제에서 실리의 중요한 특징」, 『경제연구』, 루계 제150호 제1호(2011).

리기웅, 「현시기 수입무역에서 품질규제의 합리적 리용」, 『경제연구』, 루계 제152호 제3호(2011).

김수성, 「투자유치를 위한 세금제도 수립에서 나서는 몇가지 문제」, 『경제연구』, 루계 제152호 제3호(2011).

문성, 「대외시장확대는 현시기 대외무역발전의 중요 요구」, 『경제연구』, 루계 제153호 제4호(2011).

리금철, 「수출무역에서 광고의 역할」, 『경제연구』, 루계 제153호 제4호(2011).

리영진, 「현 시기 지역경제 통합의 정치군사적 성격의 강화와 그 요인」, 『경제연구』, 루계 제153호 제4호(2011).

김정민, 「사회주의경제 관리개선에서 당의 선군정치방식의 구현」, 『경제연구』, 루계 제154호 제1호(2012).

최광호, 「대외무역에서 혁명적 원칙, 사회주의 원칙을 지키면서 실리를 보장하기 위한 방도」, 『경제연구』, 루계 제154호 제1호(2012).

리금철, 「수출품의 광고리용에서 나서는 몇가지 문제」, 『경제연구』, 루계 제154

호 제1호(2012).

심진원, 「대외결제은행관리에서 지켜야 할 기본요구」, 『경제연구』, 루계 제155호 제2호(2012).

정영섭, 「현시기 경제사업에서 사회주의 원칙을 고수하며 사회주의 경제의 우월성을 높이 발양시키는데서 나서는 중요한 문제」, 『경제연구』, 루계 제156호 제3호(2012).

김지혜, 「수출무역거래위험과 그 극복방도」, 『경제연구』, 루계 제156호 제3호(2012).

김영철, 「대외경제거래에서 신용위험의 발생요인」, 『경제연구』, 루계 제156호 제3호(2012).

장경진, 「과학기술을 중시하는 것은 경제관리에서 실리를 보장하기 위한 방도」, 『경제연구』, 루계 제157호 제4호(2012).

장경미, 「현 시기 경제관리를 합리적으로 해나가는데서 나서는 기본요구」, 『경제연구』, 루계 제157호 제4호(2012).

리승준, 「경제특구와 그 발전방향」, 『경제연구』, 루계 제157호 제4호(2012).

계문해, 「'브릭스'의 출현으로 인한 국제경제관계에서의 주요 변화」, 『경제연구』, 루계 제157호 제4호(2012).

전승학, 「무역회사들이 국제상품전람회를 통하여 상품수출을 확대하는 것은 대외무역발전의 필수적 요구」, 『경제연구』, 루계 제158호 제1호(2013).

박상일, 「자력갱생은 사회주의경제강국 건설의 근본원칙」, 『경제연구』, 루계 제158호 제1호(2013).

김남철, 「새 건설과 보수개건을 적절히 배합하는 것은 도시건설에서 실리를 보장하기 위한 중요 원칙」, 『경제연구』, 루계 제159호 제2호(2013).

리혜영, 「하부구조건설을 앞세우는 것은 도시건설에서 실리를 보장하기 위한 중요 원칙」, 『경제연구』, 루계 제159호 제2호(2013).

박춘호, 「아시아나라들과의 대외경제협조관계의 특징」, 『경제연구』, 루계 제159호 제2호(2013).

강춘식, 「기업통합 및 매각을 통한 다국적 기업체의 정보기술 독점화책동과 그 후과」, 『경제연구』, 루계 제159호 제2호(2013).

김현아, 「경제의 세계적인 경쟁력에 대한 일반적 리해와 그 규정요인」, 『경제연구』, 루계 제160호 제3호(2013).

강철수, 「우리나라 외국투자기업회계 관련법규의 규제범위와 국제회계기준의 리용가능성」, 『경제연구』, 루계 제160호 제3호(2013).

최영옥, 「실리를 보장할 수 있도록 대외무역전략을 세우는데서 나서는 중요한 문제」, 『경제연구』, 루계 제161호 제4호(2013).

김금주, 「대외 진출 기업의 경쟁력을 높이는 것은 대외시장 확보의 필수적 요구」, 『경제연구』, 루계 제161호 제4호(2013).

김상학, 「로씨야 원동지역경제발전의 최근 특징」, 『경제연구』, 루계 제161호 제4호(2013).

정치법률연구 편집부, 『정치법률연구(창간호)』, 루계 제1호 제1호(2003).

윤문영, 「정치는 사회존립의 기본방식」, 『정치법률연구(창간호)』, 루계 제1호 제1호(2003).

김영주, 「우리 사상제일주의는 강성대국건설의 위력한 무기」, 『정치법률연구』, 루계 제3호 제3호(2003).

리영봉, 「군사적 위력은 제일국력」, 『정치법률연구』, 루계 제4호 제4호(2003).

리경철, 「국제조약문 작성에서 지켜야 할 중요 원칙」, 『정치법률연구』, 루계 제8호 제4호(2004).

김은경, 「회사의 개념과 자격조건」, 『정치법률연구』, 루계 제8호 제4호(2004).

김성호, 「외자은행에 대한 법적규제의 필요성」, 『정치법률연구』, 루계 제8호 제4호(2004).

심철, 「미국 「국내안전법」의 조작과 그 반동적 본질」, 『정치법률연구』, 루계 제6호 제2호(2004).

심철, 「미국 「전복 활동 통제법」에 규제된 '공산주의 단체 등록제도'의 반동성」, 『정치법률연구』, 루계 제9호 제1호(2005).

정연식, 「미국 '안전' 보장법 체계는 모략적이고 위헌적인 법체계」, 『정치법률연구』, 루계 제12호 제4호(2005).

량춘화, 「선군정치는 위력한 사회주의의 기본정치방식」, 『정치법률연구』, 루계 제10호 제2호(2005).

오현주, 「합영계약 체결에서 지켜야 할 기본원칙」, 『정치법률연구』, 루계 제10호 제2호(2005).

안천훈, 「내각의 조직집행자적 역할을 높이는 것은 국가경제력 강화의 선결조건」, 『정치법률연구』, 루계 제11호 제3호(2005).

김정국, 「조선반도 평화보장문제 해결의 근본방도」, 『정치법률연구』, 루계 제14
    호 제2호(2006).

리영애, 「국방공업은 부강조국건설의 생명선」, 『정치법률연구』, 루계 제16호 제
    4호(2006).

최현철, 「우리 공화국을 반대하는 미국의 책동에 추종한 국제원자력기구의 비
    법성」, 『정치법률연구』, 루계 제17호 제1호(2007).

최광철, 「미제는 조선분렬의 원흉」, 『정치법률연구』, 루계 제18호 제2호(2007).

최현철, 「조선반도 핵문제의 평화적 해결과 관련한 미국의 국제법적 의무」, 『정
    치법률연구』, 루계 제18호 제2호(2007).

손정화, 「국제경제법이 '국제법의 새로운 가지'라는 견해와 그 제한성」, 『정치법
    률연구』, 루계 제18호 제2호(2007).

손정화, 「국제경제법은 국제경제관계를 규제한 법규범의 총체」, 『정치법률연구』,
    루계 제19호 제3호(2007).

정혁, 「미제가 조작해낸 우리나라에 대한 각종 제재법들의 반동성」, 『정치법률
    연구』, 루계 제23호 제3호(2008).

박영길, 「군력은 국력을 담보하는 기본요인」, 『정치법률연구』, 루계 제23호 제3
    호(2008).

김광호, 「선군정치는 자주성을 가장 철저히 옹호하는 정치」, 『정치법률연구』,
    루계 제25호 제1호(2009).

리현철, 「선군정치는 미제의 강권과 일반주의가 지배하는 국제정치질서에 파렬
    구를 열어놓은 정치」, 『정치법률연구』, 루계 제26호 제2호(2009).

김정심, 「실력전을 별려 재능 있는 인재들을 키워내는 것은 강성대국건설을 힘
    있게 다그쳐나가기 위한 필수적 요구」, 『정치법률연구』, 루계 제29호 제1
    호(2010).

박은순, 「국방공업을 중시하는 것은 나라의 군사력 강화의 필수적 요구」, 『정치
    법률연구』, 루계 제30호 제2호(2010).

김혁준, 「「투자장려 및 보호협정」에서의 투자가에 대한 대우조건」, 『정치법률
    연구』, 루계 제30호 제2호(2010).

전경진, 「외국투자에 대한 법률적 고찰」, 『정치법률연구』, 루계 제32호 제4호
    (2010).

전경진, 「공화국 외국투자관계법 체계에 대한 이해」, 『정치법률연구』, 루계 제

33호 제1호(2011).

김승하, 「선군정치는 가장 위력하고 존엄 높은 자주의 정치방식」, 『정치법률연구』, 루계 제34호 제2호(2011).

최인철, 「「봉사무역에 관한 일반협정」의 주요내용과 그 제한성」, 『정치법률연구』, 루계 제34호 제2호(2011).

오창혁, 「국제투자법관계의 당사자인 국가에 대한 리해에서 나서는 중요한 문제」, 『정치법률연구』, 루계 제34호 제2호(2011).

김철수, 「비관세장벽의 본질과 법적 성격」, 『정치법률연구』, 루계 제35호 제3호(2011).

허철민, 「상하이 협조기구를 분렬 와해시키기 위한 미제국주의자들의 책동」, 『정치법률연구』, 루계 제35호 제3호(2011).

김금숙, 「선군시대 경제건설로선은 사회주의 강성국가건설의 전략적 로선」, 『정치법률연구』, 루계 제36호 제4호(2011).

장옥성, 「자기 땅에 발을 붙이고 눈은 세계를 보는 것으로 강성국가 건설에서 혁명인재가 지녀야 할 중요한 사상정신적 징표」, 『정치법률연구』, 루계 제36호 제4호(2011).

권창복, 「사회주의위업에 충실한 혁명인재를 많이 키워내는 것은 우리 혁명의 절박한 요구」, 『정치법률연구』, 루계 제37호 제1호(2012).

최성혁, 「「무역거래조건의 해석에 관한 국제규칙」(인코텀즈 2010)」, 『정치법률연구』, 루계 제37호 제1호(2012).

김경철, 「나라의 군사력을 끊임없이 강화하는 것은 우리 식 사회주의정치체제를 더욱 공고발전시켜 나가기 위한 중요한 방도」, 『정치법률연구』, 루계 제38호 제2호(2012).

방영건, 「자력갱생은 강성국가건설의 근본방도」, 『정치법률연구』, 루계 제38호 제2호(2012).

로금철, 「국제조약의 본질적 특성」, 『정치법률연구』, 루계 제38호 제2호(2012).

김운남, 「국제법률봉사무역에 대한 일반적 리해」, 『정치법률연구』, 루계 제39호 제3호(2012).

리광혁, 「라선경제무역지대 개발제도의 기본내용」, 『정치법률연구』, 루계 제40호 제4호(2012).

신기섭, 「공화국 자유무역항제도의 기본내용」, 『정치법률연구』, 루계 제40호 제

4호(2012).

김태원, 「대외법률봉사에 대한 일반적 이해」, 『정치법률연구』, 루계 제41호 제1
　　　호(2013).

강정남, 「경제개발구법제도에 대한 리해에서 제기되는 기초적인 문제」, 『정치
　　　법률연구』, 루계 제43호 제3호(2013).

손영남, 「현대국제사회에 대한 주체적 리해」, 『정치법률연구』, 루계 제43호 제3
　　　호(2013).

장경일, 「'천안'호사건을 계기로 3각군사동맹을 강화하기 위한 미제의 책동과 그
　　　위험성」, 『김일성종합대학학보(력사・법률)』, 제59권 제2호(2013).

리성혁, 「동북아시아의 평화를 실현하는데서 나서는 중요한 요구」, 『김일성종
　　　합대학학보(력사・법률)』, 루계 477호 제59권 제3호(2013).

5) 정기 간행물
『로동신문』
『천리마』
『조선중앙년감』
『조선중앙통신』

6) 사전
조선백과사전편찬위원회, 『조선대백과사전』(평양 : 백과사전출판사, 1995~2002).
조선백과사전편찬위원회 정치・법부문편찬위원회, 『광명백과사전 3(정치・법)』
　　　(평양 : 백과사전출판사, 2009).
조선백과사전편찬위원회 경제부문편찬위원회, 『광명백과사전 5(경제)』(평양 :
　　　백과사전출판사, 2010).

3. 중국

1) 단행본
杜平, 『在志願軍總部』(中國 : 北京解放軍出版社, 1989).

崔志鷹, 『大國與朝鮮半島』(中國：卓越出版社, 2000).

倪世雄, 『當代西方國際關係理論』(中國：上海復旦大學出版社, 2001).

陳峰君, 『亞太大國與朝鮮半島』(中國：北京大學出版社, 2002).

王傳劍, 『雙重規制：冷戰後美國的朝鮮半島政策』(中國：世界知識出版社, 2003).

張小明, 『中國周邊安全環境分析』(中國：國際廣播出版社, 2003).

布魯諾·拉圖爾 著(伍爾加 譯), 『實驗室生活(Laboratory Life)』(中國：北京東方出版社, 2004).

布魯諾·拉圖爾 著(劉文旋·鄭開 譯), 『科學在行動(Science in Action)』(中國：北京東方出版社, 2004).

陳峰君, 『亞太安全析論』(中國：國際廣播出版社, 2004).

沈志華·李丹慧, 『戰後中蘇關係若干問題研究』(中國：人民出版社, 2006).

徐文吉, 『朝鮮半島時局與對策研究』(中國：山東大學出版社, 2007).

吳建民, 『外交案例』(中國：中國人民大學出版社, 2007).

中國社會科學院國際研究學部, 『中國對外關係：回顧與思考 1949~2000』(中國：社會科學文獻出版社, 2009).

崔志鷹, 『朝鮮半島──多視角, 全方向的掃描, 剖析』(中國：同濟大學出版社, 2009).

沈志華, 『中蘇關係史綱：1917~1991年中蘇關係若干問題再探討』(中國：社會科學文獻出版社, 2011).

2) 개인별 선집·문선·연감·연설문

毛澤東, 「矛盾論(1937年8月)」, 中共中央毛澤東主席著作編輯出版委員會, 『毛澤東選集(第一卷)』(中國：人民出版社, 1969).

毛澤東, 「關于正確處理人民內部矛盾的問題(1957年3月)」, 中共中央毛澤東主席著作編輯出版委員會, 『毛澤東選集(第五卷)』(中國：人民出版社, 1977).

周恩來, 「中國堅決支持越南人民的抗美戰爭(1965年4月2日)」, 中共中央文獻研究室, 『周恩來外交文選』(中國：中共文獻出版社, 1990).

周恩來, 「向一切國家的長處學習(1956年5月3日)」, 中共中央文獻研究室, 『周恩來經濟文選』(中國：中共中央文獻出版社, 1993).

周恩來, 「克服目前困難的主要方法」, 中共中央文獻研究室, 『周恩來經濟文選』(中國：中共中央文獻出版社, 1993).

鄧小平, 「思想更解放一些, 改革的步子更快一些(1988年5月25日)」, 中共中央文獻編輯

委員會, 『鄧小平文選(第三卷)』(中國：人民出版社, 1993).

鄧小平,「中國必修在世界高科技領域占有一席之地(1988年12月24日)」, 中共中央文獻編輯委員會, 『鄧小平文選(第三卷)』(中國：人民出版社, 1993).

鄧小平,「在武昌, 深圳, 珠海, 上海等地的談話要點(1992年1月18日~2月21日)」, 中共中央文獻編輯委員會, 『鄧小平文選(第三卷)』(中國：人民出版社, 1993).

鄧小平,「怎樣恢復農業生産(1962年7月7日)」, 『鄧小平文選(第一卷)』(中國：人民出版社, 1994).

江澤民,「江澤民在亞太經濟合作組織領導者非正式會議上的講話」, 『新華月報(中國)』, 第11期(1993).

中華人民共和國外交部・中共中央文獻研究室 編, 『毛澤東外交文選』(中國：中央文獻出版社・世界知識出版社, 1994).

中共中央文獻研究室, 『周恩來年譜』(中國：中央文獻出版社, 2007).

周恩來,「關于處理美間諜案給東北局的電報(1949年6月, 11月)」, 中共中央文獻研究室, 『建國以來周恩來文稿(第1冊)』(中國：中央文獻出版社, 2008).

周恩來,「關于向朝鮮出口煤炭問題給高岡等的電報」, 中共中央文獻研究室, 『建國以來周恩來文稿(第1冊)』(中國：中央文獻出版社, 2008).

3) 문건집・보고서・사료집

中共中央委員會, 『學習「關于建國以來黨的若干歷史問題的決議」』(中國：人民日報出版社, 1981).

중공 중앙 문헌연구실,『건국 이래 당의 약간한 력사문제에 관한 결의(朝文)』(북경：민족출판사, 1984).

石林, 『當代中國對外經濟合作』(中國：中國社會科學出版社, 1989).

劉國光・王明哲, 『1949~1952 中華人民共和國經濟黨案資料選編』(中國：城市經濟社會出版社, 1990).

沈覺人, 『當代中國對外貿易(上・下)』(中國：當代中國出版社, 1992).

劉金質・楊淮生 主編, 『1949~1994 中國對朝鮮和韓國政策文件滙編』(中國：中國社會科學出版社, 1994).

軍事科學院軍事歷史研究部, 『抗美援朝戰爭史(第三卷)』(中國：軍事科學出版社, 2000).

國務院辦公廳,「關于促進東北老工業基地進一步擴大對外開放的實施意見」, 『中華人民共和國國務院公報(中國)』, 23期(2005).

劉金質·潘京初·潘榮英·李錫遇 編, 『1991~2006 中國對朝鮮和韓國政策文件滙編
　　　(上·下卷)』(中國：世界知識出版社, 2006).
中華人民共和國外交部亞洲司, 『中國-韓國政府間主要文件集』(中國：世界知識出版社,
　　　2007).
國際危機組織, 「紅色的差別：中國的朝鮮政策辯論」(亞洲報告 N°179, 2009年11月2日).
李慎明·王逸舟 編, 『國際形勢黃皮書：全球政治與安全報告(2010)』(中國：社會科學
　　　文獻出版社, 2009).
李慎明·張宇燕 編, 『國際形勢黃皮書：全球政治與安全報告(2011)』(中國：社會科學
　　　文獻出版社, 2011).
李慎明·張宇燕 編, 『國際形勢黃皮書：全球政治與安全報告(2012)』(中國：社會科學
　　　文獻出版社, 2012).
李慎明·張宇燕 編, 『國際形勢黃皮書：全球政治與安全報告(2013)』(中國：社會科學
　　　文獻出版社, 2013).
黃鳳志·劉雪蓮 主編, 『東北亞地區政治與安全報告(2013)』(中國：社會科學文獻出版
　　　社, 2013).
李慎明·張宇燕 編, 『國際形勢黃皮書：全球政治與安全報告(2014)』(中國：社會科學
　　　文獻出版社, 2014).

4) 논문
陳峰君, 「朝鮮半島的戰略地位及其發展前景」, 『國際政治研究(中國)』, 第4期(1995).
薩本望, 「新興的地緣經濟學」, 『世界知識(中國)』, 第5期(1995).
高科, 「俄羅斯對外政策中的朝鮮與韓國」, 『東北亞論壇(中國)』, 第3期(1998).
陳峰君, 「朝鮮半島：第二個科索沃?」, 『國際論壇(中國)』, 第5期(1999).
文云朝, 「關于地緣研究的理論探討」, 『地理科學進展(中國)』, 第18券 第2期(1999).
陳才, 「地緣關系與世界經濟地理學科建設」, 『世界地理研究(中國)』, 第10券 第3期(2001).
陳峰君, 「21世紀朝鮮半島對中國的戰略意義」, 『國際政治研究(中國)』, 第4期(2001).
郭明哲, 「行動者網絡理(ANT)—布魯諾·拉圖爾科學哲學研究」(中國復旦大學 科學技術
　　　哲學 專攻 博士學位論文, 2001).
金景一, 「淺論中國與朝鮮半島關系史的三個層面」, 『東疆學刊(中國)』, 第19券 第2期
　　　(2002).
王傳劍, 「從'雙重遏制'到'雙重規制'—戰後美韓軍事同盟的歷史考察」, 『美國研究(中國)』,

第2期(2002).

秦克麗, 「四次臺海危機及啓示」, 『軍事歷史(中國)』, 第1期(2002).

沈驥如, 「維護東北亞安全的當務之急」, 『世界經濟與政治(中國)』, 第9期(2003).

邢和明, 「中國共產黨對蘇聯模式認識的演變(1949~1976)"(中共中央黨校 中共黨史 專
    攻 博士學位論文, 2004).

時殷弘, 「朝鮮核危機:歷史, 現狀與可能前景─兼談当前的'韓國問題」, 『教學與研究
    (中國)』, 第2期(2004).

張璉瑰, 「朝鮮半島的統一與中國」, 『當代亞太(中國)』, 第5期(2004).

陳東林, 「核按鈕一觸卽發」, 『黨史博覽(中國)』, 第3期(2004).

王飛·華東方, 「回顧5次臺海危機」, 『艦載武器(中國)』, 第3期(2004).

盧光盛, 「國際關係理論中的地緣經濟學」, 『世界經濟研究(中國)』, 第3期(2004).

許志新, 「普京時期俄羅斯對外戰略解析」, 『俄羅斯中亞東歐研究(中國)』, 第3期(2004).

韓銀安, 「淺析地緣經濟學」, 『外交學院學報』, 總第75期 第1期(2004).

譚繼軍, 「俄羅斯對外政策演進的階段性總結─『當代俄羅斯對外政策和安全(1991~2002)』
    介評」, 『現代國際關係(中國)』, 第7期(2005).

朱峰, 「六方會談:'朝核問題'還是'朝鮮問題'?」, 『國際政治研究(中國)』, 第3期(2005).

王宜勝, 「朝鮮:半個世紀武裝自慰路」, 『世紀知識(中國)』, 第5期(2005).

喬兆紅, 「朝鮮戰爭與中國的臺灣問題」, 『當代中國史研究(中國)』, 第12券 第5期(2005).

金强一, 「振興東北老工業基地與對外開放度」, 『延邊大學學報(中國)』, 第38券 第1期
    (2005).

李南周(이남주/韓國), 「朝鮮的變化與中朝關係─從'傳統的友好合作關係'到'實利關係」,
    『現代國際關係(中國)』, 第9期(2005).

陳龍山, 「中朝經濟合作對朝鮮經濟的影響」, 『當代亞太(中國)』, 第1期(2006).

沈志華, 「中共八大爲什麼不提'毛澤東思想'」, 『歷史教學(中國)』, 第1期(2006).

黃鳳志, 「東北亞地區均勢安全格局探討」, 『現代國際關係(中國)』, 第10期(2006).

閻學通, 「朝鮮核試驗對中朝關係影響惡劣」, 『中國日報网(中國)』, 2006年10月10日.

郭俊立, 「巴黎學派的行動者网絡理論及其哲學意蘊評析」, 『自然辨證法研究(中國)』,
    第2期(2007).

沈丁立, 「2007:防擴散與中美關係」, 『國際問題研究(中國)』, 第2期(2007).

沈驥如, 「朝核危機趨緩背後」, 『時事報告(中國)』, 第10期(2007).

李桂華, 「1965年越南對華態度突變的原因初探」, 『黨史研究與教學(中國)』, 第4期(2007).

朴鍾喆(박종철/韓國), 「演變中的中朝關係研究 : 走出血盟(1953年~1994年)"(中國社會
　　科學院 박사학위논문, 2007).

魏志江, 「論中韓戰略合作伙伴關係的建立及其影響」, 『當代亞太(中國)』, 第4期(2008).

金强一, 「論開放社會的邊界效應」, 『東疆學刊(中國)』, 第25券 第1期(2008).

金强一, 「中美日東北亞戰略框架之中的朝鮮半島問題—朝鮮半島問題與東北亞大國戰
　　略指向關聯的研究」, 『東疆學刊(中國)』, 第25券 第3期(2008).

金强一 · 金景一, 「朝鮮半島的地緣政治意義及其我國的影響研究」, 『延邊大學學報(中
　　國)』, 第41券 第4期(2008).

王宜勝, 「朝鮮半島無核化問題前景分析」, 『韓國研究論叢(中國)』, 第1期(2008).

柳丰華, 「評新版「俄羅斯聯邦對外政策構想」」, 『國際論談(中國)』, 第3期(2009).

李敦瑞 · 李新, 「地緣經濟學研究綜述」, 『國外社會科學(中國)』, 第1期(2009).

沈志華, 「脣齒相依 還是 '政治聯姻'?—中朝同盟的建立及其延續(1946-1961)」, 『近代史
　　研究所集刊(臺灣)』, 第63期(2009).

時殷弘, 「中國如何面對朝鮮」, 『中國新聞週刊(中國)』, 第23期(2009).

張璉瑰, 「朝鮮核問題 : 回顧與 思考」, 『韓國研究論叢(中國)』, 第1期(2009).

朱峰, 「二次核試後的朝核危機 : 六方會談與'强制政治'」, 『現代國際關係(中國)』, 第7
　　期(2009).

朱劍峰, 「從'行動者罔絡理論'談技術與社會的關係—'問題奶粉'事件辨析」, 『自然辨證
　　法研究(中國)』, 第1期(2009).

艾少偉 · 苗長虹, 「行動者罔絡理論視域下的經濟地理學哲學思考」, 『經濟地理(中國)』,
　　第29券 第4期(2009).

閻學通, 「朝核迷局猜想」, 『領導文萃(中國)』, 第18期(2009).

戴旭, 「朝鮮核爆凸顯中國綜合國力不足」, 『環球時報(中國)』, 2009年6月1日.

朱峰, 「朝核定律」, 『南方週末(中國)』, 2009年10月15日.

戴旭, 「美國對中國的暗算」, 『領導文萃(中國)』, 第18期(2010).

沈志華, 「1950 : 朝鮮戰爭是如何發生的」, 『同舟共進(中國)』, 第9期(2010).

葛漢文, 「批判地緣政治學的發展與地緣政治研究的未來」, 『國際觀察(中國)』, 第4期
　　(2010).

徐進, 「朝鮮核問題 : 中國応强力介入還是中立斡旋」, 『國際經濟評論(中國)』, 第6期
　　(2011).

沈丁立, 「全面認識當前的中國國家安全環境」, 『探索與爭鳴(中國)』, 第4期(2011).

張玉山, 「朝鮮經濟政策變化對中朝圖們江區域合作的影響」, 『朝鮮韓國歷史研究(中國)』, 第13期(2011).

滿海峰, 「新時期中朝關係定位與中朝邊境地區經濟合作發展」, 『遼東學院學報(中國)』, 第13卷 第6期(2011).

王樹春, 「俄羅斯的地緣政治理念與對外政策」, 『俄羅斯學刊(中國)』, 第2期(2011).

張璉瑰, 「朝鮮核問題現狀與美國責任」, 『東北亞學刊(中國)』, 總第2期 第2期(2012).

楚樹龍, 「東北亞戰略形勢與中國」, 『現代國際關係(中國)』, 第1期(2012).

朱峰 等, 「行動者岡絡理論(ANT)與旅游研究範式創新」, 『旅游學刊(中國)』, 第27卷 第11期(2012).

王宜勝, 「朝鮮半島的戰略形勢分析」, 『東北亞學刊(中國)』, 第1期(2012).

崔志鷹, 「朝鮮半島問題與中美關係」, 『韓國研究論叢(中國)』, 第24期(2012).

蔡建, 「中國在朝核問題上的有限作用」, 『韓國研究論叢(中國)』, 第1期(2012).

劉勃然, 「新普京時代俄羅斯能源戰略的困境與走向」, 『西伯利亞研究(中國)』, 第3期(2012).

李俊江 · 范碩, 「中朝經貿關係發展現狀與前景展望」, 『東北亞論壇(中國)』, 第2期(2012).

史春林 · 李秀英, 「美國島鏈封鎖及其我國海上安全的影響」, 『世界地理研究(中國)』, 第22卷 第2期(2013).

5) 정기 간행물

『人民日報』

『鳳凰岡』

『新華岡』

『中國日報岡』

『參考消息』

『環球時報』

『財經時報』

『中國社會科學報』

『21世紀經濟報』

『中國化工報』

4. 일본

1) 단행본

조선민주주의인민공화국 최고인민회의 상임위원회, 『조선민주주의인민공화국
　　　법령 및 최고인민회의 상임위원회 정령집 1(1948~1950년)』(日本 : 學友書房,
　　　1954).

조선민주주의인민공화국 최고인민회의 상임위원회, 『조선민주주의인민공화국
　　　법령 및 최고인민회의 상임위원회 정령집 3(1954년)』(日本 : 學友書房,
　　　1954).

小此木政夫, 『金正日時代の北朝鮮』(東京 : 日本國際問題研究所, 1999).

田岡俊次, 『北朝鮮・中國はどれだけ恐いか』(日本 : 朝日新聞社, 2007).

平岩俊司, 『朝鮮民主主義人民共和國と中華人民共和國 :「脣齒の關係」の構造と變容』
　　　(橫浜 : 世織書房, 2010).

五味洋治, 『北朝鮮と中國―打算でつながる同盟國は衝突するか』(日本 : 築摩書房, 2012).

2) 논문

安田淳, 「中国の朝鮮半島政策」, 小此木政夫 編, 『ポスト冷戰の朝鮮半島』(東京 : 日
　　　本國際問題研究所, 1994).

秋月望, 「朝中關係の特質とその展開」, 小此木政夫 編, 『金正日時代の北朝鮮』(東京 :
　　　日本國際問題研究所, 1999).

加茂具樹, 「転換する中国外交と中朝関係」, 小此木政夫・文正仁・西野純也 編著,
　　　『転換期の東アジアと北朝鮮問題』(東京 : 慶應義塾大学出版会, 2012).

찾아보기

1 A 漢

10 · 3 합의   207

1954~1955년 조선민주주의인민공화국
    인민경제 복구 발전 3개년계획
    에 관하여   56

2006년~2008년 중조 두 나라 정부 사
    이의 문화 교류에 관한 집행계
    획서   262

2010년 중국 국내 · 국제 상황   305

21세기 전략동맹관계   311, 346

2 · 13 합의   207

2 · 29 북 · 미 합의   350, 355

2대 도련   318

2차 핵실험   315

3불 원칙   189

4개년 국방검토 보고서   189, 217,
    268, 315, 316

4개년 국방정책 보고서   287

4월 전원회의   149

5 · 24 대북 제재 조치   217

5차 타이완해협 위기   190

6자 회담   39, 48, 205, 207, 234, 326,
    327, 329

6차 타이완해협 위기   189

7 · 1 경제관리 개선 조치   203

9 · 19 공동성명   207

ANT   110, 112, 113, 114

G2 시대   237

潘自力(판쯔리)   141

ㄱ

강성대국   64, 69, 254

강원도 현동공업개발구   252

개방도 개념   111

개성공단   260

개혁 · 개방   78

결의 2087호   219

경공업제일주의   63

경제개발구   75

경제에서의 자립   60, 76, 84

경제연구   66

경제적 및 문화적 협조에 관한 협정
    55

경제지리학   104

경제지정학   22, 23, 95, 96, 97, 102,
    103, 104, 365

경제지정학적 가치   191, 209, 242

경제특구 171, 254
경화 결제 172, 173
고전지정학 22, 103, 365
고전지정학적 가치 131, 136, 175,
    192, 193, 209
고전지정학적 관계 178
공간적 요인 100
공동방위조약 135
과잉 행동 357
관광 교류 256
관광사업 65, 74, 255
관광지역의 대외개방 256
광명성 1호 로켓 192
구상무역 138, 181, 249
국가안전보장전략 276
국경지대 개발계획 254
국방에서의 자위 60
국방에서의 자주 76
균형 외교 83
김영남 192
김영일 210
김일성 57, 58, 59, 60, 61, 62, 63, 83,
    84, 134, 137, 149, 151, 152, 154,
    155, 156, 163, 164, 172, 173, 229,
    230, 231, 350
김정은 65, 257, 266
김정일 63, 64, 166, 170, 172, 183,
    191, 196, 197, 198, 205, 207, 212,
    231, 253, 264, 265, 266, 349, 351

ㄴ

나선경제무역지대법 218

남·북방 삼각 대립 225
남·북방 삼각 구도 340
남북 간 균형 외교 281
남북 화해와 불가침을 위한 공동성명
    173
남북경협 340, 359
남북기본합의서 183
남순 강화 180
네 마리 용 314
노무현 286, 288
농업제일주의 63

ㄷ

다자간 대화방식 329
단극체제 101
단독 무역 253
당 규약 169, 182
대 공산권 수출 통제위원회 129
대 두만강 개발계획 202
대동아공영권 228
대북 봉쇄정책 130
대북 원조 167
대북 제재 207
대외교역 200
대외무역 63, 65, 66, 68, 70, 71, 72,
    75, 87, 88, 157, 191, 229
대외무역계약 73
대외무역의 주체 88
대외시장 68, 69
대외정책 230, 231
대일관계에 관한 조선민주주의인민
    공화국 외무상의 성명 58

대한무역진흥공사와 중국국제상회
    간의 무역협정   175
덩샤오핑   84, 168, 172, 180, 182, 211
도광 양회   78, 188
도련식(島鏈式) 봉쇄   316
동맹 파트너십을 위한 전략대화 287
동부국경조약 보충협정   238
동북 4성론   42, 91, 291, 293
동북 노후공업기지의 대외개방 확대
    실시에 관한 의견   202
동북 진흥계획   202
동북 진흥전략   42
동북아 지역구도   19, 21, 101, 107,
    122, 193, 234, 235, 238, 280, 302,
    303, 312, 313, 330, 334, 341, 342,
    343, 346, 366, 367
동아시아 공동체론   309
동아시아 안보체계   48
되먹임 고리   115, 118
되먹임 고리의 극성   116
되먹임 시스템 원리   114, 115, 116,
    342, 343, 367
두만강 개발계획 요강   259
두만강 출해 관광 실시방안   259
두만강지역 개발계획   190, 192, 254

ㄹ

라선 경제무역지대   251
라선-금강산 시범 국제관광   214
라선경제무역지대   213
라성교   144
라진-선봉 자유경제무역대 개발 184

러·남·북 천연가스 연결   311
러·조 공동선언   282
러·조 선린 우호 협조조약   282
러시아   279
러시아 대외정책 구상   281
러시아·중국 공동성명   280
러시아의 한반도정책   281
리덩후이   186

ㅁ

마오쩌둥   52, 133, 137, 150, 151, 163,
    168
말 앞의 졸개   274
맥아더   133
모기장 이론   171
무상 군사 원조 제공 협정   163
무상원조   138
무역   57
무역 제일주의   63
무역 제일주의 방침   185
무역 품종   67
미·러 공동 전략틀 선언   310
미·소 양극체제   101, 225
미·일 상호 방위조약   135
미·중 관계   189
미국의 대 북한정책   272
미세한 변화   115, 343, 356
미제 반대 투쟁의 날   146
미제국주의   58

ㅂ

반미(反美) 정서　149
반미공동투쟁월간　348
반소(反蘇) 정서　149
반제 대륙 진공　186
변강무역　68
변경관광　257
변경 호시 무역　249
변방 무역　253
변화 속의 지속　42
복잡계　120
복잡계 이론　19, 107, 108, 109, 110, 112, 116, 117, 342, 366
복잡도　121
복합적 위협　299
봉쇄　272
부시　287
북 핵실험　210
북·미 간 접촉　348
북·미 관계　51, 192, 347, 351
북·미 대결　167
북·미 대화　62
북·미 직접대화　329
북·소 관계　155, 156
북·일 관계　83, 173
북·일 정상회담　234
북·중 간 구상무역　138
북·중 간 지정학적 관계　177, 196
북·중 경제관계　22, 28, 33, 40, 55, 104, 105, 129, 241, 242
북·중 경제적 관계　159
북·중 경제협력　18, 77, 210
북·중 경협　19, 21, 22, 34, 89, 93, 94, 107, 209, 220, 221, 222, 243, 246, 253, 273, 290, 291, 293, 294, 295, 333, 335, 336, 339, 340, 341, 342, 343, 344, 345, 351, 353, 356, 358, 367, 369
북·중 경협 활성화　260, 334
북·중 경협방식　255
북·중 관계　33, 36, 38, 40, 41, 45, 49, 51, 52, 55, 77, 78, 80, 81, 89, 90, 91, 93, 94, 96, 100, 101, 114, 154, 162, 167, 175, 177, 181, 182, 187, 192, 199, 208, 210, 220, 241, 242, 290, 333, 365, 366
북·중 관계 강화　211
북·중 교역　17, 56, 156, 165, 174, 181, 195, 199, 218, 247, 248
북·중 교역규모　104
북·중 동맹　35
북·중 무역　222
북·중 변경무역　139
북·중 수교　48, 104
북·중 우호조약　263
북·중 전통적 관계　22
북·중 접경지역 개발　215
북·중 정상회담　136, 163, 172, 198, 212
북·중 정상회담 내역　151
북·중 지정학적 관계　22
북·중 특수관계　79
북방 삼각관계　179
북한 개방 촉진론　293
북한 개혁　51
북한 대외무역　185

북한 대외정책　62
북한 때리기　278
북한문제　41, 48, 114, 211, 216
북한식 사회주의　183
북한 유학생　261
북한의 경제개혁　48
북한의 대외무역　253
북한의 대외정책　81
북한의 안주 분지에서 석유 지질 탐사
　　활동을 진행할 데 대한 중·조
　　경제합작 협정　167
북한의 외교정책　82
북한의 전략적 가치　36
북한체제　23
북한 핵 개발　185, 186
북한 핵실험　270
북한 헌법　85
북핵 개발　41
북핵문제　39, 46, 47, 48, 50, 114,
　　210, 216, 233, 243, 349
북핵실험　48
북핵 위기　183, 184
북핵 제재　204
브레즈네프 독트린　160, 228
블랙박스　112, 358
블록 불가담운동　166
비대칭적 내정 불간섭 동맹관계　289
비동맹 정상회의　59

ㅅ

사대주의　60
사상사업에서 교조주의와 형식주의

를 퇴치하고 주체를 확립할 데
　　대하여　83
사상에서의 주체　60
사진전람회　148
사회주의 시장경제론　180
사회주의 시장경제체제　188
사회주의 시장경제체제를 보완·
　　보강할 데 대한 결의　202
산업연수생　138
새로운 동북아 질서　355
섭동　122, 123, 124
섭동요인　114, 343, 344
섭동이론　124, 125
세금제도 개선　73
수입무역　74
수정주의　60
수출무역　74
시간 지연　357
시스템 다이내믹스　109, 118, 342,
　　356
시스템 사고　109, 110, 114, 118, 119,
　　125
시스템 이론　117, 121
시스템의 엔트로피　341
시장 개척　69
시진핑　207
식량난　181
신 방위 대강　274, 276
신 북·중 경협　237
신 북·중 경협 시대　40
신 식민지론　291
신형 대국관계　270, 308
실리　75, 81, 200

실리적 관계   37
실리주의   75
쌍중 규제   52
쌍중 억제   52
쓰샤오룽   161, 168

ㅇ

아베   275
아시아 금융 위기   188
아시아 복귀 전략   269
안보 이익   130
안보리 1814호   211
압록강과 두만강 유역 공동개발   214
양 되먹임 고리   116
양 되먹임 인과지도   345, 347
양 되먹임 효과   344, 351
양강도 혜산경제개발구   252
양상쿤   172
양자 · 지역 · 범세계적 범주의 포괄적
    전략 동맹 구축   346
양축 전략   51, 245
에너지난   181
엔블록   228
역사적 접근방법   23
연미 · 반소   161, 228
연변조선족자치주   191
연형묵   348
열린 지역주의   273
열차관광   260
영토분쟁   235
오바마   269, 273
와우도수출가공구   252

완충국   273
외자은행   73
외화 수입   74
요동   123, 124
우리 혁명의 성격과 과업에 관한 테제
    83
우리식 사회주의의 고수   169
우호가격   173, 181, 187
원산지구 개발대상 계획 기초자료
    257
원산지구 총계획도   257, 258
원자바오   199, 202, 263, 354
원조 · 구상무역   104, 174
위성국가론   42, 91, 291, 292
위화도 경제특구   212
유무 상통   57, 66, 72, 75
유소 작위   78, 189
유일사상체계   156
은하 3호   219
음 되먹임 고리   116, 352, 357
음 되먹임 인과지도   353
음 되먹임 효과   352
이데올로기   130
이명박   286
이셴녠   172
이지마 이사오   310
인과지도   125, 334
인재 양성사업   260
일반 이익   50
일본   273
일본 집단적 자위권   277
일본군국주의   58
일본의 대북정책   278

임계점   114, 342, 344
임계현상   120

ㅈ

자강도 만포경제개발구   252
자강도 위원공업개발구   252
자력갱생   59, 63, 170
자립적 민족경제   70, 170, 229
자립적 민족경제건설   66
자오쯔양   172
자유경제무역지대   185, 191
자유경제무역지대법   191
자유 무역항   191
자주ㆍ친선ㆍ평화   59, 61
자주ㆍ평화ㆍ친선   61, 166, 171
자주노선   155
자주성을 옹호하자   60, 82, 164
자주외교   83
잠재적인 패권 도전국   270
장성택   214
장제스   132
재균형(rebalance) 전략   237
쟝쩌민   51, 172, 188, 190, 196, 197,
    198
저우언라이   137, 159, 163
전략적 신뢰도   322
전략적 유연성   339
전략적 지렛대   21, 120, 342, 356
전략적 협력   35
전략적 협력관계   34, 177, 193, 242
전략적 협력 동반자   307
전략적 협력 동반자 관계   354

전략적 호혜관계   310
전략파   53, 54, 208
전바오다오(珍寶島)사건   161
전시 작전 통제권   286
전시작전권 환수   354
전일주의   119
전쟁 불가피론   83, 149, 150
전쟁국가   276
전통적 관계   130
전통적 우의관계   80
전통적 우호관계   132
전통적 우호협력관계   37, 38
전통적인 혈맹관계   38
전통파   53, 54, 208
접경지역 개발   212
접경지역 경제협력   251
접경지역 공동개발   291
접경지역 주요 관광코스   259
정부 인도ㆍ기업 참여ㆍ시장 원칙
    204
정상국가 관계   40
정상적인 국가관계   80
정유공장을 세울 데 대한 중ㆍ조 경제
    기술합작 협정   167
정책 지렛대   109
정치법률연구   66
정치에서의 자주   60, 76
제12차 5개년 경제개발 계획(2011~
    2015년)   220, 251
제1도련   135, 318
제2도련   318
제2차 북핵 위기   41
제2차 타이완해협 위기   135

제3차 7개년 계획   61

제4차 타이완해협 위기   153

제5차 중·미 전략적 대화   309

조·미 관계 정상화   350

조·중 나선 경제무역지대와 황금평
　　경제지대 공동개발 총 계획요강
　　218, 253

조·중 우의탑   147

조·중 우호, 협조 및 호상원조에 관
　　한 조약   37, 51, 242

조·중 우호협조 및 호상원조에 대한
　　조약 지지   148

조·중 정부사이의 경제기술 협조에
　　관한 협정   211

조선 합영투자위원회   218

조선노동당 제4차 대회   59

조선노동당 제6차 대회   170, 231

조선노동당 중앙위원회 제21차 전원
　　회의   63

조선로동당 중앙위원회 3월 전원회의
　　65

조선민주주의인민공화국 헌법   87

조선민주주의인민공화국 경제개발구법
　　252

조선민주주의인민공화국 라선경제무
　　역지대법   257

조선민주주의인민공화국 사회주의
　　헌법   85

조선민주주의인민공화국 정부와 중화
　　인민공화국 정부 간의 공동콤
　　뮤니케   162

조선민주주의인민공화국 정부정강
　　229

조선민주주의인민공화국 최고인민회의
　　결정   61

조선민주주의인민공화국 합영법   61

조선민주주의인민공화국 헌법   85,
　　182

조선민주주의인민공화국과 중화인민
　　공화국 간의 경제 및 문화합작에
　　관한 협정   56

조선민주주의인민공화국에서의 특수
　　경제지대 개발 실태와 전망
　　218

조선반도 평화 보장문제   285

조화 세계   206

주덕   142

주체   59

주체사상   24, 82

주한미군 전략적 유연성   288

주한미군 축소   354

중·러 협력   336

중·미 공동성명   231

중·미 관계   114, 168, 187, 190, 217,
　　228, 233, 335, 339, 341, 355

중·미 정상회담   270

중·미 종합 국력   301

중·미 협력   50

중·소 갈등관계   152

중·소 관계   152, 168

중·일 관계   309, 335

중·조 1987~1991년 상호 주요 물자를
　　공급할 데 대한 협정   174

중·조 간의 우호, 협조 및 호상 원조에
　　관한 조약   153

중·조 경제 기술 합작 협정   167

중·조 경제 기술 협정   187

중·조 경제 및 문화합작에 관한
　　협정   138

중·조 경제합작 협정   167

중·조 구상무역 협정   138

중·조 문화 교류에 관한 집행계획서
　　262

중·조 상호 물자를 공급할 데 관한
　　의정서   158

중·조 상호 주요 물자를 공급할 데
　　대한 협정   174

중·조 연합사령부   134

중국 관광객의 북한관광에 대한 양해
　　각서   257

중국 기회론   293

중국 대북 경제 원조를 제공할 데 대
　　한 협정   174

중국 대북투자   250

중국도서전시회   146

중국 동북 3성   67

중국 두만강지역개발계획   209

중국 두만강지역합작개발규획   209

중국 위협론   246, 291

중국 인민지원군   226

중국 종속론   68

중국 특색 사회주의 길   169

중국 특색 사회주의건설 이론   182

중국 패권론   91, 246, 291

중국의 WTO 가입   196

중국의 대북 정책   44

중국의 대북 차관협정   158

중국의 대북 차관협정 및 플랜트 공
　　급과 기술 원조를 제공할 데 관

한 협정   158

중국의 대북정책   46

중국의 대 한반도 대전략   50

중국의 대 한반도정책   244

중국의 동북 진흥전략   210

중국의 외교전략   47

중국의 한반도정책   39

중국인민지원군   134, 139, 142, 143,
　　145

중국인민지원군의 제1차 철군   136

중기 방위력 정비계획   276

중요 이익   50

중화인민공화국 박람회   167

지경학   94, 95, 96, 103, 104

지경학적 가치   96

지경학적 개념   93

지배적 되먹임 고리의 전환   118,
　　125

지배적 되먹임 고리의 전환점   356

지속 속의 변화   43

지역개방구조 구상   220, 251

지연(地緣) 정치경제   95

지연경제학   102

지연정치   43

지연정치경제학   103

지전략   91, 131, 193

지정학   94, 95, 97, 98, 99, 100, 103

지정학 개념   22

지정학 이론   22, 91, 93

지정학적 개념   93

지정학적 관계   96, 365

지정학적 요인   91, 96

지정학적 이익   37, 40

지정학적 코드   94, 96, 130, 365
진영외교   87

ㅊ

창발   120
창발성   121
창발현상   120
창지투(長吉圖)   42
창지투 개발 개방 선도구 개발계획
    (창지투 개발계획) 209, 210, 254
천안함 사건   39
초기 조건에의 민감성   344, 353
취업비자   261

ㅌ

타이완해협 위기   132
탈 고전지정학적 질서   179
탈 지정학적 질서   179
테러 지원 국가   272
통미 봉남   351
통상에 관한 협정   56
통상적 국가관계   242
통중 봉남   330, 346
통화스와프 협정   320
투자 촉진 및 보호에 관한 협정   203
트루먼   132

ㅍ

패러다임의 전환   21, 107
평안북도 압록강경제개발구   252

평양·도쿄 공동성명   173
평양선언   234
평화 공존   58
평화 애호적 대외정책   58
평화적 공존 5항 원칙   169, 308
푸틴   264, 280, 283
피드백   115
피드백 루프   109

ㅎ

하롱   140
한·미 관계의 위상   338
한·미 동맹   285, 339, 345, 357, 358
한·미 상호 방위조약   135, 225
한·소 수교   179
한·중 경협   354
한·중 관계   289, 339
한·중 무역   180
한·중 무역협정   183
한·중 수교   37, 80, 175, 179
한·중 협력   246, 369
한·중·일 전략적 신뢰도   322
한·중·일 정상회담   234
한국과 중국의 국교 수립   178
한국의 대북정책   284
한국의 우려   344
한반도 비핵화   39
한반도 비핵화 공동성명   173
한반도문제   50
함경남도 북청농업개발구   252
함경남도 흥남공업개발구   252
함경북도 어령농업개발구   252

함경북도 온성섬관광개발구   252
함경북도 청진경제개발구   252
합영법   170
합영법 시행세칙   257
핵심 이익   50
햇볕정책   286
행위자-네트워크 이론(ANT)   110,
    112, 113
현대 수정주의   226
혈맹   139
혼돈   108, 124
홍성남   187
화교 경제권   228
화궈펑   172

화평 굴기   206
화평 발전   206
환원주의   119
황금평   212
황금평과 나선특구 공동개발 양해각서
    251
황금평, 위화도 경제지대   213
황금평-위화도 경제특구 착공식   18
황해북도 송림수출가공구   252
황해북도 신평관광개발구   252
후르시초프   149
후야오방   172
후진타오   79, 196, 198, 202, 203, 265
흑묘 백묘   84

저자 소개

李 金 輝 (이금휘)

| 1980년 중국(中國) 지린성(吉林省) 쟈오허(蛟河) 출생
  1999. 9~2003. 7   중국 창춘사범대학교 정치학과 사상정치교육 전공.
                    교육학 학사
  2005. 9~2007. 7   중국 연변대학교 정치학과 국제정치 전공. 법학석사
  2010. 8~2014. 8   대한민국 정부 초청 장학생(KGSP) · 중국 국가 파견
                    (國家公派) 연수 자격으로 동국대학교 북한학과 대외
                    관계 전공. 북한학 박사
  2003. 7~2007. 7   중국공산당 연변조선족자치주 당학교 당건 교연실
                    (黨建敎硏室), 과학사회주의 교연실(科學社會主義敎硏室)
                    교원
  2007. 8~ 현재   중국 연변대학교 사회학과 전임강사

■주요 연구 성과

「덩샤오핑의 애국주의 사상에 대한 연구(중국어)」(공저, 2004)
「공산당원의 책임의식에 대한 소고(중국어)」(2005)
「동북아 안보와 질서에 대한 연구(중국어)」(2006)
「동아시아 모델의 현대화에 대한 고찰(중국어)」(2006)
「쟝쩌민의 국제전략 사상에 대한 연구(중국어)」(2007)
「북 핵실험과 중국의 대응(중국어)」(석사학위논문, 2007)
「중국 정치사회학의 발전과 의의(중국어)」(2008)
「북 · 중 경협 활성화와 그 파급효과(한국어)」(2012)
「북 · 중 경제관계와 동북아 지역구도의 상호작용(한국어)」(박사학위논문,
  2014)